유튜브 상위노출의 모든 것

지은이 **민진홍**

일본에서 대학원을 졸업한 후 일본 광고 제작 프로덕션에 입사해 아트 디렉터와 마케터로서 다양한 경험과 커리어를 쌓았습니다. 《마케팅 진짜가 나타났다》(매일경제신문사)와 《유튜브 마케팅 혁명》(매일경제신문사)의 저자이며, 유튜브 마케팅 연구소와 ZOOM 마케팅 연구소의 소장으로 활동하고 있습니다.

홈페이지 personalmarketing.co.kr
이메일 stepmailkr@gmail.com
유튜브 http://j.mp/biz-know

지은이 **최규문**

《페이스북, 무엇이고 어떻게 활용할 것인가》(더숲)와 《페이스북 인스타그램 통합 마케팅》(이코노믹북스)의 저자입니다. 페이스북을 비롯한 SNS 플랫폼의 비즈니스 활용 및 디지털 마케팅 분야 전문 코치로, 기업 및 개인과 조직의 디지털 마케팅 전략에 관한 연구와 교육에 전념하면서 '소셜 커뮤니케이션과 브랜드 평판' 분야 칼럼니스트로 활동 중입니다.

홈페이지 www.sonet.kr
이메일 letsgo999@gmail.com
유튜브 http://j.mp/choistv
페이스북 www.fb.com/letsgo99

유튜브 상위 노출의 모든 것

초판 1쇄 발행 2019년 9월 3일
초판 2쇄 발행 2020년 1월 13일

지은이 민진홍, 최규문 / **펴낸이** 김태헌
펴낸곳 한빛미디어(주) / **주소** 서울시 서대문구 연희로2길 62 한빛미디어(주) IT출판부
전화 02-325-5544 / **팩스** 02-336-7124
등록 1999년 6월 24일 제25100-2017-000058호 / **ISBN** 979-11-6224-215-5 13000

총괄 전정아 / **책임편집** 배윤미 / **기획편집** 박은경 / **교정교열** 김지수
디자인 이지민, 이아란 / **전산편집** 김보경
영업 김형진, 김진불, 조유미 / **마케팅** 박상용, 송경석, 조수현, 이행은, 홍혜은 / **제작** 박성우, 김정우

이 책에 대한 의견이나 오탈자 및 잘못된 내용에 대한 수정 정보는 한빛미디어(주)의 홈페이지나 아래 이메일로 알려주십시오.
잘못된 책은 구입하신 서점에서 교환해 드립니다. 책값은 뒤표지에 표시되어 있습니다.
한빛미디어 홈페이지 www.hanbit.co.kr / 이메일 ask@hanbit.co.kr

지금 하지 않으면 할 수 없는 일이 있습니다.
책으로 펴내고 싶은 아이디어나 원고를 이메일(writer@hanbit.co.kr)로 보내주세요.
한빛미디어(주)는 여러분의 소중한 경험과 지식을 기다리고 있습니다.

더 잘 검색되고 더 정확히 도달되는

유튜브 상위 노출의 모든 것

민진홍, 최규문 지음

HB 한빛미디어
Hanbit Media, Inc.

유튜브 시대 마케팅은 어디로 향하는가

2019년, 5G 시대의 개막

2007년 아이폰이 출시되고 몇 년이 채 지나지 않아 세상이 모바일 천지로 개벽했습니다. 그로부터 10년, 초고속−초연결 통신 환경이 현실화되면서 우리가 찾고 즐기는 수많은 콘텐츠가 실시간 동영상으로 바뀌고 있습니다. '유선보다 빠른 무선'을 표방하는 5G의 전송 속도는 10Gbps급, 이론적으로는 10GB 데이터를 1초에 전송한다는 이야기죠. 실제로 1~2GB짜리 영화 한 편을 불과 1~2초면 다운로드할 수 있게 됩니다. 이쯤 되면 굳이 다운로드할 필요도 없지요. 실시간 스트리밍 방송과 다를 바가 없으니까요.

데이터 전송 시 발생하는 지연 시간 또한 100분의 1초 미만으로 줄어듭니다. 자율주행 자동차의 실시간 운행 데이터부터 응급 의료 정보 전송까지, 5G 통신은 사물인터넷을 기반으로 사람과 기기를 연결하는 핵심 인프라 역할을 맡게 됩니다. 텍스트에서 이미지로, 이미지에서 영상으로, 영상에서 실시간 라이브로! 소통 방식과 콘텐츠 소비 패턴도 바뀝니다. 통신 기술의 발전이 가져오는 새로운 흐름이죠. 문화와 생활 습관을 바꾸는 힘은 개인의 의지가 아니라 기술의 발전에서 시작됩니다.

2020년대에 이르면 인터넷에서 유통되는 콘텐츠의 대다수가 동영상 콘텐츠로 바뀔 거라는 예상은 이미 오래전부터 나왔습니다. 실제로 유튜브나 넷플릭스 같은 동영상 플랫폼들의 비약적인 성장을 통해 엄연한 현실로 드러나고 있고요. 동영상 콘텐츠가 일상적인 소통 수단으로 등장하는 흐름 속에서 비즈니스를 펼쳐야 하는 기업이나 소상공인들에게 주어지는 새로운 과제는 과연 무엇일까요?

남다른 특별한 재능이 있거나 특정 분야에 전문성이나 지식, 경험, 통찰력이 뛰어난 사람, 혹은 미디어에 노출되어 일정한 팬을 확보한 사람이라면 '유튜브 크리에이터'에 도전하겠다 한들 놀라거나 말릴 일이 아닙니다. TV나 신문에 의지해서 어느 날 유명인이 되기만을 가만히 앉아 기다릴 이유가 없어진 시대니까요.

제이플라(J.Fla)를 아시나요?

TV나 신문에서는 얼굴 한 번 본 적 없는 사람들이 유튜브에서는 유명 연예인 못지않은 인기와 부를 누리고 있습니다. 그것도 국내뿐 아니라 글로벌 수준으로요. 많게는 천만 명이 넘는 구독자를 거느린 인플루언서나 유튜브 스타를 찾아보는 일은 그리 어렵지 않게 되었습니다.

혹시 '제이플라'를 아시나요? 제이플라는 싸이의 뮤직비디오와 같이 현란한 백댄서 군단을 이끌고 화려한 군무로 영상을 만들지 않습니다. 혼자서 작은 스튜디오에 마이크 하나만 설치해두고, 자기 노래도 아닌 다른 유명 인기 가수들의 팝송을 따라 부르는 '커버송' 영상이 대부분입니다. 제이플라는 '커버송' 영상만으로 싸이를 넘보는 구독자 수를 확보한 뮤지션이자 대한민국 개인 유튜버 순위 1위(2019년 7월 기준)인 크리에이터입니다. 그런데도 주변에 '제이플라'를 모르는 분들이 수두룩합니다.

지금은 팔짱 끼고 남들 이야기나 하고 앉아 있을 만큼 한가한 상황이 아닙니다. 초등학생 장래 희망이 '조물주 위 건물주'가 되는 것에서 '인기 유튜버'로 바뀌고 있다는 우스갯소리가 현실이 된 마당에, 특별한 재능이 없는 일반인이나 평범한 사업가라면 구경만 하고 있어야 할까요? 새롭게 떠오르는 플랫폼이 사람들의 소통 방식 전체를 바꾸고 있는데, 언제까지 '소비자'로만 만족하고 있을 건가요?

안타깝게도 지금까지 유튜브 활용법을 소개한 대부분의 책이나 글은 유튜버로 성공한 극소수 사람들의 경험담에 국한되어 있거나 일반인이 따라 배우기 쉽지 않은 영상 편집 프로그램 사용법을 전달하는 데 그치고 있습니다. 유튜브와 같은 새로운 마케팅 채널을 일반 사업자나 소상공인, 매장 점주나 온라인 쇼핑몰 운영자 등이 어떻게 활용하면 좋을지 구체적인 전략이나 응용 방법, 실전 사례를 다룬 책은 좀처럼 찾아보기 어려웠습니다.

그나마 2019년 초 필자가 출간한 《유튜브 마케팅 혁명》(민진홍 지음, 매일경제신문사)이 개인이나 소상공인도 얼마든지 동영상을 이용해 마케팅이나 브랜딩을 할 수 있다는 점을 밝히고, 실질적인 방법과 실전 사례를 보여준 책입니다. 당시에는 이러한 관점이 국내 도입된 것 자체가 얼마되지 않았기 때문에 일선 현장에 적용하여 검증할 시간이 많지 않아 이웃 나라의 성공 사례들을 소개하는 데 그칠 수밖에 없어 못내 아쉬웠습니다.

유튜브를 비즈니스와 마케팅에 활용하려는 흐름이나 시도는 유튜브 종주국인 미국은 물론이고 일본에 비해서도 우리나라가 3~4년 이상 뒤처져 있다고 해도 과언이 아닙니다. 여러 이유가 있겠지만, 네이버를 통한 검색이 압도적인 우리나라의 인터넷 문화도 유튜브 동영상 마케팅의 정착과 확산을 더디게 한 중요한 요인이 아닐까 생각합니다.

《유튜브 마케팅 혁명》에 담고 싶었던 이야기들

유튜브는 2005년에 창립되어 이듬해인 2006년 가을에 구글에 인수된 이래 올해로 벌써 13년이 넘은 서비스입니다. 전 세계 15억 명 이상의 사용자가 거의 매일 접속하고, 지금 이 순간에도 1분에 400시간에 달하는 분량의 영상이 새로 업로드되고 있습니다. 이 수많은 영상 중에서 보고 싶은 콘텐츠를 찾으려면 제일 먼저 필요한 것이 '검색'입니다. 그리고 유튜브는 구글의 검색 알고리즘과 랭킹 원리를 기초로 운영됩니다. 그런데도 우리나라에는 유튜브 검색 엔진 최적화(SEO, Search Engine Optimization) 원리가 충분히 알려져 있지 않습니다. 영상을 만들어 업로드하는 데만 급급할 뿐, 어떻게 해야 영상이 진짜 필요한 사람에게 더 잘 검색되고 더 정확히 노출되는지 알아내려는 시도나 노력은 드뭅니다.

《유튜브 마케팅 혁명》에서 각자의 유튜브 채널을 널리 알리고 구독자를 늘리는 요령, 동영상 제목과 설명, 태그에 키워드를 넣는 방법, 미리보기 이미지나 자막을 만드는 작업의 중요성을 실제 활용 사례 못지않게 강조한 것도 바로 그런 안타까움 때문이었습니다.

미리 말하지만, 유튜브의 검색 알고리즘과 상위 노출 원리를 제대로 알아야만 효과적으로 꼭 필요한 사람들에게 동영상을 도달시키고 마케팅 효율을 더 높일 수 있습니다.

다음은 유튜브 검색 엔진 최적화(이하 'SEO'라고 표기함) 방법을 전달하려고 정리했던 핵심 내용입니다.

- ▶ 유튜브 동영상을 통해 존재감을 만들려면 질보다 양이 먼저다.
- ▶ 영상 하나를 잘 만들려고 애쓰기보다 가급적 많이 만들어 자주 업로드해야 한다.
- ▶ 화면의 구성도 좋아야 하겠지만 제목과 설명이 더 중요하다.
- ▶ 동영상의 재생 버튼을 누를지 말지는 제목과 미리보기 이미지가 좌우한다.
- ▶ 종료 화면이나 재생목록의 구성에 따라서 영상 추가 조회 여부가 갈린다.

《유튜브 마케팅 혁명》에서는 지면이 모자라 이들 방법이나 설정 팁을 세세히 다루지 못해 무척 아쉬웠습니다. 그 아쉬움이 이 책을 쓰게 된 첫 번째 배경이자 가장 큰 목적입니다.

또 다른 배경도 있습니다. 유튜브의 검색 알고리즘과 상위 랭킹 요소가 사람들의 동영상 이용 행태와 소비 패턴의 변화에 따라 계속 업데이트되고 있다는 점입니다. 이를테면 과거에는 조회수 중심으로 순위를 매겼는데, 지금은 시청자 체류 시간을 더 중요한 요소로 반영합니다. 여태껏 잘 통하던 방식이 막히고 새 이슈가 등장합니다. 그러면 또 새로운 노출 전략과 방법, 실전 팁이 개발되어 나옵니다.

네이버의 검색 알고리즘 변화가 해마다 분석 대상이 되듯이 구글과 유튜브 SEO 전략과 검색 결과 상위 노출 기법은 모든 온라인 마케터에게 늘 연구 과제이자 학습 대상입니다. 최적 노출 알고리즘을 찾는 시도와 노력이 꾸준히 요구되지요. 미국은 말할 것도 없고 이웃 나라 일본만 하더라도 검색할 때 구글을 사용하는 비율이 70%가 넘습니다. 덕분에 구글이 운영하는 유튜브 SEO 전략과 활용법에 대한 연구가 꽤 심도 있게 진행되고 있습니다. 우리가 미국이나 일본의 유튜브 마케팅 방법론을 진지하게 따라 배울 수밖에 없는 이유입니다.

인공지능(AI) 기반 리타깃팅 광고 기술의 진화

최근 수년간 구글과 페이스북은 디지털 광고 시장을 놓고 팽팽히 경쟁해왔습니다. 그 과정에서 '인공지능 기반 타깃 광고' 기술이 우리의 상상을 넘어서는 수준으로 발전했습니다. 인공지능 기반 타깃 광고는 픽셀과 추적 스크립트(SDK 트래킹 코드)를 심어 웹과 앱을 통해 발생하는 잠재고객의 행동 정보를 수집하고, 이를 머신러닝으로 분석하여 '맞춤 타깃'과 '유사 타깃'을 만든 다음, 이들에게 재방문과 재구매를 유발하는 광고를 자동으로 생성하여 집행합니다.

따라서 앞으로 더 확대될 것이 분명한 유튜브 플랫폼에서 효과적인 타깃 광고를 집행하고 재구매로 연결되는 리마케팅 시스템을 구축하는 것이야말로 한정된 광고 예산을 절감하고 투자 대비 수익률(ROI, Return on Investment)을 높이는 지름길입니다. 제법 규모를 갖춘 기업의 마케터라면 말할 것도 없고, 대행사에 광고를 맡길 형편이 못되는 소상공인이나 작은 조직이라면 더더욱 비즈니스의 성패와 사운을 걸고 이에 대한 대책을 세워야 할 때입니다.

지금 당장 유튜브 플랫폼과 동영상 콘텐츠를 비즈니스에 어떻게 활용하면 좋을지 전략적으로 고민해야 합니다. 업로드한 동영상을 어떻게 하면 잠재고객에게 정확히 도달시켜 마케팅 효과를 극대화할 수 있을지 체계적으로 배우고 연구해야 할 때입니다.

이 같은 문제의식을 기초로 이 책은 크게 세 부분으로 나누어 두 사람이 함께 썼습니다.

먼저 PART 01은 동영상이 다양한 비즈니스 영역에서 마케팅 도구로 얼마나 광범위하게 이용 가능한지 살펴봅니다. 동영상이 소수 크리에이터나 유튜버 지망생만의 전유물이 아니라 회사와 나를 효과적으로 알리고, 관심 잠재고객을 찾아 모으고, 나아가 고객 소통과 세일즈를 일으키는 데 누구나 활용할 수 있는 수단임을 밝힙니다. 그리고 분야별로 어떻게 이용하면 좋은지 활용법을 제시합니다.

PART 02는 유튜브의 기본 SEO 전략과 핵심 기법을 소개합니다. 다른 동영상 채널과 달리 유튜브가 갖고 있는 특장점과 더불어 유튜브 동영상은 어떤 원리에 의해 특정 영역이나 검색 결과 상위에 노출되는지 알아봅니다. 특히 어떤 방식으로 전파되는지 확산 알고리즘을 살펴보고, 동영상을 어떻게 하면 필요한 사람들 눈에 잘 띄게 할 수 있는지 구체적인 SEO 방법을 설명합니다.

PART 03은 동영상의 노출 기회를 늘리고 조회수를 높여서 '인기 동영상'이나 '추천 동영상 목록'에 나타나게 하려면 어떻게 홍보해야 하는지 알아봅니다. 또한 이를 위해 각종 타깃 광고 플랫폼들을 어떻게 이용하면 특정 동영상의 노출을 일시에 극대화할 수 있을지도 함께 다룹니다. 구글 애즈, 페이스북 광고, 카카오모먼트가 제공하는 타깃팅 방법을 해부하여 어떻게 하면 광고 노출 위치(인벤토리)와 도달 범위(오디언스)를 최적화하여 유효 도달을 높일 수 있는지를 밝힙니다.

새 책을 쓸 때마다 늘 스스로에게 묻는 질문이 있습니다.

"이 책을 세상에 내놓았을 때 누군가에게 진짜로 도움이 될 수 있을까?"

"그러지 않아도 차고 넘치는 책더미 위에 쓰레기 한 권을 보태는 건 아닐까?"

이런 고민이 기우에 그칠 수 있도록 이 책이 누군가에게 진짜로 도움이 되면 좋겠습니다. 그리고 그중 몇 분이라도 이 책에서 제시한 대로 따라 해봤더니 기대 이상의 성과를 거두게 되었다는 사례가 들려오기를 진심으로 희망합니다. 이 책의 원고를 쓰는 동안 계속해서 새로운 실전 성공 사례가 생겼고, 여러 업종의 사례를 각 CHAPTER 사이에 공개했습니다.

꼭 필요하지만 지면이 부족하여 다 싣기 어렵다고 판단한 일부 내용은 특별부록으로 묶어 온라인 서점에서 무료 전자책(eBook)으로 공유합니다.

각자도생 시대, 당신의 목표는 무엇인가?

이 책의 필자 중 한 사람은 우리나라에 IMF가 터지던 무렵 일본에서 대학원을 졸업한 후, 일본 현지 광고 회사에서 다양한 프로모션을 경험했습니다. 다른 한 사람은 'IT 벤처 1세대'의 일원으로 테헤란로에서 온라인 쇼핑몰을 기획하는 일로 마케팅 이력을 시작했습니다. 비록 두 사람이 속한 시장과 경험은 달랐지만 머지않은 장래에 동영상 시대가 올 수밖에 없고 사람들이 동영상을 비즈니스에 일상적으로 이용하게 될 것이란 판단과 확신은 서로 다르지 않았습니다.

두 사람의 인연은 그리 길지 않습니다. 그렇지만 다양한 마케팅 프로젝트와 광고를 기획하고 실행하면서 느낀 안타까운 점 하나에 깊이 공감했고, 그 마음을 모아 이 책을 함께 쓰게 되었습니다. 공감의 핵심은 많은 소상공인이 매우 좋은 제품과 서비스를 제공하고 있음에도 좀처럼 효과적인 홍보나 광고를 진행하지 못하고 있다는 것입니다. 이유는 뻔합니다. 돈이 없으니까! 어쩌면 당연한 이야기죠. 돈이 없으니 허접스럽고 초라한 광고를 만들고,

돈이 없으니 광범위하게 홍보할 수도 없습니다. 홍보가 잘 되지 않으니 상품이 팔리지 않고, 팔리지 않으니 돈도 벌 수 없는 악순환이 반복됩니다.

반면 대기업은 상대적으로 자금이 넉넉해서 한두 번의 실패로 흔들리지 않습니다. 광고 제작비 또한 여유가 있어 소비자의 마음을 사로잡는 매력적인 광고를 만들 수 있고, 그 결과 제품이 판매되고 회사 규모는 더 커집니다. 대기업이 고객을 쓸어 가는 '불평등 경쟁 구조' 속에서 중소기업이나 소상공인이 이길 수 있는 방법은 과연 없는 걸까요?

이런 불평등한 구조를 바꾸고 싶다는 생각에서 누구라도 마음만 먹으면 자신이 곧 미디어 채널이 될 수 있는 '유튜브 마케팅'을 더 열심히 연구했습니다. 그리고 지금 이 책을 잡은 분들께 묻고 싶습니다.

"여러분의 목표는 무엇인가요?"

매출을 지금의 10배로 올리고 싶은가요? 연 매출 100억을 달성하고 싶은가요? 각자 다양한 목표가 있겠죠. 그 목표가 무엇이든 확신을 갖고 말할 수 있습니다.

"이 책에서 제시하는 방법에 따라 '동영상 마케팅'을 바로 실천한다면 지금 여러분이 처한 상황을 크게 변화시킬 수 있습니다. 실행하는 만큼 비즈니스 성장 속도는 빨라지고, 여러분이 꿈꾸는 목표에 도달하는 기간도 짧아질 것입니다."

당장은 앞뒤가 꽉 막혀서 어디서부터 시작해야 할지 막막한 분도 분명 있을 것입니다. 결코 능력이 없어서가 아닙니다. 성공하는 방법, 단지 '올바른 방법'을 찾지 못했기 때문입니다. '올바른 방법에 따라 정확하게 실행한다면' 분명히 답을 찾을 수 있을 것입니다.

다행스럽게도 우리나라에는 '동영상 마케팅'을 자신의 비즈니스에 제대로 활용하는 개인이나 기업이 아직 많지 않습니다. '거의 없다'고 해도 과언이 아닙니다. 그러므로 남들보다 먼저 동영상의 힘을 깨닫고 그 핵심 채널인 '유튜브'로 동영상 마케팅에 도전한다면 아직 충분히 '선점의 이익'을 누릴 수 있습니다.

우리나라는 OECD 국가 중 '자살률 1위'라는 오명을 십수 년째 짊어지고 있습니다. 하루 평균 36명, 40분마다 한 명꼴로, 한 해 1만 3천 명이 스스로 목숨을 끊습니다. 많은 젊은 이와 소상공인이 앞이 보이지 않는 미래에 큰 불안을 안고 살아갑니다. 미래가 보이지 않는 나라에서 자살이 늘고 인구가 줄어드는 것은 지극히 당연한 일입니다.

인구 절벽을 현실로 맞고 있는 지금, 우리 미래에는 안정된 연금을 받기가 더 어려워질 것입니다. 부모의 간병이나 우리 자신의 노후 또한 스스로 준비하고 대비하지 않으면 안 될 처지입니다. 안타까운 각자도생의 시대! 국가나 사회가 우리의 절박한 고민을 대신 해결해 주지 않습니다. 나날이 힘들고 어려운 상황에서도 희망의 끈을 놓지 않고 새로운 돌파구를 찾는 분들께 작은 도움이나마 되었으면 하는 마음으로 이 책을 내놓습니다.

지금 '유튜브 마케팅'을 통해 당신의 '새로운 가능성'에 도전해보십시오!

민진홍, 최규문

--- 🔔 일러두기 ---

- '광고 수용 대상자'를 뜻하는 '오디언스(Audience)'를 일러 'Target'이라 표현할 때 우리말 표준어는 '타깃'입니다. 그런데 구글이나 페이스북, 카카오는 도움말이나 설명서 등에 이를 '타겟'으로 표기합니다. 이 책에서는 필자들의 설명인 경우 '타깃'으로 표준어 맞춤법을 따르지만, 구글이나 페이스북의 서비스 고유 명칭으로 사용되거나 인용될 때는 독자들의 편의를 위하여 '타겟' 또는 '타겟팅(타게팅)'으로 표기했습니다.
- 실전 활용 사례 보고의 구독자, 동영상, 조회수 및 모든 정보는 2019년 7월을 기준으로 합니다.
- '유튜브 마케팅 실전 팁'을 특별부록으로 묶어 온라인 서점에서 무료 전자책(eBook)으로 제공합니다. 온라인 서점의 eBook 카테고리에서 도서 제목으로 검색하여 '무료특별판 PDF'를 다운로드하세요. 자세한 내용은 107쪽을 참고하기 바랍니다.

🔍 유튜브 마케팅이 처음인 독자를 위한 핵심 구성!

동영상 마케팅의
일곱 가지 장점

최근 들어 많은 기업이 모든 비즈니스 단위에서 '디지털 혁신'을 외치고 있습니다. 홈페이지나 블로그, SNS 채널을 운영하는 건 기본이고, 각종 추적 장치를 통해 데이터를 수집하고 분석하여 업무에 활용합니다. 이제 동영상을 마케팅 수단으로 활용하는 것이 당연한 일로 여겨지고, 온라인 마케팅 전략에서 동영상은 가장 중요한 위치를 차지하게 될 것입니다.

동영상 마케팅은 기존의 다른 마케팅 방식과 비교해 어떤 장점이 있을까요? 이번 CHAPTER 에서는 동영상의 장점을 일곱 가지로 정리하여 살펴봅니다.

◤ 어려운 내용도 핵심만 정리해서 쏙쏙!

유튜브 마케팅, 검색 엔진 최적화, 타깃 광고가 쉽다면 거짓말일 겁니다. 하지만 이 어려운 내용도 핵심만 쏙쏙 뽑아 알려드립니다.

1. 경쟁사와의 확실한 차별화를 피할 수 있다.
2. 적은 예산으로 고객을 모을 수 있다.
3. 자사의 브랜딩을 구축할 수 있다.
4. 잠재고객을 팬으로 만들 수 있다.
5. 동영상 자체를 상품으로 만들 수 있다.
6. 손쉽게 보너스 특혜를 제공할 수 있다.
7. 상품과 서비스를 쉽게 판매할 수 있다.

05 캠페인 하위유형은 [맞춤 동영상 캠페인]을 선택합니다.

- [광고 순서]를 선택하면 동영상 광고 시퀀스 캠페인을 만들 수 있습니다. 동영상 광고 시퀀스 캠페인을 활용하면 사용자에게 여러 연관 동영상을 순서를 정해 보여줄 수 있습니다.
- 일반적으로 잠재고객은 지정된 시퀀스순서에 따라 첫 번째 동영상 광고를 본 다음, 두 번째 광고로 이동하며 시퀀스가 완료될 때까지 계속 시청합니다.
- 동영상 광고 시퀀스 캠페인은 적은 비용으로 많은 사용자가 시퀀스를 완료하게 매듭니다. 그러므로 이를 이용하면 해당 캠페인에 대한 인지도와 전환 반응을 높일 수 있습니다.

TIP 유튜브 마케팅 실전 노하우

▶▶ 동영상 광고 시퀀스 캠페인을 실행할 때 고려해야 할 점

 시퀀스 캠페인은 유튜브에서만 실행할 수 있습니다. 시퀀스 캠페인은 적합한 잠재 고객을 찾는 데 도움이 되도록 잠재고객 및 인구통계학적 타깃팅을 선택할 수 있지만, 키워드나 게재위치, 주제로 타깃팅할 수는 없습니다. 또한 잠재고객 및 인구통계학적 타깃팅을 제외는 캠페인 수준에서만 설정할 수 있습니다. 더 자세한 설명은 도움말(https://support.google.com/google-ads/answer/9172870)을 참고하세요.

06 [캠페인 이름]에 '네이밍 규칙'에 따라 구분하기 쉬운 이름을 입력합니다.

PART 03 유튜브 노출 광고의 모든 것 • 273

◤ 어려운 부분을 콕콕 짚어주는 TIP

어려운 메뉴와 각 설정 옵션도 빠짐없이 상세하게 알려드립니다. 다른 메뉴와 설정 옵션을 활용하고 싶다면 이 부분을 참고해보세요.

◤ 유튜브 마케팅 실전 노하우

실전 경험을 바탕으로 더 알아야 하는 내용이나 궁금할 만한 점을 추가로 알려드립니다.

◤ 상세한 따라 하기 실습

복잡한 유튜브 검색 엔진 최적화 방법과 구글, 페이스북, 네이버, 카카오의 타깃 광고 집행 과정을 하나하나 상세하게 알려드립니다.

🔍 유튜브 마케팅이 여전히 어려운 독자를 위한 특별 구성!

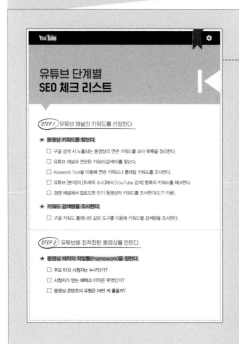

유튜브 검색 엔진 최적화(SEO) 단계별 체크 리스트

유튜브 검색 엔진 최적화(SEO)를 위해 단계별로 필요한 내용을 잘 실천하고 있는지 점검할 수 있습니다.

STEP 1 유튜브 채널 키워드 선정
STEP 2 유튜브에 최적화된 동영상 제작
STEP 3 유튜브에 최적화된 동영상 업로드
STEP 4 업로드한 동영상 홍보
STEP 5 유튜브 채널 검색 엔진 최적화

체크 리스트에 담긴 모든 검색 엔진 최적화 방법을 총동원해서 유튜브 마케팅을 성공으로 이끌어 보세요!

실전 활용 사례 보고

실전에서는 유튜브를 마케팅에 어떻게 활용하고, 어떤 성과를 냈을까요? 다음과 같은 고민이 있다면 실전 활용 사례 보고를 꼭 챙겨보세요!

✅ 구독자가 많지 않아요!
✅ 업로드한 동영상이 많지 않아요!
✅ 동영상의 조회수가 적어요!

17개 유튜브 채널에서 알려주는 다양한 실전 활용 사례와 성과를 통해 구독자와 동영상, 조회수가 적어도 마케팅 성공 방안을 찾을 수 있습니다.

PART

01

▶| ||

 YouTube YouTube YouTube YouTube YouTube

동영상
마케팅 시대

▶ ▶| 🔊   ⚙

동영상은 어떤 용도로 마케팅에 활용되나

01   동영상, 모객과 판매를 돕는 최고의 무기   ⋮

"알겠는데, 그래서 어쩌라는 거죠?"

유튜브를 마케팅과 비즈니스에 활용하고 싶어 하는 개인과 기업이 부쩍 늘었습니다. 예전에는 동영상을 이용한 마케팅이라고 해봐야 TV CF가 사실상 거의 전부였죠. 동영상을 마케팅에 활용한다는 것은 막대한 광고비를 쏟아부을 수 있는 대기업들 이야기에 불과했습니다.

지금은 다릅니다. 인터넷과 컴퓨터, 스마트폰이 대중화되면서 개인이나 중소기업도 얼마든지 동영상을 이용할 수 있게 되었습니다. 유튜브에 동영상을 올려 공개하는 것만으로 전국, 전 세계를 상대로 마케팅을 펼칠 수 있습니다.

그런데 정작 동영상과 유튜브를 비즈니스에 어떻게 활용해야 하는지 제대로 아는 사람은 드뭅니다. 지금 사람들이 사용하는 소통 채널과 콘텐츠가 '유튜브'와 '동영상'으로 바뀌고 있고, 새로운 기회는 바로 거기에 있습니다. 동영상 마케팅을 제대로 배우고 실행한다면 성과를 크게 높일 수 있을 것입니다. 반대로 이 기회를 놓치면 경쟁에서 뒤처질 것이 뻔합니다. 지금은 기회이자 위기입니다!

"말들은 요란한데, 실제로 동영상 마케팅으로 성공한 사례가 있기는 한가요?"

주변에서 가장 흔히 듣는 말입니다. 반신반의하는 분들을 위해 먼저 소개합니다. 짧은 기간이지만 지난 6개월 동안 유튜브 마케팅을 배운 대로 실천해서 나름대로 의미 있는 성과를 이룬 사례들입니다.

현장에서 전해온 유튜브 활용 사례들

2018년 말부터 2019년 초까지 '유튜브에 미친 남자, 민진홍입니다'를 타이틀로 삼고 〈유튜브 마케팅 아카데미〉를 개최했습니다. 다음에 소개한 내용은 이 아카데미를 통해 한두 달 동안 유튜브 활용법을 배우고 자신의 비즈니스에 적용한 수강생들이 지난 반년 사이에 직접 체험한 성과라며 보내온 사례들입니다.

- **김지헌 팀장** ‖ 매일 평균 2~3건의 상담 문의 전화, 계약 체결률 약 22%
- **문승재 대표** ‖ 유튜브를 통한 상품 문의 증가 및 홍보 효과 상승
- **정수필 대표** ‖ 미팅 진행 시 신뢰도 향상으로 계약 성사율 평소 대비 증가
- **유성대 대표** ‖ 모 지역 관광공사로부터 도내 15개 지역 축제 홍보 문의 접수
- **박태준 대표** ‖ 유튜브 동영상을 통한 피부관리실 인테리어 1억 원 공사 수주
- **조기선 대표** ‖ 미국, 일본, 중국 거주 한인들의 상담 요청 늘어 매출 10배 상승
- **김원자 대표** ‖ 모 종편 채널 경제 프로그램의 출연 요청, 홍보 효과 상승
- **경광배 대표** ‖ SBS 방송 출연 등으로 커피식구 제품 매출 약 20배 증가
- **김윤종 대표** ‖ 전국 각지에서 레슨 문의 폭증, 타 도시 거주 수강생 등록 증가
- **김요한 대표** ‖ 신규 매출의 30%가 유튜브를 통해 창출
- **김현미 대표** ‖ 통학 버스 없는 먼 거리 거주 학부모까지 내방, 교실 6개 증설, 대기자 등록
- **정경민 대표** ‖ 블로그, 지식인, 카페보다 훨씬 강하고 효율적인 홍보 효과 실감
- **최경화 대표** ‖ 유튜브 조회수 20회로 모 방송국 프로그램 출연 및 방영
- **이재희 대표** ‖ 모 방송국 아침 프로그램의 출연 요청
- **김옥선 대표** ‖ 산전 및 산후관리 예약 50% 증가, 출산 둘라 양성 교육 신설
- **김성원 대표** ‖ 유튜브에 업로드한 동영상을 네이버TV에도 업로드하여 네이버TV 메인에 자주 노출
- **지정화 대표** ‖ 동영상 사전 공유로 학부모 상담 시간 단축 및 등록 증가

업종과 아이템은 각각 다르지만 공통적으로 나온 말은 다음과 같습니다.

갓 볶은 원두로 커피를 내려 캔에 담아 배달해주는 제조 유통업자, 기타 교습 및 자기 주도 학습 프로그램 강사, 치과 의사, 실내 인테리어 설계사, 개인 라이프 코치, 수제품 생산자, 학원 원장 등 업종과 규모는 다르지만 동영상 마케팅이 통하지 않는 곳이 없다는 사실만은 한결같이 보여주고 있습니다. 각각의 사례는 이 책의 CHAPTER 사이마다 좀 더 자세히 소개합니다.

동영상 채널은 유튜브만 있는 것이 아니다

미리 강조하지만 동영상을 꼭 유튜브에만 업로드할 필요는 없습니다. 오히려 유튜브는 물론이고 네이버TV를 비롯해 페이스북, 인스타그램, 카카오TV, 블로그 등 동영상을 업로드할 수 있는 곳이라면 어디든 가리지 말고 올리기를 권합니다. 심지어 같은 영상이 여러 곳에 중복되더라도 신경 쓰지 말고 최대한 많이 올리는 것이 좋습니다.

지금은 동영상 시장이 유튜브 독점 체제로 굳어지는 것을 막기 위해 네이버와 카카오, 페이스북 같은 큰 플랫폼들이 콘텐츠를 확보하려고 사력을 다해 다투는 시기입니다. 예전 같으면 '중복 문서'나 '헤비 유저'로 낙인찍혀 차단되거나 푸대접을 받았을 콘텐츠나 크리에이터들이 지금은 서로 모셔가려고 경쟁하는 스카우트 대상이 된 상황입니다. '동영상 특수 호황기'에 벌어지는 이상한 '품귀' 현상입니다.

이 특수가 언제 끝날지는 모릅니다. 다만 동영상은 우리가 잠재고객과 만날 수 있는 최초의 노출 접점을 만들어주고 실제 상담 및 판매까지 연결해주는 강력한 마케팅 수단이자 채널이라는 것은 분명합니다. 여기서 자연스레 의문이 한 가지 떠오릅니다.

"동영상은 도대체 어떤 특성을 가진 콘텐츠길래 유입에서 전환까지 여러 가지 효과를 한꺼번에 만들어낼 수 있는 것일까요?"

지금부터 이 궁금증에 대한 답을 찾아보겠습니다.

내 돈 없이 운영할 수 있는 동영상 서비스

한마디로 인터넷과 동영상은 궁합이 매우 잘 맞습니다. 게다가 유튜브 플랫폼을 활용하면 내 돈 들여서 동영상 서버를 따로 준비할 필요도 없습니다. 강조하건대 '내 돈을 들이지 않고' 동영상 콘텐츠를 비즈니스에 이용할 수 있게 됐다는 점에 가장 먼저 주목해야 합니다.

유튜브에 1분짜리 고화질(1080p FHD) 동영상을 전송하려면 약 14MB가 필요합니다. 3분짜리 MP3 오디오 파일은 약 5MB, 카카오톡 메시지 100개를 주고받는 데는 약 1MB, 네이버의 메인 화면 한 페이지를 띄우는 데는 500KB가량의 데이터가 소모된다고 합니다.

홈페이지를 하나 만들어 각각의 웹페이지를 네이버 첫 페이지 정도의 크기로 만들어 보여준다고 가정합니다. 한 페이지당 500KB씩, 두 페이지를 만드는 데 1MB가 소모된다고 치면 1분짜리 고화질 동영상 1개(14MB)는 웹페이지로 28페이지에 해당하는 분량입니다. 3분짜리면 84페이지, 10분짜리면 280페이지에 해당하는 전송 트래픽을 소비합니다.

대충만 비교해도 동영상은 웹페이지보다 수백 배 이상 많은 데이터를 소모한다는 것을 확인할 수 있습니다. 이는 만약 동영상 콘텐츠를 제공하는 웹서비스를 직접 구축하여 운영한다면 지금 내고 있는 웹호스팅(전송 트래픽) 비용의 수백 배를 더 부담해야 한다는 뜻입니다.

동영상 서비스를 직접 할 수 있다고 해도 남는 문제가 더 있습니다. 누가 봐줄 거냐는 거죠. 시청자가 필요한 것입니다. 유튜브에는 오늘은 더 재미있는 게 어디 없나, 내게 필요한 영상은 뭐 없나 찾아 헤매는 시청자들이 전 세계에 걸쳐 15억 명이 넘게 모여 있습니다. 우리가 평생에 걸쳐 모아도 얻기 힘든 거대한 '시청자 군단'이지요.

이처럼 동영상 서비스는 하고 싶다고 해서 누구나 그냥 할 수 있는 서비스가 아닙니다. 전송 트래픽을 감당할 서버와 회선 운영 비용만 따져도 도무지 엄두가 안 날 테니까요. 그러니 그 비용을 누군가 대신 내준다면 그것만으로도 엄청난 '시설 투자 부담'을 덜 수 있는 것입니다. 지금 유튜브가 정말 고맙게도 그 역할을 맡아주고 있는 셈이죠.

바로 이 점이 지금까지 자금력을 갖춘 큰 기업에서나 겨우 이용할 수 있었던 동영상 콘텐츠를 중소기업이나 개인도 언제든지 이용할 수 있게 된 가장 중대한 배경입니다. 네이버가 스마트스토어를 무료로 제공하면서 수많은 소상공인이 온라인 쇼핑몰을 열 수 있게 되었죠. 마찬가지로 유튜브가 막대한 트래픽 용량을 무료로 쓸 수 있는 동영상 서비스 환경을 제공하면서 자금력이 부족한 개인이나 소상공인도 동영상 콘텐츠와 방송 플랫폼을 각자의 마케팅 도구로 쉽고 편하게 쓸 수 있게 된 것입니다.

내가 내야 할 비용을 다른 누군가가 대신 내주겠다는데 그런 좋은 기회를 그냥 버린다면 어떤 일이 벌어질까요? 이런 기회를 적극 활용하는 개인과 기업들이 그러지 못한 경쟁자들을 따돌리고 앞서가게 될 것은 불 보듯 뻔하죠. 비즈니스 경쟁력 또한 시간이 흐를수록 더욱 격차가 커질 수밖에 없습니다.

결국 동영상 콘텐츠를 비즈니스에 제대로 활용하지 못하거나 동영상 채널 운영 시점이 늦어지면 늦어질수록 '기회 손실'은 더 커질 것입니다. 그리고 어느 순간 시장에서 생존 경쟁력을 상실해버린 자신의 모습을 뒤늦게 발견하게 될 겁니다.

동영상을 비즈니스 프로모션에 활용하라

이제 동영상을 활용하여 '매출을 올리는 방법'에 대해 함께 생각해보겠습니다. 이때 추천할 동영상 마케팅 채널은 단연 '유튜브'입니다. 그렇지만 '남들이 모두 한다니까 우리도 한다'는 태도는 금물입니다. 왜 지금 동영상인지, 여러 채널 중에서 왜 군이 유튜브인지 한 번쯤 생각해보고 시작해야 합니다.

여전히 블로그나 카페 등을 보면 글이나 사진 중심으로 만들어진 콘텐츠가 많습니다. 그러나 글이나 사진만으로는 표현하기 어렵거나 불가능한 부분이 늘 있기 마련이죠. 그럴 때 동영상을 활용하면 수십, 수백 장의 텍스트나 사진을 동원해도 전달하기 힘든 내용을 쉽고 빠르게 전달할 수 있습니다.

또 하나 중요한 점은, 사람들은 한 번도 본 적 없는 상품보다는 동영상으로 한 번이라도 본 상품을 선택할 가능성이 훨씬 더 높다는 것입니다. 다소 비싸거나 평소 잘 모르는 분야의 상품을 살 때 우리가 어떻게 행동하는지 떠올려보세요. 제일 먼저 주변에 있는 친구나 지인에게 괜찮은 상품을 추천해달라고 부탁하게 되죠. 구매하기 버튼을 클릭하기 전에 다른 구매자의 사용 후기나 리뷰를 찾아 읽기도 합니다. 사람들은 자신이 잘 알지 못하는 쪽보다는 조금이라도 더 많이 아는 쪽을 선택합니다.

집 근처에 미용실 두 군데가 새로 생겼다고 생각해보세요. 한 곳은 불투명한 시트로 가려져 있어 밖에서 안쪽을 볼 수가 없습니다. 반면 다른 한 곳은 투명 유리로 되어 있어 안쪽이 훤히 들여다 보입니다. 살펴보니 미용사가 열심히 손님을 대하고 있습니다. 두 곳 중 어느 쪽을 선택하게 될까요?

한때 음식점 주방 청결이 사회 문제로 제기된 적이 있습니다. 음식점 중에서도 주방에서 일하는 모습이 보이도록 주방 벽을 유리로 바꾸는 곳이 많아졌습니다. 심지어 주방에서 일하는 모습을 CCTV로 찍어서 모니터로 공개하는 곳들도 생겨났습니다.

▲ 음성휴게소가 고객 만족도를 위해 주방 CCTV를 공개한 모습(사진 신영균 제공)

이런 사례들이 말해주는 것은 과연 무엇일까요?

百聞而不如一見(백문이 불여일견)
Seeing is Believing!

바로 '보는 것'의 힘입니다. 동서고금을 가리지 않고 백 마디 말보다 한 번 직접 보는 게 낫다고 합니다. 사람들은 자신이 직접 보지 못한 것에 대해서는 불안을 느끼고 피하려 합니다. 반면 평소 자주 보아서 잘 아는 것에 대해서는 안심하고 선택합니다. 동영상을 비즈니스나 마케팅에 활용하여 얻는 최고 이점은 고객이 직접 눈으로 확인할 수 있게 보여줌으로써 상품과 서비스를 더 자세히 알고 믿도록 할 수 있다는 것입니다. 원리는 단순합니다. 잘 보여줄수록 선택받을 확률도 높아집니다.

동영상은 24시간 쉬지 않고 일한다

만약 다른 사람들에게 무언가를 가르치는 일을 하고 있다면 어떨까요? 강사가 강의하는 모습을 그대로 촬영해서 유튜브에 공개하면 사람들은 언제 어디서든 시간과 장소에 구애받지 않고 강의를 볼 수 있습니다. 강사가 다른 일을 하는 동안에도 '강의 동영상'이 대신해서 24시간 쉬지 않고 일을 하죠. 마치 분신을 만드는 일과 같습니다. 내가 직접 일하지 않아도 동영상이 나를 대신해서 일을 해주니까요.

홍길동과 손오공이 자신의 복제 몸체를 만들어 여러 명을 상대로 동시에 맞서는 장면은 이제 상상 속의 일이 아닙니다. 동영상은 자신의 말과 행동, 표정을 고스란히 담아서 필요한 사람이 찾는 그 순간에 어느 곳에서든 보여줄 수 있는 최고의 자기 복제 수단입니다. 24시간 지치지도 않고 일하는 영업 사원을 필요한 순간에 필요한 수만큼 만들어 고용하는 거나 마찬가지인 셈이죠.

다시 말하지만 '직접 보여주는 것'만으로도 동영상은 큰 효과를 발휘합니다. 그런데도 이 힘을 모르는 개인이나 기업이 아직 훨씬 많습니다. 그래서 기회입니다. 동영상 마케팅을 먼저 배워서 남들보다 앞서 실행할 수만 있다면 경쟁사와 격차를 벌릴 수 있는 절호의 시점이 바로 지금입니다!

동영상은 진정성을 전하는 핵심 무기다

이전에도 동영상을 마케팅에 활용한 사례는 많았습니다. 인터넷 초창기부터 지금까지 이어져 오고 있는 '인강(인터넷 강의)'이나 왕년에 유행했던 비디오테이프 어학 교재도 대표적인 동영상 상품이라 할 수 있습니다. 그때와 지금의 다른 점은 뭘까요?

지금은 초고속 모바일 통신 환경과 스마트폰 덕분에 SNS를 통한 소통이 실시간으로 이루어지는 시대입니다. 많은 유튜버나 인스타그래머가 자신의 본명 대신 예명이나 별명, 혹은 아이디로 활동합니다. 하지만 페이스북과 같은 실명제 기반 소셜 미디어 관계망이 촘촘히 깔려 있어서 알려고만 하면 그 사람의 본명은 물론이고 어떤 생각으로 어떤 활동을 하고 있는지 거의 실시간으로 추적하고 살펴볼 수 있습니다. 수많은 팔로워나 팬을 통해서 그들이 어떤 평판을 얻고 있는지도 금세 확인할 수 있습니다. 한마디로 '타인을 속일 수 없는' 시대입니다.

이러한 SNS 시대에 다른 사람을 움직이는 데 가장 큰 힘을 발휘하는 무기는 다름 아닌 '진정성'입니다. 많은 사람이 페이스북을 통해 소통하는 이유는 모두가 자신의 실명과 얼굴을 공개하고 관계를 맺는 서비스이기 때문입니다. 카카오톡이 전 국민 대화 수단으로 정착된 것은 서로 전화번호를 나눌 수 있을 만큼 가까운 관계라는 믿음이 깔려 있었던 덕분입니다.

이런 시대에 동영상 콘텐츠를 만들어 공개하면 그게 개인이든 기업이든 동영상에 등장한 사람들의 실력과 전문성은 기본이고, 진정성까지 어렵지 않게 확인할 수 있습니다. 단지 프로필 사진만 보이는 것이 아니라 말과 행동이 함께 노출되니까요. 상품이나 서비스의 구체적인 모습과 실상이 낱낱이 드러날 수밖에 없는 것이 동영상과 유튜브의 속성입니다.

한동안 계란판을 올려놓고 뛰어 밟아도 깨지지 않는다는 '마약베개 동영상 광고'가 대박을 쳤습니다. 곧이어 '진짜로 안 깨지는지 증명'해 보이겠다는 한 유튜버가 나타났고, 이들이 벌인 '동영상 전쟁'이 장안의 화제가 되었습니다. '안 깨진다면서요….'라는 동영상 하나로 그 유튜브 채널의 구독자는 단숨에 수십만 명을 넘어섰습니다. 그로 인해 환불 소동이 벌어졌다는 이야기까진 못 들었지만, 광고를 과장하면 자칫 더 큰 역풍을 맞을 수도 있다는 것을 보여주기에는 충분했습니다.

동영상은 양날의 칼과도 같습니다. 진짜 실력과 진정성을 가감 없이 드러낼 수만 있으면 단기간에 우리를 알릴 수 있는 '최고의' 홍보 무기가 될 수 있습니다. 하지만 무리한 과욕으로 사실을 과장하고 진실을 꾸미려 들면 금세 본질이 들통나고, 원래 의도했던 것과는 정반대의 결과를 초래할 수도 있는 '위험한' 도구이기도 합니다.

어떤 용도로 어떻게 쓸 것인지는 온전히 사용자의 손에 달려 있습니다. 그리고 지금은 그런 시도가 각 방면에서 아주 다양하게 쏟아지고 있는 시기입니다. 바야흐로 동영상 춘추 전국 시대가 열리고 있습니다. 이 경주의 결승점에서 누가 최후의 승자가 될지는 모릅니다. 출발을 알리는 총성은 이미 울렸습니다.

03 비즈니스에서 동영상을 활용하는 세 가지 방법

그럼 실제 비즈니스 현장에서는 동영상 콘텐츠를 어떻게 활용할까요?

'이제는 유튜브다', '동영상이 대세다' 등 여기저기서 말들은 요란하지만 정작 동영상 마케팅이 무엇이고 어떻게 활용해야 할지 제대로 설명해주는 사람은 많지 않습니다. 비즈니스 현장에서 동영상을 활용하는 방법은 주로 다음 세 가지입니다.

> **1** 동영상을 고객 모집에 활용한다.
> **2** 동영상을 세일즈에 활용한다.
> **3** 동영상 자체를 상품으로 만든다.

각각의 방법을 좀 더 자세히 살펴보겠습니다.

동영상을 고객 모집에 활용한다

'유튜브 마케팅'이라고 하면 많은 분이 대도서관 같은 '인기 유튜버'를 먼저 떠올립니다. 그렇지만 개인이나 프리랜서, 소상공인이 유튜버 크리에이터가 되어 스타 반열에 오르기란 '하늘의 별 따기'만큼이나 어려운 일입니다. 불가능하다고 하진 않겠습니다. 하지만 엄청난 희생과 노력, 그리고 무엇보다 운이 뒤따라야 한다는 이야기를 하지 않을 수 없습니다. 당연히 시도에 비해 성공 가능성은 매우 희박하죠.

동영상을 비즈니스와 마케팅에 활용하는 방법은 사실 따로 있습니다. 실제로 동영상은 어떤 식으로든 우리가 이미 알게 모르게 사용해온 수단입니다. 이 책에서는 유튜브 구독자를 늘려 구글의 광고 수익을 나눠 먹겠다는 꿈일랑 깨끗하게 접어두고, 순전히 비즈니스를 키우기 위해 동영상을 활용하는 방법에만 집중하겠습니다.

무엇보다 동영상을 통해 가게나 상품 및 서비스의 잠재고객을 모집하거나 온라인 사이트로 유입시킬 수 있습니다. 어떻게 가능할까요? 그 원리와 작동 구조를 이해하려면 우선 고객의 '구매 여정'이 어떻게 이루어지는지 알아야 합니다.

고객의 구매 의사를 결정하는 핵심은 '체험'이다

고객은 어떠한 과정을 거쳐 상품이나 서비스를 선택할까요? 남 이야기할 필요 없이 자신의 행동부터 생각해보면 됩니다. 어떤 상품을 사려고 마음먹었을 때 원하는 상품이 딱 정해져 있지 않다면 일단 관련 상품에 대해 주변에 알아보고 찾아보는 것부터 시작할 겁니다. 찾는 도구나 방법은 사람에 따라 다르겠지만 요즘은 대개 '인터넷 검색'을 가장 먼저 시도합니다. 그것도 스마트폰 등 '모바일'에서 말이죠.

예를 들어 영어 회화를 배우고 싶다고 가정해보세요. 제일 먼저 어떤 영어 회화 서비스, 어떤 프로그램이 있는지 검색부터 시작할 겁니다. '장소는 어디인가, 인터넷 강의로 배울 수 있는가, 교재나 학습 파일이 제공되는가, 난이도는 어느 정도인가, 강사는 누구인가' 등 다양한 점을 비교하며 검색하겠죠.

하지만 막상 검색을 해봐도 거의 다 비슷한 홍보 문구에 별반 차이가 없어 보입니다. 선택을 좌우할 만한 결정적인 요소가 없으면 '수업을 직접 체험해볼 수는 없을까'라는 마음이 생기고, 체험 수업이 있다면 신청하게 됩니다. 직접 체험해보고 '이 강좌는 분위기도 좋고 직원들도 친절하고 선생님도 잘 가르치는 것 같다'고 판단하면 최종 결정을 내립니다.

핵심은 체험입니다! 어떤 상품이나 서비스의 이용 가치를 '알아볼 수 있도록' 해주는 직접 체험과 경험이야말로 고객의 구매 여정에 가장 결정적인 영향을 미친다는 사실을 절대 잊지 말아야 합니다.

동영상으로 상품 및 서비스를 간접 체험하게 한다

고객 모집을 위한 사례로 '체험 수업'을 이야기했지만, 상품이나 서비스에 따라서는 사전에 체험할 수 없는 것도 많습니다. 일부는 할 수 있다 해도 모든 상품과 서비스를 일일이 다 체험해보는 것은 시간적, 물리적으로 어렵습니다. 이때 위력을 발휘하는 것이 바로 '동영상'입니다.

동영상을 활용하면 글이나 사진보다 훨씬 더 구체적으로 많은 정보를 짧은 시간에 알려줄 수 있다는 이점이 있습니다. 앞에서 예로 든 영어 회화 강좌의 실제 수업 장면을 촬영해서 동영상으로 공개한다면 어떨까요? 수업을 보여주는 것만으로도 사람들에게 간접적인 수강 경험을 제공할 수 있죠. 수업의 질이 낮지만 않다면, 동영상 정보가 없는 강좌보다 동영상을 보여준 쪽이 선택받을 확률이 더 높아질 겁니다.

가전제품이라면 실제로 사용하고 있는 모습이나 사용법을 유튜브에 업로드해 공개하고, 사용 후기를 담은 리뷰 동영상을 만들어 업로드하는 것도 좋습니다. 많은 인기 유튜버가 제품 '언박싱(Unboxing)' 장면을 영상 제작 테마로 삼는 것도 소비자에게 간접 체험을 제공해주는 데서 생기는 '주목 효과'가 크기 때문입니다.

피트니스 트레이닝이나 필라테스, 요가, 척추교정원 같은 곳이라면 시연 동작이나 시술 장면을 동영상으로 공개하는 것도 좋을 것입니다. 이러한 동영상의 경우 직원들이 열심히 일하는 모습을 보여주거나 사장 및 점원이 고객에게 열정적인 메시지를 전하면 더욱 친밀감과 믿음을 더해줄 수 있을 것입니다.

요컨대 공개 동영상은 화장품을 판매할 때 테스트 삼아 먼저 써보게 하는 '샘플'과도 같은 역할을 합니다. 상품 및 서비스의 품질이나 가치를 미리 보여줌으로써 어떤 것을 선택하면 좋을지 고민하는 사람들을 찾고 끌어모을 때 아주 효과적입니다.

유튜브로 고객을 모으려면 더 많은 동영상을 업로드한다

체험 동영상을 만들어 업로드할 때 조심할 점이 하나 있습니다. '너무 긴' 동영상은 끝까지 보지 않는다는 겁니다. 고객 모집을 위한 동영상은 시청 후에 상담 예약 전화를 하거나 상품 상세 페이지를 방문하는 등의 반응 행동으로 이어져야 합니다. 그렇지 않으면 매출을 올릴 수 없으니까요.

그런데 후속 반응을 일으키려고 의도하다 보면 자칫 설명이 늘어지고 동영상의 길이도 덩달아 길어지게 마련입니다. 내용이 너무 길면 도중에 이탈할 가능성이 높습니다. 따라서 초기 잠재 고객을 모으기 위한 동영상은 가급적 3분 내외로 짧게 만들 것을 권장합니다.

더불어 중요한 점은 동영상의 수가 많아야 한다는 겁니다. 많은 분이 동영상 마케팅의 필요성과 중요성에 공감하면서도 시도를 못 하고 머뭇거리는 가장 큰 이유는 동영상의 '퀄리티' 때문입니다. 실제로 동영상의 질을 높이려면 동영상 편집부터 장면 전환 효과, 오디오 삽입, 자막 처리까지 해야 할 작업이 산더미입니다. 내부에 동영상 편집 인력이 따로 없으면 아예 엄두를 내지 못하는 곳이 많습니다.

결국 동영상의 질을 먼저 챙기기 시작하면 동영상 채널 운영은 시도도 못하게 됩니다. 비즈니스를 위한 동영상 채널은 단언컨대 '질보다 양'으로 시작해야 합니다. 많이 만들어 업로드하다 보면 어느 순간 자연스럽게 질도 높아집니다. 일단 시작하고 꾸준히 업로드해야 채널이 성장합니다. 일정 수준의 양이 확보되어야만 검색 결과에 나타날 수 있고, 그래야만 사람들 눈에 띌 수 있습니다.

어떻게 하면 쉽고 빠르게 많은 동영상을 만들 수 있는지 기술적인 방법은 뒤에서 설명하겠습니다. 여기서는 일단 최대한 많은 동영상이 필요하고, 그러기 위해서라도 3분 내외의 짧은 동영상을 의식적으로 많이 만들어야 한다는 점을 강조하고 넘어갑니다.

네이버 검색창에 입력되는 키워드 중 30%는 쇼핑이 목적이라고 합니다. 우리나라 인터넷 이용자 10명 중 6명이 유튜브로도 검색합니다. 이처럼 사람들이 뭔가를 사려고 할 때 가장 먼저 하는 행동이 '인터넷 검색'입니다. 만약 나 대신 내 비즈니스를 24시간 알려주는 동영상 콘텐츠가 웹에 없다면, 검색 결과에 우리 아이템이 나타날 기회는 없습니다. 구매 의사를 가진 잠재고객을 고스란히 놓치고 말겠죠. 초기 손님을 잡는 유입 단계에서 관심을 가진 잠재고객을 모집하는 데 동영상이 필수인 이유입니다.

동영상을 세일즈에 활용한다

동영상은 고객 모집뿐만 아니라 세일즈에도 유용하게 활용할 수 있습니다. 다만 '고객 모집'과 '세일즈'의 차이를 알아야 합니다. 당연한 말처럼 들리겠지만, 비즈니스를 할 때는 먼저 고객을 모아야 합니다. 사줄 고객이 없으면 상품을 판매할 수 없으니까요. 그래서 잠재고객을 모은 후에 세일즈를 시도하는 것이 일반적인 순서입니다.

과일 가게를 예로 들어보겠습니다. 길을 지나는 사람들에게 "신선한 과일이 들어왔어요! 구경하고 가세요!"라고 소리칩니다. 주목하게 해서 손님이 일단 가게 안으로 들어오게 하는 것이 고객 모집(모객)입니다. 안에 들어온 손님에게 "요즘은 딸기가 제철이라 신선해요. 오늘만 특별 할인 가격에 판매하고 있으니 기회를 놓치지 마세요!"라고 권하며 지갑을 꺼내게 하는 것이 세일즈입니다.

인터넷에서 모객과 세일즈는 어떻게 다른가

모객과 세일즈를 인터넷에서는 어떻게 실행할까요?

앞서 예로 든 과일 가게가 인터넷 쇼핑몰을 열었다고 해봅시다. 오프라인 매장과 달리 인터넷에는 사람들이 지나다닐 길이 없습니다. 심지어 이 가게가 어디에 있는지도 모릅니다. 그러니 과일을 사고 싶어 하는 사람을 찾아서 쇼핑몰로 찾아오도록 알리고 안내하는 것이 첫 번째로 해야 할 일입니다.

인터넷 쇼핑몰로 손님을 유인하는 방법은 다양합니다. 온라인 광고를 집행할 수도 있고 SNS를 통해 홍보하기도 합니다. 요즘처럼 동영상 콘텐츠를 찾는 수요가 급증할 때는 동영상을 광고에 활용하면 더 효과적입니다. 동영상 광고는 상품명이나 브랜드 또는 쇼핑몰 사이트의 URL 주소를 노출할 수 있을 뿐만 아니라 재생 도중이나 종료 화면에 쇼핑몰로 연결되는 링크를 첨부할 수 있어 노출(도달)과 클릭(유입)을 동시에 유발할 수 있는 콘텐츠입니다.

여기서 '홍보 동영상이나 광고를 클릭하게 하여 인터넷 쇼핑몰로 오게 하는 과정(유입)'이 곧 모객입니다. 쇼핑몰에 방문하면 사진이나 동영상, 매력적인 상세 설명을 담은 랜딩페이지를 보게 합니다. 이로 인해 '이곳 과일은 신선하고 맛있겠다'는 느낌을 들게 하고, 마침내 '구매하기 버튼을 클릭해 결제를 마치도록 하는 과정(전환)'이 세일즈인 셈이죠.

흔히 오프라인의 '모객과 세일즈'를 인터넷에서는 '유입과 전환'이라 부릅니다. 용어나 표현이 어떻든 고객을 모으고 판매를 일으키는 본질은 같죠. 이 과정을 최적화하여 판매를 촉진하고 매출을 극대화하는 마케팅 행동을 '프로모션'이라 부릅니다. 프로모션을 효과적으로 전개하는 데도 동영상은 매우 긴요하고 필수적입니다.

동영상으로 상품의 매력 포인트를 부각한다

온라인 세일즈에서 동영상을 활용할 때는 전화번호나 이메일 주소 같은 잠재고객의 개인 정보를 이용하여 고객에게 접근하는 게 전통적인 방법이었습니다. 요즘은 스마트폰이 일반화되어 카카오톡과 같은 메신저의 아이디가 새로운 소통 수단으로 등장했습니다. 어떤 소통 수단을 이용하든 중요한 것은 전달된 메시지가 수신자의 행동을 일으키는 데 얼마나 기여하는가 하는 점입니다.

예를 들어 생선 가게 주인이 '싱싱한 고등어'를 들여왔다고 해봅시다. 신선도가 떨어지기 전에 최대한 짧은 시간에 팔아야 합니다. 이때 고객의 구매 결심을 일으킬 수 있는 매력 포인트는 어떤 것이 있을까요?

- ✅ '오늘 아침에 잡은 신선한 고등어' → 상품의 신선도 부각
- ✅ '요즘 고등어는 기름지고 맛있다' → 계절적 맞춤성 강조
- ✅ '밥반찬으로 딱 맞춤인 고등어 요리 레시피' → 상품의 활용법 제공
- ✅ '실제로 그 고등어를 먹어본 사람들의 후기' → 다른 구매자의 리뷰
- ✅ '오늘 안에 주문하면 특별히 20% 할인' → 기간 한정 구매 특전 제공

손님의 관심을 끌 만한 매력적인 내용으로 가득 채운 동영상을 만들어 공개하기로 합니다. 이 동영상을 본 주부들은 '그래, 내일 아침 반찬은 고등어로 하자'고 생각할 것입니다. 주문하기 버튼으로 바로 구입할 수 있고, 냉장 보존된 신선한 고등어가 곧장 집으로 배달됩니다.

이때 손님이 우리 상품이나 서비스에 관심이 있거나 과거에 이미 상품을 구매한 적이 있다면 긴 동영상이라도 끝까지 시청해줄 가능성이 높습니다. 이 경우에는 10분 이상, 필요하다면 1시간 정도의 긴 동영상을 내보내도 됩니다. 일단 고객이 어느 정도 마음의 결정을 내렸고 상품에 대해 더 많은 정보를 알고 싶어 하는 전환 단계이기 때문입니다. 이때는 마음의 결정을 굳히고 안심할 수 있도록 가급적 자세한 내용을 다루는 게 좋습니다. TV 홈쇼핑은 다양한 방식으로 상품을 소개하고 활용법을 보여주면서 제한된 시간 내 주문자에게만 선물을 덤으로 얹어주고 패키지 구매를 유발시킵니다. 그러한 전형적인 판매 패턴을 주의 깊게 살펴보세요.

'세일즈 영상'과 '팬 만들기 영상'의 차이를 이해한다

세일즈에서 활용하는 동영상은 크게 '세일즈(판촉용) 동영상'과 '팬 만들기(정보 제공용) 동영상'으로 나눌 수 있습니다. 세일즈 동영상은 고객이 실제로 주문할 때 필요한 구체적인 제품 사양이나 금액, 할인 정보, 포인트 사용이나 무이자 혜택이 가능한 신용카드와 같이 세부적인 결제 방법 등을 안내합니다. 팬 만들기 동영상은 세일즈에 앞서 평소 고객과 지속적인 신뢰 관계를 형성할 때 활용합니다.

팬 만들기 동영상은 상품이나 서비스에 대해서는 직접 드러내지 않고, 고객에게 평소 도움이 되는 내용이 들어 있는 '정보성 동영상'을 말합니다. 생선 쇼핑몰을 예로 들면 맛있는 고등어 요리

레시피라든가 고등어의 영양소 구성, 고등어가 우리 몸에 좋은 이유, 고등어에 얽힌 재미있는 사연 등과 같이 쇼핑몰이 취급하는 상품과 관련된 유익한 지식이나 정보를 꾸준히 제공해줌으로써 팬으로 만드는 동영상이죠.

이런 동영상을 꾸준히 제공하면 지속적으로 받아본 사람은 '이 쇼핑몰은 내게 도움이 되는 정보를 무료로 성실히 제공해주는 믿을 수 있는 곳'이란 호감을 갖게 됩니다. 그러면 잠재고객과 신뢰 관계를 형성하고 팬으로 만들 수 있겠죠. 그렇게 신뢰 관계를 먼저 형성한 후 필요한 타이밍에 세일즈를 시도하는데, 이때 사용하는 것이 '세일즈 동영상'입니다.

세일즈 동영상에서는 상품이나 서비스를 사용함으로써 얻게 되는 특장점을 직접적으로 설명합니다. 상대를 설득해야 하므로 객관적인 의견도 필요합니다. 이때 활용할 수 있는 것이 먼저 구입한 사람들의 '후기'나 그 분야를 잘 아는 전문가의 '추천' 등입니다. 이와 더불어 특별히 더 필요한 것은 '고객의 고민을 해결해주고 싶다', '우리 물건으로 고객이 행복해졌으면 좋겠다'고 여기는 마음이 거짓 없는 진심으로 느껴질 수 있도록 하는 것입니다.

이처럼 팬 만들기 동영상과 세일즈 동영상을 적절히 잘 활용하면 전환이 이루어질 확률이 높아져 매출도 향상될 것입니다.

동영상 자체를 상품으로 만든다

동영상을 활용하는 마지막 방법은 '동영상' 자체를 새로운 상품으로 만드는 것입니다. 이것은 특히 교육 프로그램을 전달하는 전문 강사나 코치에게 아주 잘 맞는 유형으로, 사람들에게 뭔가를 가르치는 일을 하는 사람이라면 누구나 활용할 수 있습니다.

강사로 일하다 보면 교육 세미나를 종종 개최하게 됩니다. 적으면 몇만 원에서 보통은 몇십만 원대의 참가비가 곧 매출이 됩니다. 고액 세미나는 수백만 원 이상의 참가비를 받기도 하지요. 금액이 얼마든 세미나를 마치면 그 이후에는 추가 매출이 발생하지 않습니다. 이때 세미나를 동영상으로 녹화하여 판매한다면 어떨까요?

꼭 오고 싶었는데 세미나 당일에 바쁜 일이 겹쳐서 참가하지 못한 사람이나 지방에 살고 있어서 오기 어려웠던 사람이라면 기쁜 마음으로 구매할 수 있지 않을까요? 가격도 세미나 참가비보다 낮게 책정해서 판매한다면 더 좋아하겠죠. 강사 입장에서는 별도의 투자 없이 녹화 영상만으로도 수입을 추가할 수 있는 방법입니다.

세미나 동영상을 상품 특전으로 활용한다

물론 세미나에 직접 참석한 사람들이 불만을 갖지 않도록 참가자에 한한 특전을 제공해야 할 것입니다. 참석자에 한해 개별 상담권이나 다른 교육 프로그램 수강 할인권과 같은 선물을 준비하면 좋습니다. 다음 세미나를 개최할 때 이전 회차를 녹화한 세미나 동영상을 '증정본'으로 제공할 수도 있고요. 이처럼 세미나를 녹화한 동영상을 인터넷에서 판매하거나 선물용으로 활용하면 동영상 자체가 또 하나의 새로운 상품이 될 수 있습니다.

세미나를 꼭 오프라인에서 열지 않아도 됩니다. 요즘은 실시간 영상 전송 및 채팅 프로그램이 발달해서 '웨비나(Web+Seminar의 합성어)'라 부르는 생방송 시스템을 이용해 온라인 세미나를 실시할 수도 있습니다. 국토가 좁고 전국이 일일생활권인 탓인지 우리나라에서 웨비나는 그다지 활성화되지 않고 있지만, 지역이나 장소에 상관없이 참가할 수 있고 세미나 내용을 곧바로 녹화 영상으로 남길 수 있어 유용합니다.

사전에 온라인 방송 날짜를 공지하고, 유료 신청자에게만 시청 URL을 가르쳐주는 방법으로 웨비나(웹 세미나)를 개최할 수 있습니다. 이것 역시 동영상을 직접 상품으로 만들 수 있는 쉽고 효과적인 방법입니다.

TIP **유튜브 마케팅 실전 노하우** 🔍

▶▶ **온라인 상담형 비즈니스에 효과적인 동영상 마케팅 도구 ZOOM**

강사, 코치, 컨설턴트와 같이 면대면 미팅이나 회의를 통해 자신의 노하우나 지식, 서비스를 전하는 상담형 비즈니스 업종에 종사하는 분들은 이동 시간이 곧 효율과 직결됩니다. 따라서 오프라인 대신 온라인으로 미팅을 진행할 수 있으면 이동 시간을 줄일 수 있어 유리합니다. 또한 비슷한 컨설팅이 필요한 사람들일 경우에는 1:1 대신 1:N 상담으로 동시에 진행할 수 있으면 더욱 시간을 줄일 수 있어 효율적입니다.

이처럼 원격지 간 이동의 불편과 동일 주제를 개인별로 반복 상담하는 데서 오는 비효율성을 획기적으로 줄일 수 있는 도구로, 화상 채팅을 이용하는 기술과 서비스가 새롭게 등장하고 있죠. 그중 가장 추천할 만한 앱은 누구나 무료로 이용할 수 있는 온라인 회의 시스템 'ZOOM'입니다.

ZOOM은 여러 명이 동시에 실시간으로 화상 채팅을 진행할 수 있는 회의용 앱입니다. 고객 등록이 필요 없으며 동시에 수백 명까지 접속할 수 있습니다. 또한 그룹 분류 기능은 물론이고 공개, 비공개로 채팅을 분리하여 사용할 수도 있어서 원격지 그룹 화상 미팅에 매우 효과적입니다.

매출을 올리고 싶은 상담 비즈니스맨, 인터넷으로 강의나 컨설팅을 하고 싶은 컨설턴트, 전국적으로 수강생을 온라인 고객으로 얻고 싶은 강사나 코치와 같은 서비스업 종사자에게 특히 안성맞춤이죠. 온라인 회의, 온라인 세미나, 온라인 스쿨, 온라인 컨설팅과 같이 화상 채팅을 통해서 처리할 수 있는 모든 업무에 매우 효율적인 도구입니다.

앱스토어나 플레이스토어에서 ZOOM Cloud Meetings 앱을 검색하면 바로 설치하여 사용할 수 있습니다. ZOOM의 특장점은 다음과 같습니다.

- 음성과 화상이 안정적이라 국내는 물론 해외에서도 많은 사람이 동시에 접속할 수 있다.
- 여러 명이 참여해도 화면 지체 현상이 거의 발생하지 않는다.
- 수신자는 앱을 설치하지 않고 온라인 회의에 참여할 수 있어서 안내해주기 쉽다.
- 화면 및 화이트보드 공유 기능이 있다.
- 상대의 화면을 조작할 수 있으므로 온라인 레슨이 가능하다.
- 녹화와 녹음 기능으로 채팅 내용을 보존할 수 있다.
- 1:1 미팅은 무료이고 여러 명이 참여하는 단체 미팅은 40분까지 무료로 사용할 수 있다.

매장 비즈니스라도 동영상을 적극 활용한다

손님을 직접 대면하여 서비스하는 가게에서도 동영상을 자체 상품으로 만들 수 있습니다. 요가나 다이어트, 피트니스센터 같은 곳이라면 직접 고객이 찾아와야만 매출이 발생할 것이라 생각하기 쉽죠. 하지만 조금만 생각을 달리하면 고객이 직접 찾아오지 않아도 비슷한 효과를 거둘 수 있습니다.

예를 들어 '혼자 집에서 할 수 있는 명상법'이나 '허리 통증 완화 스트레칭 기술' 등의 시범 동작이나 과정을 동영상 교육 콘텐츠로 만들어 전국적으로 판매한다면 고객이 매장에 방문하지 않아도 매출을 일으킬 수 있습니다. 물론 유튜브 동영상의 범람으로 인해 경쟁이 치열한 분야라면 이러한 기초 동영상은 이미 무료로 공개된 것들이 많습니다.

이런 경우라면 일부 맛보기 동영상은 무료로 공개하는 것도 괜찮은 전략입니다. 특히 교육은 영상 속에서 드러나는 전문성과 진실성이 곧 경쟁력입니다. 맛보기 공개 영상에 신뢰를 느끼면 자연스레 매장을 찾거나 오프라인 교육 과정에도 참여하게 될 것입니다.

'보너스 동영상'의 효과를 적극 이용한다

실제 '형태가 있는' 물건을 판매할 때도 동영상을 활용할 수 있습니다. 예시로 '악기'를 판매하는 경우를 생각해봅시다. 질적인 차이가 있긴 하지만, 악기는 어디서 사든 비슷한 모양과 구조이고 연주할 때의 음색도 비슷합니다. 다른 것은 디자인이나 브랜드 정도입니다. 이처럼 형태가 있는 제품의 특장점을 내세우기 어렵다면 동영상을 활용해서 경쟁 제품과 차별화를 꾀할 수 있습니다. 앞서 이야기한 '보너스 동영상'을 덤으로 얹어주는 방법입니다.

예를 들어 기타를 처음 구매하는 사람이라면 아직 기타 연주법을 모를 가능성이 높습니다. 이때는 '초보자도 쉽게 배울 수 있는 기타 연주법' 등의 동영상을 덤으로 제공하면 좋겠죠. '기타'와 '동영상 기타 교재'를 세트로 판매하는 것과 같습니다. 고객 입장에서는 기타 살 돈으로 동영상 교재까지 덤으로 얻을 수 있는 곳을 선택할 확률이 높습니다.

동영상은 무제한 복제가 가능한 디지털 상품이다

동영상 상품의 가장 큰 장점은 제품을 추가로 만들 때 비용이 거의 들지 않는다는 것입니다. 디지털 상품은 '복제 비용'이 사실상 '제로'인 까닭에 일단 원본만 만들어놓으면 언제든 필요한 만큼 무제한 생산이 가능합니다. 추가 제작에 비용이 따로 들지 않으므로 '매출이 곧 이익'이 되는 고수익 비즈니스 모델이 파생되는 셈이죠.

보너스 동영상의 질이 높다면 누군가는 그 동영상이 갖고 싶어서 상품을 구매할 수도 있습니다. 물론 글이나 사진으로 이루어진 교재를 보너스로 줘도 효과가 있을 것입니다. 하지만 고객들은 동영상이 책보다 훨씬 더 이해하기 쉽다고 생각하여 같은 값이면 동영상에 더 매력을 느낄 가능성이 높습니다.

이처럼 동영상은 추가 생산에 대한 부담 없이 보너스로 활용하기에 안성맞춤입니다. 따라서 구매자에게 유용한 보너스 동영상을 증정하면 제품 자체로는 차별화하기 어려운 경우에 간접적으로 매출을 증가시킬 수 있습니다.

지금까지 설명한 것처럼 동영상 마케팅도 종류가 무척 다양합니다. 큰 틀에서 보면 용도에 따라 고객 모집용, 세일즈용, 자체 동영상 상품으로 구분해서 볼 수 있습니다. 결론은 하나! 개인이든 기업이든 더 이상 비즈니스와 마케팅에서 동영상을 빼놓아선 안 됩니다. 지금 바로 이 책을 통해 동영상 마케팅 방법을 제대로 배우고 익혀서 여러분의 비즈니스에 응용해보세요!

CHAPTER 02에서는 동영상 마케팅의 장점이 무엇인지 짚어보겠습니다.

실전 활용 사례 보고 01 #부동산공인중개사

매일 2~3건의 부동산 상담 문의 전화 접수,
상담 후 계약 체결 성공률 22%

▶ 신축빌라구할때
전세대백과사전 tv
계약 전 필수 시청!!

김지헌 동서남북공인중개사무소 팀장

구독자 450명 · 동영상 45개 · 조회수 26,031회

▶ 채널 정보

- **회사명 :** 동서남북공인중개사사무소
- **업종명 :** 부동산
- **채널명 :** 전세대백과사전 [골때리는 전세 tv]

▶ 채널 설명

간단하지만 일반인이 잘 모르는 부동산 실생활 상식을 중심으로, 신축 빌라 분양 및 전세 매물에 관한 홍보 동영상을 주로 전하는 채널입니다.

▶ 유튜브 도입 후 성과

매일 평균 2~3건의 상담 문의 전화를 받으며 그로 인한 계약 체결 성공률은 약 22%에 달합니다. 소개로 인한 계약 건수도 증가했습니다.

실전 활용 사례 보고 02 #부동산분양업

조회수 300만 대박,
유튜브 통한 회사 홍보 및 상담 증대 효과 확인!

부래인
효가 따라오는 사람들

 문승재 (주)부래인 대표

구독자 6,033명 · 동영상 128개 · 조회수 4,189,110회

> ▶ **채널 정보**
> - **회사명 :** (주)부래인
> - **업종명 :** 부동산
> - **채널명 :** 부래인TV – 부동산 분양상담사 전문채널

> ▶ **채널 설명**
> 회사에서 일어나는 재미난 일들과 부동산 뉴스, 직원들의 브이로그, 실제 계약 사례 등을
> 전달하는 부동산 정보 전문 채널입니다.

> ▶ **유튜브 도입 후 성과**
> 유튜브를 통해 상품 문의가 늘고 회사 홍보 효과도 확인했습니다. 조회수 약 400만 회로
> 매우 높은 홍보 효과를 보았고 상담사 이력서 접수 건은 4배 증가했습니다.

동영상 마케팅의 일곱 가지 장점

최근 들어 많은 기업이 모든 비즈니스 단위에서 '디지털 혁신'을 외치고 있습니다. 홈페이지나 블로그, SNS 채널을 운영하는 건 기본이고, 각종 추적 장치를 통해 데이터를 수집하고 분석하여 업무에 활용합니다. 이제 동영상을 마케팅 수단으로 활용하는 것이 당연한 일로 여겨지고, 온라인 마케팅 전략에서 동영상은 가장 중요한 위치를 차지하게 될 것입니다.

동영상 마케팅은 기존의 다른 마케팅 방식과 비교해 어떤 장점이 있을까요? 이번 CHAPTER 에서는 동영상의 장점을 일곱 가지로 정리하여 살펴봅니다.

> **1** 경쟁사와의 확실한 차별화를 꾀할 수 있다.
> **2** 적은 예산으로 고객을 모을 수 있다.
> **3** 자사의 브랜딩을 구축할 수 있다.
> **4** 잠재고객을 팬으로 만들 수 있다.
> **5** 동영상 자체를 상품으로 만들 수 있다.
> **6** 손쉽게 보너스 특혜를 제공할 수 있다.
> **7** 상품과 서비스를 쉽게 판매할 수 있다.

CHAPTER 01에서 대략 언급한 내용을 비즈니스와 마케팅 관점에서 재정리하는 것이므로 최대한 요점만 설명합니다.

01 경쟁사와의 확실한 차별화를 꾀할 수 있다

남들이 SNS에 머물러 있을 때 동영상 영역을 선점하라

웹사이트나 SNS를 통해 고객을 모집하고 기업 및 브랜드를 홍보하는 것은 이미 수많은 기업이 활용하는 방법입니다. 하지만 고객 모집과 세일즈에 동영상을 활용하는 기업은 아직 많지 않습니다.

여기저기서 동영상이 좋다고들 하니까 우리도 한 번 해보자는 수준일 뿐, 전략적으로 동영상 마케팅을 계획해서 체계적으로 활용하는 기업은 흔치 않습니다. 따라서 이런 시기에 동영상 마케팅 시스템을 제대로 구축하면 경쟁사와의 확실한 차별화를 꾀할 수 있을 것입니다.

경쟁사들이 블로그나 SNS로 정보를 제공하는 것에 그치고 있는데, 동영상 채널을 통해 정보를 제공하고 소통한다면 그것만으로도 차이가 드러납니다. 설령 경쟁사가 이미 동영상을 활용하고 있다 해도 당장은 그리 큰 효과를 얻지 못하고 있을 확률이 높습니다. 동영상을 마케팅에 활용할 때 필수인 검색 최적화 전략을 제대로 알고 있는 곳이 아직 많지 않기 때문이죠.

그렇다면 경쟁사와 차별화를 꾀할 수 있는 기본 전략은 어떠해야 할까요?

동영상 편집 품질보다 콘텐츠 내용을 우선하라

동영상을 마케팅 용도로 활용하는 기업이라면 대부분 외부 대행사에 의뢰하여 동영상을 제작할 가능성이 높습니다. 동영상 편집이 기술과 숙달을 요구하는 작업인 데다, 컷 편집 작업 자체가 시간과의 싸움이기 때문입니다. 외주를 맡기면 좀 더 깔끔하고 멋있는 동영상이 제작될 겁니다. 문제는 대부분의 제작사가 동영상은 잘 만들지 몰라도, 동영상 마케팅에는 초보라는 점입니다. 고객을 모으는 노하우가 없다는 얘기죠.

마케팅 관점에서 보자면 깔끔하게 잘 만든 동영상 자체는 큰 가치가 없습니다. 중요한 건 동영상의 내용, 담고 있는 '콘텐츠'가 훨씬 더 중요합니다. 마케팅을 위한 동영상의 첫 번째 목적은 '우리 콘텐츠에 관심이 있거나 필요로 하는 사람들'의 니즈(검색)에 부합하는 내용을 전달하는 데 있기 때문이죠. 즉 고객을 찾고 만나는 최초의 접점을 만드는 데 얼마나 기여할 수 있느냐가 동영상 자체의 품질보다 훨씬 중요합니다.

설령 동영상 제작 기술이 부족하여 아주 멋지게 만들지는 못했다 해도, 콘텐츠가 도움이 되는 내용이라면 얼마든지 잠재고객에게 다가갈 수 있습니다. 실제로 아무런 편집 기술도 없이 그냥 하루에 열 시간씩 고시생인 자신의 생활 모습을 생중계하거나, 어떠한 해설 한마디 없이 매일 꼬박꼬박 밥을 차려 먹고 치우는 장면만 촬영해서 올리는 채널도 있습니다. 그런데도 수만 명의 구독자가 생기는 '이해할 수 없는' 현상이 유튜브에서는 지금도 심심치 않게 벌어집니다.

중요한 건 편집 기술이 아닙니다. 이왕이면 다홍치마라고 잘 만들면 좋긴 하겠지만, 아마추어가 너무 잘 만들면 도리어 진정성과 의도를 의심받는 역효과가 발생할 수도 있습니다. 대부분의 기업이 동영상을 잘 만들려고 채널 개설을 망설이다 보니 그 틈에 먼저 시작한 기업이 어렵지 않게 선점의 이익을 누릴 수 있게 되는 겁니다.

당장 필요한 건 질보다 양, 편집 퀄리티보다 콘텐츠 퀄리티입니다. 결심하고 먼저 뛰어들기만 해도 다른 경쟁사보다 기대 이상으로 더 큰 효과를 보게 될 것입니다. 많은 기업이 속속 유튜브 대열에 합류하고 있어서 남은 시간이 그리 길어 보이지는 않습니다.

02 적은 예산으로 고객을 모을 수 있다

온라인 광고의 허와 실, 모으는 만큼 비용도 따라 오른다

'고객 모집'이란 말을 들으면 제일 먼저 뭐가 떠오르나요? 대부분 '광고'를 떠올릴 겁니다. 광고는 고객을 모집하는 데 큰 효과를 발휘하여 온라인 마케팅에서도 널리 사용됩니다. 키워드 검색 광고를 활용한 고객 유입 전략이 가장 대표적이죠.

광고가 모객 수단으로 가장 먼저 떠오르는 이유는 뭘까요? 답은 간단합니다. 돈만 내면 누구나 할 수 있는 방법이기 때문입니다. 그러면 왜 키워드 광고가 주력일까요? 그건 잠재고객이 뭔가를 찾으려고 할 때 검색창에 입력하는 '질의어'를 통해서 자신의 현재 '관심사'를 스스로 드러내기 때문입니다.

광고 기법에 대해 잘 모른다 해도 크게 걱정할 필요는 없습니다. 광고를 내고 싶으면 적당한 광고 대행사를 찾아서 키워드 광고를 위탁하면 되니까요. 알아야 할 것은 아이템과 연관된 키워드들이 얼마나 경쟁이 심한 상태인가 하는 겁니다. 그리고 그 경쟁을 감당할 만큼 광고 예산이 충분한가 하는 것뿐이지요.

길거리 전광판이든 현수막이든 지하철 포스터든 본질은 다르지 않습니다. TV CF나 온라인 배너, 디스플레이 광고도 마찬가지입니다. 어떤 매체든 돈만 있으면 대행사를 써서라도 광고를 집행할 수 있습니다. 광고의 대가로 일정한 수의 고객을 유입시킬 수 있을 겁니다. 이같이 빠르고 간단하게 잠재고객을 모을 수 있다는 점이 광고의 가장 큰 매력이라 할 수 있죠.

문제는 돈입니다. 한 시즌(2~3개월) 동안 주요 TV 프로그램에 영상 CF 광고를 내보내려면 어림잡아 제작비부터 방영권까지 적어도 20~30억 원은 준비해야 할 겁니다. 저렴하다고 알려진 인터넷 배너 광고조차 충분한 고객 모수를 확보하려면 생각보다 많은 광고비가 요구됩니다. 더 큰 문제는 그렇게 비용을 들여서 고객을 유입시킨다 해도 기대만큼 매출이 나온다는 보장이 어디에도 없다는 겁니다.

광고비 없이도 잠재고객을 유입시킬 수 있다

유튜브는 채널 운영 비용이 거의 들지 않습니다. 카메라나 마이크 등 촬영에 필요한 기자재를 마련하기 위해 처음에 어느 정도 비용은 불가피하게 들어갑니다. 하지만 동영상 제작을 외주로 맡기지 않고 자체 해결할 수만 있다면 아주 큰 비용이 들지는 않습니다. 카메라는 20~30만 원 정도의 고해상도 캠코더면 충분하고, 여차하면 스마트폰 카메라로 대체해도 됩니다. 마이크 역시 스마트폰 내장 마이크만 써도 그리 나쁘지 않습니다.

그러나 수준 높은 동영상을 제작하기 위해 촬영, 기획, 편집 인력을 직접 고용해서 운영한다면 이야기는 달라집니다. 배보다 배꼽이 더 커질 테니까요. 여기서는 어디까지나 최소 인력과 최소 장비, 최소 퀄리티로 만드는 동영상을 전제로 합니다. 편집 인력이 따로 없어 동영상 제작이 어려우면 실시간 라이브로 방송을 내보내고 녹화 버전을 업로드하는 전략을 택하는 게 훨씬 더 효과적일 수 있습니다.

어떤 전략을 선택하든 유튜브 채널과 동영상을 잘 활용하면 적은 예산 또는 무료로 숨은 잠재고객을 효과적으로 찾아낼 수 있습니다. 구독자가 늘기 시작하면 유튜브 채널 자체가 지속적으로 고객을 모으는 통로가 되어 안정적이고 빠르게 고객 유입 기반을 갖출 수 있습니다.

광고를 활용하는 것도 물론 중요합니다. 그렇지만 유튜브를 잘 이용하면 유입 고객을 증가시키는 데 들어가는 비용을 크게 절감할 수 있습니다.

구글 애즈가 제공하는 [잠재고객 타겟팅]을 더 공부하고 [리마케팅 태그]를 설치해 잠재고객 목록을 만들 수만 있으면, 불특정 다수를 상대로 광고 예산을 마구 낭비하는 일도 크게 줄일 수 있습니다. 구글 애즈와 유튜브를 연계하여 광고 예산을 최소화하고 낭비를 줄이는 구체적인 방법은 이 책의 PART 03 '유튜브 노출 광고의 모든 것'에서 더 자세히 다룹니다.

03 자사의 브랜드를 구축할 수 있다

"○○○ 하면 △△△지"라는 인식을 만들어내라

동영상을 많이 만들고 검색에 노출될 수 있도록 최적화하여 유튜브에 공개하면 좀 더 필요한 사람들에게 동영상이 노출됩니다. 이때 시청자에게 도움이 되는 콘텐츠를 제공한다면 우연히 보게 된 사람을 내 유튜브 채널의 구독자로 만들 수 있습니다. 첫 동영상에 감동과 필요성을 느낀 시청자라면 분명히 다른 동영상도 더 보고 싶어 할 테니까요. 그 뒤로 유사한 테마의 동영상을 지속해서 제공한다면 그 분야의 '전문가'로 인정받게 됩니다.

개인이든 회사든 시청자들이 전문가로 인정하기 시작하면 동영상 마케팅 목표의 절반은 달성한 거나 마찬가지입니다. 대부분의 사람은 전문가에 약합니다. 의사가 하는 말이라면 틀려도 믿게 되는 것처럼 전문가의 말이라면 일단은 믿고 따르기 마련입니다.

평범한 사람이라도 매일같이 멋있는 패션이나 코디 요령을 촬영한 동영상을 유튜브에 업로드하면 시청한 사람들은 이 유튜버를 패션 전문가라고 여기게 될 가능성이 높습니다. 이때 그가 올해 어떤 옷이 유행한다고 하면 시청자들은 그 말을 믿고 비슷한 스타일의 옷을 살 겁니다. 의류 회사 직원이나 패션 디자이너가 아니어도 상관없습니다. 매일 유튜브를 통해 따라 하고 싶은 패션을 소개하고 구독자들이 실력을 인정하기 시작하면 시청자들은 자연스레 그를 전문가로 믿고 따릅니다.

기업도 마찬가지입니다. 시청자에게 도움이 되는 영상을 통해 유익한 정보를 정기적으로 제공하다 보면 그 기업은 전문성 있는 회사로 인식됩니다. 그리고 그 '전문성' 자체가 '브랜드' 역할을 하게 됩니다. "○○○ 하면 △△△ 회사지!"라는 신뢰감이 생겨나면 해당 업계에서 일정한 브랜드를 형성하게 되는 것이죠.

유튜브 검색 결과에 우리 동영상이 나타나게 하라

말이 쉬워 브랜딩이지, 실제로 동영상 마케팅을 통해서 어느 정도의 브랜드 존재감을 만들려면 일정한 전제 조건과 '작업'이 필요합니다. 유튜브에서 업종의 대표 키워드나 주요 키워드로 검색했을 때, 검색 결과 상위(첫 페이지)에 연관 동영상으로 나타날 수 있어야 한다는 겁니다.

예컨대 회사의 브랜드명이 '커피식구'입니다. 그런데 유튜브에서 '커피식구'라는 키워드로 검색했을 때 해당 브랜드의 동영상이 하나도 안 나타나면 어떨까요? '커피식구'는 배달을 해준다는 점이 차별화 포인트입니다. 그런데 연관 키워드인 '커피 배달'로 검색했을 때 '커피식구'의 동영상이 하나도 안 나타난다면 또 어떤 상황이 벌어질까요?

온라인 브랜딩의 수준은 네이버나 구글과 같은 주요 검색 서비스의 통합 검색 결과에 관리 목표로 삼고 있는 키워드와 관련된 콘텐츠가 얼마나 상위에 나타나는지에 따라 1차로 드러납니다. 동영상 영역의 브랜딩 수준도 마찬가지입니다. 동영상 카테고리나 유튜브와 같은 동영상 전문 플랫폼에서 연관 키워드로 검색했을 때, 브랜드와 관련된 동영상이 몇 개나 노출되는지 혹은 첫 페이지(상위 목록)에 얼마나 나타나는지가 핵심 판단 기준이 될 수 있습니다.

따라서 구글의 검색 알고리즘이나 유튜브 검색 상위 노출 원리를 제대로 공부하여 적절하게 적용해야 합니다. 그렇지 않으면 기껏 고생해서 동영상을 만들어 업로드해도 잠재고객들의 검색 결과에 전혀 노출되지 않는 심각한 실책을 저지르기 쉽습니다.

특정한 키워드와 연계하여 구글이나 유튜브 검색 상위 랭킹에 동영상이 나타나게 하려면 어떤 방법으로 동영상의 제목과 설명, 태그 작업을 해야 하는지에 대해서는 이 책의 PART 02 '유튜브 검색 최적화 전략'에서 더 자세하게 설명합니다.

04 잠재고객을 팬으로 만들 수 있다

팬을 늘리려면 '팬 만들기 동영상'을 활용하라

유튜브를 잘 활용하면 잠재고객을 '팬'으로 만들 수 있습니다. '잠재고객'과 '팬'은 서로 어떻게 다른 걸까요? 흔히 가망고객(혹은 유망고객)이라고 부르는 잠재고객은 '장래에 우리 상품이나 서비스를 구입할 가능성이 있는 사람'을 가리킵니다. 팬은 '우리의 상품이나 서비스를 좋아하고 재구매하는 단골'입니다.

애플은 수많은 팬을 거느리고 있습니다. 아이폰은 전 세계의 애플 팬들이 애용하죠. 이유는 제품 자체의 품질이 좋기 때문일 겁니다. 그런데 '애플빠'라 부르는 진짜 열성 팬들은 품질과 상관없이 무조건 애플 제품을 구매하곤 합니다. '애플이 만들었다'는 이유 하나만으로 결코 저렴하다고 할 수 없는 금액을 지불합니다. 신제품이 나오면 다른 사람보다 빨리 손에 넣기 위해 발매되기 며칠 전부터 가게 앞에 줄을 서서 기다리기도 합니다.

이처럼 '○○에서 만들었으니까 산다', '○○가 권하니까 믿고 산다'고 말하는 사람들이 바로 '팬'입니다. 이것은 앞서 설명한 브랜드보다 더욱 강력한 수준입니다. '여기에서 파는 제품은 안심하고 살 수 있다'고 생각하게 만드는 것이 브랜딩이라면 '아무개가 추천하면 무조건 산다'며 믿고 따르게 하는 것이 '팬 만들기'인 겁니다.

그렇다면 유튜브를 어떻게 활용해야 이와 같은 팬을 만들 수 있을까요? 평소에 꾸준히 '팬 만들기 동영상'을 만들어 업로드하면 됩니다. CHAPTER 01에서 설명했듯이 팬 만들기 동영상은 도움이 되는 정보성 콘텐츠를 주로 담아 잠재고객에게 지속적으로 보내는 동영상을 말합니다.

예를 들어 우리가 젊은 여성을 대상으로 옷을 판매하는 인터넷 쇼핑몰을 운영하고 있고, 잠재고객에게 동영상을 내보낸다고 해봅시다. 동영상에는 '올봄에 유행하는 컬러가 들어간 봄 패션', '원피스 하나로 여덟 가지 코디를 연출하는 법'과 같이 패션에 관심이 많은 여성에게 도움이 되는 정보가 담겨 있습니다. 만약 이것이 어떤 시청자에게는 돈을 내고서라도 보고 싶었던 콘텐츠라면, 그 사람은 자신이 얻고 싶은 정보를 무료로 볼 수 있게 된 기쁨을 느낄 것입니다.

만약 이러한 동영상을 몇 개월 이상 지속적으로 시청하면 우리 인터넷 쇼핑몰에 대해 어떻게 생각하게 될까요? 아마도 우리 쇼핑몰을 좋아하게 되고 응원하고 싶어질 겁니다. 그리고 새 옷을 살 때는 가급적 우리 쇼핑몰에 와서 구매하려 할 것입니다. 그동안 좋은 정보를 아무런 대가 없이 얻었기 때문에 그 빚을 갚아야 한다는 마음이 자신도 모르게 들기 때문이죠. 친구나 지인들에게도 기꺼이 우리 쇼핑몰을 소개하지 않을까요?

팬을 만들 때는 '강매'하는 순간 실패한다

지금은 SNS로 쉽고 빠르게 정보를 공유할 수 있는 시대입니다. SNS를 잘 활용하면 제품이나 서비스를 더 빨리 더 널리 알릴 수 있습니다. 잘 아는 사람들이 늘수록 입소문이 더 많이 나겠죠.

어떤 브랜드에 열성 팬이 되면 그들은 입소문을 키우는 데 절대적인 힘을 발휘합니다. 방탄소년단(BTS)의 전 세계 팬 군단(ARMY)이 알지도 못하는 한글 노래 가사를 자기 나라말로 번역해서 SNS에 업로드하고 따라 부르는 장면을 떠올려보세요.

팬 만들기 동영상을 통해 잠재고객을 팬으로 만들 수 있지만, 한 가지 주의해야 할 점이 있습니다. 팬 만들기용 동영상에서는 상품이나 서비스를 노골적으로 드러내어 억지로 팔려고 해서는 안 된다는 것입니다. 아직 팬이 되지 않은 상태의 잠재고객은 구매를 강요당하는 느낌이 들면 오히려 반감이 생겨 떠나버립니다. 다시는 해당 동영상을 찾지 않고, 쇼핑몰에도 발을 끊게 되겠죠.

유튜브에 업로드하는 동영상은 대부분 팬 만들기용입니다. 즉 미래의 고객과 신뢰 관계를 형성하여 팬으로 만드는 것이지, 당장 상품이나 서비스를 판매하자는 게 아닙니다. 물론 이미 구매 의사가 있는 팬층이 형성되어 있다면 얼마든지 구매를 호소하는 영상을 만들 수도 있겠지요. 하지만 그런 경우라도 팬들을 위한 보너스나 특혜 요소를 추가하는 것을 잊지 말아야 합니다.

요컨대 먼저 상대에게 도움이 되는 것, 감동할 거리를 생각하여 콘텐츠를 만들어야 합니다. 인내심을 갖고 꾸준히 관계를 키워가야 비로소 잠재고객을 팬으로 전환할 수 있습니다.

05 동영상 자체를 상품으로 만들 수 있다

낱개 정보 동영상을 모아서 앨범을 만들어라

동영상은 모객이나 세일즈에 활용하는 것 외에도 그 자체를 상품으로 활용할 수도 있다고 앞서 말했습니다. 앞에서 예로 든 여성 패션 정보 동영상은 그 자체만으로도 관심 있는 사람에겐 충분히 가치 있는 콘텐츠가 될 수 있습니다.

팬 만들기 동영상은 대부분 무료로 제공합니다. 하지만 그것을 하나로 묶어 장시간의 동영상으로 만들면 '돈을 주고서라도' 갖고 싶은 사람이 있을 수 있습니다. 그만한 가치가 있는 동영상들을 모아서 장편 동영상으로 만들면 그 자체가 좋은 상품이 될 수 있다는 것입니다.

요즘은 인기가 많이 떨어졌지만, 영상의 소장 가치가 충분하다면 DVD로 만들어 팔 수도 있습니다. 특히 열성 팬들은 자신이 좋아하고 따르는 스타나 셀럽의 영상을 컬렉션으로 모아두고 싶어 합니다. 그만한 팬층이 있다면 한정판 DVD를 만들어 열성 팬들의 욕구를 채워주는 동영상 상품으로 팔 수도 있을 겁니다. 최근에는 USB 메모리의 저장 용량이 수십 기가바이트 이상으로 늘어나면서 한정판 USB를 상품으로 출시하는 경우도 적지 않습니다.

강의 동영상은 교육 동영상 전문 플랫폼을 이용하라

동영상을 상품으로 만드는 것은 강사나 코치와 같이 가르치는 일을 하는 사람들이 활용하기에 특히 좋습니다. 공개 세미나를 개최했을 때 그 모습을 촬영해서 나중에 판매해도 되고, 판매용 동영상을 기획하여 따로 제작할 수도 있습니다. 카메라 앞에서 화이트보드나 전자 칠판을 사용하여 강의하면 그 동영상을 그대로 상품으로 만들 수도 있습니다.

더욱이 동영상 상품은 한 번 만들어두면 시의성이 없어지지 않는 한 계속 판매할 수 있습니다. 게다가 디지털 상품이라 추가 생산 비용도 거의 들지 않습니다. 당연히 이익률이 매우 높습니다. UDEMY와 같이, 개인 강사나 선생님들이 만든 교육 동영상만 모아서 스트리밍 방식으로 제공하는 온라인 교육 전문 서비스 플랫폼이 국내에도 있습니다. 에듀캐스트나 에어클래스 같은 사이트를 살펴보세요. 이와 같은 교육 동영상 전문 플랫폼에 우리가 만든 영상을 유료로 업로드하면 서비스 운영 수수료를 공제하고 나머지를 수익으로 꾸준히 얻을 수도 있습니다.

이처럼 동영상은 잘만 활용하면 비즈니스에 새로운 수입원을 만들어낼 수 있는 좋은 수단입니다.

06 손쉽게 보너스 특혜를 제공할 수 있다

'덤'은 최고의 판촉 수단이다

대형마트나 집 앞 편의점에 들러 상품 진열대를 죽 한 번 훑어보세요.

1+1, 2+1, 5+1

늘 눈에 띄는 아주 익숙한 숫자들일 겁니다. TV 홈쇼핑에서도 물론이고요. 몇 개를 사면 하나를 '덤'으로 주는 건 마케팅에서 가장 오래된 기술이고 앞으로도 통할 방법입니다. 손님이 기대하지 않은 것을 추가로 얹어주는 특전 상품을 마련하면 구매 선택을 촉발하는 효과를 얻을 수 있기 때문이죠.

'노벨티(Novelty)' 상품이란 게 있습니다. 효과적인 광고를 위해서 고객에게 볼펜, 물티슈, 메모지, USB 메모리 따위의 실용적인 소품을 제공하는 것을 말합니다. 이러한 특전 혜택은 소비자의 구매 심리에 효과적으로 작용합니다.

세상에는 어디에서 사든 품질에 큰 차이가 없는 상품이나 서비스들이 많습니다. 두루마리 휴지 같은 생활용품이나 인스턴트 포장 식품, 모델 넘버가 같은 공산품을 떠올려보세요. 이러한 상품들은 어디에서 사든 품질이 같으므로 구입하는 곳이 별로 중요하지 않습니다. 매장이 집에서 가깝다거나 인터넷 최저가로 검색된 쇼핑몰이라는 이유만으로 선택되는 경우가 많지요.

하지만 같은 상품에 특별 보너스를 얹어주겠다면 어떻게 될까요? A 가게에서 사면 아무것도 안 주는데 B 가게에서 사면 예쁜 에코백을 준다면, 어차피 살 거 B 가게로 향하는 게 사람의 심리죠. 골목마다 마주보며 경쟁하는 휴대폰 대리점들이 두루마리 휴지나 라면 박스를 잔뜩 쌓아놓고 가입자 선물로 주는 것을 떠올려보세요. 눈에 띄는 선물을 보너스로 얹어주는 것이 고객을 끄는 데 실제로 효과가 있기 때문입니다.

보너스 동영상을 무료 증정하여 타사와 차별화하라

동영상을 활용하면 누구나 쉽게 이와 같은 보너스를 제공할 수 있습니다. 예를 들어 청소 용역 회사나 세탁소라면, '집에서 간단히 할 수 있는 얼룩 제거 방법', '전문가가 알려주는 다림질 노하우'와 같은 콘텐츠를 동영상으로 만들어서 제공할 수 있을 겁니다. 다른 곳에서는 주지 않거나 줄 수 없는, 특별한 노하우가 담긴 동영상을 만들어 제공한다면 그 자체가 다른 가게와 구별 짓는 차별화 포인트가 될 수 있으니까요.

프리미엄 동영상을 회원에게만 추가로 제공하거나, 회원 가입 이벤트를 통해 이메일 주소나 휴대폰 번호를 입수할 수 있으면 유튜브 동영상의 링크 주소만 복사해서 배포할 수도 있습니다. 그렇게 하면 약간의 '손품' 외에 추가 비용은 거의 들지 않습니다.

작은 선물 하나로 다른 가게에 갈 손님을 우리 가게로 끌어올 수 있다면, 더구나 그런 혜택을 제공하는 데 비용이 들지 않는다면, 아마 그보다 더 좋은 '미끼 수단'은 찾기 어려울 겁니다. 이것이 바로 디지털 동영상 콘텐츠로 보너스를 만들 때 얻는 장점입니다.

컴퓨터에 그림을 그리는 도구인 타블렛 판매점이라고 해볼까요? 같은 제조 회사, 같은 모델, 같은 사양의 타블렛일 경우 어느 가게에서 사든 성능은 똑같을 것입니다. 이때 차별화할 수 있는 포인트는 뭘까요? 기껏해야 '어느 가게가 더 저렴할까' 정도겠죠. 사람들은 곧장 최저가 검색 사이트를 찾을 겁니다.

이때 '타블렛 연결 및 사용법 동영상'을 만들어 증정한다면 어떨까요? 타블렛 같은 전문 전자

제품에는 대개 설명서가 딸려 있지만, 글씨가 작고 **빽빽해서** 읽기 힘든 경우가 많습니다. 깨알 같은 설명서 대신 동영상으로 사용법을 설명해주자는 것이죠. 이해하기 훨씬 쉬우므로 고객들은 더 좋아할 것입니다. 꼭 최저가가 아니더라도, 혹은 집에서 조금 멀더라도 이왕이면 고객들은 '사용법 동영상'을 보너스로 받을 수 있는 가게에서 타블렛을 사고 싶지 않을까요?

07 상품과 서비스를 쉽게 판매할 수 있다

동영상을 이용하면 나의 분신이 24시간 판매한다

상품이나 서비스를 판매하는 방법은 다양합니다. 방문한 고객을 직접 대면하여 판매할 수도 있고, 이메일이나 DM, 카탈로그, 우편물, 홈페이지(인터넷 쇼핑몰)를 통해 판매할 수도 있습니다. 물론 전화로 세일즈를 할 수도 있고요. 여기서 유념해야 할 것은 각각의 판매 방법이 '얼마나 잘 먹히는가' 하는 것입니다.

우리 상품과 서비스는 어떤 방법을 이용해야 더 잘 팔 수 있을까요? 사실 세일즈 방식에 따른 판매 효과 순위는 대체로 정해져 있습니다. 인터넷 쇼핑몰이 급성장하고 있지만, 여전히 대부분의 판매는 매장에 방문한 고객을 직접 대면하여 이루어집니다. 인터넷 쇼핑몰의 경우 개설하기는 쉬워도 판매를 일으키는 게 실제로는 가장 어렵습니다.

조금만 따져보면 당연합니다. 인터넷 쇼핑몰은 상품 정보를 웹에 올려두고 방문 손님을 기다리는 세일즈 형태입니다. 구매 선택권이 온전히 고객 쪽에 있습니다. 광고를 하지 않으면 쇼핑몰이 어디 있는지, 존재하는지조차 알기 어렵습니다. 반면 직접 대면하는 경우는 다릅니다. 대개 구매 의사가 있는 사람이 방문하므로 찾아온 손님의 반응을 살피면서 판매자가 주도적으로 대응할 수 있습니다. 파는 쪽이 일정한 주도권을 가지고 흥정할 여지가 있는 셈이지요.

이러한 상황이라면 인터넷 쇼핑몰은 동영상이 방문 고객의 구매 결정을 촉진하는 역할을 할 수 있습니다. 상품이나 서비스의 장점, 구매 고객의 후기, 판매자의 확신과 열정 등을 담은 '세일즈 동영상'을 적절히 활용하면 전환율을 크게 높일 수 있기 때문이죠.

세일즈 동영상의 힘이 얼마나 막강한지는 TV 홈쇼핑의 시간당 매출액과 수수료를 떠올리면 쉽게 짐작할 수 있습니다. 아이템에 따라 편차가 크지만, 통상 40~60분 동안 방영되는 프로그램 한 편에 1억 원 이상 매출을 목표로 잡습니다. 입점(송출) 수수료는 40% 이상을 요구하는 경우가 일반적이죠.

동영상을 활용하면 직접 대면보다는 못하지만 인터넷 쇼핑몰이나 DM, 메일보다는 판매가 수월합니다. 대면 판매를 하려면 매장과 점원이 필요합니다. 전화 세일즈도 콜센터 판매원을 고용해야 합니다. 당연히 공간과 인건비가 필요하죠. 하지만 동영상은 한 번 만들어 업로드해두면 그만입니다. 동영상이 나의 분신이 되어 24시간 알아서 판매하기 때문에 추가 인건비가 들지 않습니다. 덕분에 인터넷 쇼핑몰이나 이메일만으로 홍보하고 판매하는 것보다 더 쉽게 판매할 수 있죠. 따라서 인터넷으로 상품을 판매하는 회사라면 동영상 채널을 적극 활용하는 게 중요한 핵심 과제입니다.

동영상, 자주 보게 할수록 주문도 늘어난다

오프라인 매장이나 전화로 판매하는 경우라도 동영상은 효과를 발휘합니다. 세일즈에 앞서 동영상을 통해 미리 일정한 신뢰 관계를 만들어놓을 수 있기 때문이죠. 앞에서 말한 '팬 만들기 동영상'을 통해 평소 잠재고객과 접촉 횟수를 늘리는 게 핵심입니다.

사람은 접촉하는 횟수가 많을수록 상대에게 호감을 느끼게 마련입니다. 심리학에서는 이것을 '자이언스 효과' 또는 '단순 접촉 효과'라고 부릅니다. 여러 번 만난 사람이 처음 만난 사람보다 친근하게 느껴지는 원리지요. 배우자감을 고르려면 최소한 세 번은 만나보라고 하는 이유도 자주 만나야만 서로 친해지고 숨겨진 모습을 볼 수 있기 때문입니다.

그러므로 동영상을 통해 우선 접촉 횟수를 늘리고 신뢰감을 쌓은 다음에 방문을 유인하거나 전화로 세일즈를 시도하는 것이 바람직합니다. 유튜브에 동영상 채널을 만들어 운영하는 기업들이 구독자와 조회수가 별로 많지 않음에도 불구하고 상담 문의 전화를 받게 되는 여러 사례를 살펴보세요. 동영상이 보이지 않는 곳에서 우리를 대신하여 24시간 영업 사원으로 뛰고 있다는 사실을 실감하게 될 겁니다.

지금까지 크게 일곱 가지 항목으로 나누어 동영상을 마케팅에 활용할 때 어떤 장점들이 있는지 살펴보았습니다. 이 중 일부는 이미 채택하여 활용하고 있을지도 모릅니다. 하지만 안타깝게도 아직 많은 기업이 동영상의 필요성을 알면서도 제대로 활용하지 못하고 있습니다. 경쟁에서 앞서가고 싶은가요? 지금이 기회입니다! 당장 동영상 마케팅에 도전하세요!

실전 활용 사례 보고 03 #창업컨설팅업

거래처 미팅 전 사전 소개 영상 전달,
신뢰도 향상 효과로 계약 성사율 증가 체감!

정수필 창업라이프 대표

구독자 387명 • 동영상 108개 • 조회수 10,470회

▶ **채널 정보**

- **회사명** : 창업라이프
- **업종명** : 창업컨설팅(마케팅 실행사)
- **채널명** : 정수필의 창업마케팅TV

▶ **채널 설명**

온라인 마케팅 핵심 노하우 및 각종 창업 아이템 정보를 제공합니다. 소상공인과 중소기업 창업자들이 시장에서 실패하지 않고 성공적으로 뿌리내릴 수 있도록 돕는 스몰 비즈니스 창업 정보 제공 채널입니다.

▶ **유튜브 도입 후 성과**

거래처 미팅 전에 소개 영상을 먼저 전달하여 신뢰도를 높였더니 계약 성사율이 증가했습니다. 마케팅 컨설팅 전문가로 퍼스널 브랜딩 효과도 거두었습니다.

실전 활용 사례 보고 **04** #홍보서비스업

모 지역 관광공사 도내 15개 지역 축제 홍보 문의,
지자체 홍보 영상 제작 상담 증가!

 유성대 축제TV 대표

구독자 비공개 • 동영상 22개 • 조회수 3,742회

 ▶ **채널 정보**

- **회사명 :** 비전엔터프라이즈
- **업종명 :** 홍보서비스
- **채널명 :** 축제 TV

 ▶ **채널 설명**

축제 전문가가 직접 운영하는 국내 유일한 축제 전문 채널입니다. 대한민국 지역 축제에 대한 정보와 가볼 만한 전국 축제를 소개합니다. 관광객들이 쉽고 편리하게 방문할 수 있는 세부 정보와 핵심 콘텐츠를 안내하고 국내외 다양한 축제 정보를 소개하여 지역 발전에 기여하는 채널입니다.

▶ **유튜브 도입 후 성과**

모 지역 관광공사에서 도내 15개 지역 축제에 대한 홍보를 문의했으며 지자체 홍보 영상 제작 문의도 받았습니다. 지역 축제 촬영 섭외도 늘었습니다.

팬 만들기 동영상을 만드는 일곱 가지 요령

지금까지 살펴본 것처럼 동영상을 활용하면 잠재고객과 지속적으로 소통함으로써 신뢰 관계를 쌓아갈 수 있습니다. 따라서 핵심 고객층에게 도움이 되는 유익한 동영상 콘텐츠를 많이 만들어 자주 업로드하는 것이 무엇보다 중요합니다. 하지만 고객을 유입시키는 '팬 만들기 동영상'의 특성과 효과적인 동영상 제작 요령을 알지 못한 채, 닥치는 대로 만들어 업로드하는 것만으로는 큰 효과를 보기 어렵습니다.

이번 CHAPTER에서는 '팬 만들기 동영상'을 만들려면 어떤 점을 고려해야 하는지 다음 일곱 가지 요령을 중심으로 알아봅니다.

> **1** 동영상은 1~3분 정도 분량으로 짧게 만든다.
> **2** 하나의 동영상에는 하나의 메시지만 담는다.
> **3** 쓸데없는 내용은 빼고 핵심 콘텐츠만 넣는다.
> **4** 노하우는 아끼지 말고 가능한 한 모두 공개한다.
> **5** 같은 카테고리의 콘텐츠를 최대한 많이 만든다.
> **6** 동영상에 콜투액션(CTA) 요소를 꼭 넣는다.
> **7** 반응 없다고 중간에 포기하지 말고 꾸준히 업로드한다.

고개가 끄덕여지는 항목도 있지만, 꼭 그래야 할까 갸우뚱해지는 항목도 보일 겁니다. 이제 이 항목들을 강조하는 이유를 설명하겠습니다.

01 ┃ 동영상은 1~3분 정도 분량으로 짧게 만든다

1분에 400시간 분량의 동영상이 업로드되는 유튜브

고객 유입용 동영상은 타깃 잠재고객의 관심을 끌어내기 위함입니다. 즉 노출 대상 잠재고객이 우리 상품이나 서비스를 '아직 모르거나 무관심하다'는 것이 전제입니다. 어디에 있는지, 누가 제공하는 건지도 모르는 상품과 서비스에 처음부터 깊은 관심을 가지는 사람은 드뭅니다. 평소 웬만큼 인지도가 확보된 상품이나 서비스가 아니면 대부분의 신제품이나 새 브랜드는 낯설게 느껴질 확률이 훨씬 높습니다.

그런 고객은 제아무리 유익한 동영상을 만들어 제공한다고 해도 오랫동안 시청해주지 않습니다. 얼마나 가치 있는 내용이 나올지 끝까지 시청해보기 전에는 알 방법이 없기 때문이죠. 장시간의 동영상을 제공한들 원하는 메시지가 나오기도 전에 떠나버릴 겁니다.

그러므로 고객 유입용 동영상은 일단 재생 시간이 짧아야 합니다. 1~3분 정도가 적당합니다. 아직 관심이 없는 상태라 해도 1~3분 정도의 짧은 동영상이라면 '크게 도움이 되지 않더라도 일단 들어나볼까?' 하는 마음이 생길 수 있을 테니까요. 그런데 동영상의 재생 시간이 너무 길면 '쓸데없는 내용으로 귀한 시간을 낭비할 순 없지' 싶어 시청을 미리 포기하거나 건너뛰면서 대충 훑어보고 말 겁니다.

고객의 시간은 제한되어 있고, 인터넷에 동영상 콘텐츠는 차고 넘칩니다. 유튜브만 하더라도 1분 동안 400시간 분량의 동영상이 새로 업로드됩니다. 그러므로 최초에 인지도를 확보하고 우리 사이트로의 유입을 목표로 하는 동영상이라면, 가급적 짧고 임팩트 있게 일단 끝까지 볼 수 있게 만드세요. 그래야만 여러분의 메시지를 전달할 수 있는 기회를 잡을 수 있습니다.

동영상 첫 부분에 결론이나 핵심 메시지를 넣는다

주의할 점이 있습니다. 아무리 짧은 동영상이라도 무엇을 전하고자 하는지 알 수 없는 말을 주절주절 내보내면 시청자는 첫 수십 초 안에 나가버립니다. 사람은 모르는 사람을 처음 만나 대화를 시작하면 보통 3~6초 안에 첫인상을 결정짓는다고 합니다. 동영상과의 만남도 크게 다르지 않습니다. 시청자는 대개 처음 시작하고 10~15초 안에 그 동영상의 좋고 나쁨과 필요 여부, 계속 볼지 말지를 판단합니다.

아마 여러분도 경험했을 겁니다. '뭐 재밌는 동영상이 없을까' 하고 유튜브에 들어가 이것저것 훑어보고, 처음 몇 초 동안 보다가 금세 다른 동영상으로 옮겨갔던 경험 말입니다. 인터넷 서핑이라는 말이 있는 것처럼 '유튜브 서핑'을 하는 것이죠.

이처럼 시청자는 매우 짧은 순간에 동영상을 평가하고 볼지 말지를 판단한 후, 곧바로 다른 동영상이나 사이트로 이동합니다. 따라서 아무리 유익한 내용을 담고 있다 해도 결론이나 메시지를 바로 알 수 없는 동영상이라면 계속 보게 하기가 어렵습니다.

고객 유입용 동영상은 시작 부분에 그 동영상의 취지나 결론, 최종적으로 전하고자 하는 메시지를 명확히 담아야 합니다. 자세한 설명은 뒤에 해도 늦지 않습니다. 시청자가 '아! 이 주제는 내가 관심 있는 거구나', '들어두면 도움이 될 것 같은데' 하는 마음을 시작 부분에서 느껴야 합니다. 그래야만 '시간 낭비는 아닐 거야' 하는 마음이 들어 끝까지 보게 됩니다.

동영상 첫 부분에서 시청자가 얻게 될 이익을 설명한다

거듭 강조하건대 초기 잠재고객을 잡기 위한 동영상은 '두괄식'으로 구성하세요! 이때 효과적인 방법은 동영상 첫 부분에서 그 동영상을 끝까지 볼 경우 시청자가 얻게 될 이익을 미리 일러주는 것입니다. 예를 들면 '이 동영상에는 ○○하는 방법 몇 가지가 들어 있습니다' 또는 '이 동영상을 보면 당신도 ○○를 할 수 있게 될 것입니다'와 같은 내용을 넣는 것입니다.

이와 같은 기본 공식을 충실히 잘 지키는 사례로, 유튜브 〈단희TV〉 또는 〈MKTV 김미경TV〉 채널에 올라오는 동영상을 참고해볼 만합니다.

동영상 대부분이 처음 시작하는 30초에서 1~2분 이내에 각 동영상이 담고 있는 주제와 전달하려는 내용을 밝히고, 끝까지 보고 나면 시청자들이 무엇을 얻을 수 있을지 미리 알려줍니다. 이렇게 영상 초반에 시청자가 얻게 될 이득을 명확히 설명해주면 10분 이상의 긴 동영상도 많은 조회수가 발생하는 것을 볼 수 있습니다.

02 하나의 동영상에는 하나의 메시지만 담는다

고객 유입용 팬 만들기 동영상의 길이는 1~3분 정도로 짧게 만드는 게 좋다고 했습니다. 하지만 진지하게 비즈니스에 임하는 사람일수록 잠재고객에게 전하고 싶은 메시지가 많을 수밖에 없을 겁니다. 따라서 이 경우 바람직한 해결책은 '하나의 동영상에는 하나의 메시지만 담는다'는 원칙을 지키는 겁니다.

이 원칙을 지키라고 하는 이유는 두 가지입니다. 일단 1~3분이라는 시간 제약 때문에 물리적으로 많은 양의 메시지를 담을 수 없습니다. 그리고 한 동영상에서 여러 메시지를 전달하려 들면 주제와 취지가 모호해져 인상 깊은 동영상이 될 수 없습니다.

건강식품 관련 동영상을 예로 들어보겠습니다. 만약 '식사, 운동, 보조식품 활용법'을 하나의 동영상에서 몽땅 다룬다면 어떤 상황이 벌어질까요? 시청자는 '그래서 뭐가 더 중요하다는 거야?' 하는 의문이 생기고, 나중에 다시 떠올려도 '그냥 건강과 관련된 일반적인 내용이었다'고 기억할 겁니다. 결과적으로 아무런 깊은 인상도 남기지 못하고 고객 유입을 일으키는 데 효과를 보지 못할 가능성이 높습니다.

모처럼 동영상을 만드는데 많은 내용을 담고 싶은 마음이 들 수 있습니다. 하지만 내용을 추리고 골라서 가장 중요한 메시지 하나만 뽑아야 합니다. 하나에 담기 어려울 때는 동영상을 여러 개로 나누는 게 좋습니다. 동영상을 여러 개로 나누어 만들면 그만큼 콘텐츠의 개수가 늘어나게 되니까 '일석이조'입니다.

고객 유입용 동영상은 꼭 하나에 한 가지 메시지만 담는 것을 기억하기 바랍니다.

03 쓸데없는 내용은 빼고 핵심 콘텐츠만 넣는다

알맹이 없는 콘텐츠는 아무도 보지 않습니다. 그런데 동영상의 개수를 늘리라니까 별 내용도 없는 동영상을 마구 찍어 숫자만 늘리는 경우가 종종 있습니다. 하지만 그것은 오히려 역효과를 부릅니다. 시청자는 '이 채널의 영상들은 별 도움이 안 되겠구나. 아까운 시간만 허비했으니 다음부터는 보지 말자'고 결심할 겁니다. 그러면 시청자는 점점 줄어들고, 고객을 유입하긴커녕 이탈시키는 무의미한 동영상만 쌓이게 될 것입니다.

시청자 입장에서 생각하면 지극히 당연한 결과입니다. 그런데도 이러한 점을 제대로 이해하지 못해서 개수만 많으면 좋을 거라 생각하고, 무의미한 동영상을 만들어 업로드하는 치명적인 실수를 반복하는 사람들이 있습니다.

물론 '누구나 다 많은 동영상을 만들 수 있는 건 아니지 않은가' 하고 되묻고 싶을 수도 있습니다. 그러나 비즈니스에 진지하게 임하는 사람이라면 고객과 나눌 수 있는 좋은 내용의 콘텐츠를 충분히 갖고 있는 경우가 많습니다. 단지 어떤 내용이 잠재고객에게 도움이 될 수 있는지 몰라서 좋은 정보를 활용하지 못하곤 합니다.

아는 것을 모두 다 공개해서 더 내줄 게 없다면 책을 읽거나 공부하여 새로운 콘텐츠를 만들면 됩니다. 그 정도 노력도 없이 자신은 지식도 재능도 없다고 한탄만 하고 있다면 애초에 고객을 상대하는 비즈니스와는 맞지 않는 사람일 수 있습니다.

특히 페이스북이나 카카오톡 메시지 창을 보면 가끔씩 동영상을 불쑥불쑥 라이브로 올리고, 이것을 녹화 영상으로 남기거나 '함께 시청하기'로 친구들을 초대하는 사람들이 있습니다. 나에게는 의미가 있지만, 다른 사람에게도 필요한 내용인지는 신중하게 고려하여 초대나 중계 여부를 판단하기 바랍니다. 필요하지 않거나 시청할 가치가 없는 내용의 동영상은 차라리 만들지 않는 게 낫습니다.

고객 유입을 위한 동영상은 짧아야 하기 때문에 쓸데없는 내용을 주절주절 담을 여지가 없다는 것을 기억해두어야 합니다.

04 노하우는 아끼지 말고 가능한 한 모두 공개한다

잠재고객의 관심을 끌고 유입을 일으킬 목적의 동영상에서는 자신만의 비밀 팁이나 노하우를 최대한 공개하는 게 좋습니다. 많은 수의 콘텐츠를 만들어야 하므로 사실 이것저것 숨기고 아낄 여유 따위는 없습니다. 그런데도 의아스러워하면서 이렇게 되묻는 사람도 있을 것입니다.

"뭐라고요? 고객을 모을 생각이니까 유용한 콘텐츠를 제공하라는 건 알겠어요. 하지만 우리 비즈니스의 핵심 내용을 무료로 공개하면 정작 우리 상품이나 서비스는 판매할 수 없게 되는 것 아닌가요? 도리어 우리의 경쟁자만 늘리는 꼴이 될 것 같은데요."

특히 무언가를 가르치는 일을 하거나 전문 지식 서비스를 제공하는 업종인 경우에 이런 고민을 많이 합니다. 하지만 그 점은 크게 염려할 필요가 없습니다. 왜 그런지 예를 하나 들어 설명해보겠습니다.

과외 선생님이 수업받을 학생을 모으기 위한 용도로 동영상을 만든다고 해보겠습니다. 이를 위해 수업 내용의 일부를 촬영하여 '맛보기' 동영상으로 무료 공개하고, 그 동영상에 "수업을 더 듣고 싶으면 '개인 지도'를 신청해주세요"라는 메시지를 남긴다면 어떨까요?

이런 방법으로는 고객을 모집하는 효과가 생각처럼 크지 않을 것입니다. 너무 흔히 볼 수 있는 방법입니다. 대형 마트의 '시식 코너' 같은 셈이죠. 물론 맛보기 영상만으로도 실력이 전달되어 신청자가 생길 수도 있겠지요. 하지만 남들도 다 하는 정도라면 시청자는 크게 감동하지도 깊이 신뢰하지도 않을 겁니다.

동영상이 진짜로 고객을 끌어들이는 효과를 발휘하려면 시청자를 감동시켜 진정성을 느끼게 해야 합니다. 가지고 있는 공부 노하우를 모두 아낌없이 공개한다면, 학생이나 그 가족은 이런 내용을 몽땅 무료로 제공해주는 것에 감동하여 신뢰감을 느낄 것입니다. 그 결과 비로소 개인 지도 신청이 들어오게 됩니다. 유튜브에서 강사들이 자신만의 노하우를 공개하여 인기를 얻고, 댓글로 개인 과외 요청을 수시로 받는 것을 많이 보았을 겁니다.

또한 동영상을 통해 공부 방법을 모두 공개한들 단지 동영상을 보는 것만으로 학생의 성적이 눈에 띄게 나아질 거라 기대하기는 어렵습니다. 동영상만으로 공부를 대신할 수 있는 학생이라면 다른 교재나 서비스를 통해서도 충분히 독학할 수 있을 터라, 개인 과외는 필요하지 않을 가능성이 높습니다. 그러므로 직접 학생의 수준에 맞춰 가르침으로써 '지망 학교에 합격한다'는 목표까지 이끌어 나갈 수 있다는 점을 충분히 보여주어야 합니다. 그래야 비로소 과외 수업을 신청하는 사람이 나타날 겁니다. 즉 '상대방의 수준에 맞는' 서비스를 제공하는 것이야말로 과외 서비스의 핵심인 것이죠.

요컨대 노하우를 전부 공개해도 비즈니스는 결코 타격을 입지 않습니다. 오히려 더 빨리 성장할 겁니다. 팁과 노하우를 아끼지 말고 공개해보세요!

05 같은 카테고리의 콘텐츠를 최대한 많이 만든다 ⋮

고객을 유입시키기 위한 동영상은 가급적 짧은 분량으로 핵심 콘텐츠만 담아 최대한 많이 만들어야 합니다. 다만 그렇다고 해서 내용을 가리지 않고 아무거나 마구잡이로 만들어서는 안 됩니다. 같은 주제, 같은 카테고리의 콘텐츠를 최대한 많이 만들어 자주 업로드하는 게 좋습니다. 그래야 '이 사람은 이 업계의 전문가구나' 하는 인식을 심어줄 수 있고, 그래야 비로소 동영상이 주는 '브랜딩' 효과를 실감할 수 있습니다. 특정 분야의 전문가로 인식되면 생각지도 않게 많은 사람이 상담해올 것입니다. 상담 요청을 받게 된다는 건 시청자들 사이에서 믿음이 생기고 있다는 증거입니다. 이는 곧 잠재고객이 늘어나고 있다는 뜻이기도 합니다.

예를 들어 앞서 말한 과외 선생님의 경우 공부나 수험 정보 관련 콘텐츠를 다룬다면 문제가 없습니다. 그런데 갑자기 연애나 운세 등 자신의 비즈니스와는 전혀 상관없는 내용을 함께 다룬다면 이야기가 달라집니다. 무엇보다 중요한 점은 '관심을 가질 만한 잠재고객에게 도움이 되는 내용'을 다루어야 한다는 점입니다. 과외 선생님이라면 공부나 수험 정보에 관한 콘텐츠를 다루어야 합니다. 건강식품 판매 회사라면 식사나 운동, 질병 등과 같이 건강과 관련 있는 내용을 다루어야 합니다.

앞서도 이야기했듯이 같은 주제를 일관되게 고수하며 유튜브에 관련 동영상을 최대한 많이 자주 업로드하는 것은 그 분야에서는 '누구에게도 뒤지지 않는 전문가'라는 메시지를 내보내는 행동입니다. 이것은 회사 또는 개인을 브랜딩하는 데 큰 도움이 된다는 점을 잊지 마세요!

06 동영상에 '콜투액션(CTA)' 요소를 꼭 넣는다

동영상 끝부분에 우리가 원하는 행동을 요구한다

블로그의 게시글이나 SNS 게시물도 마찬가지지만, 특히 동영상을 만들 때 '콜투액션(CTA)'의 필요성과 중요성은 아무리 강조해도 지나치지 않습니다.

'콜투액션(CTA, Call To Action)'이란 특정 게시물이나 동영상을 본 사람이 했으면 하는 '후속 반응 행동'을 뜻합니다. 예컨대 모객용 동영상을 시청한 사람이 홈페이지나 쇼핑몰에 방문하기를 원한다면 시청자에게 홈페이지로 방문해 달라고 이야기하고 "지금 클릭하세요"라고 직접 촉구하는 것입니다.

시청자에게 추가 설명 자료를 제공함으로써 연락처를 얻고 싶다면 "더 자세한 내용을 알고 싶다면 아래 링크를 클릭하여 자료를 신청하십시오"라고 말하면 됩니다. 이메일 주소를 얻고 싶다면 "관심이 있으면 다음 양식에 이메일 주소를 남겨주세요"라고 이야기하고, 전화 상담을 원하면 "아래 번호로 지금 전화주세요"라고 직접적으로 말하면 됩니다.

응답을 강요하지 말고 참여자에게 보너스를 준다

콜투액션에 대해 '직접적으로 행동을 요구하는 것은 너무 뻔뻔한 것 아닌가' 하고 생각할 수 있습니다. 일리가 있는 염려입니다. 실제로 과도한 행동 요구는 시청자에게 심리적인 부담을 주어 오히려 역효과를 일으킬 수도 있으니까요.

콜투액션을 삽입할 때 특히 주의해야 할 점은 상대에게 '부담되지 않는 수준'의 행동을 요구해야 한다는 것입니다. 특별 혜택이나 반대급부도 없이 이름이나 전화번호 같은 개인 정보를 요구해서 상대가 심적 부담을 느끼게 되면 그 시점에 곧바로 이탈해버릴 수도 있기 때문이죠. 무엇보다 비용이나 큰 노력 없이 쉽게 할 수 있는 행동을 촉구하는 게 좋습니다. 무료라고 하면 금전적인 부담이 없기 때문에 이탈할 확률이 줄어듭니다.

제일 중요한 건 절대 '강요'로 느끼게 해서는 안 된다는 점입니다. 이 단계에서는 '더 많은 유용한 정보를 무료로 증정한다'는 메시지를 전달하는 데만 집중하세요.

또한 콜투액션에 '보너스'를 추가하면 원하는 반응 행동을 일으킬 가능성이 커집니다. 무료인 것만으로도 매력적인데 특별 보너스까지 추가하면 거절할 수 없는 제안이 될 수 있으니까요. 이때 특별 보너스를 '추가 동영상 제공'으로 하면 비용도 거의 발생하지 않으니 일석이조입니다.

예를 들어 "자료를 신청하는 분들께 12시간짜리 수업 동영상을 덤으로 드립니다"라고 할 수 있습니다. 디지털 동영상을 보너스로 제공하면 아무리 추가로 배포해도 비용이 발생하지 않으므로 부담이 없습니다. 고객 입장에서는 무료인데다 특별 동영상을 덤으로 받는 셈이니 거절할 이유가 없죠. 자료를 신청할 가능성이 한층 더 높아집니다.

'행동 유도용 동영상'을 만들어 적절하게 보여준다

자료 청구나 이메일 뉴스레터 신청, 전화 상담 신청과 같이 우리가 원하는 행동을 취하려고 시청자가 '신청 접수 페이지(랜딩페이지)'에 들어올 때, 상품이나 서비스에 대해 더 자세한 내용을 담은 영상을 추가로 보여줄 수 있습니다. 이때 보여주는 동영상을 '콜투액션(행동 유도) 동영상'이라 부릅니다.

예를 들어 고객이 자사의 이메일 뉴스레터를 받아 보길 바란다면 고객이 이메일 주소를 등록할 때 얻는 이득을 자세히 설명하세요. 그리고 동영상의 끝부분에 "아래 양식에 이메일 주소를 등록하여 지금 바로 세미나 동영상을 받으세요"라고 행동을 다시 촉구합니다. 이렇게 행동을 촉구하는 것과 하지 않는 것은 결과에 많은 차이가 발생한다는 것이 수많은 사례로 입증되고 있습니다.

콜투액션 동영상은 꼭 짧을 필요가 없습니다. 내용이 짧으면 행동을 취했을 때의 혜택을 모두 전달할 수 없으므로 길어지는 게 오히려 당연합니다. 물론 너무 길어지면 중간에 이탈할 수 있겠죠. 하지만 이미 짧은 모객용 동영상을 보고 들어온 사람이 다음 단계에서 추가로 보는 것입니다. 관심과 흥미를 가진 상태로 들어온 만큼 끝까지 볼 가능성이 높습니다. 따라서 콜투액션 동영상은 10~30분 길이나 그 이상으로 만들어도 무방합니다.

콜투액션 동영상을 활용하는 방법은 크게 두 가지입니다.

첫째, 모든 모객용 동영상에 콜투액션 영상으로 넘어가는 '링크'를 삽입하는 것입니다. 짧은 길이의 첫 동영상을 본 사람을 콜투액션 동영상으로 유도하기 위해 동영상 중간이나 종료 화면에 콜투액션 동영상으로 연결되는 링크를 걸어둡니다. '더 자세한 내용을 보려면 클릭하세요'와 같은 문구로 링크를 클릭하도록 유인합니다.

둘째, 이메일 뉴스레터나 자료 다운로드 신청 페이지에서 콜투액션 동영상을 '바로 재생'하는 방법입니다. 보통 신청 페이지에는 설명 글이나 사진만 들어있는 경우가 많습니다. 여기에 콜투액션 동영상을 삽입하여 바로 재생할 수 있게 하면 이를 본 사람은 반응 행동을 취할 확률이 더 높습니다. 웹페이지나 블로그에 동영상 '퍼가기' 소스를 복사해서 게시하거나 SNS 게시물에 첨부할 경우 효과적입니다.

07 중간에 포기하지 말고 꾸준히 업로드한다

유튜브 신규 채널, 90% 이상이 3개월 안에 포기한다

동영상을 이용하여 고객과 만날 수 있는 접점을 만들고, 유입을 일으키고자 채널을 개설하여 동영상을 업로드할 때 가장 먼저 겪게 되는 고비가 있습니다. 애써 촬영하고 편집하여 겨우 업로드하긴 했는데 정작 아무도 봐주지 않는 겁니다. 채널 구독자가 느는 것은 고사하고 기껏 업로드한 동영상의 조회수가 불과 수십 회도 안 나옵니다.

안타깝지만 어쩌면 그게 당연합니다. 널리 알려진 스타나 연예인급 지명도가 있다면 모를까 이름도 처음 듣는 업체에, 브랜드명도 생소한 신제품이라면 무엇을 더 기대하겠습니까. 주변

친구들이나 SNS 지인들에게 손품, 발품 팔아서 동영상 링크 주소라도 열심히 퍼나르면 그나마 얼마간 조회수가 올라갈 수는 있겠지요.

하지만 볼거리가 차고 넘치는 세상입니다. 도달 광고를 따로 집행하지 않는 한 SNS와 메신저를 아무리 동원해도 불과 수백 회의 조회수도 기록하기 어려운 게 냉정한 현실임을 실감하게 될 겁니다. 이때 씁쓸한 허탈감을 느끼게 되죠. 이게 뭐 하는 짓인가 싶어 스스로 초라해집니다. 역시나 편집을 제대로 못하면 봐줄 사람도 없구나 싶어 동영상 편집을 더 배워야 하나 고민이 깊어집니다.

하루 이틀이면 그래도 견뎌 보겠는데, 한 달, 두 달이 지나도록 구독자 수도 제자리이고 비즈니스에 어떤 변화도 보이지 않는 상황이 지속될 수도 있습니다. '역시 나는 안돼' 싶은 마음에 동영상 채널 활동을 접으면 거기서 끝입니다! 많은 개인과 기업이 유튜브를 의욕적으로 시작하지만, 90% 이상이 3개월을 넘기지 못하고 접는다는 통계도 있습니다.

꾸준히 지속하면 양이 질로 바뀌는 시점이 온다

실제로 유튜브에서 동영상이 누군가에게 주목받고, 채널이 특정 카테고리에서 안정적으로 자리잡게 하는 건 결코 쉽지 않은 일입니다. 그럼에도 불구하고 꾸준히 성실하게 버티는 사람에게 분명히 보상이 돌아오는 게 동영상 콘텐츠의 특징입니다.

이 책의 곳곳에서 제시한 사례들을 살펴보세요. 채널 구독자나 특정 동영상의 조회수가 많아서 성공한 사례는 좀처럼 찾아보기 어렵습니다. 대다수가 꾸준히 올리다 보니 어느 날 갑자기 어디선가 연락이 오고, 상담 전화가 걸려 오고, 주문이 일어난 사례입니다.

다시 한 번 당부하지만, 당장 반응이 없다고 절대 중간에 포기하지 마세요. 하루하루 반응에 일희일비하지 말고 꾸준히 지속하세요. 동영상은 일정한 수량이 축적되어 웹상에 존재감이 생기기 전까지는 검색 결과에 아예 나타나지 않을 수도 있습니다.

이 책의 PART 02에 서술한 유튜브 검색 최적화 전략과 방법을 익히고, PART 03에 설명한 타깃 광고 활용 요령을 잘 배워 활용하면 초기의 '무반응 기간'을 최소로 단축하는 데 많은 도움이 될 것입니다. 하지만 원리나 이론을 제아무리 열심히 공부해도 저절로 결과가 나오진 않습니다. 반응이 있든 없든 상관 말고 동영상을 한 개라도 더 만들어 꾸준히 올리는 노력을 게을리하지 마세요.

세상의 어느 누구도 우리를 봐주지 않는 것 같은 '싸늘한 침묵'을 묵묵히 이겨내고 버티는 인내심이 꼭 필요합니다. 어쩌면 이것이 잠재고객의 유입을 일으키기 위해 효과적인 동영상을 만들고 유튜브 채널을 운영하는 데 있어 가장 중요하고 잊어서는 안 될 요령일 것입니다.

일곱 번째가 아니라 첫 번째로 필요한 원칙과 믿음, 그것은 바로 이 한마디입니다!

"꾸준히 올려라. 어느 순간 양이 질로 바뀔 것이다!"

실전 활용 사례 보고 05 #실내인테리어설계

유튜브 동영상 20회 미만의 조회수만으로
피부관리실 인테리어 1억 공사 수주!

박태준 (주)디노디자인그룹 대표

구독자 비공개 · 동영상 111개 · 조회수 18,682회

> ▶ **채널 정보**
> - **회사명** : (주)디노디자인그룹
> - **업종명** : 병원인테리어
> - **채널명** : 병원인테리어

> ▶ **채널 설명**
> (주)디노디자인그룹은 '공간 속의 깊이와 아름다움을 구현한다'는 가치로 모든 작품에 새로운 디자인 개념을 도출하여 다른 형식의 공간 표현을 지향하는 실내 건축가 집단입니다. 20년 이상 경륜으로 축적된 병원 전문 인테리어 노하우를 채널에서 제공합니다.

> ▶ **유튜브 도입 후 성과**
> 피부관리실 인테리어 동영상으로 1억 원 규모의 공사를 수주받았습니다. 유튜브를 통해 문의를 받아 병원 인테리어 공사 계약이 다수 성사되어 진행 중입니다.

실전 활용 사례 보고 06 #홍보서비스업

미국, 중국, 일본 거주 한인들의 상담 요청 증가로
개인 라이프 코칭 매출 10배 상승!

high light my life 나답게, 풍요롭게
코어 & 끌어당김

코어&끌어당김밴드

 소피 코어앤끌어당김 대표

구독자 3,213명 • 동영상 139개 • 조회수 266,263회

▶ 채널 정보

- **회사명** : 코어앤끌어당김
- **업종명** : 자기계발, 잠재의식교육, 코칭, 강의
- **채널명** : 소피의 끌어당김의법칙

▶ 채널 설명

끌어당김의 법칙, 잠재의식, 내면의 자신과 연결하여 원하는 인생을 살기 위한 방법과 노하우를 공유합니다. 현재의식, 잠재의식, 초의식을 일치시키는 훈련을 통해서 돈, 인간 관계, 행복, 건강 등 인생에서 원하는 것을 현실에서 경험할 수 있도록 도움을 주는 채널입니다.

▶ 유튜브 도입 후 성과

네이버 밴드 회원 가입자 3,000명 중 연회원 200명의 멤버십을 구축했습니다. 대학, 기업의 강연 의뢰와 미국, 일본, 중국 거주 한인들의 상담 요청이 증가하여 매출이 10배 상승했습니다.

매장 비즈니스에서 동영상 활용법

흔히 '동영상 마케팅'이라고 하면 가장 먼저 온라인과 유튜브를 먼저 떠올립니다. 그러나 오프라인 매장이라고 해도 동영상이 불필요하거나 쓸모없지 않습니다. 오히려 매장을 잠재고객에게 제대로 알리고 노출시키기 위해서라도 적극적으로 동영상 마케팅을 활용해야 합니다.

이번 CHAPTER에서는 자영업자가 많은 업종의 매장 비즈니스에서 동영상을 활용하여 고객을 발굴하고 유인하는 효과적인 방법에 대해 함께 알아봅니다.

01 유튜브 채널을 만들고 매일 영상을 업로드한다

음식점이나 미용실, 휴대폰 대리점, 옷 가게, 화장품 가게, 학원, 병원 등 우리 주변에는 다양한 업종의 매장이 있습니다. 거리에 나서면 수많은 매장에서 지나가는 고객을 불러 세우기 위해 끊임없이 노력합니다. 하지만 열심히 일하는 모든 곳이 장사가 잘되는 것은 결코 아닙니다.

매일 예약이 가득 차고 손님이 끊이지 않는 가게가 있는가 하면, 손님을 찾지 못해 생각만큼 매출이 오르지 않는 가게도 많습니다. 돈을 잘 버는 가게는 광고비를 쓸 수 있는 여력이 생겨 손님이 더 많아집니다. 하지만 돈을 잘 벌지 못하는 가게는 광고비에 투자할 여유가 없어 손님을 모집하기 위한 수단을 찾기가 어렵습니다.

동영상 마케팅을 활용하면 광고 예산이 없는 가게에서도 비용을 크게 들이지 않고 효과적으로 잠재고객을 모을 수 있습니다. 그렇게만 된다면 무엇이든 못할까 싶은 분들을 위해 매장에서 시도해볼 수 있는 동영상 마케팅 방법을 살펴봅니다.

가능한 한 많이 만들고 자주 업로드한다

먼저 동영상 마케팅, 특히 유튜브를 통해 잠재고객을 발굴하고 모집하기 위한 기본 원칙은 '짧은 동영상'을 '최대한 많이' 만들어 업로드하는 겁니다. 일단 동영상의 수가 많아야 절대적인 노출 기회가 늘어납니다. 그래야 누군가의 눈에 띌 수 있고 고객을 발굴할 수 있는 접점도 늘어납니다.

유튜브는 구글의 자회사입니다. 덕분에 유튜브에 업로드한 영상은 상대적으로 구글 검색 결과에 잘 반영됩니다. 동영상이 노출될 가능성이 높아진다는 뜻이죠. 그러므로 매일 꾸준히 업로드할수록 동영상의 개수가 늘어나고, 검색 결과에 노출될 확률도 함께 높아집니다.

여기서 한 가지, 꼭 '짧은' 영상이어야 하느냐에 대해서는 논란의 여지가 많습니다. 예전에는 유튜브가 인기 동영상을 찾는 랭킹 알고리즘에서 조회수의 중요도가 상대적으로 컸습니다. 하지만 지금은 동영상의 실질적인 '시청 체류 시간'과 '노출 대비 클릭률'을 더 중요한 요소로 삼고 있습니다. 따라서 엄격히 말하자면 '길이가 짧은' 영상보다는 '오래 시청할 수 있는' 영상을 만드는 게 더 중요합니다. 중간에 이탈하지 않고 오래 지켜보는 영상일수록 시청자가 보고 싶은 내용을 충실히 담고 있다고 간주할 수 있기 때문이지요.

다만 동영상 검색 결과에 노출될 기회를 늘리려면 기본적으로 일정한 개수 이상의 동영상이 필요합니다. 제한된 동영상 제작 자원을 감안하면 하나의 긴 동영상보다 짧아도 여러 개의 동영상을 만드는 것이 검색 노출에 더 유리할 수 있습니다.

어떤 전략을 취하든 재생 시간이 긴 동영상이라도 많은 사람이 시청을 오래 유지할 경우 상위 노출 랭킹 지수가 높아지므로 동영상의 길이는 부차적인 요소라는 점을 이해하는 게 중요합니다.

질보다 양, 스마트폰 카메라와 모바일 편집 앱으로 시작하라

요즘은 스마트폰 카메라만 이용해도 쉽고 빠르게 동영상을 촬영할 수 있습니다. 키네마스터 같은 모바일 영상 편집 앱을 이용하면 몇십 분만 투자해도 기본적인 영상을 뚝딱 만들어 업로드할 수 있습니다.

이왕 동영상으로 가게를 홍보하고 손님을 모아볼 결심을 세웠다면, 무슨 일이 있어도 '매일 한 개'의 동영상을 올린다는 목표를 세우고 도전하길 권합니다. 일단 양을 채우기로 작정하고 시작하면 동영상의 품질은 나중에 자연스레 따라오게 됩니다. 절대 처음부터 질 높은 동영상을 만들려고 애쓰지 마세요. 아마추어가 동영상 품질을 먼저 따지기 시작하면 동영상 채널 운영은 평생을 기다려도 어렵습니다.

잊지 마세요. '매일 한 개씩' 꾸준히 만들고 업로드하는 것이 가장 중요합니다!

TIP 유튜브 마케팅 실전 노하우 🔍

▶▶ 유튜브 동영상, 몇 개를 얼마나 자주 업로드하는 게 좋을까?

동영상은 적어도 하루에 한 번, 가능하다면 두세 번 정도 업로드하는 것이 좋습니다. 하루 한 개도 쉽지 않은데, 너무 어렵다고 생각할 수 있습니다. 하지만 유튜브는 치열한 노출 경쟁이 벌어지는 곳입니다. 힘 있는 경쟁자는 대량의 광고비를 들여 고객을 유인합니다. 그런 경쟁 속에서 성과를 올리려면 더 적극적으로 행동하는 수밖에 없습니다.

비교가 어려울 만큼 압도적인 개수의 동영상을 업로드하면 그만큼 가게의 지명도가 쉽게 올라갑니다. 그러려면 동영상의 개수가 500개 이상은 되어야 합니다. 동영상을 100개 정도 업로드하는 가게는 많지만, 500개를 업로드하는 가게는 거의 없을 것이고, 그만큼 1위를 차지할 확률도 높아집니다. 국내에서도 이 전략으로 성공한 사례가 있습니다.

많은 동영상을 업로드해 단기간에 격차를 크게 벌려놓으면, 유사한 업종의 경쟁자가 있을 때 도전 의지를 미리 제압하는 효과도 기대할 수 있습니다. 몇십 개 정도 차이라면 시도해보겠지만 수백 개 이상 차이가 나면 '이건 못 이긴다'고 생각할 것이고, 그러면 애당초 양으로 승부하려는 시도를 포기할 수도 있지 않을까요?

따라서 특정 카테고리에 선도자나 선점자가 뚜렷하게 없을 때는 먼저 양으로 승부를 보는 전략도 효과적입니다. 경쟁 상대를 압도하고 싶다면 첫 해에 500개 정도를 업로드한다는 목표로 도전해보길 바랍니다. 동영상을 많이 만들다 보면 자연스럽게 동영상의 품질도 높아집니다. 고품질의 동영상을 제작할 수 있게 되면 질적인 면에서도 경쟁자를 물리칠 수 있을 것입니다.

고객을 발굴하기 위한 동영상은 길이가 짧아야 합니다. 시청자는 관심 없는 동영상을 굳이 오랜 시간 시청하지 않기 때문이죠. 어쩌다 우연히 눈에 띈 동영상을 10분, 20분씩 들여다보지는 않습니다. 또한 앞서 강조했듯이 '매일 한 개씩' 동영상을 만들려고 도전할 경우 길이가 길면 금방 지치고 말 것입니다. 1분에서 3분 정도로 짧은 영상을 만드세요.

그렇다면 대체 어떤 주제나 소재로 어떤 내용의 동영상을 만들어야 할까요? 1~3분 정도의 동영상이므로 한꺼번에 많은 내용을 담지는 못합니다. 동영상 하나에 한 가지 메시지만을 집중적으로 소개하세요. 우선 다음과 같은 소재들을 떠올려보세요.

- ✅ 가게 소개
- ✅ 상품 및 서비스 소개
- ✅ 직원 소개
- ✅ 고객 후기
- ✅ 사용 목적

가게의 기본 개요와 다양한 모습을 소개한다

먼저 우리 가게가 무엇을 하는 곳인지 간략히 소개하고 다양한 모습을 보여줍니다. 예를 들어 다음과 같은 내용을 다룰 수 있을 것입니다.

가게의 기본 개요 설명

가게의 기본적인 개요를 소개합니다. 어떤 상품 혹은 서비스를 누구에게 판매하는 가게인지 간략히 설명하는 것이죠. 예를 들어 옷 가게라면 '20대 여성을 위한 트렌디한 옷 가게', 음식점이라면 '프랑스 현지에서 건너온 프랑스인 셰프가 만드는 진짜 프렌치 요리'와 같이 설명할 수 있습니다.

기본 개념이 명확하지 않은 가게는 금방 다른 가게들에 묻혀 버릴 수 있으므로 무엇보다 먼저 가게의 핵심 특징을 알기 쉽고 간결하게 전달해야 합니다.

가게의 독창성과 차별성

가게마다 특별히 강조하고 고집하는 부분이 있게 마련입니다. 예를 들어 영어 회화 교실이라면 '네이티브 스피커(모국어 강사)와 맨투맨 수업이 가능하다'는 등의 내용이 차별화 요소겠죠. 가게의 독창성은 곧 그 가게의 '차별화 포인트'가 되므로 효과적인 홍보를 하는 데 기초가 됩니다.

내외부 모습과 분위기

가게의 외관이나 분위기를 전달하면 시청자가 친근감을 가집니다. 처음 가는 가게는 낯설어서 선뜻 안으로 들어가기가 꺼려질 수 있습니다. 하지만 동영상을 통해 이미 한 번 본 적이 있는 곳이라면 심리적인 장벽이 낮아질 것입니다.

또한 자신이 좋아하는 분위기인지, 지인을 데려갈 만한 곳인지를 가게 외관이나 내부 구조, 실내외 조경이나 인테리어 디자인을 보고 판단하는 고객들도 있습니다. 그런 시청자를 위해서라도 가게의 내부 모습이나 외관을 동영상으로 보여주는 것이 필요합니다.

가게 주인의 경영 철학

가게의 설립 배경이나 지나온 역사, 가게가 표방하는 경영 철학이나 가치, 손님들에게 추천하는 점 등을 주인이나 사장이 직접 이야기하는 것입니다. 가게 주인이나 사장의 독특한 철학이나 열정, 장사에 임하는 태도에 공감하여 가게를 찾는 시청자도 있을 것입니다.

가게에서 취급하는 상품이나 서비스를 소개한다

매장 비즈니스에서 고객을 모으려는 목적의 동영상은 상품 및 서비스에 대한 직접적인 샘플 소개가 무엇보다 중요합니다.

예를 들어 인테리어 가게라면 괜찮은 가구나 장식용 소품을 매일 한두 가지씩 추천할 수 있을 것입니다. 네일아트 샵이라면 고객이 시술받은 네일아트를 매일 한 가지씩 소개하는 것도 좋겠지요. 음식점이라면 메뉴판의 메뉴를 매일 한 가지씩 차례로 소개해보세요. 소재가 금방 고갈되지는 않을 것입니다. 상품이나 서비스는 그 자체가 곧 콘텐츠가 되므로 취급하는 상품이 많다면 가능한 한 많이 소개하는 게 바람직합니다.

직원들을 통해 가게 분위기를 전한다

같이 일하는 직원들을 소개하는 것도 좋습니다. '이 가게에는 이런 사람들이 일하고 있다'는 점을 미리 알려줌으로써 시청자가 가게에 대해 편안하고 친근한 느낌을 갖게 할 수 있을 것입니다.

하지만 단순히 직원들이 자기소개만 하도록 하는 것은 피해야 합니다. 잠재고객이 될 수 있는 시청자는 각 직원 개인보다는 가게의 분위기를 더 알고 싶어 합니다. 직원이 자기소개를 하면서 추천하는 상품을 소개하거나 직원들이 활기차게 일하는 모습을 담은 동영상 등으로 가게의 분위기를 전달하는 것이 좋습니다.

이용 고객의 후기를 인터뷰 동영상으로 소개한다

고객에게 미리 허락을 받아야 하므로 약간 어려울 수 있지만, 고객의 후기를 직접 촬영할 수 있으면 효과는 매우 클 것입니다. 시청자들은 실제 가게를 이용한 사람들의 객관적인 이용 후기나 평을 듣고 싶어 할 것입니다. 그러므로 고객과 인터뷰하는 형식으로 가게의 장점이나 소감을 솔직하게 이야기하도록 시도해보세요.

물론 사전에 인터뷰할 내용을 일러주어야 합니다. 예를 들어 교정원이라면 실제로 시술을 받기 전과 후에 몸 상태가 어떻게 변화되었는지 물어보는 것이 좋겠지요.

이때 주의할 점은 먼저 촬영의 목적을 정확히 알려주고 얼굴을 공개해도 되는지 허락을 받는 일입니다. 만약 공개하고 싶지 않다면 뒷모습이라도 촬영할 수 있을지 협의하세요. 인터뷰 촬영을 응한 후에도 공개하고 싶어 하지 않을 때는 그 동영상은 지체 없이 없애는 게 좋습니다.

고객의 사용 목적에 따라 동영상을 만든다

잠재고객들이 어떤 목적으로 가게를 이용하려 하는지, 그 목적에 따라 동영상을 만드는 것입니다. 예를 들어 음식점이라면 데이트를 하려고 하는 것인지, 회사의 회식 장소로 사용하고 싶어 하는 것인지에 따라 동영상을 다르게 만들 수 있습니다. 데이트가 주목적이라면 가게의 멋진 분위기를 연출하는 동영상을 만드는 게 좋겠지요.

몇 가지 기본적인 항목들을 살펴봤는데, 여기서 소개한 소재들이 전부는 아닙니다. 조금만 진지하게 찾아보면 이밖에도 동영상 테마로 삼을 만한 내용을 얼마든지 찾아낼 수 있을 것입니다. 동영상의 소재를 고민할 때는 시청자를 잠재고객이라 여기고, 그들이 어떤 내용의 동영상을 보고 싶어 할지 상상해보세요.

전하고 싶은 내용을 올리는 것도 좋지만, 시청자들이 원하는 것이 무엇일까 생각해보고 실제로 고객들의 의견이나 요청을 취합하여 동영상을 만든다면 더욱 바람직합니다.

03 동영상 검색용 키워드는 이렇게 만든다

유튜브를 처음 시작하는 분들이 가장 많이 착각하는 점이 있습니다. 동영상을 만들어서 유튜브 채널에 업로드만 하면 누군가 찾아와 그것을 알아서 봐줄 거라고 생각하는 것이죠. 동영상은 업로드만 끝나면 저절로 노출되는 게 아닙니다. 인터넷 쇼핑몰의 주소를 알리지 않는 한 아무도 그런 곳이 있는지 알 수 없듯이, 유튜브 동영상 또한 '검색'되거나 '노출'되지 않으면 아무에게도 보이지 않습니다.

검색 엔진은 키워드 없는 동영상을 찾지 못한다

유튜브 동영상은 유튜브 자체 검색은 물론이고 구글이나 네이버의 검색 결과에도 노출됩니다. 검색 결과에 노출된다는 것은 검색어와 일치하는 '키워드'가 동영상에 입력되어 있다는 뜻이죠. 따라서 동영상이 특정 검색 서비스의 검색 결과에 나타날 수 있을지 없을지는 동영상 '제목'에 입력된 '키워드'가 가장 크게 작용합니다.

동영상을 편집할 때 '프레임'이란 단위를 자주 듣게 됩니다. 프레임이란 비디오나 영화, TV와 같은 영상 매체가 스크린에 뿌려주는 한 장 한 장의 그림을 말합니다. 즉 연속된 낱장 이미지들을 초당 몇 장(프레임)으로 보여주는지에 따라 이미지를 넘기는 속도가 빨라지고, 속도가 빨라지면 마치 움직이는 것처럼 우리 눈에 비치는 것이지요.

보통 우리가 극장에서 보는 영화는 1초당 24프레임, TV는 약 30프레임을 보여줍니다. PC 화면에서 보는 동영상은 대부분 1초당 15~30프레임(fps) 속도로 제공됩니다. 결국 동영상은 연속된 낱장 이미지들의 조합에 불과하다는 겁니다. 각각의 이미지가 어떤 내용을 표현하고 있는지 '주제어'를 부여해주어야만 비로소 검색이 가능해집니다.

인공지능의 발달과 이미지 분석 기술의 눈부신 발전으로 요즘은 컴퓨터가 상당한 수의 이미지를 자동으로 분석하고 스스로 의미를 파악합니다. 하지만 다양한 이미지가 모여 만들어지는 수많은 동영상의 내용과 의미를 검색 엔진이 자동으로 파악하여 키워드를 붙이는 것은 아직 어려운 일입니다.

요컨대 구글 검색 엔진이 아무리 뛰어나다고 해도 '수많은 이미지의 조합'에 불과한 동영상의 내용을 자동으로 분석하여 이해하는 것은 한계가 있습니다. 검색 엔진이 스스로 어떤 내용인지 파악할 수 없다면 결국 제목이나 설명, 제작자가 붙여준 주제어(태그)에 따라 검색 결과에 노출하기 적합한지를 판단합니다.

동영상에 부여된 주제어(태그)와 시청자가 검색창에 입력하는 질의어(키워드)가 서로 일치해야 비로소 검색 결과에 나타납니다. 그러므로 동영상의 제목과 설명문에 어떤 키워드를 입력할지 각별히 주의를 기울여야 합니다. 그중에서도 가장 중요한 것은 바로 '제목'입니다.

다시 말해 우리가 제아무리 멋지고 훌륭한 동영상을 만들어 업로드했다고 해도, 잠재고객이 될 수 있는 시청자들이 찾는 키워드(검색어)와 동영상에 부여된 키워드(주제어)가 서로 일치하지 않으면 동영상이 고객의 눈에 띌 기회는 생기지 않습니다. 그러므로 먼저 동영상 제목에 어떤 키워드를 넣으면 좋을지부터 고민하는 게 업로드의 첫걸음입니다.

태그 키워드를 만들어 검색 결과 상위 노출을 꾀한다

동영상 제목에 어떤 키워드를 쓰면 좋을까에 대한 답변은 네이버에 키워드 검색 광고를 집행할 때 어떤 키워드들로 우리 가게의 링크를 매칭시킬까 고민하는 것과 다르지 않다는 겁니다. 유튜브에 업로드한 동영상은 어떤 주제어를 갖고 있는지에 따라서 분류되고, 누군가가 유튜브나 구글의 검색창에 해당 주제어를 검색 키워드로 입력했을 때 그 검색 결과에 나타나는 방식으로 작동하기 때문이지요.

네이버에서 뭔가를 찾으려는 고객들의 검색 결과에 우리 가게가 노출되게 하려면 가장 먼저 고려해야 할 점들은 무엇일까요? 그 답을 구하면 유튜브에서도 우리 가게의 동영상이 노출되게 할 방법이나 원리를 함께 깨우칠 수 있습니다.

결론을 먼저 이야기하자면, 소상공인 입장에서는 업종을 아우르는 대표 키워드보다는 영업 지역 이름이나 가게의 특성을 담아 조합한 '연관 키워드' 혹은 '세부 키워드'를 중심으로 기본 전략을 짜고 공략 방법을 찾는 게 바람직합니다.

쉽게 예를 들어 우리가 미용실을 운영한다고 해봅시다. '미용실'이라는 키워드는 해당 업종 전체를 대표하는 것입니다. 워낙 범위가 넓은 키워드라 전국의 모든 미용실뿐만 아니라 미용실에서 사용하는 각종 소모품이나 부자재, 시설, 고객 관리 프로그램, 미용실 구인 구직 알선업자에 이르기까지 미용실과 연관된 사업자들 모두가 경쟁적으로 노출을 노리는 키워드일 가능성이 높습니다. 만약 이런 키워드를 메인 태그로 삼아 노출을 시도하면 웬만한 광고 예산으로는 불과 몇 달은 고사하고 몇 주도 감당하기 어려울 것입니다.

설령 비싼 광고 비용을 지불하고 어렵게 자리를 확보했다고 하더라도 실제 우리 동네에 있는 미용실을 찾기 위해 그 키워드를 입력한 사람은 전체 중에서 지극히 일부에 불과할 것입니다. 그렇기 때문에 들인 비용만큼의 유입 효율을 기대하는 건 헛된 욕심입니다.

▲ 자동완성 키워드와 네이버 키워드 트래픽 조회 앱의 월간 검색 횟수

이 이미지는 실제로 네이버 검색창에 '미용실'이란 키워드를 입력했을 때 자동으로 나타나는 '자동완성 키워드'와 네이버 키워드 트래픽 조회 앱을 통해 확인해본 월간 검색 횟수 결과입니다. 보다시피 '미용실'이란 키워드는 한 달 검색 횟수가 대략 25만 번이 넘습니다. 검색 횟수가 많다는 것은 그만큼 잠재고객의 수가 많다는 것을 의미하고, 당연히 키워드 광고 경쟁도 치열할 수밖에 없죠.

그런데 주의 깊게 살펴보면 미용실 관련 키워드를 입력하는 대부분의 검색자는 단순히 '미용실'로 찾지 않습니다. 그보다는 자신이 가고 싶은 지역의 이름을 붙여서 '○○미용실'이라는 '지역명 연관 키워드'로 검색하는 경우가 훨씬 많다는 것을 알 수 있습니다. 이는 너무 광범위한 대표 키워드를 입력했을 때 자신이 원치 않는 업종의 검색 결과까지 섞여 나오고, 자신이 원하는 미용실을 찾기가 더 어렵다는 것을 경험적으로 알고 있기 때문입니다. 검색어에 지역명을 추가하여 검색 결과를 '미리 알아서' 제한하는 지혜를 발휘하는 셈이지요.

따라서 우리 가게를 검색 결과에 나타나게 하고 싶다면 업종명과 같은 대표 키워드에 특정 지역명, 가게의 상호, 우리 가게만의 특장점 등을 나타내는 연관 키워드를 조합하여 기본 공략 키워드로 삼는 것이 훨씬 효과적입니다. 이는 미용실만이 아니라 특정 지역을 기반으로 매장 비즈니스를 운영하는 업소들의 대체적인 공통 특성입니다.

동영상 또한 검색되는 것을 1차 목표로 할 경우 똑같은 원리가 적용됩니다. 그러므로 '강남미용실' 또는 '강남미용실 염색'과 같이 세부 연관 키워드를 조합하여 검색어 태그를 만들고, 이 키워드들을 동영상 제목이나 태그에 넣어서 검색 결과 상위 노출을 노리는 것이 바람직합니다. 예를 들면 '강남미용실, 저렴하고 염색 잘하는 ○○를 추천합니다'와 같은 제목을 붙일 수 있겠지요.

연관 키워드를 조합해 제목을 만드는 요령을 익힌다

앞서 말했듯이 여러 개의 연관 키워드를 조합하여 제목을 만든다고 합시다. 그럼 도대체 어떤 키워드를 어떤 방식으로 조합하면 좋을까요? 창의력을 발휘하면 다양한 아이디어가 나올 수 있겠지만, 우선 다음과 같은 키워드를 조합해보길 권합니다.

- ✅ 가게의 업종명
- ✅ 가게가 속한 지역명
- ✅ 상품명, 서비스명, 브랜드명
- ✅ 사용 목적, 용도
- ✅ 상품 가격, 서비스 이용료, 이벤트와 할인 정보
- ✅ 감각에 호소하는 키워드

가게의 업종명

안경점, 빵집, 동물병원 등 가게의 업종을 키워드로 사용합니다. 즉 가장 중요한 대표 키워드를 제일 먼저 떠올리면 됩니다. 잠재고객이 될 시청자는 대체로 특정 업종 이름에 다른 키워드를 조합하여 검색하곤 합니다. 그러므로 가게가 속한 '업종명'이야말로 모든 키워드 선정과 조합의 출발점이라 할 수 있습니다.

가게가 속한 지역명

당연하지만 대부분의 사용자는 특정 지역을 정해서 가게를 찾습니다. 예를 들어 강남에서 미용실을 찾는 사람이라면 '강남'이라는 키워드를 먼저 검색할 것입니다. 그러므로 가게의 업종명과 함께 지역명을 제목에 넣는 게 필수입니다.

또한 지역명은 '강남'이라는 넓은 범위의 단어 말고 좁은 지역을 노려서 사용할 수도 있습니다. 예를 들어 가게 주소가 '서울시 강남구 청담동'이라면 '강남'보다 '청담동'이라는 키워드를 사용할 때 더 타깃을 좁힐 수 있습니다. 청담동에서 미용실을 찾는 사람이 굳이 '강남미용실'이라고 검색하진 않을 테니까요.

이처럼 가게 주소에 속한 지역명을 키워드로 사용하는 것은 매장 비즈니스 업종에서는 매우 중요한 작업입니다. 지역을 좁히거나 넓혀가면서 여러 개의 지역명을 사용해보세요. 또는 여러 지역명을 바꿔 넣어가며 동영상 제목을 만드는 것도 좋습니다.

상품명, 서비스명, 브랜드명

시청자 중에는 구체적으로 어떤 가게에 갈지 정하진 않았지만 원하는 상품이나 서비스만큼은 확실히 정해두는 경우가 있습니다. 그런 경우에는 지역명 대신 상품의 이름이나 서비스명으로

검색을 시도할 것입니다.

예를 들어 강남구에 살고 있는데 집 근처에서 의자를 사고 싶은 사람이 있다고 해봅시다. 이때는 '강남 의자 가구점 추천'이라고 검색할 가능성이 높습니다.

또는 만약 인테리어 가게라면 '의자', '테이블', '소파'와 같은 상품명 역시 키워드로 사용할 수 있습니다. 또한 프랜차이즈 매장이라 일정한 사전 인지도가 형성되어 있는 곳이라면 직접 브랜드명으로 검색할 수도 있습니다. 때문에 브랜드 상품을 취급하는 곳이라면 브랜드명을 키워드로 넣어서 제목에 사용해도 좋습니다.

사용 목적, 용도

예를 들어 똑같이 '의자'를 구매하려 한다 해도 사람마다 사용 목적은 다를 것입니다. 거실에 둘 멋진 의자를 원하는 사람도 있고 사무용 의자를 원하는 사람도 있습니다. 그러므로 사용 목적 또한 키워드에 포함시키면 좋습니다. 사무용 의자를 원하는 사람이라면 '사무용 의자 추천'으로 검색할 테니까요.

또한 '추석', '어버이날', '선물'과 같이 특정한 명절이나 기념일 또한 사용 목적에 해당하는 키워드로 볼 수 있습니다. 사용 목적 키워드는 종류가 매우 다양하므로 가게의 업종이나 상품명과 관련된 다양한 사용 목적을 가급적 많이 생각해보기 바랍니다.

상품 가격, 서비스 이용료, 이벤트와 할인 정보

가격과 연관된 단어를 키워드에 포함해 검색하는 사람도 많습니다. '이벤트', '할인' 등이 대표적인 단어들입니다. 많은 소비자가 가능하면 경제적으로 상품을 구매하려 하므로 이러한 키워드를 포함하는 것이 효과적입니다.

반대로 고품질을 추구하는 경우나 선물용 상품을 찾는 소비자인 경우라면 '고급', '최고급', '고품질'과 같은 키워드로 검색할 수 있습니다. 따라서 우리 가게의 상품이나 서비스가 둘 중 어느 쪽에 더 잘 통할지 검토하여, 가격과 연관된 키워드를 제목이나 태그 항목에 적극 포함시키는 게 좋습니다.

감각에 호소하는 키워드

시청자들은 보통 검색할 때 '추천'과 같은 감각적인 단어를 사용하는 경우가 많습니다. 그밖에도 '인기', '유행'과 같은 단어도 많이 사용합니다. 가게가 취급하는 상품이나 서비스에 알맞은 감각적인 키워드를 찾아서 사용해보세요.

이와 같은 항목들 외에도 잠재고객이 어떤 키워드로 검색할지 상상하면서 다양한 단어들을 선정하고 조합해보기 바랍니다. 특히 직접 경쟁하는 업체나 업소들이 어떤 키워드를 광고나 검색에 사용하는지 찾아서 분석해보는 것도 핵심 키워드를 찾아내는 좋은 팁입니다.

04 SNS 채널을 이용해 동영상 링크를 확산시킨다

유튜브 동영상, 업로드만으로는 전파되지 않는다

어렵게 만든 동영상, 유튜브에 업로드만 하면 저절로 알아서 전파될까요? 천만의 말씀입니다. 유튜브는 개인이 업로드한 재미있는 동영상이나 노래, 뮤직비디오 같은 오락성 콘텐츠를 소비하는 동영상 스트리밍 서비스로 성장한 곳입니다. 최근에는 오락성 콘텐츠를 넘어서 각종 생활 정보나 뉴스, 학습용 동영상까지 사회 전 영역에 걸쳐 다양한 분야의 동영상들이 경쟁적으로 업로드되고 있어 자연스럽게 동영상 콘텐츠 검색 및 독립 방송(개인 TV) 채널로 성격이 바뀌고 있습니다.

즉 멀티미디어 콘텐츠 소비 채널에서 정보 검색 및 개인 방송 채널로 변화하고 있는 겁니다. 다만 플랫폼 안에서 사용자 간에 콘텐츠를 상호 공유하는 SNS의 기능은 제한적입니다. 예컨대 어떤 동영상을 구경하고 '나 혼자만 보기에는 아깝다'는 마음이 들더라도 유튜브 안에 남길 수 있는 반응은 '좋아요'나 '댓글' 그리고 '구독'을 클릭하는 것 정도입니다.

동영상을 친구나 지인과 나누고 싶을 때는 [공유]를 클릭하고 URL 주소를 복사해서 다른 메신저나 SNS로 전달하는 방법밖에 없습니다. 그나마 최근에는 [YouTube에서 메시지 주고받기]가 추가되어 유튜브 채널 운영자들 사이에 SNS 소통이 가능하게 되었죠. 하지만 채널명을 이용한 소통으로 제한되어 있고 기능도 생소해서 사용자가 많지 않다 보니 2019년 9월 중순부터 기능을 제공하지 않습니다.

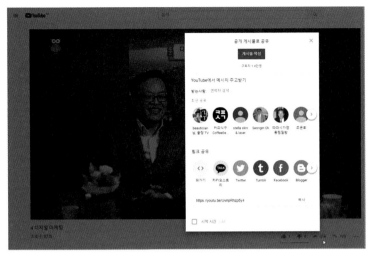

▲ 다른 메신저나 SNS로 동영상을 공유하는 방법(유튜브 채널 간 메시지 공유 옵션은 2019년 9월 18일부터 중단됨)

유튜브에 업로드한 동영상 콘텐츠를 더 많은 사람에게 전파하려면 유튜브 이외의 다른 매체나 SNS를 적극 이용하여 친구나 지인들, 혹은 커뮤니티 멤버들에게 퍼날라야 합니다. 페이스북, 카카오톡(스토리채널, 플러스친구), 네이버 블로그나 카페, 포스트나 밴드 등 가릴 것 없습니다. 가능한 한 여러 채널로 자주 공유할수록 더 많이, 더 널리 전파됩니다.

TIP **유튜브 마케팅 실전 노하우** 🔍

▶▶ **유튜브 계정은 어떤 경우에 정지되며, 어떻게 대처해야 할까?**

유튜브 채널을 운영하다 보면 갑자기 계정이 정지되어 동영상을 업로드할 수 없거나 업로드한 동영상이 삭제되는 일이 발생하곤 합니다. 또한 채널 자체가 폐쇄되면 광고 수익을 얻을 수 있는 애드센스 계정 또한 정지됩니다. 이러한 경우에는 어렵게 확보한 구독자나 동영상 조회수가 일시에 물거품이 될 수 있습니다. 유튜브 계정은 왜 정지되고, 어떻게 하면 이를 막을 수 있을까요?

저작권 침해 또는 커뮤니티 가이드를 위반한 콘텐츠 게재, 혹은 이러한 의심을 받아 시청자가 신고하면 경고를 받거나 계정이 정지됩니다. 유튜브는 주로 다음과 같은 경우에 동영상 차단 및 삭제 또는 채널 폐쇄 등의 조치를 단행합니다.

1 과도한 노출 및 성적인 콘텐츠   **2** 유해하거나 위험한 콘텐츠
3 증오성 콘텐츠   **4** 폭력적이거나 노골적인 콘텐츠
5 괴롭힘 및 사이버 폭력   **6** 스팸, 현혹 행위, 사기
7 위협(이익 침해, 스토킹, 협박 등)   **8** 저작권 침해 또는 관련 신고

9 개인정보 보호　　　　　　　　**10** 타인 또는 채널 명의 도용

11 아동 안전 보호　　　　　　　　**12** 기타 추가 정책

이전 크리에이터 가이드에 따르면 통상 90일 동안 3번의 위반 경고를 받으면 계정이 정지되는 게 기본 원칙이었는데, 2019년 2월에 '1회 한정 사전 경고' 규칙이 새로 추가되었습니다. 첫 번째 위반으로 판정된 콘텐츠에 한해서, 콘텐츠를 삭제하지만 경고일 뿐이고 페널티는 부과하지 않습니다. 하지만 두 번째 위반 시 업로드를 1주 정지하고, 이후 90일 이내 추가 위반 시 업로드 2주 정지, 이후 90일 이내 추가 위반 시 채널 자체를 삭제합니다.

이러한 제재를 받지 않으려면 저작권을 침해하지 말아야 하며 커뮤니티 가이드를 숙지하여 규정을 위반하지 않도록 유의해야 합니다. 특히 음원 무단 사용으로 인한 저작권 침해가 가장 많이 발생하므로 배경 음악(BGM)을 사용할 때는 [YouTube 오디오 라이브러리]에서 제공하는 음원을 사용하길 권합니다. 무료 음원으로 알고 사용했더라도 일부 다른 나라에서는 차단되는 페널티를 받을 수 있습니다.

위반 신고로 인해 동영상이 갑자기 삭제되는 것은 일단 '경고' 조치이므로 당황하지 않아도 됩니다. 우선 지금까지 업로드한 다른 동영상에 위반 사항이 없는지 확인하고, 조금이라도 문제 될 소지가 있다면 삭제하는 것이 좋습니다. 또한 인공지능의 식별 오류나 과잉 신고, 혹은 의도된 부정 신고일 수도 있으므로 문제가 없다고 판단되면 적극 이의를 신청하세요.

이에 관한 더 자세한 내용은 도움말(https://www.youtube.com/yt/about/policies/#community-guidelines)을 참고하기 바랍니다.

유튜브 동영상을 블로그로 퍼오고, 블로그 링크를 SNS로 퍼뜨린다

같은 SNS라도 우선순위와 공유 순서를 따져볼 필요는 있습니다. 우리가 하루에 투자할 수 있는 시간은 한계가 있으니까요. 아무리 '다다익선'일지라도 하루 종일 공유하기만 일삼고 앉아 있을 수는 없습니다. 경험상 기본적인 SNS 채널별 공유 순서나 우선순위는 다음과 같이 하는 게 효과적입니다.

첫 번째로, 오리지널 동영상 콘텐츠는 자체 웹사이트 서버에 직접 업로드하면 과중한 트래픽을 유발시킬 수 있으므로 우선 유튜브나 페이스북, 네이버 TV와 같은 동영상 전문 플랫폼에 업로드합니다. 그런 다음 해당 영상의 공유 링크나 공유용(퍼오기) 소스를 이용해 블로그 게시글 또는 홈페이지로 옮겨오거나 링크만 공개하는 게 바람직합니다.

두 번째로, 동영상을 공유한 홈페이지나 블로그 게시글의 URL 주소를 복사하여 페이스북 페이지로 공유하세요. 페이스북 페이지는 팔로우한 팬은 물론이고 페이스북 비회원에게도 로그인 없이 모든 콘텐츠가 공개되는 영역이기 때문입니다. 특히 페이지에 올린 게시물은 [인사이트] 메뉴를 통해서 누가 공유하고 댓글을 남기고 '좋아요'를 눌렀는지, 혹은 몇 명이 참여하고 몇 명이 링크를 클릭했는지, 게시물의 전파 현황을 아주 상세하게 통계로 분석해서 보여줍니다. 심지어는 스팸 게시물로 신고하거나 페이지 팔로우를 취소하는 등의 부정적 피드백까지도 숨김없이 보여줍니다.

고객의 반응을 체크하고 모니터링하는 동시에 각각의 반응별로 [맞춤 타겟]을 만들 수도 있습니다. 이 때문에 SNS 채널을 통해서 동영상을 퍼뜨리려면 기본적인 '공유 허브' 역할은 페이스북 페이지가 맡는 것이 가장 효과적입니다.

세 번째로, 페이스북 페이지에 올린 글을 [공유하기] 옵션으로 개인 페이스북 계정이나, 가입한 여러 관련 그룹에 재공유하면 효과가 좋습니다. 이 단계에서 카카오스토리, 네이버 밴드와 같은 다른 SNS 채널이나 페이스북 메시지, 카카오톡(단톡방) 등의 메시지 친구들에게 개별 또는 집단적으로 링크를 배포 공유하는 것도 필요합니다.

유튜브 동영상, 업로드한 후 12시간 안에 트래픽을 일으킨다

마지막으로 각 채널에 공유한 2차 포스트에 붙는 댓글이나 메시지에 대해 최대한 빠르고 성실하게 응답해야 합니다. 통상 SNS 채널을 통해 공유된 게시물이 사람들의 뉴스피드에 살아서 전파되는 시간은 기껏해야 2시간 정도에 불과합니다. 그 시간이 경과하면 새로 올라오는 게시물에 의해 밀려나버리므로 아무리 좋은 글도 임의로 수명을 연장하기 어렵습니다.

특히 SNS 게시물은 단시간 안에 적극 퍼나르고 집중적으로 공유를 일으키지 못하면 아무리 애써서 게시물을 만들어도 생각만큼 큰 전파 효과를 보기 어렵다는 점을 잊어선 안 됩니다. 다행스러운 건 동영상은 재미가 있거나 초기 호응이 좋으면 인기 영상으로 취급되어 노출 빈도가 높아지고, 주목을 받기 시작하면 다른 SNS 게시물보다 훨씬 오래 생존하며 참여 반응도 지속적으로 누적되는 특성이 있습니다.

다만 이런 초기 호응을 얻어내려면 동영상 콘텐츠 역시 최초 업로드 후 12시간에서 24시간 안에 집중적으로 시청자들의 관심과 조회를 일으켜야 합니다. SNS 채널의 게시물들이 2시간 정도 지나면 새 글에 의해 속절없이 밀려나듯이 유튜브 영상들도 하루 이틀이면 새 게시물에 의해서 가차 없이 밀려나기 때문입니다.

절대 잊지 마세요. 유튜브에는 이 순간에도 1분에 400시간 분량의 새로운 동영상이 쉬지 않고 업로드되고 있다는 사실을!

05 홍보용 '콜투액션 동영상'을 따로 만든다

관심 촉발 동영상만으로 방문 고객이 생기진 않는다

오프라인 매장에서 잠재고객의 관심을 불러일으키고 가게로 유입시키기 위해 동영상을 만들어 노출을 증가시키는 방법과 원리, 순서에 대해 소개했습니다. 이러한 고객 모집용 동영상은 유튜브나 블로그, SNS 등에 노출되어 잠재고객이 될 시청자들의 관심을 이끌어내기만 해도 성공입니다.

하지만 시청자의 관심을 이끈 다음에는 어떻게 해야 고객이 실제로 우리 가게로 찾아오게 만들 수 있을까요? 단순히 짧은 모객용 동영상을 보여주는 것만으로는 시청자를 진짜 고객으로 바꾸기 쉽지 않습니다. 관심 유발 동영상을 접한 사람들이 시청한 뒤에 어떻게든 추가 행동을 취하도록 만들어야 합니다.

여기서 시청자가 직접 행동을 하도록 만드는 '행동 촉구용' 동영상을 만들어야 합니다. 앞서 설명한 '콜투액션(CTA)' 동영상이 필요한 겁니다. 예약, 상담 전화, 회원 등록과 같이 다양한 선택지가 있습니다. 구체적으로 어떤 행동을 하게 만들지는 업종이나 가게 특성에 따라 달라집니다. 다만 이런 동영상의 길이는 굳이 짧지 않아도 됩니다. 가게의 매력을 최대한 보여줄 수 있는 동영상을 만들어야 하므로 10분 이상 길어도 상관없습니다.

예를 들어 옷가게라면 멋있는 옷맵시를 전달할 수 있는 동영상을 만드는 게 좋겠죠. 척추교정원이라면 시술자의 기술이 전달되게 해야 할 것입니다. 앞서 모객용 동영상에서는 짧게 개별적으로 소개했던 가게나 상품 상세 정보들을 모두 모아 하나로 엮은 '종합 정리 동영상'을 만든다고 생각하면 됩니다. 가게의 매력 포인트를 최대한 담아 아낌없이 전달하는 게 좋습니다.

무엇보다 홍보 동영상의 끝부분에는 콜투액션 항목을 넣는 것이 중요합니다. 예약 전화를 받기를 원한다면 전화번호를 자막에 띄우고 "예약을 원하시면 지금 이 번호로 연락주세요"라고 촉구하세요. 가게에서 정기적으로 보내는 이메일 뉴스레터에 등록하기를 원한다면 "지금 바로 이메일 주소를 입력하여 새 소식을 받아보세요"라고 촉구할 수 있습니다. 이러한 홍보 동영상을 통해 행동을 일으켜야 비로소 시청자를 실질적인 고객으로 바꿀 수 있습니다.

이처럼 콜투액션을 담은 홍보 동영상은 모객용 동영상보다 품질이 좋아야 하므로 정성스럽게 만들어야 합니다. 조금 비용이 들더라도 전문 영상 제작 업체에 의뢰하여 만드는 것도 좋습니다.

특화된 세일즈 포인트(USP)를 명확히 밝힌다

여기서 주의할 점이 있습니다. '뭐든지 다 한다'는 인상을 주면 안 됩니다. 동종 업계에 수많은 가게가 있으니 '무엇이든 할 수 있다'는 말은 거꾸로 '특별할 것이 없다'는 느낌을 줄 수 있습니다.

예를 들어 A 점포는 국수, 메밀국수, 초밥까지 폭넓게 판매합니다. 한편 B 점포는 국수만 판매합니다. 만약 여러분이 국수를 먹고 싶다면, A 점포와 B 점포 중 어느 곳을 선택할까요? 아마도 많은 사람이 A보다 B를 선택할 것입니다. B는 '국수만' 전문으로 하기 때문에 '뭐든 다' 한다는 A보다 더 맛있을 것이란 생각이 드는 까닭입니다. 그러므로 뭐든지 다 한다는 느낌보다는 전문점이라는 느낌을 주는 것이 좋습니다.

그것만으로는 부족합니다. B 점포는 국수 전문이긴 하지만, 잔치국수, 비빔국수, 열무국수, 김치국수 등 거의 모든 종류의 국수를 팝니다. 그런데 같은 지역에 메밀국수만 전문으로 하는 C 점포가 생겼습니다. 전문 요리사가 만드는 진짜 메밀국수만 판다고 합니다. 이 경우 메밀국수를 먹고 싶은 사람은 자연스럽게 C 가게를 선택할 것입니다.

그런데 그냥 막연하게 국수를 먹고 싶은 사람이라도 B가 아닌 C를 선택할 가능성이 높습니다. B보다 C가 더 전문성이 높아 보이기 때문이죠. 소비자는 자신도 모르게 C 점포의 국수가 더 맛있다고 여깁니다. 전문성은 소비자의 선택을 일으키는 데 그만큼 중요하고 결정적인 요소입니다.

따라서 여러분 가게의 '특화된 세일즈 포인트'를 전면에 내세워 부각시켜야 합니다. 이러한 '독자적인 판매 포인트'를 USP(Unique Selling Proposition)라고 부릅니다. 고객의 판단과 행동을 촉구하는 홍보용 동영상은 USP를 중심으로 구성하는 게 좋습니다.

많은 사람이 홍보 동영상을 제작할 때 더 넓은 고객층을 얻고자 가게의 판매 포인트로 이것저것 다 넣으려고 듭니다. 그러다 보면 강조점과 전문성이 흐트러집니다. USP를 의식하여 '우리의 판매 포인트는 이겁니다!'라고 할 만한 포인트 하나에 집중해야 합니다. 홍보 동영상에 USP가 확실하지 않으면 '뭐든지 다 하는 가게'라고 여겨져 오히려 고객을 놓칠 수 있습니다.

홍보용(콜투액션) 동영상은 홈페이지나 랜딩페이지에 넣는다

홍보용(콜투액션) 동영상은 유튜브에 업로드하는 것과 동시에 '동영상 소스'를 퍼와서 홈페이지나 랜딩페이지에도 바로 재생할 수 있도록 업로드하는 게 좋습니다. 여기서 랜딩페이지란 추가 자료를 신청하거나 메일 주소를 등록하기 위한 반응 유도 페이지라고 보면 됩니다.

먼저 고객 유입용 동영상을 다양한 매체에 노출하고, 이를 통해 시청자를 홈페이지나 랜딩페이지로 유인하세요. 그리고 거기서 홍보용(콜투액션) 동영상을 보여주어 고객의 행동을 촉구하세요. 다음으로 모객용(팬 만들기) 동영상을 업로드할 때는 반드시 홈페이지나 랜딩페이지의 URL 주소를 기재해야 합니다.

오프라인 매장 비즈니스에서도 유튜브 동영상은 고객을 찾아 유입시키고 매출을 높이는 마케팅 도구로 매우 효과적인 수단입니다. 동영상을 온라인 비즈니스에만 쓸 수 있는 마케팅 도구라고 생각하는 사람이 의외로 많습니다. 단언컨대 편견입니다! 규모가 큰 가게는 물론 작은 동네 가게에서도 얼마든지 활용할 수 있고, 꼭 활용해야 합니다. 잠재고객을 끌어모으는 데 어려움을 겪고 있는 가게라면 망설이지 말고 지금 바로 유튜브 마케팅에 도전하십시오!

▶▶ **유튜브 동영상의 소스를 블로그에 삽입하려면?**

1 유튜브 동영상의 재생 화면을 마우스 오른쪽 버튼으로 클릭하면 '복사 옵션 메뉴'가 나타납니다. 여기에서 [소스 코드 복사]를 클릭하면 해당 동영상의 〈iframe〉 소스 코드가 복사됩니다.

2 네이버나 티스토리와 같은 블로그 편집기에서 [HTML] 탭을 클릭하여 소스 코드 입력 창을 열고, 복사한 코드를 붙여 넣으면 해당 블로그 본문에서 유튜브 영상이 바로 재생됩니다.

3 고화질 시청 상태에서 소스 코드를 복사해오면 가로 폭이 너무 커서 블로그 본문이 넘칩니다. 블로그 본문의 가로 폭을 확인하여 소스 코드의 width와 height를 적절히 수정하여 저장합니다.

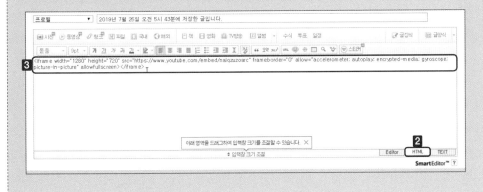

실전 활용 사례 보고 **07** #커튼및실내소품업

모 종편 채널 경제 프로그램에 출연 요청받아,
유튜브가 우리 가게 홍보대사!

맞춤커튼 / 홈스타일링

#방문상담 #전국무료설치 #평생수선서비스

김원자 ㈜마리하우스 대표

구독자 460명 · 동영상 177개 · 조회수 265,152회

 ▶ **채널 정보**

- **회사명** : ㈜마리하우스
- **업종명** : 커튼, 블라인드, 침구, 패브릭 소품 제조
- **채널명** : 커튼마리하우스

 ▶ **채널 설명**

마리하우스는 직접 찾아가는 홈 컨설팅 방문 상담과 전국 무료 설치 서비스는 물론 좋은 원단을 오래 사용할 수 있도록 평생 수선 서비스를 진행합니다. 어떤 커튼이 우리 집에 어울릴지 전문가와 함께 원스톱 쇼핑을 할 수 있으며 커튼을 직접 제작하는 작업실을 운영하여 한 땀 한 땀 정성을 기울여 제작 설치하는 게 특징입니다.

 ▶ **유튜브 도입 후 성과**

유튜브 동영상을 보고 찾아오는 고객은 신뢰도가 높습니다. 홍보 비용이 저렴하며 네이버 키워드 광고뿐만 아니라 유튜브에 홍보 채널이 하나 더 생기는 효과를 누리고 있습니다.

온라인 DB 마케팅에 동영상을 활용하는 법

01 '온라인 DB 마케팅'이란 무엇인가

인터넷 비즈니스의 시작, 잠재고객 리드 얻어내기

비즈니스에서 인터넷을 활용하는 것은 이미 피할 수 없는 대세입니다. 대부분의 기업이 회사 소개 홈페이지를 운영하고, 여러 SNS 채널을 만들어 고객과 소통하며 정보를 발신하거나 마케팅 활동을 전개하고 있습니다. 온라인 광고를 통해 고객의 리드 정보(연락처 등)를 확보하고, 이를 후속 마케팅 프로세스로 연결하는 CRM(Customer Relationship Management, 고객 관계 관리) 시스템을 구축하여 체계적으로 고객을 관리하는 기업도 점차 늘고 있습니다.

이런 흐름 속에서 우리 상품이나 서비스를 필요로 하는 미래의 가망고객을 찾아내고 발굴하는 것이야말로 모든 온라인 마케팅의 시작이자 꽃입니다. 잠재고객이 우리와 최초의 접촉 경험을 갖게 되고(인지), 더 알고 싶은 궁금증이 들어 상세 설명 페이지를 살펴보고(고려), 마침내 고객이 상품이나 솔루션을 구매하는(전환) 일련의 과정을 이해하기 쉽게 그림으로 나타낸 것을 '깔때기(퍼널) 모형'이라 합니다. 이 모형의 위쪽에 있는 '유입' 단계에서 가장 중요한 것이 바로 고객의 연락처를 확보하는 일이죠.

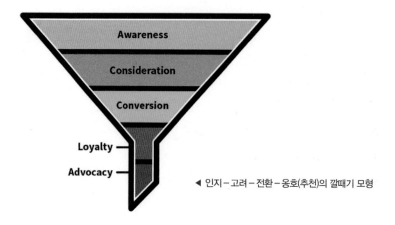

◀ 인지 – 고려 – 전환 – 옹호(추천)의 깔때기 모형

깔때기 모형을 온라인 비즈니스 경로에 대입하여 해석해보면 'Awareness(인지)'는 잠재고객에게 브랜드를 노출(도달)시켜 이름을 알리는 행동입니다. 흔히 디스플레이 배너 광고를 통해 누군가 굳이 검색하지 않아도 자연스럽게 눈에 띄도록 사방(웹이나 앱 화면)에 늘어놓는 것을 말합니다. 주로 광고의 '도달' 캠페인 목표에 해당하는 셈이지요.

'Consideration(고려)'는 일단 브랜드를 인지한 고객이 구체적으로 어떤 상품인지, 혹은 어떤 서비스인지 궁금하여 추가 정보를 얻기 위해 찾아보는 단계입니다. 이를테면 광고 링크를 클릭해 상품의 상세 페이지(랜딩페이지)를 방문하거나, 관심 키워드를 입력하여 검색하거나, 후기를 살펴보거나, 지식인 서비스나 SNS 등에 질문을 남기는 행위 모두를 가리킵니다.

'Conversion(전환)'은 고객이 브랜드가 원하는 특정 기대 행동을 하는 것을 의미합니다. 쇼핑몰이라면 보통은 구매를 의미하고, 상담이나 내원 치료가 필요한 경우라면 방문 예약이나 전화 상담 예약이 될 수 있겠지요. 이벤트 참여나 회원 가입이 목적이라면 이벤트 신청서에 등록하거나 회원 정보를 남기는 것이 곧 전환에 해당하는 행동입니다.

'잠재고객 목록'과 '기존고객 목록'은 어떻게 다른가

여기서 궁극적으로 고객의 전환 행동을 유발하는 데 가장 중요하고도 효과적인 방법이 있습니다. 그것은 바로 고객의 연락처 정보를 얻어내어 '잠재고객 명단'을 만드는 일입니다. 고객의 목록을 만든다고 해서 '리스트 마케팅', 'DB 마케팅' 등 다양한 이름으로 부릅니다. 뭐라고 칭하든 이렇게 잠재고객의 연락처 정보를 얻어내는 것을 '리드 생성(Lead Generation)'이라고 합니다. 이 책에서는 설명과 이해의 편의를 위해 '리스트 마케팅'이라 부르겠습니다.

리스트 마케팅의 '리스트'는 '고객 DB(데이터베이스) 목록'을 말합니다. 당연히 리스트 마케팅이란 고객 목록을 활용하는 마케팅을 의미하겠죠. 그런데 고객 목록은 크게 두 종류로 구분할 수 있습니다. '잠재고객 목록'과 '기존고객 목록'이죠.

장래 구매 가능성이 상대적으로 높다고 판단되는 부류를 따로 지칭해서 '가망고객' 또는 '유망고객'이라 구분해서 부르기도 합니다. 다만 이들 모두 아직은 상품이나 서비스를 구매하지 않았으므로 '잠재고객'의 일부로 간주합니다. 즉 잠재고객 목록은 아직 상품이나 서비스를 구매(이용)한 적은 없지만, 관심을 갖고 추가 자료를 요청했거나 이메일 뉴스레터를 받아보고 있거나 앱 메시지 수신에 동의한 사람(예: 카카오톡 플러스친구) 등을 두루 포함합니다.

그에 비해 '기존고객 리스트'는 최소한 한 번 이상 상품을 구매했거나 서비스를 이용한 경험이 있는 사람들의 목록이지요. 그냥 '고객 리스트'라고 하면 대개는 잠재고객이 아닌 기존 고객 목록을 의미합니다.

이와 같이 잠재고객 목록과 기존고객 목록을 사용하여 구매를 비롯해 원하는 행동을 촉진하는 모든 마케팅 방법을 통틀어 '리스트 마케팅'이라 합니다.

상품을 한 번이라도 구매한 고객은 이미 상품의 장단점에 대해 경험으로 알고 있을 것입니다. 그러므로 구매한 상품과 연관된 다른 상품이나 고액의 고급 상품을 제안하여 판매하기가 상대적으로 더 쉬울 수 있습니다.

반면 잠재고객은 아직 브랜드와 접촉 및 신뢰 관계가 깊지 않아 상품의 장점을 충분히 이해하지 못하고 있을 가능성이 큽니다. 따라서 이런 잠재고객을 진짜 구매고객으로 만들려면 그에 상응하는 체계적인 접근 전략이 필요합니다.

여기에서는 잠재고객의 목록을 만들고 이를 구매로 연결하는 리스트 마케팅에서 동영상을 어떻게 활용하면 효과적인지에 대해 알아보겠습니다.

동영상을 활용한 리스트 마케팅의 전체 프로세스

먼저 유튜브 채널을 활용한 리스트 마케팅의 전체 프로세스를 살펴보는 게 이해가 쉬울 것입니다. 리스트 마케팅의 프로세스는 매우 단순합니다.

> **1** 잠재고객의 연락처를 수집한다.
> **2** 잠재고객에게 가치를 전달한다.
> **3** 잠재고객에게 상품을 판매한다.

너무 당연해 보이나요? 그런데 수많은 기업이 이렇게 간단한 프로세스를 제대로 수행하지 못해서 가까운 장래에 구매고객이 될 수 있는 수많은 잠재고객을 눈앞에서 놓치고 있습니다.

잠재고객을 구매 가능성이 높은 '유망고객'으로 육성하고, 이들을 진짜 구매고객으로 전환시킬 때 효과적으로 활용할 수 있는 수단이 바로 '동영상'입니다. 동영상을 잘 활용하면 리스트 마케팅 프로세스를 효과적으로 최적화할 수 있습니다. 왜냐하면 1단계부터 3단계까지 모든 단계에서 동영상을 활용할 수 있고, 실제로 동영상이 효과를 발휘하기 때문입니다. 단계별로 어떻게 동영상을 활용하면 효과적일지 함께 살펴보겠습니다.

잠재고객의 연락처(리드)를 수집한다

앞에서 리스트 마케팅은 '잠재고객 목록'을 만드는 것에서 시작한다고 했습니다. 그런데 잠재고객 목록은 구체적으로 어떤 정보들로 구성되는 것일까요? 명함에 적힌 정보를 먼저 떠올려 보세요. 누구인지 알 수 있는 '개인 정보'입니다. 이를테면 이름과 주소, 전화번호, 이메일 주소, 요즘은 카카오톡 아이디나 SNS 계정 같은 것도 포함될 수 있겠지요.

인터넷으로 비즈니스 소통을 할 때 가장 우선적으로 필요한 것은 '이메일 주소'입니다. 다만 스마트폰의 일상화로 온라인 마케팅의 범위가 모바일 앱까지 확장되면서, 최근에는 이메일 주소 못지않게 잠재고객의 모바일 메신저 아이디를 확보하는 일도 중요해졌습니다. 특히 카카오톡이 국내 모바일 메신저 시장에서 90% 이상의 점유율을 차지하면서 거의 독점 체제로 굳어지고 있는 형국이죠. 그래서 잠재고객을 만날 수 있는 최초 접점 정보로 다른 무엇보다 카카오톡 아이디를 확보해야 할 필요성이 대단히 커졌습니다.

잠재고객의 이메일 주소나 모바일 메신저 아이디를 일단 획득하면, 우리가 원할 때 언제든지 해당 잠재고객에게 접근할 수 있는 메시지 통로가 마련됩니다. 요즘은 네이버나 다음도 이메일 전용 앱을 따로 제공합니다. 페이스북이나 인스타그램도 페이스북 메시지나 자체 DM(다이렉트 메시지) 기능을 통해 소통할 수 있고, 심지어는 유튜브조차도 서비스에 자체 메시지 기능을 새롭게 제공하기 시작했습니다.

이메일 주소든 모바일 메신저 아이디든 잠재고객과의 소통을 목적으로 활용할 경우 중요하게 고려해야 할 요소가 두 가지 있습니다. 하나는 해당 메시지 플랫폼을 사용하는 '사용자 수'가 이왕이면 많아야 한다는 점, 다른 하나는 잠재고객의 연락처를 얻을 때 꼭 '수신 동의'를 구해야 한다는 점입니다.

서비스 이용자 수가 많으면 메시지나 콘텐츠를 확장, 전파하고자 할 때 좋습니다. 새로 얻은 잠재고객의 친구들에게 추가 전파 행동(예: 공유하기, 초대하기 등)을 요청할 때 쉽고 빠르게 활용할 수 있기 때문입니다. 또한 수신 동의를 받지 못하면 아무리 많은 잠재고객 목록을 만들었더라도 법적으로 임의로 메시지를 발송할 수 없어 사실상 무용지물이 되어버립니다.

카카오톡이 사용자 4,000만 명을 넘기며 전 국민 대표 메신저로 굳어져버린 모바일 환경을 고려하면, 우리나라에서는 카카오톡 계정(ID) 정보와 더불어 '카카오톡 메시지 수신 동의'를 받아내는 일(플러스친구 추가하기 등)이야말로 다른 무엇보다 중요하고 활용 가치가 높은 '잠재고객 리스트 확보'에 해당합니다.

동영상을 업로드할 유튜브 채널을 만든다

CHAPTER 01장에서도 살펴봤듯이 사람들에게 뭔가를 전달하여 관심을 갖는 사람들을 추려내고 잠재고객 목록을 만들려면 유튜브나 SNS 등 각종 인터넷 매체에 상품이나 서비스와 연관된 짧은 동영상을 최대한 많이 만들어 가능한 한 많은 채널에 공개해야 합니다.

홈페이지나 블로그는 물론이고, 팔로워나 팬을 만날 수 있는 곳이면 어떤 채널이고 가릴 것 없이 최대한 여러 곳에 자주 노출하는 게 최선입니다. 카카오톡 단체 대화방이나 오픈채팅방, 라인, 밴드라고 해서 마다할 이유는 없습니다.

만약 우리 동영상과 연관된 키워드로 검색해보려는 시청자들이 의식적으로 모여 있는 곳이라면 더 집중적으로 찾아서 공략해야겠죠. 그러므로 다양한 동영상이 한곳에 모여 있고, 수많은 사람이 자발적으로 들어와 상시로 검색 행동을 하는 동영상 전문 플랫폼이 가장 좋은 동영상 허브 채널이 되는 것은 당연한 일입니다. 이를 바탕으로 찾아보면 유튜브만큼 강력하고 효과적인 채널은 아직 없습니다!

고객이 리드 정보를 남길 수 있는 랜딩페이지를 만든다

동영상 콘텐츠를 만들어 유튜브에 업로드하는 것은 시작일 뿐입니다. 잠재고객에게 동영상이 노출되어 최초 접점이 형성됐을 때 그들이 찾아와서 상품이나 서비스에 대해 추가 정보나 추가 영상을 제공받을 수 있도록 안내하는 웹페이지나 장치(모바일 앱 설치)가 함께 제공되어야 합니다.

보통 '랜딩페이지'라 부르는 웹페이지를 따로 만들어, 그곳에서 좀더 임팩트 강한 소개 동영상(콜투액션 동영상)이나 상세 설명을 보여주고 관심 있는 사람들은 이메일 주소를 남길 수 있게 합니다. 메인 홈페이지로 넘어와 회원가입을 바로 하도록 유인하는 링크를 붙여둘 수도 있겠죠. 만약 따로 모바일 앱이 있다면 서비스를 바로 이용할 수 있도록 앱 설치로 연결되는 링크 주소를 제공하면 더 좋을 거고요.

1차로 짧은 모객용 동영상을 보고 관심을 가진 시청자를 랜딩페이지로 유도한 후 랜딩페이지에 방문한 사람들에게 더 강한 메시지나 추가 동영상을 보여줍니다. 이를 통해 해당 랜딩페이지에서 이메일 주소나 모바일 메신저 아이디 등을 남기도록 해야 합니다.

보너스 동영상을 제공하거나 유료 광고를 집행한다

보너스 혜택으로 동영상을 활용하는 것도 효과적입니다. 예를 들어 "이메일 뉴스레터 정기 구독을 신청하신 분들께 건강 장수법을 정리한 120분짜리 특강 동영상을 무료로 보내드립니다"와 같은 방법으로 동영상을 보너스로 제공하는 겁니다.

잠재고객 목록을 모으는 가장 쉬운 방법으로 유료 광고를 이용하는 것도 가능합니다. 개인 연락처 정보를 남길 수 있는 입력 양식을 갖춘 랜딩페이지를 따로 구축한 후 해당 페이지로 연결되는 링크를 첨부한 동영상 광고를 만들어, '도달' 광고나 '동영상 조회' 광고로 노출할 수 있습니다.

설문 양식을 이용해 쉽고 빠르게 고객 정보를 얻을 수 있는 페이스북의 [잠재고객 확보 광고]를 유료로 집행하는 것도 좋은 방법입니다. 광고 예산만 허락한다면 잠재고객이 될 것 같은 그룹을 대상으로 설정하여 고객의 연락처 정보를 요청하는 타깃 광고를 적극 시도해보길 권합니다.

잠재고객에게 가치를 전달한다

구매 고객들은 왜 개별 쇼핑몰 대신 오픈마켓을 찾는가

리스트 마케팅의 다음 단계는 연락처(리드)가 확보된 잠재고객에게 '가치'를 전달하는 것입니다. 고객모집의 첫 단계에서 잠재고객의 이메일 주소나 메신저 아이디를 얻었으면 이제 주도적으로 다가가야 합니다. 지속적으로 정보를 제공하거나 소통함으로써 '신뢰 관계'를 구축하는 것입니다. 소비자들은 믿을 수 없는 사람이나 기업으로부터는 웬만해서는 상품을 구입하지 않습니다. 쿠팡이나 지마켓과 같은 오픈마켓에 입점하여 쇼핑몰을 운영하는 사람이 왜 그렇게 많은지 생각해보면 이해할 수 있습니다. 수많은 사람이 인터넷 쇼핑을 일상적으로 하고 있지만, 아직도 온라인을 통해 상품을 구입하는 것에 대해 불안을 느끼는 사람도 많습니다.

'정말로 상품이 잘 올까?' 하는 염려부터 '불량품이 오면 어떡하지?', '이미지만 그럴듯하고 실물이 영 아니면 어쩌지?', '배송이 마냥 늦어지진 않을까?'와 같은 걱정까지, 오프라인 매장에 찾아가서 직접 눈으로 살펴보고 사는 것이 아니므로 이런 불안을 느끼는 것은 당연합니다. 특히 해외 직구의 경우 종종 대금만 떼먹고 사라졌다는 쇼핑 사기 소식도 끊임없이 들려옵니다. 그렇기에 설령 최저가로 팔겠다는 곳이 있어도, 누가 운영하는지도 모르는 생소한 쇼핑몰에서 구매하는 것은 많이 꺼려지는 겁니다.

그런 까닭에 사람들은 개별 쇼핑몰보다는 많은 사람이 이용하는 쿠팡이나 지마켓, 11번가와 같은 오픈마켓을 찾게 됩니다. 그러니 인터넷을 통해 상품이나 서비스를 판매하고자 할 때는 일단 잠재고객으로부터 평소에 믿음을 얻는 것이 세일즈의 시작입니다.

그렇다면 어떻게 해서 고객의 신뢰를 얻을 수 있을까요? 그건 바로 고객에게 필요한 '가치'를 전달하는 것입니다.

팬 만들기 동영상을 통해 잠재고객에게 가치를 전한다

잠재고객에게 가치를 전달하면 신뢰를 얻을 수 있습니다. 물론 고객이 최초로 접한 모객용 동영상을 통해서도 상품이나 서비스의 가치를 전달하려고 노력했을 것입니다. 하지만 1~3분 정도의 짧은 영상으로는 가치를 충분히 전달하는 데 한계가 있게 마련입니다. 따라서 일단 연락처를 제공하고 수신에 동의한 잠재고객에게는 첫 동영상에서 충분히 전할 수 없었던 가치를 더 많이, 더 자주, 지속적으로 제공해야 합니다.

생각해보십시오. 만약 우리가 처음으로 컴퓨터를 사려는데 A 가게에서는 자기네 상품의 장점만 강조하며 '강매'하려고만 듭니다. 그런데 B 가게에서는 컴퓨터를 설정하는 방법이나 편리한 활용법, 인터넷 설치까지 구입 전에 도움이 되는 다양한 정보를 알려줍니다. A와 B 중 어느 가게에서 사게 될까요?

이처럼 사람들은 자신에게 필요한 가치를 전해주는 곳에 믿음을 갖게 됩니다. 그리고 그곳에서 물건을 사고 싶다고 생각하게 됩니다. 그러므로 잠재고객의 신뢰를 얻으려면 먼저 가치를 전달해야 합니다.

이때 잠재고객에게 가치를 전달하는 효과적인 도구가 CHAPTER 01에서 설명했던 '팬 만들기 동영상'입니다. 팬 만들기 동영상이 어떻게 잠재고객을 설득하는 좋은 수단이 되는지는 CHAPTER 01의 내용을 다시 살펴보기 바랍니다.

첫술에 배부를 수 없다, 인내심을 갖고 꾸준히 소통하라

가치를 전달하여 믿음을 얻는 일은 어쩌다 한두 번의 행동이나 멋진 동영상 한두 편으로 이루어지는 게 아닙니다. 지속성과 꾸준한 소통이 필요합니다. 수개월, 수년 이상이 걸리기도 합니다. 고객의 연락처를 얻었다고 해서 이런 과정도 없이 막무가내로 구매를 요구하는 이메일이나 메시지를 보내면, 곧장 스팸 메일로 분류되거나 수신 거부당하기 십상이니까요.

따라서 유튜브나 블로그에 올린 팬 만들기 동영상 중에서 내용이 좋은 것들을 선별하고 그 링크를 첨부하여 이메일이나 메시지로 제공하는 일을 꾸준히 지속하는 게 선행 과제라는 점을 잊지 마시기 바랍니다.

팬 만들기 동영상은 첫 주는 매일 또는 며칠 간격으로 보내는 게 좋습니다. 이메일을 열고 정기적으로 보는 독자라고 판단되면 좀 더 긴 간격으로 1~3개월 동안 정기적으로 이메일이나 메시지를 보내서 지속적으로 가치를 전할 수 있습니다.

이때는 동영상의 길이가 길어도 괜찮습니다. 잠재고객에게 가치를 전달하려면 그만큼 시간이 필요합니다. 그러므로 10~40분 정도의 동영상을 만들어도 무방합니다. 하지만 도움이 되지 않는 동영상을 만들어 소중한 시간만 허비하게 한다면 팬이 되기는커녕 신뢰를 잃게 됩니다. 깊이 있는 내용이 전달될 수 있도록 정성 들여 만드세요.

관건은 구매를 강요하는 게 아니라 고객의 입장에서 도움이 될 수 있는 내용, 소장 가치나 공유 가치가 있는 내용을 엄선해서 제공해야 한다는 것입니다.

잠재고객에게 상품을 판매한다

구매를 권하는 두 가지 방식의 세일즈 동영상

지금까지 잠재고객을 모으고 전환 가능성이 높은 가망고객에게 꾸준히 가치를 전달하는 방법에 관해 이야기했습니다. 마지막 단계는 두말할 것 없이 '세일즈'입니다.

이전 단계를 통해 잠재고객과 충분히 신뢰 관계를 형성했으므로 구매를 제안하기가 훨씬 수월할 것입니다. 잠재고객에게 구매 제안을 해도 '지금까지 도움이 되는 정보를 대가도 없이 꾸준히 보내준 곳이니 유료로 파는 상품이라면 그 이상의 가치가 있을 거야'라고 여길 겁니다. 이미 열성 팬이 된 잠재고객이라면 '이 사람이 제안하는 거라면 무조건 구입하겠다'고 작정하고 있을지도 모릅니다.

그렇지만 아무리 판매하기 쉬운 상태라고 해도 무작정 판매하려고만 달려들면 지금까지의 노력이 단숨에 수포로 돌아갈 수도 있습니다. 구매 전환율을 높이려면 마지막 단계인 세일즈 역시 매우 전략적으로 접근해야 합니다. 어떻게 판매해야 할까요?

이때도 동영상을 효과적으로 활용할 수 있습니다. 상품을 판매할 때 활용하는 동영상은 앞서 설명했던 '모객용 동영상'이나 '팬 만들기 동영상'과 구별하여 특별히 '세일즈 동영상'이라고 부릅니다.

'세일즈 동영상'은 말 그대로 직접 구매를 설득하고 촉진하기 위한 동영상입니다. 즉 '이 상품을 사달라'는 내용의 동영상인데, 여기에도 크게 두 종류가 있습니다.

> ✅ 세일즈 레터에 삽입하여 보여주는 세일즈 동영상
>
> ✅ 비디오 세일즈 레터(VSL)

이름이 비슷해서 둘이 어떤 차이가 있는지 궁금할 것입니다. 비디오 세일즈 레터에 대해서는 특별부록으로 묶어 별도의 무료 전자책(eBook)을 만들어 공유하기로 하고, 여기서는 '세일즈 레터'에 대해서만 좀 더 자세히 설명하겠습니다.

세일즈 레터에 삽입하여 보여주는 세일즈 동영상

온라인 마케팅에서 가장 긴요한 기술 중 하나가 바로 '세일즈 카피라이팅'입니다. 세일즈 카피라이팅이란 '세일즈 레터', 즉 잠재고객에게 구매를 권유하고 설득하는 이메일 카피나 설명문을 작성하는 기술을 말합니다.

'세일즈 레터'란 글자 그대로 '판매용 편지'를 의미합니다. 상품을 팔기 위한 '구매 권유 문장'을 편지 형식으로 만든 것이고 대부분 길이가 깁니다. 이메일 마케팅에서 자주 쓰는 수단이죠. 눈에 띄는 캐치프레이즈를 비롯하여 잠재고객의 욕구를 명확히 정의하고 구입 시 장점, 제품 상세 정보, 가격과 같이 고객이 상품을 구매할 때 고려하는 모든 정보를 모아서 편지 형식으로 전달합니다.

이메일 형식이지만 판매를 일으킬 목적으로 작성하는 만큼 단순 상품 정보만이 아니라 그것을 읽는 소비자의 심리를 활용한 판매 테크닉까지 들어가 있습니다. 지금까지는 텍스트와 이미지로 구성된 이메일 세일즈 레터가 주류였습니다. 이메일이 갖는 친밀성과 익숙함 때문에 '세일즈 레터'는 앞으로도 계속 이용될 겁니다.

그런데 너무 많은 기업이 이 방법을 경쟁적으로 사용하는 탓에 글과 이미지만으로 구성된 세일즈 레터는 점차 효과가 떨어지고 있습니다. 길이가 긴 세일즈 레터를 받는 것만으로도 강매를 당하는 느낌이 든다는 소비자들이 나올 정도니까요. 이런 느낌을 줄이고 구매 설득 효과를 높이기 위한 수단으로 나온 것이 바로 세일즈 레터 안에 '동영상을 삽입'하는 방법입니다.

예를 들면 세일즈 레터의 첫 부분에 세일즈 동영상을 넣을 수 있습니다. 편지의 첫 도입부에서 동영상으로 흥미를 불러일으켜 세일즈 레터를 끝까지 읽게 하는 거죠. 설령 세일즈 레터를 끝까지 안 읽더라도 동영상에서 세일즈 제안 내용을 다루고 있기 때문에 동영상 자체만으로도 구매 의욕을 자극할 수 있습니다.

세일즈 레터의 내용은 어떻게 구성해야 할까

그렇다면 세일즈 동영상의 내용은 어떻게 구성해야 효과적일까요?

세일즈 레터를 받는 잠재고객들은 지속적인 소통 과정을 통해 반복적으로 가치를 전달받은 그룹입니다. 세일즈 동영상 또한 팬 만들기 동영상과 마찬가지로 가치 있는 콘텐츠라고 여길 겁니다. 따라서 세일즈 동영상의 첫 부분에서는 지금까지 팬 만들기 동영상에서 꾸준히 제공했던 내용을 묶어서 복습하거나 총정리해주면 좋습니다.

예를 들어 "지금까지 7일 동안 다양한 내용을 말씀드렸습니다. 첫째 날에는 ○○에 대해 말씀드렸지요. 둘째 날에는 △△에 대해 말씀드렸고요"와 같은 식으로 그동안 팬 만들기 동영상에서 다루었던 내용을 핵심만 간추려서 리마인드시킵니다. 그런 다음 "오늘은 여러분께 특별한 제안을 드리고 싶습니다"라고 말하며 구매 권유로 들어가는 겁니다. 이후 흐름은 다른 세일즈 레터와 마찬가지로 다음 순서와 같이 풀어나가면 됩니다.

고객 욕구의 명확화 → 제품의 장점 제시 → 상품에 대한 상세 설명

어떤 순서로 잠재고객을 설득하는지 구체적인 방법론이나 기법을 좀 더 자세히 알고 싶다면 '세일즈 카피라이팅'을 따로 공부해보기 바랍니다. 세일즈 카피라이팅을 배우면 효과적인 세일즈 동영상을 만드는 데 많은 도움이 될 테니까요.

효과적인 세일즈 동영상을 만들기 위해 꼭 유의해야 할 사항만 몇 가지 더 짚어보겠습니다.

직접 출연할 때는 옷차림에 각별히 주의하라

이것은 세일즈 동영상에만 국한된 얘기가 아닙니다. 사람들은 상대방의 외모나 인상만으로 판단하는 경우가 적지 않습니다. 아무리 멋지고 훌륭한 상품을 제안한다 해도 출연자의 머리카락이 어지럽게 헝클어져 있거나 의상이 지저분하다거나 차림새가 초라하면, 고객들은 제안을 듣지도 않고 떠나버릴 수 있습니다.

상품을 보기 전에 해설자의 외모를 보고 먼저 상품에 대해 판단해버리는 겁니다. 그러므로 옷

은 최대한 단정하게 입고, 헤어스타일이나 수염, 손톱 등을 깨끗하게 갖추어야 합니다. 동영상 콘텐츠를 만들 때는 판매자의 외모나 인상, 차림새에서 1차로 신뢰가 갈린다는 점을 절대 소홀히 여겨선 안 됩니다.

자신감 있게 열정적으로 이야기하라

상품을 제안하는 사람이 자신 없는 모습 또는 차분히 가라앉은 목소리로 설명한다면 잠재고객은 '그저 그런' 상품이라고 생각할 가능성이 높습니다. 그러므로 다소 '오버한다'고 느껴질 정도로 톤을 높여 열정적으로 말하는 게 좋습니다.

TV 홈쇼핑에서 쇼호스트가 어떤 태도와 목소리 톤으로 구매욕을 자극하는지를 잘 살펴보세요. 이 상품을 구입하면 반드시 도움이 될 것이라고 자신 있게 호소해야 합니다. 말하는 목소리와 태도에서부터 판매자의 확신이 묻어나지 않으면 시청자에게 제품에 대한 믿음을 제대로 전달하기는 쉽지 않습니다.

고객의 구매 후기 인터뷰 영상을 넣는다

이미 구매한 기존 고객이 있다면 그들을 인터뷰한 동영상을 보여주는 것도 매우 좋은 방법입니다. 어떤 점이 좋았는지, 어떤 사람에게 추천하고 싶은지 등 상품의 장점과 솔직한 느낌을 말해달라고 부탁해보세요.

구매를 깊이 고민하는 잠재고객일수록 다른 고객들의 생생한 후기를 듣고 싶어 합니다. 많은 사람이 구매 후기나 리뷰를 보고 구매를 결정하는 것을 보면 알 수 있죠. 그러므로 '고객 후기'라는 이름으로 구매 고객의 인터뷰를 영상에 넣는 게 좋습니다. 신상품이라 아직 구매한 고객이 없다면 체험단을 모아 무료 테스트 이벤트를 먼저 실시하고, 그들의 체험담과 사용 후기를 촬영하여 세일즈 동영상에 넣어도 됩니다.

전문가나 유명인의 추천사를 넣는다

해당 업종에 전문성을 인정받고 있는 사람이나 영향력을 지닌 유명인의 추천사를 넣으세요. 인터뷰 영상을 넣을 수 있다면 더 효과적입니다. 다만 이 방법은 인맥이 부족한 상황에서는 쉽지 않으니 처음부터 무리하지는 마세요.

하지만 여러분의 비즈니스가 어느 정도 궤도에 올라 업계 내에서 나름대로 인맥을 쌓았다면 꼭 추천사를 받기 바랍니다. 전문가의 추천사가 있으면 상품에 대한 신뢰도를 쉽고 빠르게 높일 수 있으니까요.

이런 점들을 충분히 고려하여 '전략적으로' 세일즈 동영상을 제작하세요. 그리고 그렇게 만든 세일즈 동영상을 세일즈 레터 안에 넣어 구매를 촉진해보세요.

비디오 세일즈 레터(VSL)를 따로 제작하라

'비디오 세일즈 레터(VSL)'란 앞에서 설명한 세일즈 레터를 아예 동영상으로 만든 것을 말합니다. 최근 해외에서는 비디오 세일즈 레터를 사용하는 것이 유행입니다. 단순 세일즈 레터보다 반응이 좋기 때문이죠. 게다가 세일즈 레터를 만드는 것보다 시간이 적게 들기 때문에 많이 사용합니다.

비디오 세일즈 레터는 파워포인트와 같은 프레젠테이션 슬라이드에 글이나 사진을 넣고, 그걸 설명한 PC 화면을 녹화하는 형식으로 주로 만듭니다. 세일즈 레터에 글로 적을 내용을 프레젠테이션 슬라이드에 옮긴 다음 읽어 내려가는 방식입니다. 사람이 출연할 필요도 없고 그냥 PC 화면만 녹화해도 됩니다. 만들기 쉬우면서도 효과가 좋기 때문에 잘 활용하면 구매 전환에 큰 도움이 됩니다. 비디오 세일즈 레터는 활용도가 더 커지고 있는 만큼 특별부록으로 묶어 별도의 무료 전자책(eBook)으로 제공하겠습니다.

TIP | **유튜브 마케팅 실전 노하우** 🔍

▶▶ 온라인 서점에서 무료로 배포하는 특별부록 전자책(eBook)

PART 01의 CHAPTER 05에서 간략하게 언급한 비디오 세일즈 레터(VSL) 활용법을 비롯해, 주로 대면 영업으로 이루어지는 B2B 대면 비즈니스에서 동영상을 활용하는 법, 그리고 PART 02에서 다룰 유튜브 동영상 검색 최적화(VSEO)의 열세 가지 기본 요소를 특별부록으로 묶어 별도의 전자책(eBook)으로 무료 제공합니다.

특별부록 무료 전자책(eBook)은 온라인 서점에서 다운로드할 수 있습니다. 온라인 서점의 eBook 카테고리에서 도서 제목으로 검색하여 '무료특별판 PDF'를 다운로드하세요.

지금까지 배운 모객 동영상, 팬 만들기 동영상, 세일즈 동영상을 특색 있게 제작하여 여러분의 비즈니스에 새로운 무기로 적극 활용해보세요!

온라인 마케팅을 중심으로 설명했지만, 지금까지 소개해드린 방법은 모든 세일즈 비즈니스에서 활용할 수 있는 방법입니다. 그리고 동영상은 B2C 관계에서만이 아니라 소수 거래처를 상대하는 B2B 비즈니스 영역에서도 충분히 효과적으로 활용할 수 있습니다.

PART

02

▶ YouTube ▶ YouTube ▶ YouTube ▶ YouTube ▶ YouTube

유튜브 검색
최적화 전략

유튜브 상위 노출의
기초 이해

01   유튜브 검색 최적화는 왜 필요한가   ⋮

유튜브 급성장의 배경과 동력은 무엇인가

여기를 가도 유튜브, 저기를 가도 유튜브, 온 세상이 유튜브입니다! 초등학생의 장래 희망 목록에 유튜버가 상위로 등장한 지는 벌써 오래고, 50~60대조차 유튜브를 시청하는 게 주요 일과 중 하나라고 합니다. 실제 이용 통계를 봐도 유튜브는 대한민국 구성원 모두에게 일상의 일부가 되었습니다.

유튜브는 어떤 점 때문에 남녀노소 가릴 것 없이 애용하는 미디어로 자리 잡은 걸까요? '유튜브 신드롬'이라 불러야 할 이 같은 현상이 의미하는 바는 무엇일까요? 몇 가지 측면에서 살펴보겠습니다.

초고속 무선 통신과 데이터 전송 기술의 발전

첫째, 기술 발전 측면입니다. 유튜브 소비의 대부분이 모바일 기기로 이루어집니다. 모바일 동영상 서비스는 이동 통신 기술이 받쳐주지 않으면 제공할 수 없는 서비스입니다. 아무리 멋진 동영상을 만들었다 하더라도 데이터로 송신되어야 시청할 수 있는데, 앞서 이야기했듯이 동영상의 전송 트래픽 용량은 일반 웹페이지의 수백 배에 달합니다. 그만큼 많은 데이터 트래픽을 유발하죠. 더욱이 동영상을 스트리밍 방식으로 실시간 전송하려면 무선 통신 기술과 네트워크 인프라가 밑받침되어야 합니다.

통신 기술만이 아닙니다. 스마트폰이 가장 큰 몫을 했다고 해도 과언이 아닙니다. 동영상은 이미지의 조합입니다. 그러니 고해상도의 카메라 기능, 대용량 데이터 파일을 저장할 수 있는 메모리 기술, 이미지 데이터 압축 전송 기술 등이 함께 발전해야 스트리밍 방식으로 동영상을 송수신할 수 있습니다. '걸어 다니는 손 안의 컴퓨터'라 할 수 있는 스마트폰이 등장하면서, 비로소 무선 실시간 화상 전송과 라이브 방송이 가능한 뉴미디어 환경이 갖춰진 것입니다.

비디오 베이비 세대의 성장과 스마트폰의 대중화

둘째, 문화 코드 측면입니다. 오늘날 유튜브 현상의 확산을 촉진한 것은 10대 청소년부터 20대까지 이른바 X 세대 이후 밀레니얼 세대입니다. 이들은 영상과 매우 친숙하게 자라온 세대입니다. 태어나면서부터 비디오와 게임, 스마트폰 영상에 익숙한 세대죠. 대학생 시절 파워포인트 작성법을 익히는 것만큼이나 당연하게 스마트폰의 카메라와 사진 편집 앱을 일상적으로 다룹니다.

프리미어 프로나 파이널 컷, 애프터 이펙트와 같은 영상 편집 프로그램 다루기를 포토샵을 배우고 익히는 정도로 여깁니다. 음성 통신보다 문자 메시지 통신을 선호하고, 영상을 통한 소통과 교류에도 친숙합니다. 동영상을 촬영하고, 컷을 편집하고, 오디오와 자막, 장면 효과를 넣어 동영상 콘텐츠를 완성하는 편집 작업을 크게 어려워하거나 두려워하지 않습니다.

이와 같은 신세대 문화를 선도하고 가능하게 한 것이 바로 스마트폰입니다. 고해상도 카메라 기능이 스마트폰과 하나가 되면서 누구나 언제든 사진과 동영상을 촬영할 수 있는 작가가 되고, 실시간으로 현장을 중계하는 기자로 변신할 수 있게 됐습니다. 스마트폰 사용이 50대 이상 시니어 세대까지 급속히 전파되면서 텍스트보다 접하기 쉬운 동영상 콘텐츠 소비가 자연스럽게 고연령대로 확산되는 '문화 전이'도 매우 빠르게 이루어지고 있습니다.

수익화 수단 제공과 새로운 스타 탄생의 등용문

셋째, 경제적 동기 측면입니다. 예전에는 판사나 의사와 같은 직업을 가져야 돈을 벌고 사회적 지위를 얻는 데 유리했습니다. 하지만 지금은 TV, 영화를 중심으로 영상 미디어가 발전하고 보편화되면서 스포츠 스타나 배우, 방송인 등이 부와 명성을 더 빨리 쌓을 수 있게 되었습니다.

이른바 스크린이 새로운 스타 탄생의 지름길이 되기 시작한 것이지요.

문제가 있다면 이 길은 전통 미디어를 장악하고 있는 소수 언론이나 방송사, 연예계를 좌우하는 '큰손' 매니지먼트 기획사들의 영향을 벗어날 수 없다는 점입니다. 아이돌 스타가 되기 위해서는 소수 방송국과 소수 연예 기획사의 수천 대 일이 넘는 오디션 경쟁을 뚫고 뽑히는 '행운'을 얻어야만 끼와 실력을 인정받을 수 있습니다.

유튜브는 이처럼 좁고 제한된 스타 탄생의 길에 새로운 진입로를 만들어주었습니다. 구글은 유튜브 콘텐츠 크리에이터들에게 광고 수익을 나누어주기 시작했고, 광고 영상 노출 수에 따라 의미 있는 수입을 벌어들인 사례들이 만들어지기 시작했죠. 별풍선 후원 수익에 의존했던 아프리카TV의 인기 BJ들이 2016년 전후로 유튜브를 시작했고, 음악, 춤, 연주, 게임, 먹방, 뷰티, 유아 교육 테마를 중심으로 TV 프로그램의 인기를 능가하는 유튜브 채널들이 나타나기 시작했습니다. 억대 연봉 수입을 자랑하는 유튜버들이 현실로 등장하면서 유튜브는 마침내 직업적 생계 수단이 될 수도 있음을 증명해냅니다.

유튜브 현상의 한계는 무엇이고, 어디까지 성장할까

그렇다면 이러한 유튜브의 성장은 언제까지 지속될 수 있을까요? 지금 같은 유튜브의 인기가 과연 영원할 수 있을까요? 그리고 무엇보다 유튜브를 통해 먹고살 수 있을 만한 수익을 가져갈 수 있는 사람은 얼마나 더 늘어날 수 있을까요?

벤처 버블과 비트코인의 신화가 유튜브 환상으로

비트코인 열풍을 타고 가상화폐에 투자된 자금 수십 조가 발이 묶여버려서 정작 사회적으로 요긴한 블록체인 기술과 비즈니스 모델을 개발 중인 스타트업들이 마땅한 투자자를 찾지 못해 어려움을 겪고 있다는 이야기가 여기저기서 들려옵니다.

벤처 버블 시대의 바이오주가 그랬고 블록체인 시대의 비트코인이 그랬던 것처럼 동영상 시대의 선두 마차를 유튜브주가 화려하게 이끌고 있습니다. 겉보기에는 화려해 보이지만 그 본질은 '동영상 구글'이라 부를 만한 '콘텐츠 공룡' 하나가 새로 생긴 것으로 이해하면 크게 다르지 않아 보입니다.

동영상 또한 콘텐츠의 일종입니다. 콘텐츠 유통 플랫폼은 한편에 콘텐츠를 필요로 하는 소비자가 있고, 다른 한편에 그 수요를 채워줄 공급자가 있을 때 움직이고 지속됩니다. 따라서 유튜브는 동영상 콘텐츠 플랫폼의 기능과 역할이 다른 경쟁 플랫폼에 의해 대체되지 않을 때까지만 성장할 수 있습니다.

여기서 유의할 점은 동영상 콘텐츠와 공급 채널이 아무리 증가해도 사람이 동영상 콘텐츠 소비에 쓸 수 있는 시간은 '제한된 자원'이란 것입니다. 한 사람이 하루 24시간 중 미디어에 소비할 수 있는 시간은 깨어 있는 시간의 일부일 수밖에 없습니다. 결국 동영상 콘텐츠 소비 시간 또한 총량이 제한된 자원입니다. 이 말은 곧 사용자의 '체류 시간'을 확보하는 플랫폼과 채널만이 생존할 수 있다는 이야기죠.

지금 당장은 유튜브가 콘텐츠 확보량과 수익화 시스템 등 거의 모든 면에서 가장 좋은 조건을 제공하고 있으므로 쏠림 현상이 가속화되고 있는 건 맞습니다. 하지만 워치(페이스북), IGTV(인스타그램), 트위치(아마존), 틱톡(중국 도우인) 등 새로운 동영상 미디어 플랫폼들 또한 시장을 넓히기 위해 있는 힘을 다 쏟아붓고 있습니다. 넷플릭스와 디즈니 같은 영화 채널들 역시 온라인 공략에 나서고 있고, 네이버TV나 카카오TV 같은 토종 채널도 멍하니 앉아서 당하고만 있지는 않을 것입니다.

직업으로서 유튜버는 언제까지 성장할 수 있을까

동영상 플랫폼 간 경쟁이 심화될수록 유튜브의 독점적인 쏠림 현상은 약해질 수밖에 없습니다. 유튜브가 '수익화 도구'로 과연 얼마나 안정적인 '생계 벌이' 수단이 될 수 있을지도 한 번 짚어볼까요? 대한민국 최상위 1% 유튜버들의 구독자 현황과 수입은 과연 얼마나 될까요? 그리고 앞으로 이 숫자는 얼마나 더 늘어날 수 있을까요?

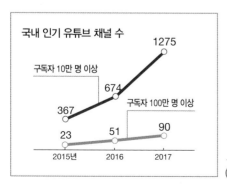

◀ 2017년 기준 국내 인기 유튜브 채널 수
(자료 출처 : 소셜블레이드 https://socialblade.com)

앞의 도표는 2015년 이래 국내 유튜브 채널들의 구독자 수 성장 추이를 보여줍니다. 매년 2배씩 성장하여 2017년에는 구독자가 100만 명 이상인 채널이 90개, 10만 명 이상인 채널이 1,275개에 달합니다.

전 세계 유튜브 채널의 구독자와 조회수를 집계하여 순위는 물론 예상 광고 수익까지 알려주고 있는 소셜블레이드를 방문해보면, 국내 유튜브 채널의 실시간 순위와 구독자 현황도 볼 수 있습니다(https://socialblade.com/youtube/top/country/kr/mostsubscribed). 기업 채널과 개인 채널이 섞여 있는데, 2019년 4월 말에는 구독자가 100만 명이 넘는 채널이 약 190개로 2017년 대비 2배 이상 늘었습니다. 250위 언저리에 올라와 있는 채널들의 구독자도 80만 명이 넘습니다. 참고로 상위 채널의 다수가 엔터테인먼트 기획사나 방송사가 개설하여 운영하는 채널이고, 개인이 운영하는 채널은 절반 이하에 불과합니다.

구독자가 100만 명 이상인 채널의 성장률을 그대로 적용해보면 구독자가 10만 명 이상인 채널은 약 3,000개를 밑도는 수준일 것입니다. 그러면 구독자 10만 명일 때 얻을 수 있는 유튜브 광고 수입은 과연 얼마나 될까요?

유튜브 광고 수입, 10만 명 구독자라야 한 달에 100만~200만 원

유튜브의 두드러진 장점은 아마추어 크리에이터가 팬들과 솔직하게 교류하는 데서 오는 진정성입니다. 그래서 유튜브 채널 운영을 통해 얼마의 수익을 올리는지 솔직하게 공개하는 유튜버도 있습니다. 인터넷에서 '유튜브 구독자 10만 명 수익'을 검색해보면 여러 유튜버가 자신의 실제 수익을 공개한 영상을 찾아볼 수 있습니다. 살펴보면 구독자 3만~4만 명 수준일 때 한 달에 대략 50만 원대, 10만 명 수준일 때 보통 150만~200만 원대인 것을 알 수 있습니다.

유튜브 광고 수익은 구독자 수뿐만 아니라 노출되는 광고의 카테고리와 종류, 업종, 지역, 조회수 등 여러 요소에 따라 달라집니다. 그래서 '구독자 몇 명이면 얼마'라고 단정 짓기 어렵지요. 추정해보면 2019년 월 150만~200만 원 정도의 수익을 내는 국내 유튜브 채널의 수는 3,000개 미만일 것으로 보입니다. 절반 이상이 기업 채널이란 점을 고려하면 개인 채널은 그 절반 이하겠지요.

2018년 3월에 발표된 한 연구 자료(한국방송광고진흥공사의 〈MCN 브랜디드 콘텐츠의 광고효과 분석〉 자료 참고)에 따르면, 동영상 크리에이터들의 영상 제작 및 채널 운영을 지원하면서 유튜브 광고 유치 수익을 배분하는 MCN(Multi Channel Network) 국내 사업자 수는

2016년 당시 약 100여 개이고, 여기에 소속되어 활동하는 크리에이터 수는 약 1만 명 정도로 추산된다고 합니다.

이 자료에 따르면 전업 크리에이터는 1,875명이고, 그중에서 다이아TV 소속 상위 5% 크리에이터의 월수입은 평균 910만 원으로 집계되었다고 합니다. 2017년 기준 다이아TV 소속 크리에이터 수가 약 1,300명 정도라고 하니, 5%면 65명 수준입니다. 2019년을 기준으로 지난 1년여 동안 이 숫자가 2배 이상 늘었다고 가정해도 월수입 1,000만 원가량을 벌 수 있는 개인 크리에이터의 수는 130~150명을 넘기 어려울 것으로 짐작됩니다.

대부분의 사업자가 각 채널의 광고 수익을 정확히 밝히지 않으므로 확실한 자료를 얻는 것은 어렵습니다. 지금까지 살펴본 자료들을 기초로 어림잡아보자면, 국내 유튜브 채널 중 2,500~3,000개 정도가 월수입 100만~200만 원, 상위 150개가량의 채널이 1,000만 원 정도의 수익을 창출한다고 보면 얼추 맞습니다. 여기서 유튜브 광고 수입 외에 외주 동영상 콘텐츠 제작이나 광고 모델 인플루언서 제휴 판매 활동 등을 통해 얻는 수입은 논외로 합니다.

2018년 유튜브 소비 시간은 전년 대비 50% 이상 늘었다고 합니다. 이런 추세에 힘입어 크리에이터 지망생과 전업자가 2배로 늘었다고 넉넉히 늘려 잡아도 2만 명입니다. 그중 150명이면 전체의 1% 미만입니다. 물론 이 숫자도 기대치에 따라서 많다면 많은 수치입니다. 그렇다고 해도 '유튜버 상위 1%에 속하면 억대로 번다'는 뻥튀기성 기사들은 믿을 게 못된다는 것만큼은 확인할 수 있습니다. 월수입이 아니라 연간 수입으로 생각해야 할 것이고, 또한 상위 1~5%라 하더라도 다시 그 안에서 상하위 간 격차가 매우 크기 때문에 평균치로 환산한 값은 곧이곧대로 믿으면 곤란합니다.

유튜버 성장을 위협하는 요인과 미래 과제

결국 시간문제일 뿐, 유튜브도 한계가 곧 올 겁니다. 콘텐츠 소비가 한계에 달할 수도 있고, 수익 모델이 한계에 달할 수도 있습니다. 가짜 뉴스나 혐오 콘텐츠 등에 대한 관리 문제도 사회적 이슈가 되고 있습니다. 한계치에 이르기까지 3년이 될지, 5년이 될지 현재 예단하기는 이릅니다. 하지만 끝이 없을 것처럼 성장하던 페이스북도 23억 명에 이르면서 성장세가 둔화되고 체류 시간이 줄고 있습니다. 유튜브 사용자 역시 이미 19억 명을 넘기고 있습니다.

제한된 인구가 제한된 시간을 사용하는 이상 유튜브도 언제까지 성장만 할 수는 없는 법입니다. 시청자의 소비 가능 시간에는 한계가 있는데, 경쟁 채널이 많아지면 어느 순간부터는 시장

포화에 이르고 제로섬 게임이 시작됩니다. 다시 말해 유튜버들 사이에서도 무한 경쟁이 시작 될 수밖에 없다는 이야기입니다.

그러니 큰 욕심 없이 취미 삼아 즐겁게 할 거라면 몰라도, 특별한 콘텐츠도 없이 남들 성공담 만 믿고 유튜브 광고 수익으로 생계를 해결하겠다는 순진한 생각으로 '전업용' 채널을 개설하 는 것은 심각히 재고해보세요. 지금도 유튜브 채널 중에 수익다운 수익을 내는 곳들은 거의 다 해외 글로벌 시장을 상대로 한 영어권 채널입니다. 한국어권을 상대로 하는 채널 중 게임 중계 나 먹방 등의 일부 테마들은 이미 포화 상태입니다. 그래서 더 이상 구독자 증대를 기대하기 어렵다며 채널 운영을 포기하거나 테마 갈아타기를 하는 유튜버가 많습니다. 유튜브 크리에이 터로 성공을 꿈꾸는 분들은 이 같은 시장 현실을 냉철히 생각하고 신중히 접근하길 바랍니다.

이러한 한계에도 불구하고 '동영상이 최고의 마케팅 도구'로 등장했다는 사실만큼은 변함없습 니다. 그리고 동영상은 어느 플랫폼이든 업로드해서 공개하고 널리 전파해야만 실질적인 마케 팅 수단이 될 수 있습니다. 그 점에서 유튜브는 최고의 동영상 플랫폼의 자리를 굳혔습니다. 따라서 생계 목적으로 유튜버를 꿈꾸는 사람이 아니라면, 유튜브를 새로운 마케팅 도구로 인 식하고 활용해야 할 필요성은 오히려 더 커졌습니다.

지금부터 유튜브 검색 상위 노출 방법을 구체적으로 알아보기에 앞서 유튜브가 동영상 마케팅 플랫폼으로 왜 최고의 도구인지 그 이유를 먼저 짚어보겠습니다.

02 유튜브가 동영상 마케팅에 최적인 이유 세 가지 ⋮

동영상 마케팅을 할 때 유튜브를 활용하는 게 더 효과적인 이유는 무엇일까요? 크게 다음 세 가지 이유를 들 수 있습니다.

1. 글로벌 20억, 국내 3,000만 명에 달하는 이용자가 있다.
2. 서버 운영 비용 없이 동영상 플랫폼을 사용할 수 있다.
3. 다수 이용자의 검색 결과에 콘텐츠를 노출할 수 있다.

글로벌 20억, 국내 3,000만 명에 달하는 이용자 수의 의미

유튜브는 세계 최대 동영상 공유 사이트입니다. 2019년 초에 이용자 수가 19억 명을 넘었고, 2019년 안으로 20억 명을 돌파할 것으로 보입니다.

이제는 동영상 공유 사이트라 하면 누구라도 유튜브를 가장 먼저 떠올립니다. 스마트폰과 무선 통신의 발전으로, 모바일 기기를 통해 동영상을 시청하는 문화가 전 세계로 확산되었고 친숙해졌습니다. 그중에서도 유튜브는 짧은 영상들을 이동하면서도 쉽게 볼 수 있다는 장점 덕분에 수많은 사람의 일상생활에 자연스럽게 스며들고 있습니다.

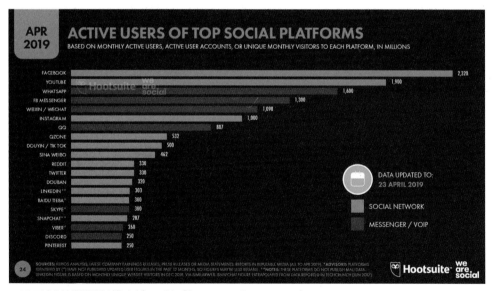

▲ 2019년 소셜 플랫폼별 이용자 수(2019년 4월, Hootsuite & wearesocial)

국내 유튜브 이용자 수도 가파르게 늘었습니다. 구글이 유튜브를 인수한 2006년 당시 국내 유튜브 이용자 수는 200만 명도 안 되었습니다. 딱 10년째인 2016년 봄에는 2,000만 명을 넘어섰고, 2018년 가을에는 마침내 3,000만 명을 넘어섰습니다. 유튜브 앱 체류 시간도 압도적으로 늘어서 카카오톡을 넘어선 게 벌써 2017년이고, 페이스북 앱과의 격차 또한 8배 이상으로 크게 벌어진 상태입니다.

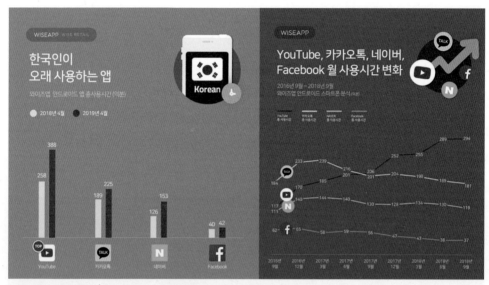

▲ 국내 앱 사용자 체류 시간 및 추이 비교(와이즈앱 페이스북, 2017~2019)

이쯤 되면 '천상천하 유튜브독존'이라 불러도 지나치지 않을 듯합니다. 10대는 물론 50~60대까지도 하루에 가장 많은 시간을 소비하는 앱이 되어버렸으니까요. 심지어는 10대보다 50대의 사용 시간이 더 많다는 통계까지 나오는 상황입니다. 절대 이용자 수와 체류 시간이 길다는 이야기는 그만큼 고객의 시간을 더 많이 더 오래 붙들고 있다는 얘기입니다. 이는 곧 그 매체가 자연스럽게 사람들의 유입을 일으킬 수 있는 광고 채널로 '게이트' 역할을 할 수 있게 되었다는 것을 의미합니다.

동영상의 마케팅 효과를 높이려면 무엇보다도 업로드한 동영상을 더 많은 사람이 시청하게 해야 합니다. 그러자면 평소 이용자 수가 가장 많은 플랫폼을 선택하는 것은 당연한 일이겠죠. 장사를 하려면 사람이 많이 모여 있는 곳으로 찾아가야 손님을 잡을 기회가 더 생길 테니까요.

서버 운영 비용 없이 동영상을 제공할 수 있다

인터넷으로 동영상 서비스를 제공하려면 먼저 동영상 서버 시스템을 구축해야 합니다. 실시간 스트리밍 방식으로 동영상을 제공하려면 전송 트래픽 증가로 발생하는 회선 비용도 고스란히 부담해야 하죠. 적지 않은 초기 설비 투자와 운영 비용을 감수하지 않으면 동영상은 서비스 자체가 쉽지 않은 일입니다.

동영상 서비스에서 서버와 트래픽 비용이 왜 문제가 될까요? 2019년 초 구글, 페이스북 등과 국내 통신사들 사이에 '망 사용료 부담'을 둘러싸고 발생한 '역차별 논쟁'의 배경을 조금만 살펴보면 그 심각성을 금방 알 수 있습니다.

아프리카TV나 네이버 같은 국내 동영상 서비스 기업들은 자신들의 콘텐츠 전송을 위해 KT, SKT, LGU+ 등 국내 통신사업자에게 연간 70~200억 원의 망 사용료를 내고 있습니다. 그러나 이보다 훨씬 더 많은 트래픽을 유발하는 구글이나 페이스북은 한 푼도 내지 않는다는 것이 '역차별 논쟁'의 핵심입니다.

2019년 초 페이스북이 KT에 이어서 SK브로드밴드와도 망 사용료를 내기로 계약하면서, 구글이나 넷플릭스 같은 해외 동영상 플랫폼 사업자들의 '무임승차'가 다시 논란이 되었습니다. 페이스북보다 유튜브에서 발생하는 트래픽이 훨씬 더 많음에도 왜 구글은 망 사용료를 안 내느냐(혹은 못 받느냐)는 것인데, 거기에는 나름의 사연이 있습니다.

과거에 통신 3사가 구글과 맺은 '구글 글로벌 캐시(GGC) 서버 계약' 때문인데요. 이것은 구글이 국내 데이터 서버의 하드웨어와 소프트웨어를 제공하고 구글 본사에서 원격 운영 관리를 맡는 대신, 국내 통신사들은 자사 데이터 센터 공간과 전기 요금, 국내 통신사 간 발생하는 상호 접속료 일체를 부담하는 내용으로 체결된 것입니다. 사실상 서버 설비 제공 및 운영비와 망 사용료를 맞바꾸기로 계약한 셈이죠.

상대적으로 데이터 전송 트래픽 양이 적었을 때는 문제가 덜했습니다. 하지만 동영상 서비스 사용자가 급격히 증가하면서 데이터 통신량이 급증하고 서버 유지 관리 비용보다 망 사용료가 커지는 상황이 발생하자 역차별 논쟁이 벌어지게 된 것입니다.

통신 업계에선 글로벌 서비스 사업자인 구글, 페이스북, 넷플릭스의 국내 인터넷 트래픽 점유율이 이미 50%에 육박하고, 다가오는 2021년이면 70%까지 높아질 것이라 전망하고 있습니다. 그만큼 갈등의 소지가 더 커지고 있다는 이야기입니다.

통신사와 동영상 서비스 사업자 간에 벌어지고 있는 다툼만 보더라도 동영상 서비스에서 서버와 트래픽 부담이 얼마나 큰 이슈인지 짐작할 수 있습니다. 향후 어떻게 되든, 구글이 유튜브를 무료로 이용할 수 있게 해주는 지금의 동영상 플랫폼 환경은 동영상 서비스 시스템을 독자적으로 갖출 형편이 못되는 개인이나 기업 입장에서는 큰 행운이고 기회입니다.

동영상은 더 많은 사람이 더 쉽고 빠르게 전달받고 전파할 수 있어야만 마케팅 효력이 커집니다. 만약 전문가만 사용할 수 있을 정도로 설정이나 사용 방법이 복잡하다면 쉽사리 이용하려 하지 않을 겁니다. 유튜브는 동영상 스트리밍 서비스에 연관된 각종 하드웨어나 소프트웨어 관련 기술을 알지 못하는 사람들이라도 누구나 채널만 개설하면 쉽고 빠르게 동영상을 업로드하고 공유 전파할 수 있는 환경을 무료로 제공합니다.

지금은 모바일 기기로 동영상을 촬영해서 실시간으로 유튜브에 업로드하고 간단한 편집 작업까지도 쉽게 할 수 있습니다. 누구나 쉽고 간편하게, 게다가 무료로 이용할 수 있다는 점이야말로 유튜브가 갖는 최고의 강점입니다.

다수 이용자의 검색 결과에 콘텐츠 노출이 가능하다

유튜브의 파괴력과 영향력은 단지 이용자 수에서만 나오는 게 아닙니다. 더 중요한 점은 사람들이 유튜브를 새로운 정보와 콘텐츠를 찾는 검색 수단으로 사용한다는 점입니다. 실제로 유튜브는 이미 2009년부터 구글에 이어 세계에서 이용자가 두 번째로 많은 검색 엔진으로 등장했습니다.

우리나라도 많은 이용자가 유튜브를 검색 수단으로 사용합니다. 2019년 3월 나스미디어가 발표한 '국내 PC · 모바일 인터넷 이용자의 주요 서비스 이용 행태 및 광고 수용 행태'를 분석한 자료(나스미디어 2019 인터넷 이용자 조사, http://j.mp/2W6Gd3W)에 따르면, 조사 대상자 중 60%가 유튜브에서 정보를 검색한다고 응답했습니다. 특히 10대는 10명 중 7명가량이 유튜브를 검색 채널로 이용하고 있으며, 이 비율은 당분간 더 증가할 것으로 예상됩니다.

향후 유튜브의 영향력이 검색 영역까지 확대될 수 있고, 그만큼 동영상 광고 시장에서 유튜브의 지배력이 더 커지리라 예상되는 근거입니다. 최근 네이버가 네이버TV 신규 채널 개설 시 엄격히 적용했던 검수 장벽을 사실상 폐지했습니다. 통합 검색 결과에 동영상 카테고리 콘텐츠를 상위에 우선 노출해주는가 하면, 15초짜리 강제 시청 광고 대신 5초짜리 인스트림 광고 서비스를 새로 도입했습니다. 유튜브 사용 패턴에 익숙해진 이용자들의 습관을 따라가지 않을 수 없게 된 것이죠.

어떤 문제나 궁금증을 해결하기 위해 정보를 찾거나 뭔가를 사고 싶을 때 우리는 보통 컴퓨터 나 스마트폰을 켜서 '키워드 검색'부터 시작합니다. 만약 검색 결과에 고민을 해결해줄 것 같은 콘텐츠나 동영상이 나타난다면 자연스럽게 클릭해보게 되겠죠. 따라서 동영상 마케팅은 우리 동영상이 사용자들의 '검색 결과'에 나타나는지가 무엇보다 중요합니다. 소비자가 뭔가를 찾거 나 구매하는 과정에서 '검색'은 필수이고, 아무리 멋진 동영상을 업로드했더라도 소비자의 검 색 결과에 보이질 않는다면 헛수고이니까요.

다행인지 불행인지, 유튜브는 구글의 자회사입니다. 유튜브의 검색 시스템과 구글의 검색 알 고리즘은 하나로 작동합니다. 유튜브에 올린 동영상이 구글의 검색 결과에 잘 나타나는 것도 그런 영향이 크지요. 전 세계 주요 국가의 콘텐츠 검색 70~90% 이상을 구글이 차지하고 있으 니 해외 사용자나 글로벌 시장을 공략하고자 한다면 더더욱 구글과 한 몸인 유튜브 서비스를 이용해야 하는 상황입니다.

문제는 우리나라 검색 환경입니다. 네이버가 여전히 검색 시장의 70%를 독점적으로 점유하고 있기 때문이지요. 안드로이드 스마트폰에 기본 검색 앱으로 탑재된 구글 검색기 덕분에 우리 나라에서도 구글 검색 비율이 점차 늘어나고 있는 건 사실입니다. 하지만 여전히 네이버 검색 량에 비하면 절반에도 못 미칩니다.

더 큰 문제는 네이버의 검색 알고리즘이 구글의 알고리즘과 달라서 구글에 잘 검색되는 콘텐 츠가 네이버 검색 결과에는 잘 나타나지 않는다는 점입니다. 실제로 얼마 전까지만 해도 네이 버 검색 결과 동영상 카테고리에서 유튜브 동영상을 찾아보기가 쉽지 않았습니다. 최근에는 네이버 검색 결과에도 유튜브 동영상들이 검색되기 시작했지만 네이버TV 영상들에 비해 후 순위에 배치되는 경향은 여전합니다. 그나마 노출 가능성이 높아진 것만큼은 큰 변화입니다.

따라서 동영상 마케팅 효과를 높이고 싶다면 구글은 물론 네이버 검색 결과에도 강한 영향력 을 발휘하기 시작한 유튜브 플랫폼에 우선적으로 동영상을 업로드해야 합니다. 이는 선택이 아니라 필수입니다.

SEO(검색 엔진 최적화)란 무엇인가

SEO란 'Search Engine Optimization'의 줄임말로, 직역하면 '검색 엔진 최적화'라는 뜻입니다. 인터넷에서 누군가 특정한 키워드로 검색했을 때 웹사이트의 주소 링크를 '검색 결과 페이지에서 상위에 나타나게 하는 것'을 일컫는 말입니다.

설명의 편의를 위해 여기서는 웹사이트의 상위 노출을 목표로 하는 기본 행동 방침을 'SEO 전략'이라 칭하고, 이러한 목적을 달성하기 위해 시도하는 여러 가지 최적화 기법들을 'SEO 전술' 또는 'SEO 방법'이라 부르겠습니다.

SEO는 어떤 영역을 최적화 대상으로 삼느냐에 따라 크게 세 가지로 나눕니다.

> ✅ 콘텐츠 SEO : 키워드 검색 결과에 노출되도록 콘텐츠 내용을 최적화하는 것
> ✅ 온페이지 SEO : 제목, 설명, 태그 등 메타 태그 설정을 최적화하는 것
> ✅ 오프페이지 SEO : 외부 사이트와 링크 연동 및 인용을 최적화하는 것

SEO 전략과 전술은 계속해서 변합니다. 콘텐츠의 형식과 종류가 새롭게 발전하고 소비자들의 콘텐츠 이용 행태 및 검색 패턴도 지속적으로 변하기 때문이죠. 그에 따라 구글의 검색 알고리즘, SEO에 주로 반영하는 요소와 평가 기준 또한 조금씩 바뀝니다. 그런 상황 속에서 지금 시기의 SEO 핵심은 주로 '콘텐츠 최적화'에 집중되고 있습니다.

구글은 무엇보다도 '풍부한' 정보가 담긴 '독특한' 콘텐츠를 가장 선호합니다. 이 말은 웹사이트나 콘텐츠를 기획하고 만들 때 그게 어떤 분야, 어떤 주제(키워드)와 관련이 있는지 생각해보고 해당 주제와 연관된 키워드를 찾아서 연결하는 것에 우선 주의를 기울여야 한다는 뜻입니다.

동영상 또한 '콘텐츠'의 하나라는 점을 고려하면 키워드 태그의 중요성은 결코 덜하지 않습니다. 지금부터는 동영상 콘텐츠가 기존의 SEO 요소에 어떤 영향을 미치는지 알아봅니다. 특정 키워드에 대해 검색 결과 상위에 노출시킨다는 SEO의 기본 목표가 동영상 콘텐츠에는 어떻게 적용될 수 있는지도 살펴보겠습니다.

동영상 SEO 효과는 웹사이트보다 훨씬 강력하다

동영상이 포함된 웹페이지는 검색에 더 잘 노출될까?

구글 검색은 검색창에 입력되는 '단어(키워드)'로 어떤 주제(카테고리)의 어떤 콘텐츠를 찾아서 보여주는 것이 검색자의 검색 의도에 가장 합당한지를 판단합니다. 그러므로 콘텐츠를 만들거나 SEO 전략을 세울 때는 '텍스트'가 주요 수단이 됩니다.

동영상 콘텐츠에 대한 SEO를 이해하려면 두 가지를 유의해야 합니다. 하나는 어떤 게시물에 동영상 콘텐츠를 포함해야 텍스트나 사진으로 이루어진 게시물보다 더 많이 혹은 더 상위에 노출될 수 있을까 하는 점입니다. 다른 하나는 동영상을 업로드할 때 어떤 판별 정보(메타 데이터)를 추가해야 검색에 더 잘 매칭될 수 있는가 하는 점입니다.

구글의 SEO 알고리즘에 대한 논쟁은 꽤 오랜 역사를 갖고 있습니다. 2010년 미국의 Forrester Research가 "동영상 콘텐츠가 포함된 웹사이트는 동영상 콘텐츠가 없는 웹사이트보다 약 50배 이상 높은 확률로 검색 결과 1위에 노출된다"고 발표해서 논란이 된 적이 있습니다. 구글 직원들은 "동영상 콘텐츠를 업로드하는 것만으로 검색 결과 순위가 올라가지는 않는다"고 주장해왔기 때문이죠.

사실 어떤 콘텐츠의 형식이 단지 동영상이냐 아니냐, 혹은 어떤 웹페이지에 동영상 콘텐츠가 들어 있느냐 없느냐에 따라 검색 결과 상위에 노출되는 데 유리한지에 대해서 검색 업체들이 공식 입장을 밝히지는 않습니다. 시기적으로 동영상 콘텐츠 양을 늘리고 싶은 시점에는 어떤 형태로든 노출 순위 결정 요소에 가중치를 조정해서 동영상 카테고리를 더 상위에 올리기도 하고, 필요성이 떨어지면 노출 순위를 낮추기도 하니까요. 네이버만 하더라도 개별 검색 키워드가 무엇인지에 따라서 통합 검색에 나타나는 카테고리의 배열 순위가 매번 바뀌는 것을 보면 그 패턴을 짐작할 수가 있죠.

지금은 인공지능의 발전으로 검색 결과 페이지의 콘텐츠 순위 배열도 점점 더 개인 맞춤으로 바뀌고 있습니다. 즉 모든 사람에게 똑같이 일률적인 페이지를 보여주는 게 아니라는 겁니다. 웹 브라우저에 접속한 사람(혹은 기기)이 어떤 콘텐츠를 주로 선호하는지 각각의 검색 행동을 추적하여 패턴을 분석한 후, 좋아하는 카테고리의 콘텐츠를 상위에 우선 보여주는 방식으로 페이지 배열을 맞춰 보여주는 거죠.

이렇듯 개별 사용자가 어떤 카테고리에서 어떤 키워드를 주로 찾고 좋아하는지에 따라 노출 순위가 자동으로 바뀝니다. 그만큼 특정 콘텐츠를 만들거나 발행할 때 콘텐츠를 필요로 하는 잠재고객 그룹이 어떤 카테고리를 좋아하고 실제 검색할 때 어떤 키워드를 주로 사용하는지 파악하여 콘텐츠와 검색 키워드를 매칭시키는 일이 더욱더 중요해졌습니다.

동영상이 검색 결과 상위 노출에 미치는 효과

구글이 "동영상 콘텐츠를 삽입하는 것만으로 검색 순위가 올라가지는 않는다"고 말한 것처럼 동영상 콘텐츠를 많이 넣는다고 해서 텍스트나 이미지로 구성되는 블로그 게시글보다 검색 결과 상위에 나타날 가능성이 커진다고 보기는 어렵습니다.

다시 말해 SEO 작업은 콘텐츠 마케팅에서 어디까지나 '간접적인 요소'일 뿐입니다. 본질은 콘텐츠 자체가 대중들에게 얼마나 공감을 받고 전파되는가 하는 데 있습니다. SEO 작업만 잘한다고 해서 콘텐츠가 더 잘 노출되거나 더 널리 퍼지는 것은 아니란 말이지요.

일시적으로 예외가 있을 수는 있습니다. 요즘 들어 블로그 게시글에 동영상을 삽입했더니 검색 결과에 훨씬 잘 노출된다고 말하는 네이버 블로그 운영자들이 많습니다. 아마도 네이버가 동영상 콘텐츠 양을 늘리기 위해 블로그 게시글 안에 동영상이 있을 경우 노출 기회를 의식적으로 높여준 덕분일 것입니다. 실제로 [동영상] 탭의 검색 결과를 살펴보면 동영상만이 아니라 동영상이 포함된 블로그 게시글까지 함께 노출되는 것을 볼 수 있습니다.

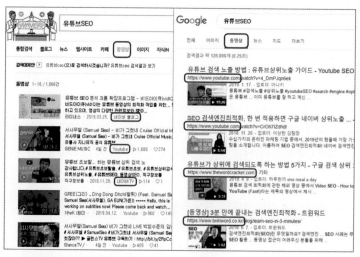

▲ 네이버와 구글 검색 시 [동영상] 탭 검색 결과 화면 비교

구글 검색 결과에서도 [동영상] 탭을 살펴보면 유튜브에 업로드된 동영상 콘텐츠만이 아니라, 연관 동영상이 들어 있는 다른 웹사이트 글 목록이 함께 나타납니다. 이는 동영상을 업로드할 때도 구글이나 네이버 같은 검색 포털 서비스의 검색 결과에 반영될 수 있도록 주제어(태그) 키워드를 충분히 고려하여 SEO 작업을 선행해야 한다는 뜻이지요.

따라서 동영상 콘텐츠를 유튜브와 같은 동영상 전문 채널에만 업로드하지 않고, 일반 웹사이트나 블로그 게시글 안에 텍스트 콘텐츠와 함께 업로드하는 것도 좋은 방법입니다. 동영상과 텍스트가 함께 들어간다는 것은 그만큼 콘텐츠의 설명이 풍부하고 내용이 알차다는 이야기일 수 있으니까요. 검색한 사람의 만족도도 높아질 수 있고, 여러 사람이 그 글을 인용하면 그 글의 검색 순위가 개선되는 효과를 기대할 수 있겠죠.

동영상 콘텐츠가 SEO에 영향을 미치는 원리는 콘텐츠가 동영상이기 때문이 아닙니다. 특정 키워드의 검색 결과로 나타나는 동영상 콘텐츠가 다른 콘텐츠보다 사람들에게 정보를 더 쉽고 빠르게, 무엇보다 풍부하게 전할 수 있기 때문입니다. 1분짜리 동영상의 정보량은 텍스트로 약 180만 자에 해당한다고 합니다. 동영상이 그만큼 효율적인 정보 전달 수단인 것입니다. 특히 장문의 텍스트를 읽는 수고를 하지 않아도 직접 마주 보고 대화를 하듯이 핵심적인 내용만 간추려 알려줍니다. 그리고 지금 그것은 더 많은 사용자를 유튜브로 끌어들이는 힘이 되고 있습니다.

어떤 동영상 콘텐츠가 검색에 유리할까

동영상 콘텐츠는 검색 의도와 키워드에 맞아야 한다

현재 구글 검색 엔진은 동영상을 구성하는 개별 이미지의 세부 내용이나 의미를 모조리 자동으로 분석하여 파악하지는 못합니다. 이에 따라 동영상 콘텐츠라도 SEO에 영향을 미치는 가장 기본적인 요소는 동영상 정보에 부가되는 '텍스트'입니다. 그렇기 때문에 검색어(질의어)에 대응하는 키워드(주제어)를 정확하게 설정해야 합니다.

모든 콘텐츠의 기본은 글쓰기입니다. 글을 쓸 때 키워드를 어떻게 잘 녹여내고, 어떤 동영상 요소를 넣어야 하는지를 생각하는 것이 중요합니다.

SEO 관점에서 보면 사람들의 검색 양(질문 횟수)과 노출 난이도(광고 경쟁도)에 따라 실제 검색 결과를 살펴보고 공략할 키워드를 선정하는 것이 바람직합니다. 글에 동영상을 삽입할 때 사용하는 키워드 또한 사용자의 '검색 의도'를 정확하게 이해하고 설정해야 합니다.

예를 하나 들어 보죠. 자신이 좋아하는 가수의 노래 동영상을 찾고 싶을 때 검색창에 가수 이름만 입력하나요? 아니면 가수 이름에 노래 제목도 함께 입력하나요? 아마도 후자일 겁니다. '어떤 가수의 어떤 노래를 듣고 싶다'는 확실한 의도를 갖고 검색할 확률이 더 높을 테니까요.

실제로 구글에서 단지 가수 이름만으로 입력했을 때보다 '가수 이름 + 노래 제목'으로 검색했을 때 다른 유형의 콘텐츠보다 동영상 카테고리의 콘텐츠가 더 상위에 노출됩니다. 그냥 가수 이름만 입력하여 검색할 때는 꼭 어떤 노래(동영상 콘텐츠)를 듣고 싶어서가 아니라 그 가수의 이력이나 최근 소식 등 다른 정보(텍스트 콘텐츠)를 원하는 경우일 수도 있기 때문이지요.

동영상 콘텐츠에 대한 SEO 방법론에 대해서는 사람마다 의견이 각양각색일 수 있습니다. 구글이든 네이버든 그들이 운영하는 검색 알고리즘의 구성 요소나 로직(공식)을 상세하게 공개하지는 않으니까요.

따라서 어떤 웹페이지의 콘텐츠를 만들 때는 '글의 내용을 요약한 동영상' 또는 '글만으로는 충분히 이해하기 힘든 내용을 담은 보조 동영상'을 추가해서 게시물을 만들길 권합니다. 완성된 결과물의 형태를 생각하여 동영상과 텍스트를 함께 사용하면 그만큼 독자(검색자)의 만족도가 높아질 수 있기 때문이죠. 무엇보다도 '사용자(검색자)에게 유익한 동영상'이어야 하는 건 기본입니다!

현재는 유튜브 플랫폼이 동영상 SEO에 가장 효과적이다

마케팅이나 비즈니스 목적으로 동영상을 사용하고 싶다면 현재는 유튜브에 일단 동영상을 업로드한 후 그 동영상의 공유 링크나 미리보기 이미지(섬네일)를 다른 글이나 SNS 게시물에 삽입하거나 첨부하여 띄우는 게 가장 효과적입니다. 다른 플랫폼에 올린 동영상 또한 구글의 검색 결과에 노출되기는 하지만, 유튜브는 구글과 사실상 한 몸이라 유튜브에 업로드하면 구글 검색에 더 잘 인식되기 때문입니다. 네이버TV에 올린 영상이 네이버 검색 결과에 우선 노출되는 것과 똑같은 이유겠지요. 유튜브와 구글의 알고리즘은 서로 밀접하게 연관되어 있어 다른 플랫폼에 비해 유튜브 채널의 동영상들이 구글 검색 결과 상위에 더 자주 노출됩니다.

또한 유튜브는 더 좋은 콘텐츠를 확보하고자 초보자를 위한 다양한 학습 가이드를 비롯해 노출을 향상시키는 갖가지 운영 관리 도구와 분석 도구를 제공합니다. 글로벌 1위 동영상 전문 플랫폼의 명성에 걸맞게 동영상을 손쉽게 업로드하고 편집 및 수정할 수 있는 풍부한 부가 서비스도 제공합니다.

[YouTube 스튜디오]의 기능을 활용하거나 [유튜브 아카데미] 등의 메뉴를 이용하면 많은 도움말과 추가 도구들을 찾아볼 수 있습니다. 이 덕분에 초보자도 유튜브 채널을 쉽게 개설해서 유용하게 활용할 수 있죠. 그러므로 동영상 채널을 마케팅 목적으로 활용할 생각이라면 유튜브를 선택하는 것이 현재로서는 최선입니다.

04 유튜브 SEO를 위한 세 가지 기본 요령

동영상 마케팅에 유튜브를 활용하는 중요한 이유 중 하나는 검색 결과에 노출하기가 유리하기 때문입니다. 그렇지만 유튜브에 동영상을 업로드했다고 해서 무조건 검색 결과 상위에 나타나는 건 아닙니다. 검색 결과 상위에 노출되도록 SEO라 불리는 '검색 엔진 최적화'를 제대로 수행하려면 유튜브의 특성과 동영상을 업로드할 때 꼭 지켜야 할 기본 요령을 잘 알고 이해해야 합니다.

동영상이 유튜브 검색 결과 상위에 나타나게 하려면 다음 세 가지를 특별히 고려해야 합니다.

> 1 제목과 설명에 태그 키워드(주제어)를 정확히 넣어라.
> 2 단순 조회수보다 시청 지속 시간에 유의하라.
> 3 구독자의 유입 경로와 시청 패턴을 유튜브 애널리틱스로 분석하라.

제목과 설명에 태그 키워드를 정확히 넣어라

검색 엔진은 동영상 내용을 자동으로 해석하지 못한다

동영상 이미지 분석 기술과 인공지능의 급속한 발전에도 불구하고, 아직까지는 검색 엔진이 동영상의 구성 내용을 자동으로 분석하고 이해하여 판단할 수는 없습니다. 그러면 어떤 동영상이 어떤 내용을 담고 있는지, 사람(시청자)들이 좋아하는지 싫어하는지 도대체 무엇으로 어떻게 판별하고 평가할까요?

첫 번째 답은 바로 '텍스트' 데이터입니다. 동영상의 내용을 검색 엔진이 더 쉽게 파악할 수 있도록 추가로 입력하는 정보를 흔히 '메타 데이터'라고 부릅니다.

메타 데이터는 주로 동영상을 제작하는 크리에이터가 동영상의 내용과 연관성이 높은 주제어(태그)를 텍스트(키워드)로 넣은 것입니다. 메타 데이터 중에서도 특히 중요한 것이 바로 '제목'입니다. 제목에 어떤 키워드가 들어 있는지에 따라 특정 키워드에 대한 검색 결과 순위가 크게 달라지기 때문이죠.

거꾸로 말하면 아무리 좋은 동영상을 만들어 업로드했어도 제목에 넣을 키워드를 잘못 설정하거나 빠뜨리면 그 영상을 찾는 사람을 놓치게 되고, 그로 인해 검색 노출이나 시청 가능성도 크게 낮아질 수 있습니다.

동영상 제목은 시청자(검색자) 입장에서 생각해야 한다

그러면 동영상의 제목을 어떻게 지어야 할까요? 업종이나 아이템, 사업이나 서비스 형태에 따라 달라질 수밖에 없겠죠.

강남에서 이탈리안 레스토랑을 경영하는데 가게 홍보 동영상을 만들어 유튜브에 업로드한다고 가정해봅시다. 동영상 제목에 어떤 키워드를 넣으면 좋을까요?

이때 가장 중요한 것은 그와 같은 주제나 내용의 영상을 찾거나 시청할 사람들이 과연 어떤 키워드를 선택하여 검색할지를 먼저 떠올리고 상상해봐야 한다는 겁니다. 여러분은 어떤 지역의 음식점을 찾을 때 검색창에 어떤 키워드를 입력하나요? 사람에 따라 다르겠지만 보통 다음과 같은 점들을 고려하여 선택할 것입니다.

- ✅ 찾는 지역명(예 : 강남역, 홍대입구, 영등포)
- ✅ 음식점 종류(예 : 한식집, 일식집, 레스토랑)
- ✅ 만남의 목적(예 : 데이트, 단체 회식, 상견례, ~하기 좋은)
- ✅ 가게 분위기(예 : 조용한, 맛있는, 편안한, 분위기 좋은)

이런 점을 고려할 때 앞서 예로 든 이탈리안 레스토랑은 어떤 키워드를 선정하는 것이 좋을까요? 만약 데이트할 때 찾아주기를 원한다면 다음과 같은 키워드를 생각해볼 수 있습니다.

'강남역 이탈리안 레스토랑 데이트하기 좋은 맛집'

레스토랑을 찾는 사람들이 검색할 때 사용할 법한 단어들을 조합하여 동영상의 제목을 만드는 것이 좋겠지요. 키워드를 모두 자연스럽게 담아 다음과 같이 제목을 지으면 어떨까요?

'강남역 데이트 장소로 추천하는 분위기 좋은 이탈리안 레스토랑 ○○○(이름)'

이처럼 검색자의 의도에 맞는 단어들이 제목에 들어 있다면 유사한 키워드로 검색한 결과에 이 레스토랑 동영상이 나타날 가능성이 커지겠죠. 다시 말해 누가 무슨 단어로 검색을 할 것 같은지를 먼저 생각하고, 그에 맞는 키워드를 넣어서 동영상의 제목을 짓는 게 핵심입니다.

단순 조회수보다 시청 지속 시간에 유의하라

2018년 2월, 유튜브는 광고 수익 배분 프로그램 자격에 중대한 변화를 꾀합니다. '광고 수익을 창출하려면 최근 1년간 전체 누적 시청 시간이 4,000시간이 되어야 하고, 구독자 1,000명 이상을 보유해야 한다'는 규정을 도입한 것이지요. 이 기준을 충족하지 못하는 채널은 크리에이터와 유튜브가 광고 수익을 나눠 갖는 '유튜브 파트너 프로그램'에서 배제해 수익을 지급하지 않고 있습니다.

동영상 광고 수익 배분 기준을 이렇게 바꾼 이유는 동영상의 제목과 내용이 크게 관련 없는 저질 콘텐츠가 범람한 까닭입니다. 조회수를 높이기 위해서 별 내용도 없는 동영상에 유익한 정보가 있을 것 같은 제목을 붙여 업로드하는 사람이 많았던 거죠. 이른바 '어그로 영상'이라 불리는 것으로, 시청자의 호기심을 자극해 클릭을 유발하는 영상을 말합니다. 그러나 보니 매우 선정적이거나 자극적인 동영상들이 많아졌습니다.

이를 막기 위해 조회수가 아니라 '평균 시청 지속 시간'을 더 중시하게 된 것입니다. 시청자들은 자극적인 제목이나 섬네일 이미지에 '낚여' 어쩌다 의도치 않게 동영상을 보게 됐다고 하더라도, 내용이 부실하면 곧바로 떠나버리므로 동영상의 품질을 평가하기에 그게 더 올바른 방법이라 여긴 것이지요.

예전에는 유튜브에서 동영상이 상위에 랭크되는 중요한 기준이 '조회수'였습니다. 이를 악용하는 유튜버들의 행동을 막고 양질의 콘텐츠를 유인하기 위해 이제는 단순 조회수가 아닌 재생 지속 시간에 더 높은 가중치를 주도록 추천 알고리즘을 개선했습니다. 덕분에 지금은 단지 조회수를 늘리기 위한 자극적인 낚시성 동영상은 SEO에 전혀 도움이 되지 않습니다. 오히려 신고자가 늘면 채널의 품질 지수만 더 떨어지죠.

무엇보다 시청자에게 도움이 되고 감동을 선사할 수 있는 콘텐츠를 담아야 합니다. 장황하거나 쓸모없는 내용으로 시간만 허비하게 해선 안 됩니다. 핵심 메시지만 담아 최대한 간결하게 만들어서 시청자가 가급적 끝까지 시청하도록 해야 합니다. 이것이 유튜브 SEO의 가장 중요한 요소라는 점을 잊지 마세요!

앞으로 유튜브 동영상 품질(상위 랭크) 평가 기준이 다시 바뀔 수도 있겠지만, 유익한 동영상이라면 반드시 살아남을 것입니다. 검색 엔진의 역할은 사용자에게 유익한 콘텐츠를 찾아서 제공하는 것이니까요. 시청자에게 도움이 되는 질 높은 동영상을 꾸준히 만들어 올린다면 그 채널은 분명히 높이 평가될 것입니다. 볼 만한 가치가 있고 혼자만 보기에 아까워서 다른 사람에게도 공유하고 싶어지는 동영상을 만들어 올리도록 힘쓰세요. 그게 SEO의 변치 않는 정답입니다!

구독자의 유입 경로와 시청 패턴을 분석하라

유튜브 채널을 효과적으로 운영하려면 꼭 유튜브 [분석] 기능을 사용하여 시청자 반응을 분석하는 게 바람직합니다. 어떤 콘텐츠가 시청자에게 사랑받고 높이 평가되는지 알지 못하면 자칫 잘못된 방향으로 콘텐츠를 만들게 되고, 그 결과 시청자가 떠나게 됩니다. 따라서 유익하고 유용한 콘텐츠를 계속 만들려면 유튜브에 올린 동영상에 대한 시청자의 반응을 수시로 철저히 분석해봐야 합니다.

구체적으로 어떤 점들을 짚어보고 분석해야 할까요? 유튜브 분석에서는 다양한 항목을 살펴볼 수 있는데, 그중에서도 특히 다음과 같은 내용을 꼭 확인하기 바랍니다.

> ✅ **재생 시간과 조회수** : 얼마의 시간 동안, 몇 번 재생되었는지 확인한다.
>
> ✅ **시청자 층** : 시청자의 연령대, 성별, 지역이 타깃층과 일치하는지 살핀다.

- ✅ **재생 장소** : 유튜브에서 재생되는지 다른 웹페이지에서 재생되는지, 재생이 일어난 위치를 파악한다.
- ✅ **트래픽 소스(유입 경로)** : 시청자가 동영상에 도달하기까지 이용한 검색 사이트나 SNS 링크 등 유입 소스와 경로 정보를 확인한다.
- ✅ **시청자 유지율** : 동영상이 시청자의 관심을 얼마나 유지시키는지 평균 재생 지속 시간을 통해 확인한다. 동영상의 어느 시점에서 시청률이 떨어지는지 확인할 수 있으므로 콘텐츠 개선에 도움이 된다.
- ✅ **댓글 및 좋아요와 싫어요 수** : 동영상에 댓글을 올린 시청자의 수를 알 수 있고, 시청자의 다양한 의견과 호불호 반응을 확인할 수 있다.
- ✅ **공유** : 동영상이 공유된 횟수나 공유하는 데 이용된 SNS를 알 수 있다.

이 밖에도 많은 항목을 분석할 수 있는데, 동영상의 제작 용도에 따라 관련 항목을 차례로 확인하면 콘텐츠의 질과 내용을 개선하는 데 도움이 많이 됩니다. 동영상을 업로드한 후 그대로 방치하지 말고 반드시 주기적으로 분석하는 습관을 들여 더욱 효과적인 콘텐츠를 만들고 채널을 꾸준히 개선해 나가기 바랍니다.

05 유튜브 동영상을 업로드할 때 필수 고려사항

유튜브를 통해 자사 홈페이지로 방문을 유도한다

마케팅 목적으로 유튜브를 활용할 때 단지 많은 사람이 동영상을 보게 하는 데서 그치면 안 됩니다. 동영상 채널을 운영하는 궁극적인 목적은 어떻게든 상품이나 서비스를 판매하는 데 기여하는 것입니다. 따라서 그 목적을 이루려면 동영상을 본 시청자가 우리가 원하는 행동을 취하도록 해야만 합니다.

우리가 원하는 행동을 하도록 호소하는 것을 '콜투액션(CTA)'이라 부른다고 했었지요. 예를 들어 동영상 끝부분에 "더 자세한 내용은 아래 번호로 전화주세요"와 같은 말을 넣어 구체적인 반응 행동을 촉구해야 합니다. 시청자가 전화를 하면 직접 세일즈를 시도할 수도 있고 상담 일정을 잡을 수도 있으니까요.

어떤 형태든 동영상을 통해 시청자에게 콜투액션을 요청하는 것은 무척 중요합니다. 특히 광고 수익을 목표로 유튜브 채널을 운영하는 경우가 아니라면, 동영상의 최종 목표가 무엇인지 잊지 말아야 합니다. 목표에 부합하는 반응을 일으킬 수 있도록 동영상의 내용을 구성하고 행동 유발 요소를 배치하는 것을 절대 빠뜨려선 안 됩니다.

콜투액션으로 가장 효과적인 것은 상품 상세 페이지나 자료 다운로드 페이지, 이메일 뉴스레터 신청 페이지와 같이 자사의 특정한 웹페이지나 랜딩페이지로 방문을 유도하는 것입니다. 유튜브는 기본적으로 '동영상을 공유하는 곳'이지 상품이나 서비스를 직접 판매하는 쇼핑몰이 아닙니다. 그러므로 동영상으로 관심을 불러일으킨 후에는 홈페이지나 쇼핑몰로 방문하도록 유인하여 후속 세일즈를 제안하는 것이 바람직합니다.

예를 들어 잠재고객의 이메일 주소를 얻고자 한다면 동영상 끝에 "다음 URL을 클릭하여 이메일로 자세한 정보를 받아보세요"라고 행동을 촉구하면서 이메일 뉴스레터 신청 페이지의 링크를 넣어둘 수 있을 것입니다. 이러한 방법을 사용하면 유튜브에서 홈페이지로 자연스럽게 시청자를 유인할 수 있지요.

유튜브에서 웹사이트 링크를 노출하는 방법은 두 가지가 있습니다.

> ✔ 설명 영역에 링크 URL 주소를 적어둔다.
> ✔ 동영상 안에 링크 URL 주소를 직접 삽입한다.

설명 영역의 셋째 줄 내에 링크 URL 주소를 적어둔다

유튜브에는 동영상 제목 밑에 설명을 적어두는 영역이 있습니다. 동영상이 어떤 내용을 담고 있는지 자세한 설명을 적는 공간인데, 홈페이지 URL 주소를 넣으면 자동으로 하이퍼링크가 생성됩니다. 그리고 동영상 내용 중에 "화면 아래 설명문에 나오는 URL 주소를 클릭하여 방문해주세요"라고 이야기하며 원하는 행동을 촉구하면 됩니다.

이때 주의할 점은 링크 URL 주소를 반드시 위에서부터 셋째 줄 내에 넣는 것입니다. 설명문이 길어지면 맨 위쪽의 세 줄만 노출되고, 넷째 줄부터는 [더보기]를 클릭해야만 펼쳐서 볼 수 있기 때문에 눈에 띄기 어렵습니다. [더보기]를 클릭하는 간단한 행동조차도 귀찮아하는 사람들이 대부분입니다.

동영상 재생 중(카드 화면)에 링크 URL 주소를 노출한다

유튜브에서는 동영상 안에 링크 URL 주소를 넣어 띄울 수 있습니다. 예를 들어 동영상 재생 중에 화면 위에 팝업으로 나타나는 [카드] 기능을 사용하면 동영상 재생 중에 홈페이지로 연결되는 링크 URL 주소를 보여줄 수 있습니다.

외부 웹페이지 대신 유튜브 채널의 다른 동영상으로 연결되는 링크를 넣어도 됩니다. 예를 들면 [카드]에 홈페이지 링크 대신에 '콜투액션 동영상'으로 연결되는 링크를 넣어도 됩니다. 콜투액션 동영상의 역할과 만드는 방법에 대해서는 PART 01에서 상세히 설명했으니 기억이 잘 나지 않는다면 다시 살펴보기 바랍니다.

유튜브에 동영상을 업로드할 때 주의할 점

동영상 마케팅에 유튜브를 활용하는 것은 많은 장점이 있지만 주의해야 할 점도 있습니다. 가볍게 여기면 나중에 후회할 수 있으니 꼭 기억하기 바랍니다.

유튜브에 동영상을 업로드할 때 반드시 지켜야 하는 주의사항은 다음과 같습니다.

> ✅ 타인의 저작권을 침해하지 않는다.
> ✅ 타인의 초상권을 침해하지 않는다.
> ✅ 유튜브 자체를 상업적 목적으로 이용하지 않는다.

타인의 저작권을 침해하지 않는다

당연한 이야기지만 타인이 만든 동영상 콘텐츠를 임의로 유튜브에 업로드해서는 안 됩니다. 예를 들어 TV 드라마를 녹화하여 유튜브에 업로드하는 것은 불법입니다. TV 드라마의 저작권은 제작자나 방송사에 있으며 허락 없이 배포하는 건 법으로 금지되어 있기 때문입니다.

또한 배경 음악(BGM)으로 좋아하는 가수의 노래를 사용하는 경우가 많은데, 원칙적으로 이 것도 허용되지 않습니다. 다만 음악의 원저작자가 명시적으로 사용을 허락했거나 원저작자에게 광고 수익을 돌리는 규약 등을 적용하고 있다면 제한적으로 사용이 허용될 때도 있습니다.

그러므로 타인의 노래나 음원을 사용하고 싶다면 유튜브 저작권 규약을 반드시 먼저 확인하기 바랍니다.

타인의 초상권을 침해하지 않는다

특히 동영상을 촬영할 때 주의해야 합니다. 길거리에서 촬영하면 카메라에 지나가는 사람이 찍힐 때가 많습니다. 많은 사람이 크게 신경 쓰지 않고 지나가는 사람이 찍힌 동영상을 유튜브에 업로드하는데, 이것 또한 타인의 초상권을 침해하는 행위입니다.

만약 우연히 동영상에 찍힌 사람이 유튜브에 알려 문제로 삼으면 그 동영상은 언제든 삭제될 수 있습니다. 그러므로 야외에서 촬영할 때는 가능하면 출연자 외에 다른 사람이 찍히지 않도록 주의해야 합니다. 혹시 찍혔다면 업로드 전에 당사자의 허락을 받거나 모자이크 처리를 하기 바랍니다.

유튜브 자체를 상업적 목적으로 이용하지 않는다

유튜브는 어디까지나 '동영상 공유 플랫폼'입니다. 그러므로 유튜브의 허가 없이 동영상 채널을 상업적인 목적으로 이용해서는 안 됩니다.

유튜브에 업로드한 동영상의 공개 옵션을 '미공개'로 설정하면 동영상의 URL 주소를 알고 있는 사람 외에는 볼 수 없습니다. 돈을 낸 사람에게만 미공개 동영상의 URL 주소를 알려주어 시청할 수 있게 하는 경우가 있는데, 이것도 상업적인 목적으로 간주하여 유튜브가 금지하는 행위입니다.

유튜브를 동영상 마케팅에 적극 활용하는 것은 문제가 없지만 판매나 금전적 이익을 취하기 위해 직접 이용해서는 안 됩니다. 상품이나 서비스에 대한 세일즈는 특정 홈페이지나 쇼핑몰 사이트를 방문하도록 일단 유인한 뒤에 해당 웹페이지나 앱을 통해서 진행하기 바랍니다.

유튜브 채널 하나에 모든 것을 걸지 않는다

지금까지 유튜브를 활용할 때의 장점과 효과적인 활용 방법에 대해 짚어보았습니다. 하지만 천하의 유튜브라 하더라도 여러 동영상 마케팅 도구 중 하나에 불과하다는 점을 잊지 마십시오. 다시 말해 유튜브가 무조건 최선이라는 뜻은 아니란 겁니다.

수많은 동영상 플랫폼이 사용자와 고급 콘텐츠를 유지하려고 다른 어느 때보다도 치열하게 경쟁을 벌이고 있습니다. 따라서 상품이나 서비스의 특성에 따라 유튜브보다 효과적으로 활용할 수 있는 동영상 서비스가 나타난다면 굳이 이용하지 않을 이유가 없습니다.

지금 당장은 유튜브를 활용하는 것이 가장 큰 효과를 발휘한다는 점에 의심의 여지가 없습니다. 다만 업종별 상황이나 여러 환경 여건에 따라 다른 동영상 플랫폼을 활용하는 것이 더 효과적일 수 있다면 적극 활용하기 바랍니다.

실전 활용 사례 보고 08 #커피제조유통업

SBS 방송 출연 등으로 매출 약 20배 증가,
직접 제조한 캔커피를 배달하는 틈새시장 공략!

카페창업 / 카페 컨설팅 / 커피배달 / 원두구매

오늘도 커피가 생각난다면
커피식구

경광배 커피식구 대표
구독자 488명 · 동영상 79개 · 조회수 66,684회

▶ **채널 정보**

- **회사명** : 커피식구
- **업종명** : 커피(커피전문점, 원두 제조, 유통, 교육, 컨설팅)
- **채널명** : 커피식구 CoffeeSeekoo

▶ **채널 설명**

커피 관련 사업과 지식 아카데미를 운영하고 있는 커피식구가 카페 운영과 커피에 대한 다양한 정보를 전달해주는 커피 전문 채널입니다.

▶ **유튜브 도입 후 성과**

SBS 방송 출연, 원두 유통 · 카페 창업 문의 증대, 각종 기업의 캔커피 대량 주문 증가로 창업 1년 만에 매출이 약 20배 늘었습니다!

실전 활용 사례 보고 09 #교육서비스업(개인레슨)

전국 각지에서 연주 레슨 문의 넘쳐,
타 도시 거주 수강생 등록도 증가!

남은여생 재미나게
기타치고 놀아보자!
유닝기타

김윤종 유닝기타 대표
구독자 2,898명 · 동영상 211개 · 조회수 328,272회

▶ 채널 정보

• **회사명 :** 유닝기타

• **업종명 :** 교육서비스

• **채널명 :** 유닝기타 YunningGuitar

▶ 채널 설명

"남은 생 재미나게 기타 치며 놀아보자!"라는 모토로 '손 만들어주는 기타리스트 김윤종의 연주 레슨 칼럼'을 연재하고 있습니다. 유닝기타 수강생들의 연주 영상과 누구나 함께할 수 있는 기타 합주단 '유닝팝스기타앙상블'의 연주 영상, 실제 수업을 엿볼 수 있는 영상, CAGED 시스템 60가지 스케일과 기타 코드 영상 사전 등을 공유합니다. 유닝기타의 소소한 소식과 홍보 영상을 공유하는 채널입니다.

▶ 유튜브 도입 후 성과

광고비 0원으로 '유닝기타' 및 '손 만들어주는 기타리스트'가 브랜딩되고 있습니다. 전국 각지에서 레슨 문의가 늘었고, 타 도시 거주 수강생의 등록 요청으로도 이어졌습니다.

유튜브 SEO
실전 전략과 핵심 팁

01 유튜브 조회 여부는 '제목'에서 시작된다

유튜브 노출을 위해 가장 중요한 건 제목이다

애써 만든 동영상을 어렵게 업로드했는데도 방문객은 없고 조회수도 오르지 않으면 허무하죠. 허비한 시간은 아깝고 노력은 물거품이 됩니다. 조회수가 증가하지 않는데 총 재생 시간이 늘어날 리 없고 구독자 수 또한 제자리에서 변함이 없지요. 잠재고객을 랜딩페이지로 유인하거나 가망고객의 연락처를 수집하기 위해 유튜브를 이용할 때도 충분한 조회수가 발생하지 않으면 별 효과를 기대하기 어렵습니다.

간단히 적용할 수 있는 검색 최적화 기술이나 요령을 몰라서 조회수를 늘리지 못하는 사람이 주변에 수두룩해 안타까울 때가 참 많습니다. 이번 CHAPTER에서는 유튜브 동영상 유입을 짧은 시간 안에 늘리고 조회수를 높이는 방법을 자세히 알아봅니다.

먼저 유입을 늘리려면 검색 엔진 최적화(SEO) 방법을 알아야 합니다. 유튜브 동영상 제목에 들어가는 키워드들은 구글 검색 엔진에도 반영됩니다. 문제는 동영상 콘텐츠는 이미지의 집합으로 이루어진 데이터 파일이라 웹사이트나 블로그 노출과는 다른 접근 방법이 필요하다는 겁니다.

웹사이트나 블로그의 콘텐츠는 주로 텍스트로 이루어져 있죠. 제목에 들어 있지 않은 키워드라도 본문 안에 들어 있기만 하면 검색 엔진에 잡힐 여지가 있습니다. 하지만 동영상은 다릅니다. 영상 안에서 이미지로 아무리 많은 정보를 보여주어도 텍스트로 제공되지 않는 정보는 검색 엔진에 잡히기가 매우 어렵습니다.

최근에는 사진 및 음성 인식 기술의 비약적인 발전으로 일상에서 자주 보이는 이미지는 자동으로 분석하기도 하고, 영상 속 사람 음성을 자동으로 인식해서 자막으로 만들어주기도 하지만 아직은 매우 제한적인 수준입니다.

바로 이 때문에 유튜브 동영상이 검색에 노출되게 하려면 '검색 키워드'로 사용될 수 있는 '단어(텍스트)'를 어떻게든 동영상 설명 안에 넣어주어야 합니다. 특히 제목이 가장 큰 역할을 합니다. 절대적이라 할 만큼! 그렇다면 동영상 제목을 지을 때 키워드는 어떻게 찾고, 어디에 배치해야 좋을까요?

중요한 연관 키워드를 되도록 앞쪽에 넣는다

간단한 예로 '미국 애니메이션을 무료로 보고 싶어 하는 사람'을 대상으로 동영상을 만들어 업로드한다면 중요한 연관 키워드는 '미국 애니메이션 무료'가 되겠죠. 제목에 '미국 애니메이션 무료'가 꼭 들어가야 할 뿐만 아니라 되도록 제목의 앞부분에 넣어야 합니다. 유입을 일으킬 매체가 바로 동영상이기 때문입니다.

유튜브 동영상 목록을 살펴보면 제목이 길어 도중에 잘리는 경우가 많습니다. 사람들은 자신의 관심사와 관련이 없는 키워드로 이루어진 제목의 동영상을 클릭하지 않을 것입니다. 그러므로 가능하면 제목의 앞부분에 중요한 연관 키워드가 보여야 합니다. 예를 들자면 이런 식으로요.

'미국 애니메이션을 무료로 볼 수 있는 5가지 방법'

구글 검색을 통한 유입을 노릴 수 있는 키워드를 사용해서 제목을 짓되, 동영상 제목에 사용할 수 있는 글자 수를 고려하여 너무 길지 않아야 합니다. 연관 동영상 추천 목록이나 검색 결과 목록에 나타나는 제목이 중간에 잘리지 않아야 하니까요.

차별화를 돕는 나만의 '독창적인' 키워드를 추가한다

중요한 연관 키워드 외에 나만의 '독창적인' 키워드를 추가해야 검색 결과 상위에 노출될 가능성이 커집니다. 남들과 구별되는 키워드로 차별성이 생기고, 그만큼 검색 엔진이나 유튜브 사용자에게 독특한 콘텐츠로 인지될 수 있기 때문이죠.

이는 동영상 조회수나 채널 구독자를 늘리는 요소이기도 합니다. 예를 들면 다음과 같습니다.

'무료로 즐기는 미국 애니메이션 BEST 10 [여성 취저]'

여기서 중요한 연관 키워드는 '미국 애니메이션 무료'이며, 독창적인 키워드는 '여성 취저'입니다(취저는 '취향 저격'을 뜻하는 신조어). 독창적인 키워드만 단독으로 사용하여 제목을 만들면 안 됩니다. 제목에 '여성 취저'라는 키워드만 들어 있으면 정작 '미국 애니메이션 무료'라는 키워드가 검색 결과나 추천 동영상에 반영되지 않을 수 있으니까요.

차별화를 위한 독창적인 키워드는 제목의 '일부'로만 사용하는 게 좋습니다. 이러한 키워드는 동영상의 설명 영역에서도 활용할 수 있으니 어떤 키워드를 쓰면 좋을지 미리 생각해보세요. 최근에 유행하는 신조어 등을 변용해 쓰는 것도 가능하지만 견인력이 있는 브랜드라면 인스타그램의 신조어 해시태그 키워드처럼 브랜드만의 자체 신조어를 만들어 쓰는 것도 한 방법입니다. 예를 들면 '괄도네넴띤'이나 '빙그레 ㅏㅏㅏ맛 우유'처럼요.

설명 영역을 효과적으로 활용해 유입과 조회수를 늘린다

유튜브 동영상 유입을 늘리려면 제목이 중요하다는 것을 아는 사람은 많습니다. 그렇지만 유튜브 동영상 정보 중 '설명'의 중요성을 제대로 알지 못하는 사용자가 무척 많습니다. 유튜브 동영상 제목 아래의 설명 영역은 동영상에 수록된 내용이나 관련 정보를 제공할 수 있는 공간입니다. 제목과 태그 외에 텍스트를 입력할 수 있는 유일한 영역이죠. 지금부터 효과적으로 활용하는 방법을 알아보겠습니다.

설명은 한글 2,500자까지 가급적 많이 채운다

설명은 한글 2,500자 또는 영문 5,000자까지 입력할 수 있는데, 아예 비워놓았거나 제목만 대충 붙여서 넣은 동영상이 의외로 많습니다. 앞서 말했듯이 동영상 콘텐츠는 이미지의 집합이기 때문에 검색 엔진에 잡힐 수 있는 텍스트 정보는 제목과 설명, 태그가 전부입니다.

설명에는 같은 유튜브 채널에 업로드해둔 다른 동영상의 링크를 첨부하거나 랜딩페이지와 같이 외부 웹사이트 URL 주소를 넣어서 방문을 유도하는 용도로 활용할 수도 있습니다. 연관 동영상의 유입과 조회수를 늘리는 데 특히 유용합니다.

설명의 첫 두세 줄 내에 노출하고 싶은 키워드를 넣는다

'유튜브 마케팅'을 키워드로 삼아 동영상을 만들었다고 가정해봅시다. 제목과 설명 또는 둘 중 어느 하나에 '유튜브'나 '마케팅'이라는 키워드가 들어 있을 겁니다. 검색 결과 페이지에는 제목과 함께 설명 내용 중 처음 두세 줄만 표시됩니다. 따라서 검색 결과에 노출하고 싶은 키워드가 바로 보이게 하려면 해당 키워드를 첫 두세 줄 안에 넣으세요.

첫 두세 줄의 문구로 흥미를 불러일으켜 클릭을 유인한다

유튜브 검색 결과 목록 페이지에서는 동영상을 클릭하지 않으면 설명의 전체 내용을 모두 볼수 없습니다. 따라서 제목이나 설명의 첫 한두 줄 문구에 쓰인 키워드로 검색한 사람의 눈길을 붙잡지 못하면 대부분은 그냥 지나쳐버릴 것입니다.

또한 동영상 콘텐츠의 목적이 채널 구독 유도, 외부 웹사이트 클릭 방문, 다른 동영상 채널로 유인이라면 설명의 첫 부분에 동영상 또는 랜딩페이지의 URL 주소를 넣어서 링크 클릭을 유도할 수 있습니다. 설명의 처음 두세 줄 안에 중요한 키워드를 포함하고, 유인하고 싶은 URL 주소를 노출해 검색한 사람의 관심과 호기심을 불러일으켜야 합니다.

다른 동영상의 '추천 동영상' 목록에 노출되게 만든다

설명 영역에 다른 사용자의 동영상(채널) 제목과 URL을 적는다

설명 영역에 다른 채널의 동영상 제목과 URL 주소를 삽입하면, 그 동영상이 재생되는 동안 '연관 동영상(추천 동영상과 같은 의미로, 유튜브에서 [다음 동영상] 영역에 표시됨)' 목록에 우리 동영상이 노출될 가능성이 커집니다. 이 방법은 유튜브 SEO에 매우 효과적이므로 꼭 적용해보세요.

유튜브는 사이트 자체 내 체류 시간과 조회수를 늘리기 위해, 유튜브 안에서 접속을 지속시키고 순환시키는 데 기여하는 '최근 인기' 동영상들을 검색 결과 상위에 노출하고 추천 목록([다음 동영상] 영역)에 띄웁니다.

따라서 다른 사람의 인기 동영상이 재생되는 동안 관련 동영상 추천 목록에 우리 동영상을 노출하려면 유튜브가 '두 동영상이 서로 관련이 있다'는 점을 인식할 수 있도록 관계를 맺어주어야 합니다.

관계를 맺어주는 대표적인 방법 중 하나가 바로 다른 사람이 올린 인기 동영상의 URL 주소를 우리 동영상의 설명 영역에 삽입하여 두 동영상 간의 연관성을 의식적으로 만들어주는 겁니다. 즉 두 동영상이 서로 관련된 것으로 유튜브가 인식하면 인기 동영상의 재생이 종료된 후 [다음 동영상]으로 연결되어 자동 재생되거나 재생 중 오른쪽(PC)이나 하단(모바일)의 추천 목록에 노출될 기회가 늘어납니다.

이 방법은 쉬우면서도 효과가 좋습니다. 다른 사람의 동영상이나 채널을 소개하면 그쪽으로 트래픽이 빠져나가서 우리 동영상의 조회수가 줄어드는 것 아닌가 우려할 수도 있지만, 실제로는 그 반대입니다. 역설적이지만 다른 동영상이나 채널을 소개함으로써 내가 업로드한 동영상이 노출될 가능성이 높아지는 거죠. 잘만 활용하면 경쟁 채널의 인기 동영상을 통해서도 유입을 일으킬 수 있는 방법입니다!

다른 채널의 동영상을 소개할 때 주의할 점

다른 채널의 유튜브 동영상을 설명 영역에 소개할 때에도 요령이 필요합니다. 정도가 너무 지나치지 않도록 다음의 기준을 지키는 게 좋습니다.

- ✅ 실제 관련성이 있는 비슷한 주제나 장르의 동영상(채널)을 선별하여 소개한다.
- ✅ 여러 개의 동영상이나 채널을 소개한다(3~5개의 URL 주소 함께 소개).
- ✅ 소개할 동영상의 제목과 URL 주소를 함께 적는다(키워드 매칭 효과 기대).

관련이 있는 장르의 인기 동영상을 소개하는 것은 자연스러운 일이지만, 너무 많은 동영상을 나열하는 것은 자연스럽지 못합니다. 유튜브가 스팸 행위라고 판단할 수도 있으니 억지스럽고 지나치게 보이지 않도록 유의해야 합니다.

예를 들어 동영상의 장르나 성격이 '제이플라'의 동영상과 전혀 다른데 설명에 '제이플라'의 동영상 링크를 잔뜩 소개한들 제이플라 동영상의 추천 목록에 내 동영상이 나타나는 일은 아마도 없을 겁니다.

TIP 　**유튜브 마케팅 실전 노하우**　　　　　　　　　　　　　　　🔍

▶▶ 설명 영역에 어떤 동영상을 소개하는 것이 효과적일까?

설명에 소개할 다른 채널의 동영상을 선택하는 기준을 일률적으로 정할 수는 없습니다. 하지만 가급적 최근 한 달 이내에 업로드된 동영상 중 1만 뷰에서 10만 뷰 사이의 동영상을 링크하는 것이 좋습니다.

'제이플라'와 같은 엄청난 조회수를 자랑하는 동영상은 경쟁자가 많아 연관 동영상에 노출되기 힘들 것입니다. 비교적 새로 올라온 동영상 중에서 조회수가 많은 것이라면 그 시기에는 일시적으로 많은 사람의 이목을 끌 것입니다. 경쟁이 아주 심하지 않은 수준으로 1만에서 10만 뷰 정도의 영상이라면 연관 동영상에 링크할 경우 상대적으로 유입을 기대할 수 있을 겁니다.

다만 날짜와 조회수는 어디까지나 임의 기준에 불과합니다. 그보다 훨씬 더 중요한 것은 링크를 소개한 상대방 동영상과 자신의 동영상이 실제로 얼마나 밀접한 연관성을 가졌는지, 그리고 시청자들이 그것을 인정해주는가 하는 것입니다. 그러므로 관련성이 충분히 있는 장르로, 태그 키워드가 일치하거나 유사한 동영상을 소개해야 한다는 걸 잊지 마세요!

다른 사람의 동영상을 소개하는 내용은 굳이 첫 두세 줄 안에 적을 필요는 없습니다.

앞에서 이야기한 내용을 확실하게 숙지하고 설명 영역에 적용하면 연관 동영상 목록에 노출되어 유입이 증가할 겁니다. 실제로 통하는지 곧장 실행해보세요.

내 채널의 다른 동영상을 소개하여 추천 목록에 나타나게 한다

동영상 재생이 종료된 후나 오른쪽(또는 아래쪽) [다음 동영상] 목록에 내 채널의 다른 동영상을 노출하려면 설명 부분에 노출할 동영상의 URL 주소를 넣어서 소개하는 것도 효과가 있습니다.

같은 채널에 있는 동영상을 연관 동영상으로 소개하는 것은 매우 자연스러운 일이고, 유튜브 채널 안에서 순환 재생과 체류 시간(조회수)을 증가시키는 일이므로 유튜브도 싫어할 이유가 없습니다. 같은 채널에 있는 동영상이 연관 동영상으로 노출되면 한 번 접속한 사용자를 채널 안에서 순환(체류)시켜 조회수가 더 늘어날 것입니다.

설명 영역에 동영상을 소개하는 방법도 다른 사람의 동영상을 소개할 때와 다르지 않습니다. 지켜야 할 유의사항도 같고요.

> ✅ 관련이 있는 비슷한 장르의 동영상이나 연관 채널을 소개한다(복수 채널 운영 시).
> ✅ 여러 개의 동영상이나 채널을 소개한다(3~5개의 링크).
> ✅ 동영상의 제목과 URL 주소를 함께 게재한다(키워드 일치 고려).

이 경우에도 억지스럽거나 지나치지 않도록 유의해야 합니다. 노골적으로 특정한 동영상을 소개하고 클릭을 요구하면 거부감을 주어 역효과를 일으킬 수 있으니까요.

동영상 제목이나 채널명에 들어간 독창적 키워드를 설명에도 넣는다

제목을 지을 때 독창적인 키워드를 넣는 게 좋다고 했는데 이것은 설명 영역에 동영상을 소개할 때에도 마찬가지입니다. 무난한 제목이나 채널 이름보다는 독창적인 키워드가 들어가면, 유튜브에 어필하는 데도 도움이 되고 검색 결과나 연관 동영상 추천 목록에 노출되기도 쉬워집니다.

태그와 재생목록을 활용하는 방법도 매우 효과적입니다. 이 방법은 동영상 유입과 조회수를 늘리는 데 필수이며 매우 큰 효과를 발휘합니다. 지금 바로 실천할 수 있는 태그와 재생목록 활용법을 함께 알아보겠습니다.

태그를 이용해 유입을 증가시키고 조회수를 늘린다

유튜브에서 태그의 역할은 카테고리를 나누어 시청자가 동영상을 찾기 쉽게 해주는 것입니다. 트위터나 인스타그램에는 '해시태그'라는 것이 있습니다. 특정 단어 앞에 #을 붙여서 '#○○ ○'라고 입력하는 태그 방식이죠. 해시태그를 붙이면 그 키워드의 검색 목록에 자동으로 우리 게시물이 연결되어 포함되므로 누군가가 해당 키워드로 검색할 경우 상대적으로 우리 게시물이 노출될 가능성이 커집니다.

예를 들어 '트와이스콘서트'라고 검색하면 '#트와이스콘서트'라고 해시태그를 붙인 게시물들이 나타납니다. 해시태그를 붙이면 연관 정보를 쉽게 공유할 수 있고 검색 결과에 노출될 여지가 생기는 것입니다. 유튜브의 태그도 이와 마찬가지로 특정 키워드(주제어)를 동영상 안내 정보에 추가하는 작업입니다.

태그를 추가하면 해당 태그 키워드(주제어)를 검색한 사람들이 시청하는 동영상의 추천 목록에 노출되기가 더 쉬워집니다. 운 좋게 조회수가 많은 인기 동영상의 추천 목록에 우리 동영상이 노출된다면 조회수도 덩달아 늘어날 수 있습니다.

유튜브 태그는 채널 관리자 모드로 들어가면 동영상 수정 페이지에서 언제든지 편집할 수 있습니다. 태그에 해당 키워드를 입력해두면 비슷한 주제나 장르의 동영상에 추천 동영상 목록으로 노출될 확률이 더 높아집니다.

태그의 역할은 '연관 동영상' 목록에 노출하기 위한 것임을 잊지 않길 바랍니다. 요컨대 어떤 키워드를 사용하면 좋을지 알고 있어야 효과적으로 태그를 활용할 수 있습니다. 그러려면 경쟁자의 채널에서 조회수가 높은 비슷한 장르의 동영상을 찾아서 그들은 어떤 태그 키워드를 사용하고 있는지 알아보는 게 좋겠죠.

연관 동영상(추천 목록)에 더 많이 노출되는 태그 사용법

경쟁 채널의 인기 동영상을 찾아 태그 키워드를 알아본 다음에는 그 태그를 참고하여 태그 키워드를 설정하세요. 품질이 별로인 것 같은데도 높은 조회수를 자랑하는 동영상이 간혹 있는데, 그 이유를 찾아가보면 이처럼 태그를 잘 활용한 사례인 경우가 많습니다. 부지런하기만 하면 누구나 따라 할 수 있는 팁이니 꼭 실천하여 노출을 늘려보세요!

태그에 '채널명'과 '동영상 제목'을 공통으로 넣는다

태그의 가장 큰 역할은 '이름'이나 '채널명'을 알리는 것입니다. 채널 내 모든 동영상의 태그에 채널명, 채널 ID, 동영상의 제목(시리즈명)을 일관되게 넣어두면 동영상 하나가 재생될 때 연관 동영상(추천 목록)에 같은 태그를 붙인, 같은 채널의 동영상들이 '시리즈'로 연속해서 노출될 확률이 크게 높아집니다.

채널명과 동영상 제목에 독창적인 키워드를 사용한다

태그에 채널명과 동영상 제목을 넣을 때 독창적인 키워드를 사용하면 효과적입니다. 나만의 독창적인 키워드를 여러 동영상의 태그에 공통으로 넣어두면, 같은 단어를 가진 동영상들끼리 연관성이 더 높게 인정됩니다. 결국 같은 채널에 있는 동영상이 추천 목록에 나타날 가능성이 높아지는 셈이지요.

조금만 더 응용하면 효과를 더욱 높일 수 있습니다. 시리즈로 업로드한 동영상이라면 '1번 동영상의 태그'에 '2번 동영상의 제목'을 넣는다면 어떨까요?

정리하자면 독창적인 키워드를 포함하여 채널명과 동영상 제목, 비슷한 장르의 관련 키워드를 넣으면 태그를 최적화할 수 있습니다.

TIP **유튜브 마케팅 실전 노하우** 🔍

▶▶ 동영상 하나에 태그는 몇 개 정도가 좋을까?

유튜브는 태그를 많이 넣어도 제재를 가하지 않습니다. 하지만 연관 동영상(추천 목록)에 노출하기 위해 태그를 사용하는 기법이 알려지면서 스팸성 태그가 증가하자 대책을 마련합니다. 지금은 과도하게 많은 태그를 걸면 전체 태그를 무효화해버리고 있습니다.

특히 "동영상에 15개가 넘는 해시태그가 있는 경우 유튜브는 모든 해시태그를 무시한다"고 밝히고 있

재생목록을 통해 유입과 조회수를 늘린다

유튜브 재생목록은 어떤 원리로 작동하는가

재생목록은 시청자가 '일일이 직접 찾지 않아도 유사한 테마의 동영상을 연속해서 볼 수 있도록' 만든 일종의 '자동 재생 앨범'을 말합니다. 영어 표현 그대로 '플레이 리스트'라 부르는 것이죠.

재생목록을 통해 연관 동영상들을 하나로 엮어 놓을 경우 전체 채널의 유입과 조회수를 늘리는 데 큰 장점이 있습니다. 사람들은 한 번 동영상에 빠지면 비슷한 주제와 장르의 동영상이 연속될 때 쉽게 끊고 빠져나오지 못하는 속성을 갖고 있기 때문이죠. 따라서 재생목록 안에 포함된 여러 동영상 중에서 어느 하나라도 일단 '재생'되기만 하면, 같은 목록의 다른 동영상들도 덩달아 재생될 기회가 크게 늘어납니다.

특히 재생목록 내 동영상의 장르나 주제가 일관된다면, 관심이 있는 사람은 한 번 접속하여 빠져들면 쉽게 이탈하지 않습니다. 게다가 재생목록에 동영상이 많으면 많을수록 조회수와 시청 시간이 더욱더 늘어날 수밖에 없습니다. 따라서 유튜브에서 재생목록을 잘 만들어 활용하면 조회수와 시청 시간을 늘리는 데 아주 효과적입니다.

재생목록에는 관련성 높은 주제나 장르의 동영상을 넣어라

재생목록에는 관련 있는 주제나 장르의 동영상을 넣어야 합니다. 주제와 장르에 통일성 없이 중구난방 섞어놓으면 시청자는 연속해서 시청하지 않고 이탈해버릴 것입니다. 어렵게 얻은 유입 기회를 다른 채널에 빼앗기지 않도록 다음 사항들을 꼭 새겨두세요.

재생목록은 시청자가 채널 안에서 머무는 체류 시간과 순환(반복 재생)을 늘려 조회수를 자동으로 높여주는 강력한 무기입니다. 꼭 활용해보세요.

유튜브 재생목록은 어떻게 만들고 편집할까

동영상을 시청하는 도중에라도 마음만 먹으면 쉽게 재생목록을 만들 수 있습니다. 동영상 재생 화면 오른쪽 아래에 있는 [저장]을 클릭해보세요.

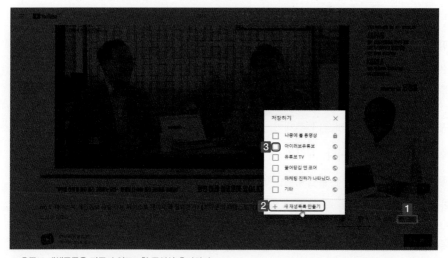

▲ 유튜브 재생목록을 만들어 업로드한 동영상 추가하기

위와 같이 [저장]을 클릭하면 나타나는 [저장하기]에서 하단의 [+ 새 재생목록 만들기]를 클릭합니다. 동영상 내용에 어울릴 만한 제목만 입력하면 새 재생목록이 뚝딱 하나 만들어집니다. 이렇게 만든 재생목록에 동영상을 포함시키고 싶다면, 해당 재생목록 이름 앞에 있는 체크 박스를 클릭하여 체크합니다.

동영상을 여러 재생목록에 포함시킬 수도 있습니다. 서로 다른 채널의 동영상이지만, 주제와 장르의 연관성이 충분하다면 함께 포함시켜서 만드는 것도 물론 가능합니다. 운 좋게 어떤 인기 동영상을 찾던 시청자에게 그 동영상이 포함된 내 재생목록이 검색될 수 있습니다. 이때 시청자가 내 재생목록을 클릭하면 그 재생목록에 속한 인기 동영상이 재생되는 도중에 내 채널의 다른 동영상이 자연스럽게 노출될 수 있습니다.

이처럼 재생목록은 잘만 활용하면 제한된 수의 동영상 자원을 가지고도 여러 가지 기법으로 노출 기회를 늘릴 수 있으므로 마케팅 용도로 활용하면 매우 효과적입니다.

재생목록은 동영상을 보면서 즉석에서 만들고 관리할 수 있지만, 채널 관리자 모드에 접속하여 체계적으로 관리하는 게 더 바람직합니다. 여기서는 설명의 편의를 위해 [크리에이터 스튜디오]를 기준으로 재생목록을 만들고 이용하는 방법을 알아봅니다.

TIP **유튜브 마케팅 실전 노하우**

▶▶ 유튜브 채널 관리자 모드, 어느 것을 사용하는 게 좋을까?

유튜브는 채널 관리자 모드로 [크리에이터 스튜디오]와 [YouTube 스튜디오(베타)]를 함께 제공하고 있습니다. 기존 인터페이스에 익숙한 사람이라면 구버전인 [크리에이터 스튜디오]가 편리하고, 분석 데이터 보고서의 직관성 면에서는 신버전인 [YouTube 스튜디오]가 더 유용하다는 게 대체적인 평입니다. [YouTube 스튜디오]에서 왼쪽의 [설정]을 클릭하면 [일반]에서 기본 관리자 모드를 선택할 수 있습니다.

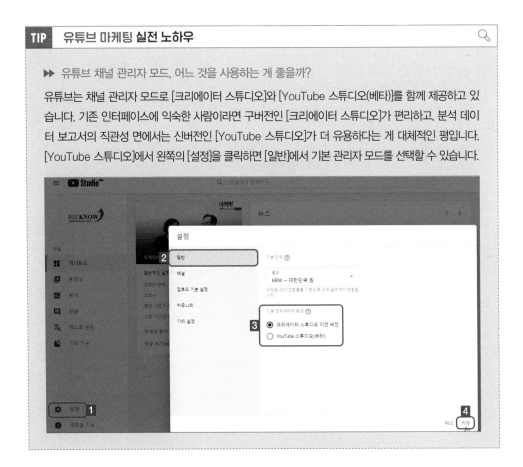

01 [크리에이터 스튜디오]에 접속해서 [동영상 관리자] - [재생목록]을 클릭합니다.

02 **1** 오른쪽 위에 있는 [◉ 새 재생목록]을 클릭하여 **2** [재생목록 제목]을 입력한 후 **3** [만들기] 를 클릭합니다.

◉ [재생목록 제목]은 어떤 장르의 동영상인지 알기 쉽게 지으세요. 예를 들어 트와이스의 동영상을 모아 놓은 재생목록이라면 '트와이스 귀여운 영상 모음'과 같이 짓는 겁니다. 제목을 이렇게 지으면 목록을 처 음 보는 시청자라도 어떤 동영상들이 모여 있을지 한눈에 알아볼 수 있습니다.

◉ [재생목록 제목]은 본인이 구별하기 위한 것이 아닙니다. 검색한 시청자들이 빨리 알아챌 수 있는 것으 로 짓는 게 바람직합니다.

03 이미 만든 재생목록에 정보를 추가하거나 목록의 순서를 변경하려면 해당 재생목록 아래에 있는 [수정]을 클릭합니다.

04 [설명 추가]를 클릭하면 재생목록에 설명을 추가할 수 있습니다.

- 동영상의 설명 부분과 마찬가지로 관련 키워드 등을 명확하게 작성해야 검색 및 연관 동영상 추천 목록에 노출하는 데 유리합니다. 재생목록은 유튜브 검색 결과에서 별도 항목으로 노출됩니다. 또한 재생목록이 공개 옵션이면 다른 시청자가 공유해갈 수 있습니다. 그러므로 잘만 관리하면 채널 구독자를 늘리는 데도 매우 유용합니다.

- 설명 입력 창에 내용을 입력한 후 입력 창의 바깥 영역을 클릭하면 따로 저장하지 않아도 내용이 자동으로 저장됩니다. 동영상의 제목 및 연관 키워드 등을 상세히 적어서 유튜브 검색 결과 및 연관 동영상 추천 목록에 노출될 수 있도록 하세요.

- 동영상의 설명 영역과 마찬가지로 가급적 상위 두세 줄 이내에 중요한 키워드를 넣습니다. 다만 연관 동영상 목록에 노출시킬 목적으로 동영상 내용과 관련도 없는 키워드를 임의로 넣을 경우 스팸으로 신고될 수 있으니 주의하기 바랍니다.

05 오른쪽 끝에 있는 [재생목록 설정]을 클릭하면 관련 옵션을 변경할 수 있습니다.

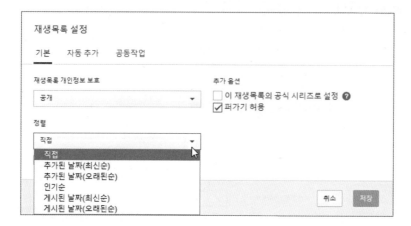

- [기본] 탭에서는 재생목록을 다른 사람에게도 공개할지 비공개로 할지 정합니다.

- [정렬] 옵션에서는 추가된 날짜 및 인기순, 게시된 날짜 등으로 재정렬할 수 있습니다.

- [자동 추가] 탭에서는 시청 중인 동영상 제목에 특정 키워드가 있을 경우 자동으로 재생목록에 추가하도록 설정할 수 있습니다.

- [공동작업] 탭에서는 하나의 재생목록을 여럿이 함께 공유하여 관리할 수 있습니다.

- [퍼가기 허용]의 체크를 해제하면 블로그 등에 동영상 소스를 퍼가서 옮기는 것을 막을 수 있습니다.

- 공개, 정렬, 퍼가기 허용 설정 등 다양한 선택 옵션이 있는데, 특별한 목적이 없다면 기본 설정 상태를 굳이 변경할 필요는 없습니다.

06 오른쪽 끝에 있는 [동영상 추가]를 클릭해서 관련 테마와 연관된 동영상들을 재생목록에 추가할 수 있습니다.

07 [재생목록에 동영상 추가]에서 [내 YouTube 동영상] 탭을 클릭하고, 원하는 동영상을 연속 선택한 후 [동영상 추가]를 클릭하면 한꺼번에 추가할 수 있습니다.

- [동영상 검색] 탭을 클릭하면 키워드 검색을 통해 다른 채널의 동영상을 재생목록에 추가할 수 있습니다.
- 선택 후 [동영상 추가]를 클릭하면 선택한 동영상들이 추가되어 재생목록의 미리보기 이미지도 바뀝니다.

08 ① 재생목록에 추가된 개별 동영상의 왼쪽 탭을 드래그해서 옮기거나 ② 오른쪽의 [더보기]를 클릭하여 동영상의 재생목록 내 순서 또는 미리보기 이미지를 바꿀 수 있습니다.

- 재생목록에 추가한 동영상을 원하는 곳으로 드래그해서 정렬할 수 있습니다. 동영상의 왼쪽 탭 부분에 마우스 포인터를 올리면 마우스 포인터 모양이 변경됩니다. 이때 드래그하여 원하는 위치로 옮길 수 있습니다.
- 오른쪽의 [더보기]를 클릭하고 [맨 위로 이동]이나 [맨 아래로 이동] 등을 선택하면 순서를 재정렬할 수 있습니다.
- 한 재생목록 안에 동영상의 개수가 많을 때는 하나하나 정렬하기 힘들 것입니다. 이때 [더보기]를 클릭하여 원하는 이동을 선택하면 손쉽게 위치를 조정할 수 있습니다. 재생목록의 순환(체류 시청)률을 높이고 이탈률을 낮추려면 조회수가 높은 동영상을 위로 올리는 것이 효과적입니다.

09 [재생목록 미리보기 이미지로 설정]을 선택하여 재생목록을 대표하는 미리보기 이미지를 변경할 수 있습니다.

- 재생목록의 미리보기 이미지는 기본적으로 재생목록 중 첫 번째 동영상의 미리보기로 자동 설정됩니다. 미리보기 이미지는 조회수에 큰 영향을 미치므로 보기 좋고 사용자의 눈길을 사로잡는 이미지로 설정하는 것이 매우 중요합니다.

- 재생목록의 미리보기 이미지로 설정할 동영상을 선택하고 [더보기]를 클릭해서 [재생목록 미리보기 이미지로 설정] 옵션을 클릭합니다. 이렇게 하면 동영상의 순서를 맨 앞으로 바꾸지 않아도 재생목록의 미리보기 이미지를 선택한 동영상의 미리보기 이미지로 쉽게 바꿀 수 있습니다.

지금까지 태그와 재생목록을 활용하여 유입과 조회수를 높이는 방법에 대해 알아보았습니다. 이 방법을 적용하면 조회수가 크게 차이 나는 것을 분명히 실감할 수 있을 겁니다. 재생목록은 내 채널에 업로드된 동영상이 많지 않아도 잘 활용하면 채널 구독자를 늘리는 효자 노릇을 톡톡히 할 수 있습니다.

04 종료 화면, 카드, 미리보기 이미지는 꼭 사용하라

유튜브에 동영상을 업로드할 때 설정할 수 있는 여러 기능과 옵션 중에서 종료 화면, 카드, 워터마크, 미리보기 이미지는 동영상 조회수를 늘리는 데 매우 큰 영향을 미칩니다. 따라서 유튜브 SEO에서 절대로 빠뜨려선 안 되는 요소입니다.

지금부터는 종료 화면, 카드, 워터마크 및 미리보기 이미지를 사용하는 방법을 이미지를 곁들여 이해하기 쉽게 설명합니다.

종료 화면을 어떻게 꾸미는 것이 가장 효과적일까

종료 화면은 동영상 재생 시 마지막 5~20초 동안 나타나는 화면을 말합니다. 이 화면에서는 하이퍼링크가 붙은 다른 동영상 및 재생목록을 소개하거나 채널 구독 신청 등을 유도할 수 있습니다.

화면을 통해 시각적으로 홍보할 수 있어 채널의 다른 동영상을 볼 수 있도록 유인하기에 좋습니다. 한 동영상을 끝까지 시청한 다음 곧바로 다른 채널로 이탈하지 않고 같은 채널 안의 다른 동영상을 둘러보게 하면 전체 조회수를 늘릴 수 있으니까요. 또한 채널 구독을 유도할 수 있기 때문에 결과적으로 구독자가 늘면 유튜브로부터 좋은 평가를 얻게 되어, 검색 결과 상위 및 연관 동영상 추천 목록에 노출되는 데도 도움이 됩니다.

스마트폰으로 유튜브를 시청하는 경우가 점점 더 많아지고 있으므로 스마트폰을 통해 접속한 경우에도 종료 화면을 통해 조회수와 구독자 수를 늘릴 수 있습니다.

그럼 지금부터 종료 화면을 설정하고 편집하는 순서를 함께 알아보겠습니다.

종료 화면에 소개하고 싶은 요소를 추가하는 방법

종료 화면에 추가하여 보여줄 수 있는 요소들은 다음 네 가지입니다.

- ✅ 동영상 또는 재생목록 : 같은 채널에 올린 동영상이나 재생목록을 소개
- ✅ 구독 : 채널 아이콘이 표시되며 시청자가 클릭하면 구독 처리
- ✅ 채널 : 다른 유튜브 채널을 소개하고 싶을 경우 노출
- ✅ 링크 : 유튜브 파트너 프로그램(YPP)에 가입된 경우만 사용 가능

01 ■ [크리에이터 스튜디오]에 접속하여 [동영상 관리자]–[동영상]을 클릭합니다. 작업할 동영상을 선택하고 [수정]을 클릭해서 편집 모드로 들어오면 ❷ [종료 화면] 탭을 클릭합니다.

● [수정] 버튼 오른쪽에 있는 작은 역삼각형 아이콘(▼)을 클릭해서 [최종 화면]을 선택하면 [종료 화면] 편집 모드로 바로 넘어옵니다.

02 [요소 추가]를 클릭하면 추가할 수 있는 요소들을 볼 수 있습니다.

- [요소 추가]를 클릭하면 [동영상 또는 재생목록]을 비롯해 [구독], [채널], [링크] 항목이 보이고, 각 항목에는 [만들기] 버튼이 보입니다.

03 각 추가 요소의 [만들기]를 클릭하면 종료 화면에 노출하고 싶은 동영상과 재생목록을 비롯해 구독, 채널 등 추가 요소들을 옵션에 따라 선택할 수 있습니다. 추가 요소를 선택한 다음 [요소 만들기]를 클릭해 적용합니다. 아래는 [동영상] 요소 추가 화면 예시입니다.

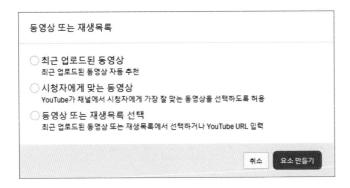

- [최근 업로드된 동영상]을 선택하면 최근 동영상을 자동으로 추천해줍니다.
- [시청자에게 맞는 동영상]을 선택하면 유튜브가 채널에 있는 동영상 중에서 시청자의 선호에 가장 잘 맞을 것 같은 동영상을 자동으로 선별해 추천해줍니다.
- [동영상 또는 재생목록 선택]을 선택하면 최근에 업로드된 동영상 또는 재생목록을 직접 선택하거나 원하는 유튜브 동영상의 URL 주소를 직접 입력하여 보여줄 수 있습니다.

종료 화면 추가 요소의 등장 시점과 표시 위치를 지정하는 방법

한 통계에 따르면 현재 유튜브 사용자 한 명이 구독하는 채널의 수는 평균적으로 불과 10개도 안 된다고 합니다. 그만큼 유튜브 사용자가 특정 채널 안에 있는 다른 동영상을 추가로 보거나 채널을 구독하도록 하는 일은 결코 쉬운 일이 아닙니다.

동영상에 종료 화면 설정이 되어 있지 않으면 유튜브는 동영상 재생이 끝날 때 자동으로 다른 채널의 유사한 동영상을 추천합니다. 그렇게 놔두면 기껏 어렵게 잡아온 시청자를 다른 채널의 동영상이나 연관 동영상 목록에 노출된 다른 사람의 동영상으로 자연스럽게 빼앗깁니다.

따라서 약간의 수고를 통해 종료 화면을 잘 설정해서 채널 내 다른 동영상을 추천하거나 구독 요청 등을 노출하면 노력한 이상의 보상을 얻게 될 것입니다. 종료 화면에 홍보 요소를 추가하는 방법을 익히고 꼭 적용하세요.

종료 화면은 자주 사용하는 요소 위주로 만들어진 템플릿을 선택해도 됩니다. 혹은 과거에 이미 종료 화면으로 설정해두었던 동영상이 있다면, 그중 하나를 선택해서 해당 동영상에 설정해놓은 추가 요소들을 바로 호출하여 새 동영상에 그대로 적용할 수도 있습니다.

01 **①** [종료 화면] 탭을 클릭하고 **②** [템플릿 사용]을 클릭합니다.

02 [YouTube 템플릿 선택]에서 원하는 레이아웃을 선택합니다.

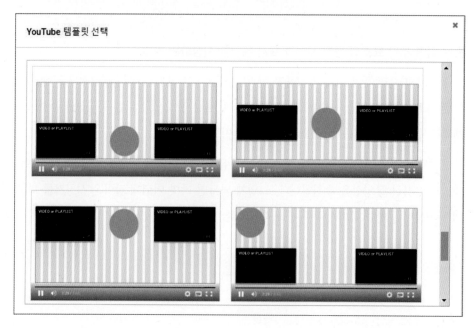

● 기본은 [동영상 1개, 구독 요소 1개]로 구성된 것이고, [동영상 1개, 구독 요소 1개, 링크 1개], [동영상 2개], [동영상 2개, 구독 요소 1개], [동영상 4개]로 구성된 레이아웃 중에서 원하는 템플릿을 선택할 수 있습니다.

03 [동영상에서 가져오기]를 클릭합니다.

● 과거에 이미 종료 화면 작업을 해놓은 동영상이 있다면 템플릿을 이용하는 대신 그 동영상에 적용된 종료 화면 요소들을 그대로 가져다가 사용할 수 있습니다.

04 [최종 화면 가져오기]에서 과거에 올려둔 동영상(종료 화면이 설정되어 있는 것) 중 하나를 선택해 그 동영상에 적용된 요소를 호출하여 적용할 수 있습니다.

◎ 이미 종료 화면을 설정해놓은 '과거의 동영상' 목록 중에서 가장 유사한 레이아웃을 갖고 있는 동영상을 선택하면, 해당 동영상에 적용한 추가 요소들이 새로 선택한 동영상에 그대로 적용됩니다. 필요한 요소만 선택해서 수정하거나 변경하면 됩니다. 맞춤 저장된 템플릿을 꺼내서 새 동영상에 적용하는 것과 같은 원리입니다.

TIP **유튜브 마케팅 실전 노하우** 🔍

▶▶ 종료 화면으로 선택한 요소들이 화면에 나타날 시점과 표시될 위치를 지정하거나 변경하려면?

동영상 재생이 끝나는 최종 시각의 앞부분 20초 중 어느 시간대에 어떤 요소가 나오고 사라지게 할 것인지 고려하여, 각 요소의 등장 시점을 설정하거나 조정해야 합니다.

1 [요소 추가]를 클릭하고 목록에서 [만들기]를 클릭하면 새로운 요소를 추가할 수 있습니다. 한 번 더 클릭하면 목록이 닫히고 작업할 추가 요소 목록이 나열됩니다.

2 각 추가 요소의 요소 편집✏️을 클릭하면 해당 요소를 수정하거나 삭제할 수 있습니다.

3 파란색 세로 선(시각 지정 가이드)을 드래그하면서 살펴보면 특정한 시점에 어떤 요소들이 나타나고 사라지는지 편집 상태로 확인할 수 있습니다.

4 각 추가 요소의 막대 앞쪽과 끝쪽에 있는 탭에 마우스 포인터를 올리면 마우스 포인터의 모양이 좌우 화살표로 바뀝니다. 이때 드래그하면 해당하는 요소가 화면에 나타나고 사라지는 시점을 임의로 조정하여 변경할 수 있습니다.

5 각 요소가 편집 화면에 나타나면 화면의 어느 위치에 배치할 것인지 설정할 수 있습니다. 점선 테두리 박스로 나타난 해당 요소를 드래그하여 위치를 옮깁니다.

6 여러 개의 요소를 한꺼번에 선택하여 동시에 적용하려면 Shift 를 누른 채 여러 요소를 차례로 선택하세요.

7 [미리보기]를 활성화하면 종료 화면이 자동으로 재생됩니다. 설정한 요소들이 적절한 시간대와 위치에서 보이는지 미리 확인해볼 수 있습니다.

8 종료 화면 편집을 마쳤으면 [저장]을 클릭해서 변경 사항을 확정합니다.

05 [요소 추가]를 클릭하고 [동영상 또는 재생목록]의 [만들기]를 클릭한 후 [동영상 또는 재생목록 선택] 옵션을 선택하면 다음과 같이 내 채널에 올린 동영상 및 재생목록이 나타납니다.

● 기본으로 선택되어 있는 목록인 [올린 동영상] 중에서 하나를 선택할 수도 있고, [재생목록] 탭을 클릭해서 재생목록 중 하나를 선택하여 종료 화면에 노출할 수도 있습니다.

◉ 만약 다른 협력 채널의 동영상을 종료 화면에 노출하고 싶다면 맨 아래쪽 검색창에 노출할 동영상의 URL을 입력하여 추가할 수도 있습니다. 여러 개의 채널을 운영하고 있거나 파트너 관계를 맺고 있는 채널끼리 상호 소개 및 홍보하고 싶을 때 활용하면 효과적이겠죠.

06 **1** [요소 추가]를 클릭하여 **2** [구독]의 [만들기]를 클릭하면 **3** 채널 아이콘 이미지가 편집 화면에 나타납니다.

◉ [구독] 요소는 1회만 사용할 수 있으므로 사용하거나 삭제하거나 둘 중 하나를 선택합니다. 동영상 시청 중에 이 버튼을 클릭하면 해당 유튜브 채널을 구독하게 됩니다.

◉ 왼쪽 상단에 채널 아이콘 이미지가 나타나는데, 위치는 드래그하여 옮길 수 있습니다. 보통 오른쪽 아래 귀퉁이에 배치하는 것이 클릭을 유발하기에 유리합니다.

◉ 다만 동일한 노출 시간대에 같은 위치에서 다른 추가 요소와 겹치면 안 됩니다. 만약 겹친다면 출현 시각 지정선을 드래그하여 서로 다른 시간대에 나타나도록 조정하거나, 화면 내 위치가 서로 겹치지 않도록 드래그해서 옮겨야 합니다.

07 [요소 추가]를 클릭하여 [채널]의 [만들기]를 클릭하면 채널 요소를 만들 수 있는 팝업 창이 나타납니다.

- 여러 개의 채널을 운영하고 있거나 다른 협력 채널을 소개하고 싶다면 종료 화면에 다른 유튜브 채널을 소개하여 홍보할 수 있습니다.

- 소개할 채널의 URL 주소를 복사하여 [채널 사용자 이름 또는 URL]에 입력하고 **Enter** 를 누르거나 [요소 만들기]를 클릭하면 요소가 추가됩니다. 이때 채널명이나 URL 주소 외에 개별 동영상 URL 주소는 입력할 수 없으니 유의하세요. 오직 채널 주소만 호출할 수 있습니다.

- 추가할 채널에 대해 [맞춤 메시지]에 감사 인사 메시지 등을 입력해보세요. 종료 화면의 채널 표시 항목(해당 채널 아이콘) 위에 마우스 포인터를 올리면 해당 메시지가 나타납니다.

08 [요소 추가]를 클릭하여 [링크]의 [만들기] 버튼을 사용할 수 있는지 확인해보세요.

- [링크]는 승인된 외부 웹사이트로 연결할 수 있는 링크를 종료 화면에 노출하는 기능입니다. 이 기능을 이용하려면 '유튜브 파트너 프로그램(YPP)'에 가입되어 있어야 합니다.

- 구독자와 시청 시간을 일정한 기준(1,000명, 1년간 4,000시간) 이상 확보해야 신청할 수 있고, 유튜브의 검수 및 승인을 얻어야 합니다. 구체적인 신청 자격 조건은 다음의 TIP 내용을 참고하세요.

- [링크] 요소를 사용할 수 있어야 유튜브 채널 동영상에 웹사이트나 쇼핑몰 등으로 연결되는 링크를 삽입하여 시청자가 직접 방문하도록 홍보할 수 있습니다. 그러니 꾸준히 동영상을 올려서 필요한 만큼 구독자와 시청 시간을 확보하세요.

▶▶ '유튜브 파트너 프로그램(YPP)'에 참여하기 위한 최소 자격 요건은?

아래의 조건을 충족하는 채널이면 누구나 신청할 수 있습니다. 그렇지만 검수 대기자가 많아 신청 후 적어도 1개월 이상 소요된다고 하니 참고하세요. 유튜브 파트너 프로그램 정책에 관한 자세한 내용은 도움말(https://support.google.com/youtube/answer/1311392)을 참고하기 바랍니다.

1 모든 유튜브 파트너 프로그램 정책을 준수합니다.

2 유튜브 파트너 프로그램이 제공되는 국가나 지역에 거주합니다.

3 최근 1년간 채널의 시청 시간이 4,000시간 이상입니다.

4 구독자 수가 1,000명 이상입니다.

5 연결된 애드센스 계정이 있습니다.

신청하려면 [크리에이터 스튜디오]에 접속하여 [채널]-[상태 및 기능]에서 [수익 창출]의 [사용]을 클릭하고 이후 화면의 안내에 따르면 됩니다.

지금까지 종료 화면을 설정하고 변경하는 방법에 대해 자세히 살펴보았습니다. 종료 화면은 한 번만 제대로 설정해놓으면 다른 동영상에서도 똑같은 설정을 호출하여 적용하고 쉽게 변경할 수 있으니 번거롭더라도 꼭 한 번은 미리 작업해두기 바랍니다. 투자한 노력 이상으로 SEO에 도움을 주는 도구입니다.

유튜브 카드 기능은 어떻게 설정하고 사용하나

카드는 동영상 중간에 다른 채널이나 동영상을 홍보하고 유인하기 위해 사용하는 지정된 형식의 작은 알림 창입니다. 설정된 시각에 5초 정도 나타나 카드의 메시지를 보여주고, 클릭하지 않으면 자동으로 사라집니다.

보통 화면 우측 상단에 ⓘ 아이콘과 함께 직사각형 알림 창이 나타나고, 카드에 적힌 메시지를 보여줍니다. 시청자가 이 영역을 클릭하거나 터치하면 오른쪽(스마트폰에서는 화면 하단)에 선택한 동영상의 제목 및 미리보기 이미지 등이 팝업 창으로 나타납니다.

종료 화면은 동영상이 끝날 즈음 20초 동안만 나타나지만, 카드는 동영상이 재생되는 동안 어느 시점에라도 보여줄 수 있습니다. 또한 클릭하여 일단 열리면 시청자가 닫기 전까지는 계속해서 노출됩니다. 하나의 동영상에 최대 5개까지 설정할 수 있고, 다른 제작자와 상호 홍보 활동을 하거나 공동 작업자를 소개하는 데 도움이 됩니다.

카드는 클릭을 촉구하는 유도 문안(콜투액션)을 함께 사용하거나 동영상의 설명 내용과 연관될 때 더욱 효과적입니다. 예를 들어 다른 동영상이나 특정한 상품을 언급하는 바로 그 순간에 알림 카드를 추가하면 연관된 행동을 유발할 수 있습니다.

시청자에게 클릭 옵션을 제시하지만, 클릭하지 않으면 자동으로 사라지기 때문에 편리합니다. 카드 및 클릭 유도 문안을 적절히 사용하면 다른 동영상, 재생목록, 관련 웹사이트로 연결하거나 잠재고객의 상품 구매 또는 크라우드 펀딩 캠페인 후원을 유도할 수 있습니다. 가장 최근에 업로드한 동영상을 강조하여 소개하거나 상품 또는 모금 캠페인을 홍보할 수도 있습니다.

카드는 스마트폰에서도 작동하므로, 모바일 환경에서 동영상 조회수와 채널 구독자를 증가시키고 원하는 콜투액션 행동을 일으키는 데도 매우 효과적입니다. 종료 화면과 마찬가지로 잘만 활용하면 큰 효과를 기대할 수 있으니 꼭 사용해보기 바랍니다.

유튜브에서 사용할 수 있는 카드의 종류와 만드는 순서

유튜브 카드에는 동영상, 채널, 설문조사, 링크, 이렇게 네 가지 종류가 있습니다. 각각의 카드는 어떤 경우에 어떤 용도로 사용하면 좋을까요? 또 어떻게 만들고 설정하면 카드를 좀 더 효과적으로 활용할 수 있을까요? 이미지와 함께 자세히 설명하겠습니다.

01 [크리에이터 스튜디오]를 열고 [동영상] 탭에서 작업할 동영상을 선택한 후 [수정]을 클릭하여
[카드] 탭을 선택합니다.

- [카드 추가]를 클릭하면 [동영상 또는 재생목록], [채널], [설문조사], [링크] 순으로 카드 옵션 네 가지가
  펼쳐집니다.
- 각 항목의 오른쪽 끝에 있는 [만들기]를 클릭하면 해당 카드 요소를 만들고 설정할 수 있습니다.

02 [동영상 또는 재생목록]의 [만들기]를 클릭합니다.

● 다른 동영상 또는 재생목록을 소개하여 해당 추천 채널 안에서 체류와 조회를 늘리는 기능입니다. [만들기]를 클릭하면 선택 가능한 동영상 또는 재생목록이 나타납니다.

03 소개하고 싶은 동영상이나 재생목록을 선택하고 [카드 만들기]를 클릭합니다.

● [올린 동영상] 또는 [재생목록] 탭을 클릭해서 채널에 있는 동영상이나 재생목록 중 원하는 것을 선택할 수 있습니다.

● 다른 채널의 동영상이나 재생목록을 선택하려면 동영상 목록 아래의 검색창에 소개할 동영상의 URL 주소를 복사하여 입력합니다.

● [티저 텍스트 맞춤작성 또는 맞춤 메시지 추가]를 클릭하여 원하는 알림 메시지 및 추천사를 입력합니다.

▶▶ 카드의 '티저 텍스트'와 '맞춤 메시지'는 모바일 화면에서 어떻게 나타날까?

1 티저 텍스트는 동영상 화면에서 오른쪽 상단 알림 창(티저 박스)에 잠시 나타났다 사라지는 미리보기용 텍스트이고 **2** 맞춤 메시지는 해당 알림 창을 클릭했을 때 나타나는, 카드의 제목 위에 함께 노출되는 짤막한 추천 설명용 텍스트입니다.

아래 예시 화면에서 첫 번째와 두 번째 화면은 티저 텍스트이고, 세 번째 화면의 하단에 표시한 부분이 맞춤 메시지가 나타나는 모습입니다.

04 **1** [카드 추가]를 클릭하고 **2** [채널]의 [만들기]를 클릭합니다.

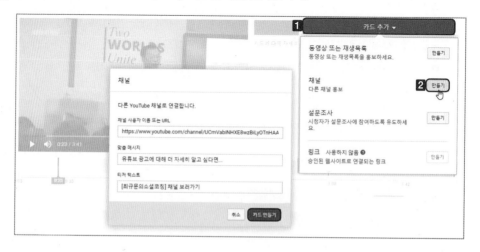

- [채널] 카드는 다른 채널로 시청자를 유도하는 기능입니다. 여러 채널을 갖고 있거나 협업 관계에 있는 다른 채널을 소개하고 싶을 때 사용합니다.

- [채널 사용자 이름 또는 URL]에 소개하고 싶은 다른 채널의 URL 주소를 복사해서 넣으면 됩니다. 채널 주소 이외에 동영상 주소를 넣는 것은 허용되지 않습니다.

- [맞춤 메시지]와 [티저 텍스트]에 내용을 입력하면 해당 채널 카드를 안내하는 알림 창과 카드에 추천 문구로 나타납니다.

05 **1** [카드 추가]를 클릭하고 **2** [설문조사]의 [만들기]를 클릭합니다.

- [설문조사] 카드는 시청자가 동영상 시청 중에 설문조사에 참여할 수 있도록 유도하는 기능입니다.

- [카드 추가]를 클릭하고 [설문조사]의 [만들기]를 클릭하면 설문조사 내용을 입력할 수 있습니다. 질문 내용과 선택 항목을 입력하고 [카드 만들기]를 클릭하면 됩니다.

- 설문조사 결과는 동영상 수정 페이지에서 [카드]를 클릭하고, 사용한 카드의 초록색 사각형 아이콘을 클릭하면 확인할 수 있습니다. 어떤 동영상을 보고 싶은지 또는 어떤 희망 사항이 있는지와 같이, 시청 자의 요구사항을 직접 알아보거나 상호 소통을 위해 물어보고 싶은 질문이 있을 때 유용하게 사용할 수 있습니다.

- [링크]는 앞서 [종료 화면]에서 설명한 링크와 동일한 것으로, 나타나는 시간과 위치만 다를 뿐 같은 기 능이므로 별도 설명은 생략합니다.

조회수를 늘리기 위해 카드를 효과적으로 활용하려면?

1) 카드가 노출되는 타이밍이 생명이다

카드는 최대 5개까지 이용할 수 있지만 무조건 많이 넣는다고 좋은 것은 아닙니다. 카드 알림이 너무 자주 나타나면 시청자의 몰입을 방해하고 심하면 스팸으로 느껴지게 해서 오히려 역효과를 불러일으킬 수도 있습니다.

카드 알림 창은 5초 동안 노출되는데, 시청자가 카드를 클릭하지 않으면 자동으로 사라지므로 무엇보다 노출 타이밍이 중요합니다. 동영상의 내용 흐름에 따라 추가 정보나 시청자들이 궁금해할 것 같은 사항을 알려주고 싶을 때 꼭 필요한 알림 카드를 삽입하는 것이 좋습니다.

가급적 동영상의 내용이 고조되는 클라이맥스 부분에서 카드가 노출되어야 동영상을 더 보고 싶다는 마음이 생길 것입니다. 예를 들어 동영상의 시리즈 속편이 있다면, "계속해서 시청하려면 여기를 클릭하세요" 또는 "더 자세히 알고 싶다면 이 동영상을 보세요"와 같은 알림 카드를 노출해보세요. 클릭률이 더 높아질 것입니다. 알림 타이밍과 유인 텍스트를 적절히 맞추어 시청자의 클릭률을 높여보세요.

2) 캐치프레이즈가 인상적이어야 한다

카드의 클릭률을 높이려면 너무 평이하거나 뻔한 문장을 사용하지 말고 클릭하고 싶어질 만한 '캐치프레이즈'를 고안해야 합니다.

예를 들면 '여기를 클릭하세요'보다는 '조회수를 늘리는 핵심 팁 알아보기!' 또는 '인기 건강보조식품 샘플 무료 신청하기!'처럼 클릭할 경우 사용자가 얻게 되는 이익을 구체적으로 표현하면 클릭률이 높아질 수 있겠죠.

티저 텍스트에 입력할 수 있는 글자 수는 한글로 15자(영문 30자)이므로, 가급적 짧은 문장으로 흥미를 유발할 수 있는 캐치프레이즈를 만들어보세요.

3) 같은 시간에 종료 화면과 함께 사용할 수 없다

종료 화면이 노출되는 시간에는 카드를 띄울 수 없습니다. 종료 화면과 카드 기능을 동시에 사용할 수 있다면 더 효과적이겠지만, 시청자의 집중도가 흐트러질 위험도 있습니다. 이 때문에 종료 화면과 카드 알림 창을 한 화면에서 동시에 표시하는 것은 허용되지 않으니, 각 요소의 노출 시간이 겹치지 않도록 해야 합니다.

워터마크는 어떻게 설정하고 사용하나

시청자가 채널을 구독할 확률을 높이는 또 다른 방법은 워터마크 기능을 사용하는 것입니다. 워터마크란 동영상 재생 중 화면의 오른쪽 아래에 브랜드나 채널의 로고 이미지를 지속해서 노출하는 것입니다.

예를 들어 '구독'이라는 글자를 넣은 로고를 만들어 워터마크로 삽입하면 화면 오른쪽 아래에 '구독'이란 텍스트 로고가 계속 노출됩니다. 또한 워터마크는 한 번만 설정해두면 모든 동영상에 한꺼번에 일괄적으로 반영되고, 동영상을 시청하는 동안 계속 노출됩니다.

워터마크로 설정한 로고는 동영상 화면에서 오른쪽 아래에 작은 크기로 노출됩니다. 그래서 동영상 시청을 크게 방해하지 않아 사용자에게 불쾌감을 주지 않습니다. 반면 채널 구독자를 증가시키는 데는 도움이 되므로 꼭 설정하여 사용하기 바랍니다.

워터마크의 규격

유튜브가 추천하는 워터마크의 기본 규격은 다음과 같습니다.

- ✓ 파일 형식 : PNG, GIF
- ✓ 최대 파일 크기 : 1MB
- ✓ 이미지 사이즈 : 300×300픽셀(권장)
- ✓ 모양 : 정사각형(권장)
- ✓ 배경 : 투명 이미지(권장)

워터마크 로고를 만들어 적용하는 순서

01 1 [크리에이터 스튜디오]에 접속해서 [채널] – [브랜딩]을 클릭하고 2 [워터마크 추가]를 클릭합니다.

02 [워터마크 업로드]에서 [파일 선택]을 클릭한 후 로고로 사용할 이미지 파일을 선택하여 업로드합니다.

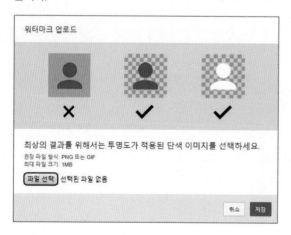

03 업로드한 로고가 노출되면 [표시 시간]을 설정합니다.

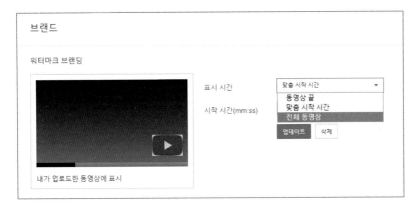

- [동영상 끝], [맞춤 시작 시간], [전체 동영상] 중에서 하나를 고를 수 있는데 [전체 동영상]으로 설정하는 게 좋습니다.

- [업데이트]를 클릭하면 1~2분 이내에 바로 동영상에 반영됩니다. 실제로 화면에 로고가 어떻게 노출되는지 바로 확인해보세요.

지금까지 종료 화면과 카드, 워터마크 기능에 대해 최대한 자세히 살펴보았습니다. 한 번만 설정하면 되는 기능도 있고, 동영상을 직접 홍보하거나 채널 구독을 유도하는 기능도 있으니 잘만 활용하면 조회수와 채널 구독자를 많이 늘릴 수 있을 것입니다. 지금 곧바로 적용해보세요.

미리보기 이미지(섬네일)를 이용한 조회수 늘리기

미리보기 이미지는 동영상 내용보다 더 중요하다

동영상 클릭과 조회수를 늘리는 데 지금까지 소개한 여러 방법보다 더 큰 위력을 발휘하는 방법이 하나 남아 있습니다. 바로 미리보기 이미지를 설정하는 것입니다. 이 방법은 동영상으로 유입하기 위한 클릭을 일으키는 데 '제목'에 버금가는 역할을 합니다. 실제로 미리보기 이미지 한 장을 바꾸었을 뿐인데 조회수가 아주 많이 늘어나는 놀라운 경험을 하게 되는 경우가 적지 않습니다. 여기서는 동영상의 조회수를 좌우하는 미리보기 이미지를 효과적으로 활용하기 위한 방법을 살펴보겠습니다.

미리보기 이미지는 동영상의 내용을 함축한 '한 컷의 이미지'입니다. 유튜브 검색 결과, 연관 동영상 추천 목록, 구글 검색 등에 노출되죠. 미리보기 이미지는 한마디로 동영상의 홍보 포스터 역할을 합니다. 영화의 매력적인 포스터 한 장이 수많은 고객의 시선을 끌고 불러 모으듯이 유튜브의 미리보기 이미지 역시 매력적일수록 시청자가 쉽게 발견하고 클릭할 수 있습니다.

아무리 재미있고 유익한 동영상을 만들어 업로드해도, 사람들이 그 동영상의 제목과 첫 이미지를 보고 시청하고 싶은 마음이 전혀 들지 않는다면 클릭과 조회는 일어나지 않고 아까운 제작 시간만 낭비하게 될 겁니다.

지금 생각나는 아무 단어나 유튜브에 검색해보세요. 검색 결과로 나타나는 동영상 목록이나 연관 추천 목록의 동영상들을 죽 훑어보세요. 그중에서 어떤 동영상이 제일 먼저 눈에 들어오나요? 분명히 동일한 키워드로 얻은 검색 결과인데 어떤 동영상은 눈길이 끌려 한 번쯤 클릭해보고 싶고 어떤 동영상은 시선이 가지 않을 것입니다. 왜 그런 걸까요? 첫눈에 눈길을 사로잡는 동영상이 되게 하려면 어떻게 해야 할까요?

지금부터 미리보기 이미지를 만들어 동영상에 적용하는 방법을 알아봅니다.

맞춤 미리보기 이미지를 사용할 수 있도록 계정 인증을 받는다

미리보기 이미지는 동영상을 업로드할 때 유튜브 시스템에서 자동 추출한 3장의 캡처 이미지 중 하나를 선택할 수 있습니다. 그런데 자동 추천되는 이미지 대신 직접 '맞춤 미리보기 이미지'를 따로 만들어 업로드할 수도 있습니다.

동영상을 클릭할지 말지를 가르는 데 가장 결정적인 영향을 미치는 만큼, 미리보기 이미지를 만들 때는 동영상 제작에 기울이는 노력 이상으로 정성을 기울일 필요가 있습니다. 당연히 자동 추천된 이미지보다는 번거롭더라도 맞춤 미리보기 이미지를 따로 만들어 업로드하는 게 바람직합니다.

그런데 이 기능을 사용하려면 먼저 동영상 채널에 대한 인증을 받고 [맞춤 미리보기 이미지] 사용 옵션을 활성화해야 합니다. 이 작업을 먼저 하지 않는다면 [맞춤 미리보기 이미지] 버튼이 노출되지 않으므로 먼저 다음 확인 작업부터 시작하기 바랍니다.

01 [크리에이터 스튜디오]에 접속하여 **1** [동영상 관리자] – [동영상]를 클릭합니다. **2** 임의의 동영상을 선택하여 클릭한 후 [맞춤 미리보기 이미지] 버튼이 나타나는지 확인합니다.

- 동영상 관리자에서 [맞춤 미리보기 이미지 사용] 옵션이 활성화되어 있는 상태라면 오른쪽 3장의 작은 이미지 아래쪽에 [맞춤 미리보기 이미지] 버튼이 나타납니다.

- 동영상에 이미 맞춤 미리보기 이미지가 설정되어 있을 경우 작은 이미지 4장이 나타나고 [맞춤 미리보기 이미지] 버튼이 따로 보이지 않습니다.

- 만약 이미지가 3장뿐인데도 아래쪽에 [맞춤 미리보기 이미지] 버튼이 보이지 않는다면 아직 [맞춤 미리보기 이미지 사용] 옵션이 활성화되어 있지 않은 것입니다. 이런 경우 다음 설명에 따라 조치해야 합니다.

02 [크리에이터 스튜디오]에서 **1** [채널] – [상태 및 기능]을 클릭하고 **2** [확인]을 클릭합니다.

03 [계정 확인] 절차 페이지가 나타나면 [국가]와 [인증 코드 수신 방식]을 선택합니다.

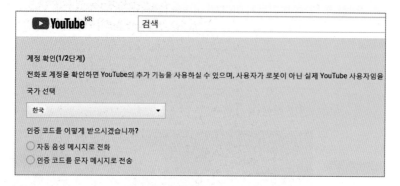

- [국가 선택]은 [한국]으로 선택합니다.

- [인증코드를 어떻게 받으시겠습니까?]는 원하는 수신 방법을 선택합니다.

- 인증 코드 수신 방식을 선택하면 자동으로 인증 코드 번호 확인 페이지가 나타납니다. 전화번호나 문자 메시지로 전송된 '6자리 숫자 코드'를 입력하고 [확인]을 클릭하면 맞춤 미리보기 이미지 기능이 활성화 됩니다.

04 [크리에이터 스튜디오]의 **1** [채널]−[상태 및 기능]을 클릭하고 **2** [맞춤 미리보기 이미지]의 [사용] 설정 상태를 확인합니다.

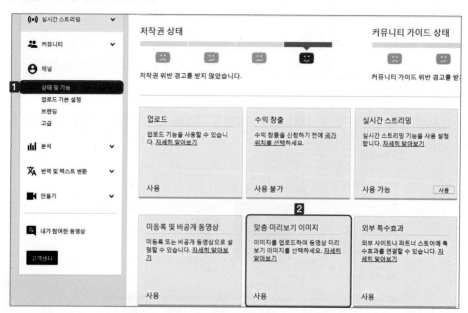

- [채널]−[상태 및 기능]을 클릭한 후 [맞춤 미리보기 이미지]의 아래쪽에 [사용]이라고 표시되면 사용 활성화가 잘 된 것입니다.

- 만약 여전히 [사용 불가]라고 표시되면 계정 인증이 올바로 진행되지 않은 것입니다. 이때는 앞서 진행한 02~03번 단계를 다시 반복합니다.
- 04번 단계처럼 사용 가능한 것으로 확인되면 동영상 편집 화면에 다시 접속했을 때 [맞춤 미리보기 이미지] 버튼이 정상적으로 나타납니다. 그때부터는 직접 만든 이미지를 업로드할 수 있습니다.

조회수를 늘리는 미리보기 이미지 활용 핵심 포인트 여덟 가지

도대체 어떤 이미지를 어떻게 만들어 업로드해야 사람들의 시선을 단숨에 사로잡을 수 있을까요? 지금부터 눈에 띄기 좋고 실제로 효과가 있는 핵심 요령만 추려서 설명하겠습니다. 꼭 숙지하고 적용하여 효과를 검증해보세요.

1) 사람의 얼굴 사진을 사용하여 흥미를 불러일으킨다

미리보기 이미지에 얼굴 사진을 사용하면 사람들의 흥미를 유발할 수 있습니다. 그중에서도 '아이 콘택트(Eye contact)'를 하는 얼굴 사진이 가장 좋습니다. 아이 콘택트는 시청자와 동영상 등장인물 간에 이루어지는 것일 수도 있고, 동영상에 등장하는 사람과 사람 혹은 사람과 사물 사이에서 이루어지기도 합니다. 그중에서도 동영상에 등장하는 인물이 시청자를 정면으로 바라보는 아이 콘택트 방식이 효과적입니다.

예를 들어 아래 얼굴 사진을 미리보기 이미지에서 보게 되었다고 생각해보세요.

사람들은 누군가 자신을 쳐다보는 것 같은 시선을 느끼면 본능적으로 그쪽을 쳐다보게 됩니다. 사람의 뇌는 얼굴을 인식하는 능력이 매우 발달했으며, 얼굴 사진이 그와 같은 시선 집중 효과를 크게 발휘합니다. 그러므로 미리보기 이미지에 얼굴 사진을 넣으면 자연스럽게 흥미를 유발할 수 있고, 그중에서도 아이 콘택트를 하고 있는 얼굴 사진이 더욱 효과적입니다.

또한 사람의 뇌는 희로애락이 확실히 드러난 표정에 더 쉽게 이끌리는 경향이 있으므로 표정이 풍부한 얼굴 사진을 사용하면 더 좋습니다. 예를 들어 활짝 웃거나 심하게 찡그리거나 환하게 미소를 짓는 표정 등이 눈길을 사로잡기에 유리합니다.

이것이 첫 번째이자 최고의 팁입니다. 잊지 마세요. '아이 콘택트를 하는 얼굴 사진'을 미리보기 이미지로 사용해보세요. 클릭률이 눈에 띄게 높아질 것입니다!

2) 진한 색의 큰 글자가 먼저 눈길을 끈다

구글이나 유튜브 검색 결과 또는 연관 동영상 추천 목록에 노출되는 미리보기 이미지는 생각보다 크기가 작습니다. 글자가 작으면 알아보기도 어렵고 가독성도 크게 떨어집니다. 사람들은 알아보기 힘든 글씨에는 아예 눈길도 주지 않습니다.

반면에 크고 굵은 글자는 읽기 쉽고 직관적으로 눈에 들어옵니다. 따라서 미리보기 이미지에 쓰는 글자는 가급적 크고 짧게, 핵심 표제어만 '한마디'로 압축해서 노출하는 게 효과적입니다. 글자의 색 또한 읽기 쉽고 눈길을 끄는 진한 색을 사용하면 시청자에게 더 강하게 어필할 수 있습니다.

3) 시선을 잡아끄는 테두리나 장식을 적극 활용한다

클릭하고 싶어질 만한 이미지로 흥미로운 미리보기를 만들었다면 그 이미지에 '장식' 요소를 추가하는 것도 좋습니다. 예를 들어 빨간색으로 굵은 테두리를 넣으면 시각적 주목 효과가 훨씬 커지겠죠. 클릭률이 가장 높은 색깔은 녹색이므로 녹색 테두리를 넣어보는 것도 좋겠습니다.

4) 짧고 강렬한 한마디로 캐치프레이즈를 만든다

미리보기 이미지의 '글자 정보'도 클릭률을 높이는 데 중요한 역할을 합니다. 미리보기 이미지는 크기가 작기 때문에 글자 정보를 전달하려면 글자를 크게 써야 합니다. 글자 크기가 크면 당연히 많은 글자를 넣을 수 없습니다.

그러므로 시청자의 흥미를 일으킬 수 있는 캐치프레이즈를 짧고 강렬한 한마디로 만들어야 합니다. 궁금증을 유발하는 캐치프레이즈를 만든다면 분명히 클릭률이 높아질 것입니다. 그러한 문구나 단어를 찾으려면 인터넷의 인기 뉴스 기사나 글 중에서 조회수가 많은 글의 제목을 찾고, 거기에 사용된 표현을 참고하는 게 좋습니다. 인기 글의 제목을 참고하면 적은 글자 수로도 흥미를 유발하는 캐치프레이즈 만들기 요령을 자연스럽게 익힐 수 있습니다. 제목만 읽어도 왠지 클릭하고 싶어지는 캐치프레이즈를 만들어보세요.

5) 사람 사진이라면 여성의 얼굴 사진을 우선 쓴다

사람은 보통 남성의 얼굴보다 여성의 얼굴에 더 시선이 간다고 합니다. 그렇지만 미리보기 이미지에 관심을 갖게 하려고 동영상의 내용과 아무런 상관도 없는 여성의 얼굴 사진을 무작정 사용하면 안 됩니다. 미리보기 이미지의 내용은 어디까지나 동영상에서 다룬 내용과 관련성이 충분히 있어야 합니다. 그렇지 않으면 시청자들의 실망감을 키워서 도리어 역효과를 발생시킬 수 있습니다.

현재 유튜브가 동영상의 품질 순위를 판단할 때 가장 우선적인 평가 기준은 동영상 전체 길이 대비 '평균 시청 지속 시간'입니다. 즉 총 길이가 3분짜리인 동영상이라면, 3분이 모두 재생되어야 제일 높은 평가를 받습니다. 끝까지 시청한 동영상은 그만큼 유튜브가 높게 평가하고 검색 결과 노출 순위가 높아지며, 연관 동영상에 노출되는 횟수도 많아집니다.

따라서 동영상과 관련도 없는 내용의 미리보기 이미지를 클릭하게 하여 일시적으로 조회수를 증가시켰다고 해도, 미리보기 이미지와 동영상의 내용이 전혀 다르면 시청자는 동영상을 곧바로 꺼버리고 다른 동영상으로 이탈해버릴 것입니다. 이러한 일이 잦아지면 검색 순위가 낮아지고 연관 동영상에도 노출되지 않게 됩니다.

6) 유튜브가 원하는 정확한 크기와 비율을 지킨다

유튜브가 추천하는 미리보기 이미지 크기는 1280×720픽셀, 비율로 보면 16:9입니다. 이에 맞춰 동영상을 만드세요. 비율이 정확하게 맞지 않으면 경우에 따라서 위쪽이나 아래쪽에 검은 여백이 생깁니다. 그러면 유튜브를 잘 모르는 초보자가 만든 것 같은 느낌이 들죠.

검색 결과나 연관 동영상에는 수많은 미리보기 이미지가 나열되므로 시청자는 초보 티가 나는 미리보기 이미지는 클릭하지 않습니다. 미리보기 이미지가 깔끔하게 모두 노출되도록 꼭 비율을 확인하기 바랍니다.

7) 스마트폰에서도 쉽게 알아볼 수 있도록 만든다

스마트폰 사용자는 컴퓨터보다 더 작은 크기로 보게 됩니다. 그러므로 미리보기 이미지는 스마트폰 사용자도 알아보기 쉽게 만들어야 합니다. 이미 국내 웹사이트 이용자의 절반 이상이 모바일에서 인터넷을 활용합니다. 유튜브 역시 모바일 이용자가 더 많고요. 이러한 환경을 고려하여 동영상 미리보기 이미지를 설정할 때는 먼저 스마트폰에서 어떻게 노출되는지 확인해 보는 습관을 기르기 바랍니다.

8) 같은 채널의 미리보기 이미지끼리 통일성을 유지한다

같은 채널에 업로드한 동영상들의 미리보기 이미지는 통일성이 있어야 합니다. 미리보기 이미지의 폰트나 글자색 등을 중구난방 섞어 쓰지 않도록 유의합니다. 일정한 크기, 색, 레이아웃을 꾸준히 유지하면 '이 미리보기 이미지는 ○○ 채널의 동영상이구나' 하는 인식이 자연스럽게 생깁니다.

이는 특정 채널 브랜드 효과의 일부이기 때문에 검색 결과나 연관 동영상에 노출됐을 때 시청자들이 찾아보기 훨씬 쉬워집니다. 그러면 동영상 및 채널에 대한 클릭도 증가하고 조회수도 따라서 증가합니다.

한 채널 안에서 미리보기 이미지가 통일감 있게 나열되어 있으면 정돈되어 보여서 호감도가 높아지고 채널 구독도 늘어날 것입니다. 다른 채널에는 없는 독창성도 드러나므로 경쟁사와 차별화에도 효과적입니다.

이처럼 미리보기 이미지는 조회수를 늘리는 가장 강력한 무기입니다. 거듭 강조하지만, 미리보기 이미지는 채널과 동영상을 홍보하는 포스터 역할을 합니다. 눈에 잘 띄도록 크고 강하게, 통일성을 유지하면서 꾸준히 만들면 동영상 수가 늘어날수록 채널 유입도 따라서 늘어날 것입니다!

실전 활용 사례 보고 10 #치과의원

매출의 30% 유튜브 통해 창출!
첫 고객도, 최고 매출 고객도 모두 유튜브로 내원!

치과
전문채널
치과

 김요한 군산 고운이치과 대표

구독자 410명 · 동영상 1,163개 · 조회수 61,074회

▶ **채널 정보**

- **회사명** : 군산 고운이치과
- **업종명** : 치과
- **채널명** : 군산 고운이치과

▶ **채널 설명**

치과에 관련하여 환자들의 궁금증을 해결해주는 내용으로 꾸미는 의사 채널입니다. 치과 진료에 대한 막연한 두려움이나 그릇된 생각을 바로잡아주고, 치료에 대한 원장의 가치관을 진솔하게 전달하며 고객과 소통하는 창구이기도 합니다.

▶ **유튜브 도입 후 성과**

매출의 30%가 유튜브를 통해 창출됐고, 매일 1명꼴로 신규고객을 모집하고 있습니다. 첫 고객이 유튜브를 통해 내원했으며, 최고 매출 고객도 유튜브를 통해 내원한 손님이죠!

실전 활용 사례 보고 11 #학원(학습코칭)

차량 운행 없는 학원, 신규 교실 6개 증설!
먼 거리에서 학부모가 직접 찾아와 대기자 등록!

김현미 아해가 자라다 학습코칭학원 대표
구독자 39명 · 동영상 27개 · 조회수 6,855회

▶ **채널 정보**

- **회사명** : 아해가 자라다 학습코칭학원
- **업종명** : 학원
- **채널명** : 아해가 자라다 학습코칭학원

▶ **채널 설명**

학습코칭학원의 실제 수업 시간을 엿볼 수 있는 채널입니다. 또한 가정에서 주 양육자가 자녀와 친밀도를 높이면서도 쉽게 학습을 지도할 수 있는 노하우를 공개하고 있으며, 수시로 부모를 위한 자녀 교육 정보를 공유하는 채널입니다.

▶ **유튜브 도입 후 성과**

신입생 학부모에게 학원 시스템을 영상으로 안내하여 사전 이해를 높였더니 방문 상담 시간이 감소했습니다. 재원생 학부모에게는 자녀의 다음 단계 학습을 영상으로 먼저 보여주니 신뢰감을 얻어 장기 수강생도 증가했습니다.

유튜브 SEO
단계별 실전 가이드

아무리 여러 번 듣고 봐도 한 번 직접 해보는 것만 못합니다. 이번 CHAPTER에서는 앞에서 익힌 검색 결과 상위 노출 기법들을 유튜브 채널에 실제로 적용해보겠습니다. 차례대로 차근 차근 따라 해볼 수 있도록 안내합니다.

01 1단계 : 유튜브 동영상의 '동영상 키워드'를 찾아낸다

유튜브 동영상의 키워드를 선정하는 데 있어 가장 중요한 것은 무엇일까요? 그것은 바로 구글에 검색했을 때 결과 목록에 나타날 수 있는 '동영상 키워드'를 찾는 일입니다. '동영상 키워드'란 유튜브뿐만 아니라 구글 검색 결과에도 노출되는 키워드입니다. 즉 동영상 키워드가 최적화된 동영상은 구글 검색 결과에 직접 노출될 기회를 얻을 수 있습니다. 실제로 구글 검색 결과 목록을 살펴보면 동영상 콘텐츠가 점점 더 많이 나타나는 것을 확인할 수 있습니다.

유튜브 검색창에서 연관 키워드(검색어)를 찾아본다

동영상 키워드를 찾는 가장 간단한 방법은 해당 분야의 키워드를 구글에서 검색한 후, 검색 결과에 노출되는 동영상의 연관 키워드를 추려 모으는 일입니다. 그런 다음에 우선적으로 확인해야 할 키워드를 효율적으로 찾아내야 합니다.

구글 검색의 [동영상] 탭을 클릭한 상태 또는 유튜브 검색창에 언더바(_)를 먼저 입력한 상태로 찾는 키워드를 입력하면 해당 키워드와 관련성이 높은 키워드 목록이 나타납니다. 다음 예시 이미지는 '_유튜브'로 검색했을 때 나타나는 연관 키워드입니다.

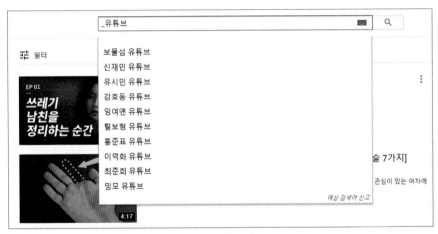

▲ 유튜브 검색창에서 '_유튜브'로 검색 시 나타나는 연관 키워드 목록

Keyword Tool을 이용해 '롱테일 키워드'를 조사한다

키워드 서칭 도구인 Keyword Tool(https://keywordtool.io)을 이용하면 특정 키워드의 자동 완성 키워드 목록을 통해 이른바 '롱테일 키워드'라 부르는 세부 키워드들을 찾아낼 수 있습니다. Keyword Tool 사이트에 접속하여 먼저 검색창에 메인 키워드를 입력해보세요.

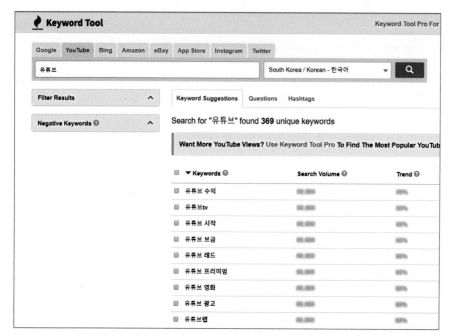

▲ Keyword Tool을 이용해서 롱테일 키워드를 찾는 예시 화면

이 예시처럼 수많은 키워드 후보 목록을 얻을 수 있습니다. 이 키워드들을 구글(유튜브)에서 다시 검색해보면 '동영상 키워드'를 추가로 찾아낼 수 있습니다.

유튜브 [분석]의 [트래픽 소스] 보고서를 살펴본다

만약 유튜브에 이미 채널을 개설하고 동영상을 업로드하고 있다면, 유튜브 관리자 모드에서 [분석] 메뉴의 [트래픽 소스] 보고서를 자세히 살펴봐야 합니다. [트래픽 소스]의 [YouTube 검색] 항목에서 동영상을 시청한 사람들이 사용한 검색 키워드를 볼 수 있습니다. 사람들이 검색 키워드로 사용하고 있는데도 우리가 동영상을 만들어 업로드할 때 제목이나 설명, 태그에 활용하지 않고 있는 키워드는 없는지 찾아보세요. 이러한 키워드는 검색 결과 상위에 노출되도록 하는 최소한의 조건이므로 미처 놓친 키워드나 생각하지 못한 키워드가 있다면 꼭 찾아서 태그로 추가하기 바랍니다.

01 유튜브 [내 채널]에서 [YouTube 스튜디오(베타)]를 클릭하여 관리자 모드에 접속합니다. **1** [분석]을 클릭하고 **2** 오른쪽 개요에서 [더보기]를 클릭합니다.

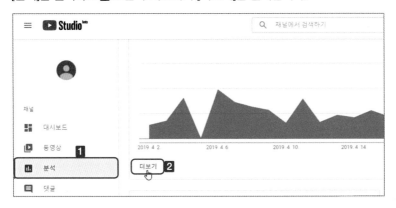

02 **1** [트래픽 소스] 탭을 클릭하여 열고 **2** [YouTube 검색] 항목을 클릭합니다.

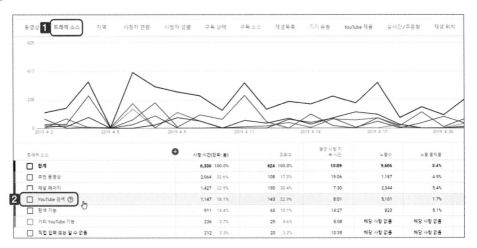

03 [YouTube 검색] 보고서의 검색 키워드 현황을 비교 분석합니다.

트래픽 소스 > YouTube 검색	시청 시간(단위: 분)		조회수		평균 시청 지속 시간	노출수	노출 클릭률
합계	1,147	100.0%	143	100.0%	8:01	5,101	2%
애드워즈	39	3.4%	2	1.4%	19:43	0	해당 사항 없음
구글 애드워즈	34	3.0%	3	2.1%	11:26	0	해당 사항 없음
페이스북광고	23	2.0%	1	0.7%	23:18	0	해당 사항 없음
카카오모먼트	15	1.3%	2	1.4%	7:26	0	해당 사항 없음
구글애드워즈	12	1.1%	2	1.4%	6:12	0	해당 사항 없음
구글광고	12	1.0%	1	0.7%	11:58	0	해당 사항 없음
페이스북 픽셀	9	0.8%	3	2.1%	3:04	0	해당 사항 없음
카카오	2	0.2%	1	0.7%	2:21	0	해당 사항 없음

경쟁 채널에 접속해 인기 동영상의 태그 키워드를 분석한다

경쟁 채널이 있다면 해당 채널에 방문하여 인기 동영상을 찾아보고, 그 동영상들이 타깃으로 삼고 있는 키워드(태그)들을 검토해보세요. 특히 조회수가 많은 동영상 제목이나 설명, 태그에 사용된 키워드가 있다면 그 키워드들은 해당 동영상의 '동영상 키워드'일 가능성이 높습니다.

TIP | 유튜브 마케팅 실전 노하우 🔍

▶▶ 경쟁 채널의 동영상 태그 분석 시 유용한 크롬 확장 프로그램, Tags for YouTube

경쟁 채널의 인기 동영상에 사용된 태그(주제어)를 분석해보면 우리 동영상에 어떤 태그 키워드를 사용하면 좋을지 아이디어를 얻는 데 도움이 됩니다. 크롬 브라우저에서 Tags for YouTube 확장 프로그램을 검색하여 추가해보세요. 별다른 조작 없이 내가 시청 중인 유튜브 동영상의 설명 더보기 아래에서 동영상에 설정되어 있는 태그를 확인할 수 있습니다. 상세한 사용법은 도움말(https://itfix.tistory.com/2)을 참고하세요.

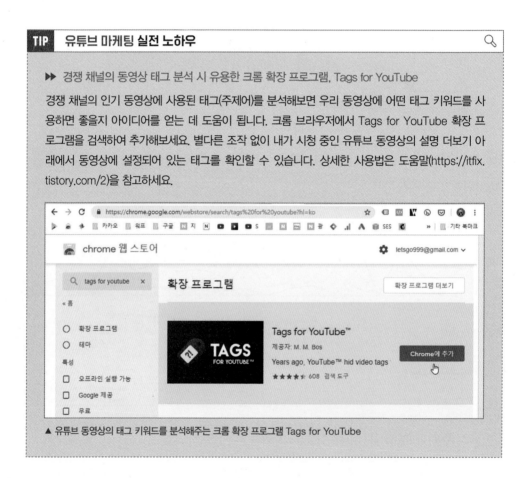

▲ 유튜브 동영상의 태그 키워드를 분석해주는 크롬 확장 프로그램 Tags for YouTube

구글 키워드 플래너로 키워드 예상 검색량을 조사한다

동영상 키워드 후보 단어들을 목록으로 만든 후에는 구글 키워드 플래너와 같은 도구를 통해 키워드 검색량을 조사해보세요. 검색량이 매우 미미한 키워드로 동영상의 제목이나 태그를 설정하면 SEO 효과를 기대하기 어려울 테니까요.

충분한 검색량을 가진 동영상 키워드를 찾아냈다면 핵심 키워드 선정은 끝납니다. 검색량이 정확히 몇 번 이상 되어야 한다고 말하긴 어렵지만, 잠재고객을 유입시키고자 한다면 적어도 월 300회 이상은 검색되는 키워드가 좋습니다.

01 구글 애즈(Google Ads)에 접속한 후 **1** [도구]를 클릭하고 **2** [키워드 플래너]를 클릭합니다.

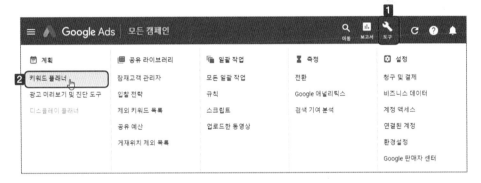

02 [검색량 및 예상 실적 조회하기]를 클릭합니다.

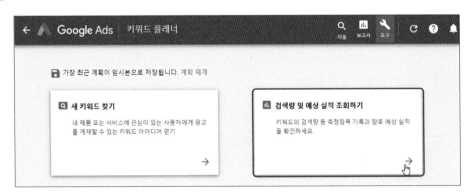

<u>03</u> **1** [검색량 및 예상 실적 조회하기]에 찾으려는 키워드를 입력하고 **2** [시작하기]를 클릭합니다.

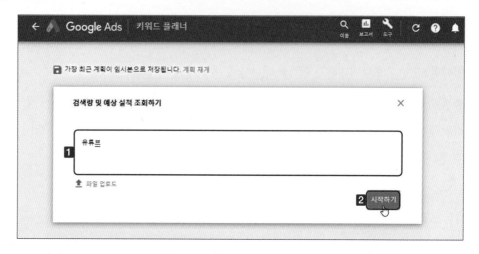

<u>04</u> [키워드 계획] 결과 페이지에서 입력한 키워드에 대한 예측 검색량을 확인합니다.

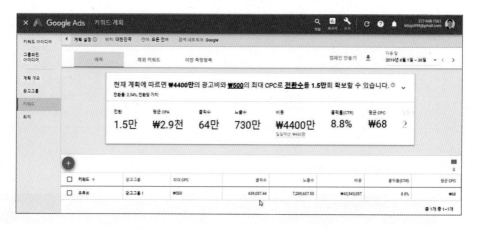

TIP **유튜브 마케팅 실전 노하우** 🔍

▶▶ 구글 애즈(Google Ads) 계정을 신규 개설하려면?

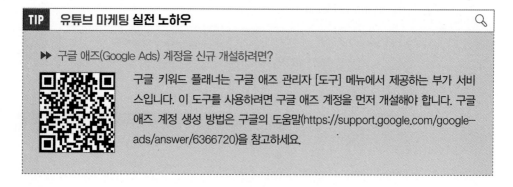

구글 키워드 플래너는 구글 애즈 관리자 [도구] 메뉴에서 제공하는 부가 서비스입니다. 이 도구를 사용하려면 구글 애즈 계정을 먼저 개설해야 합니다. 구글 애즈 계정 생성 방법은 구글의 도움말(https://support.google.com/google-ads/answer/6366720)을 참고하세요.

누구에게 어떤 목적으로 어떤 영상을 제공할 것인지 정한다

동영상 제작뿐만 아니라 콘텐츠를 제작하기 전에는 먼저 전체 작업틀(Framework)을 짜야 합니다. 누구에게 어떤 목적으로 어떤 동영상을 제공할 것인지 기본적인 방향과 틀을 정하는 것으로, 콘텐츠 생성의 핵심축이라 할 수 있는 작업입니다. 프레임을 짤 때 기본적으로 고려해야 할 요소들은 다음과 같습니다.

시청자의 수준과 잠재고객의 눈높이를 파악한다

누구를 위한 동영상을 만들 것인지만 고려할 것이 아니라, 상품이나 서비스를 구입할 가능성이 있는 잠재고객의 수준을 고려하여 눈높이를 맞추는 것도 중요합니다.

예를 들어 우리가 아주 전문적인 웹사이트 검색 최적화 솔루션을 판매하고 있다고 해봅시다. 그런데 SEO가 뭔지도 모르는 초보자를 대상으로 동영상을 만들어봐야 솔루션이 판매될 가능성은 크지 않을 것입니다. 하나의 동영상으로 다양한 수준의 타깃을 한꺼번에 공략할 수는 없는 법입니다. 욕심을 버리고 핵심 타깃의 수준에 맞는 동영상을 만드세요.

시청자가 얻게 될 유익과 혜택 포인트를 도출한다

동영상이 시청자에게 가져다주는 유익과 혜택이 무엇인지를 명확히 하는 것은 잠재고객이 동영상을 보게 되는 강력한 동기가 될 수 있습니다. 따라서 유튜브의 시청자들이 어떤 것에 관심을 갖고 있으며 어떤 문제를 해결하고 싶어 하는지 정확히 파악해야 합니다.

예를 들어 유튜브 검색 결과 상위에 노출되는 노하우를 설명하는 학습 동영상을 업로드한다고 해봅시다. 그러면 유튜브 수익 창출 프로그램에 등록한 많은 유튜버의 관심을 일으킬 수 있을 것입니다. 대부분이 SEO와 관련해 어려움을 호소하고 있으니까요.

동영상 콘텐츠의 유형에 따라 테마와 소재를 찾는다

동영상 콘텐츠의 유형은 다양합니다. 당연히 채널 구독자나 잠재고객이 원하는 유형의 동영상을 선택하고 만들어 업로드하는 게 좋습니다. 특히 어떤 소재를 이용해서 동영상을 만들면 좋을지에 대한 것은 이 책의 CHAPTER 사이사이에 소개한 다양한 실무 사례들을 참고해서 아이디어를 얻어보기 바랍니다.

비즈니스나 마케팅 목적으로 유튜브 채널을 운영할 때는 특히 잠재고객들이 어려움을 토로하는 문제에 대한 해결 팁이나 노하우, 사용법 해설 동영상 등을 주로 이용하면 가망고객을 찾아내는 데 유리합니다.

- ✅ 노하우 또는 사용법
- ✅ 소프트웨어 또는 하드웨어의 사용법
- ✅ 특정 주제에 관한 전략 및 정보 제공
- ✅ 상품 및 서비스에 대한 리뷰
- ✅ 상품 및 서비스 이용법 시연

예를 들어 운동을 통해 다이어트를 하고 싶어 하는 사람은 운동으로 소비되는 칼로리 계산법보다는 실제로 살이 빠지는 운동 요령에 관한 동영상을 더 보고 싶어 할 것입니다. 즉, 잠재고객이 원하는 주제라고 하더라도 동영상의 유형과 소재가 달라지면 '재생' 버튼을 클릭할 확률도 달라질 수 있다는 점을 깊이 고려해야 합니다.

경쟁사 동영상을 분석하여 적정한 재생 길이를 정한다

유튜브나 구글 검색에서는 재생 시간이 긴 동영상이 짧은 동영상보다 상위에 노출되는 경향이 있습니다. 하지만 그렇다고 해서 무조건 길이가 긴 동영상을 만들어야 하는 건 아닙니다. 시청자에게 가장 알맞은 동영상의 길이는 콘텐츠 종류에 따라 다르기 때문이죠.

참고로 Minimatters의 조사 발표에 따르면, 유튜브 인기 동영상 톱 10에 들어가는 동영상들의 평균 재생 시간은 4분 20초라고 합니다. 많은 마케터가 동영상을 5분 이상의 길이로 만들기를 추천하는 이유도 이런 데이터들 때문이고요.

그렇다면 분야마다 동영상의 최적 길이는 어떻게 알 수 있을까요? 간단합니다! 바로 경쟁자들의 인기 동영상을 분석해보는 것입니다. 먼저 해당 업종의 동영상 카테고리나 핵심 키워드를 입력하여 검색 결과 상위에 노출되는 경쟁자의 동영상 목록을 살펴보세요.

그리고 각 동영상의 주제와 내용, 길이 등 구성 요소를 살펴보고, 타깃 시청자의 행동 특성을 고려할 때 어느 정도 길이의 동영상 콘텐츠를 만들면 좋을지를 고민해보는 게 좋습니다.

시청자의 호감도와 참여도를 보여주는 지표들을 살핀다

유튜브 검색 결과 상위 노출을 노리는 동영상을 만들 때 가장 중요한 것은 동영상 콘텐츠의 '품질'입니다. 많은 시청자의 눈을 사로잡을 수 있을 만큼 '쓸 만한' 콘텐츠를 제공하지 않으면 아무리 SEO 작업을 열심히 한다 해도 검색 결과 상위에 노출되기는 쉽지 않습니다.

유튜브는 동영상의 품질을 평가하는 요소로 다음과 같은 지표를 이용합니다. 다른 검색 알고리즘과 달리 시청자들의 사용 경험을 무엇보다 중시한다는 점을 새겨두세요.

시청 시간

시청 시간은 유튜브의 노출 순위를 결정짓는 데 매우 중요한 요소입니다. 시청 시간 기록을 살펴보려면 먼저 유튜브 채널 관리자 모드(YouTube 스튜디오)에 접속합니다. [분석] 메뉴의 [더보기]를 클릭하면 바로 연결되는 [동영상] 탭에서 개별 동영상별 [시청 시간]을 확인할 수 있습니다.

유튜브는 2018년 2월부터 시청자가 오래 시청하는 양질의 동영상들이 유튜브 검색 결과에 우선적으로 노출되도록 알고리즘을 변경했습니다. 정책 변화의 핵심은 바로 동영상 품질을 평가할 때 시청 시간을 가장 중요한 요소로 삼은 점입니다.

2019년에도 연관 동영상 및 추천 동영상 노출 관련 시스템이 변경됐고, 채널 관리자 모드 또한 신버전으로 업데이트되면서 시청자 행동에 대한 분석 기능이 한층 더 풍부해지고 심도 깊어졌습니다. 당연한 이야기지만, 전체 시청 시간이 길어지려면 동영상 하나하나의 시청 지속 시간이 길어야 합니다.

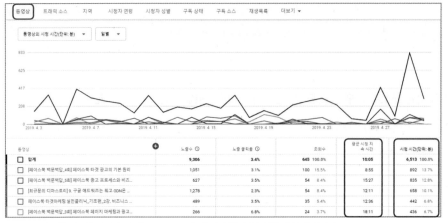

▲ 동영상별 시청 시간을 분석해주는 [YouTube 스튜디오(베타)]의 [동영상] 탭 분석 페이지

시청 지속 시간

시청 지속 시간은 동영상을 시청자가 얼마나 오래 주목했는가를 보여줍니다. 지속 시간이 길다는 것은 동영상이 그만큼 계속해서 시청할 가치가 있었다는 말이고, 시청자의 요구에 비추어 만족스런 품질을 보여주었음을 의미합니다. 시청 지속 시간 또한 앞서 설명한 [동영상] 탭의 개별 영상별 목록에서 확인할 수 있습니다.

이전 버전의 채널 관리자 모드(크리에이터 스튜디오)를 통해서 내용을 확인하려면 [분석]−[시청 지속 시간]을 클릭하여 살펴보면 됩니다.

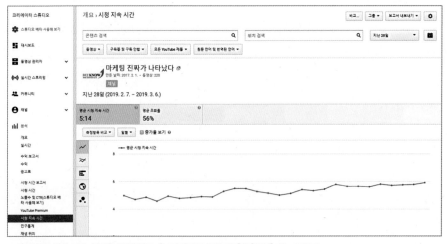

▲ 동영상별 시청 지속 시간을 분석해주는 [크리에이터 스튜디오]의 [분석] 메뉴 페이지

댓글

댓글이 많은 동영상은 참여도가 높기 때문에 목록 상위에 노출될 가능성이 높습니다. 댓글을 남긴다는 것은 최소한 동영상을 시청했다는 뜻이기 때문이죠. 동영상 중간이나 마무리 부분에서 댓글을 남겨 달라고 직접 부탁을 하거나 시청자가 올린 댓글에 적극적으로 답변을 해주는 것이 시청자들의 추가 참여를 불러올 수 있습니다.

구독

동영상을 시청한 후에 채널을 구독하는 것은 매우 긍정적인 반응입니다. 시청자가 동영상에 대해 볼 만한 가치를 느끼고, 향후에도 지속적으로 시청하고 싶어 한다는 뜻이니까요. 그러므로 동영상 끝부분에 채널 구독을 촉구하는 메시지를 넣어 행동을 일으키는 게 좋습니다.

공유

페이스북, 트위터, 카카오스토리와 같은 SNS 채널로 공유하는 것은 동영상을 더 널리 전파시켜 조회수를 늘리는 데 무척 중요한 역할을 합니다. 그중에서도 페이스북은 공유 행동에서 허브 역할을 맡으므로 특히 중요합니다. 카카오톡이 메신저 시장의 90% 이상을 장악하고 있는 국내 모바일 환경의 특성을 고려할 때 카카오톡 오픈채팅방 등을 통해 유튜브 영상을 적극 전파하는 것도 중요한 확산 전략이라 할 수 있습니다.

저장하기

1) 나중에 볼 동영상

시청한 동영상을 [나중에 볼 동영상]에 추가하는 것도 긍정적인 요소입니다. 발견한 당시에는 볼 시간이 없지만 나중에라도 보겠다는 의지를 보인 것이므로 동영상의 내용이 시청자를 끌어들였다는 게 입증된 셈이니까요. 한 번 본 영상을 나중에 볼 영상으로 저장했다면 반복 시청의 의지를 보여준 것인 만큼 그 동영상의 고객 유입 효과가 크다는 것입니다.

2) 재생목록 만들기

시청한 동영상을 기존 재생목록에 추가하거나 [새 재생목록 만들기]로 저장하는 것은 같은 주제의 여타 동영상과 하나로 엮어서 '다시 보기'용 앨범을 만드는 행동입니다. 이는 다른 시청자들의 자연스런 선택에 적극적인 추천 요소로 작용할 수 있어 매우 바람직한 반응입니다.

평가

'좋아요'와 '싫어요'의 클릭 횟수는 동영상에 대한 시청자의 호불호를 한눈에 알 수 있는 평가 요소입니다. 개인별 취향에 따라 아무리 훌륭한 동영상이라도 일정한 비율로 '싫어요'가 존재할 수 있다는 점은 유의해야 합니다.

만약 '좋아요'보다 '싫어요'가 더 많이 발생하는 동영상이라면 다수에게 반감을 사고 있다는 의미이므로 신속하게 점검해서 삭제하거나 수정해야 합니다. 방치할 경우 자칫 신고로 이어질 위험이 있고, 그렇게 되면 채널의 전체 품질을 크게 떨어뜨릴 수 있으니 특히 유의해야 합니다.

03 3단계 : 유튜브 채널에 제작한 동영상을 업로드한다

1, 2단계를 고려하여 동영상을 제작했다면 이제는 운영하는 유튜브 채널에 동영상을 업로드해야 합니다. 동영상을 업로드할 때는 이 동영상을 필요로 하는 누군가가 검색할 경우를 대비해야 합니다. 즉 특정 키워드에 대응하여 상위에 노출될 수 있도록 SEO 작업을 충실히 해야 합니다.

동영상을 업로드할 때 유의해야 할 사항을 다시 한 번 살펴보면서 앞서 설명이 부족했던 부분을 조금 덧붙이겠습니다.

업로드할 동영상 파일의 이름에 노출할 키워드를 넣는다

검색 순위와 얼마나 관련이 있을까에 대한 논란의 소지가 있지만, 밑져야 본전이니 업로드할 동영상의 파일 이름에 제목이나 태그에 사용할 주요 키워드를 넣길 권합니다. 다만, 파일명이 영어라는 점에 주의하세요. 예를 들어 키워드가 'YouTube SEO'라면 동영상 파일의 이름은 'YouTube_seo_video.mp4'와 같이 만들면 좋습니다.

이는 제목이나 설명에 사용한 키워드가 충분히 반영되지 않을 경우, 유튜브 시스템의 동영상 인식 처리 알고리즘이 업로드 소스 동영상의 파일명에서라도 메인 키워드를 검출하려 할 것이라는 기대를 갖고 시도하는 부가적인 선행 조치입니다.

제목과 설명, 태그에 주요 키워드를 넣는다

제목

동영상의 제목에는 검색 결과 상위에 노출하기 위한 키워드를 모두 사용하세요. 예를 들어 '잠재고객 목록'이라는 키워드가 검색어 상위 노출 대상 단어라면 '잠재고객 목록을 쉽고 빠르게 모으는 10가지 방법'과 같은 제목을 짓는 것입니다.

동영상 SEO에서 '제목'이 갖는 중요성은 아무리 강조해도 모자랍니다. 핵심 키워드는 최대한 제목의 앞부분에 배치하고 연관 키워드를 뒤에 이어서 배치하세요. 또한 클릭을 유도할 수 있는 문구를 덧붙이면 좋습니다.

설명

구글과 유튜브는 동영상 콘텐츠의 내용을 자동으로 분석하여 이해하지 못합니다. 그렇기 때문에 콘텐츠의 내용을 파악할 때 동영상의 '설명'을 중요하게 참고합니다. 그러므로 설명 영역의 내용은 동영상의 내용을 검색 엔진에 올바로 전달하는 매우 중요한 요소입니다.

설명을 작성할 때는 다음과 같은 요소를 필수적으로 반영하기 바랍니다.

- ✅ 콜투액션용 외부 웹사이트나 랜딩페이지 URL 주소는 첫 부분에 배치한다.
- ✅ 설명 영역의 첫 두세 줄 안에 동영상의 개요를 끌리는 문장으로 표현한다.
- ✅ 주요 키워드를 처음 50자 이내에 배치한다.
- ✅ 주요 키워드를 3~4번 중복해 사용한다(동일 키워드 연속 반복은 금지).
- ✅ 설명은 적어도 500자 이상으로 적는다(한글 최고 2,500자).
- ✅ 같은 채널에 있는 연관 동영상의 URL 주소를 넣는다.

이와 같은 요소를 담은 상세 설명은 롱테일 키워드(세부 조합 키워드)를 상위에 노출하는 데 도움이 됩니다. 뿐만 아니라 다른 사람들이 해당 동영상을 시청할 때 설명에 링크로 삽입된 동영상을 [다음 동영상] 목록으로 노출(추천)하는 데도 도움이 됩니다.

TIP **유튜브 마케팅 실전 노하우** 🔍

▶▶ 새 동영상의 설명 내용을 기본 사항으로 설정하여 자동 노출하려면?

유튜브 채널 관리자 모드(YouTube 스튜디오)의 [설정] 메뉴에서 [업로드 기본 설정]의 [기본사항] 탭을 클릭하고 [설명]을 미리 작성한 후 [저장]을 클릭합니다. 그러면 작성한 내용이 새 동영상을 업로드할 때마다 기본 설명으로 자동 적용되어 노출되므로 꼭 설정해두기 바랍니다.

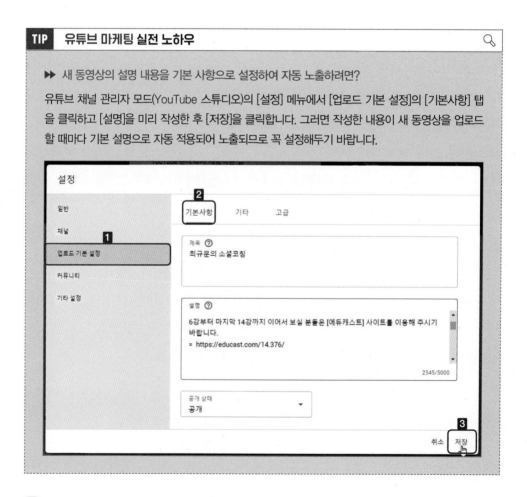

태그

태그에는 핵심 키워드나 연관 키워드 외에도 실생활에서 검색 질의용으로 잘 쓰이는 조합 단어나 구문들(예를 들면 '키워드를 모으는 법', 'SEO를 잘하는 법' 등)을 등록합니다. 태그는 구글과 유튜브 검색 엔진에 동영상의 내용을 전달할 뿐만 아니라, 다른 동영상 재생 시 연관 동영상으로 추천되는 데도 도움을 줍니다.

또한 검색 결과 상위 목록에 노출된 다른 경쟁사의 동영상과 같은 태그를 사용하면 영상들 간에 상호 관련성이 높다는 것을 전할 수 있겠지요.

자막과 미리보기 이미지, 카드를 적극 적용한다

자막, 번역

유튜브의 번역 기능은 동영상의 음성을 텍스트로 변환한 자국어 자막을 비롯해서 세계 각국 언어별로 여러 개의 자막 파일을 업로드할 수 있게 합니다. 동영상 내 음성을 텍스트로 만든 파일을 제공하면 검색 엔진에 콘텐츠의 내용을 더 완벽하게 전달할 수 있으므로 연관 키워드 검색 시 노출 확률이 더 높아집니다.

미리보기 이미지

심플하고 예쁜 미리보기 이미지는 호감도를 154%나 증가시킨다고 합니다. 그러므로 인기 동영상들을 참고하여 다음 사항을 적용한 미리보기 이미지를 만들어보세요.

> ✅ 화질이 높은 사진(1280×720픽셀)을 준비한다.
> ✅ 이미지에 동영상의 내용을 축약한 카피와 브랜드 로고를 넣는다.
> ✅ 카피는 모바일 기기에서도 읽을 수 있는 크기로 만든다.

카드

동영상 재생 중 화면에 나타나는 팝업 방식의 [카드]를 삽입하여 시청자에게 구체적인 행동을 요구하는 방법은 매우 효과적입니다. 카드에는 외부 링크나 다른 동영상 또는 재생목록의 링크 주소를 연결하여 클릭을 유인할 수 있습니다. 동영상의 목적에 맞는 카드를 선택하여 활용해보세요.

- ✅ 다른 동영상 또는 재생목록 : 동영상 또는 재생목록 홍보
- ✅ 채널 링크 : 다른 채널 홍보
- ✅ 설문조사 : 시청자가 설문조사에 참여하도록 유도
- ✅ 링크 : 승인된 외부 웹사이트로 연결되는 링크

---

04 4단계 : 업로드한 동영상을 홍보한다

유튜브에 동영상을 업로드하고 나면 그다음에는 동영상을 널리 홍보해야 합니다. 어렵게 만들어 업로드한 만큼 더 많은 시청자가 볼 수 있도록 노출 기회를 늘리고, 나아가 동영상 링크를 더 많은 외부 웹사이트에서 인용해가도록 독려해야 합니다. 다른 웹사이트와 마찬가지로 유튜브도 외부 웹사이트에서 링크를 많이 인용하면 그만큼 검색 상위 노출 요소로 인정됩니다.

특히나 노출 경쟁이 심한 유튜브 채널에서 검색 결과 상위에 노출되려면 많은 시청자의 조회와 호응을 얻어내야 합니다. '상위 노출 = 다수 시청자'라 해도 과언이 아닐 만큼 중요한 요소이므로 의식적인 홍보는 꼭 필요합니다.

블로그 게시글 안에 동영상을 퍼가기 소스로 삽입한다

유튜브 동영상을 자신이 운영하는 블로그 게시글로 퍼오는 것은 가장 간단하고도 효과적인 홍보 방법입니다. 블로그를 개설할 때는 동영상 소스를 퍼와서 게시물에 적용할 수 있는지 꼭 검토하세요. 게시글에 동영상을 삽입해두면 블로그에 머무는 시간도 늘어나므로 블로그 SEO에도 효과적입니다.

네이버는 물론이고 티스토리와 다음 블로그도 유튜브 영상의 소스를 '퍼가기' 방식으로 복사하여 삽입하면 블로그 내에서 바로 재생할 수 있도록 지원합니다.

무단 다운로드 및 퍼가기를 방지하기 위해 [퍼가기 허용] 옵션을 막아놓은 동영상이라면 '공유' 링크 주소를 복사하여 블로그 게시글에 외부 링크로 첨부해두면 됩니다. 클릭이 발생하면 곧바로 유튜브 채널로 이동되어 조회수가 늘고, 동영상 내용이 알차서 시청자를 만족시키면 구독자를 늘릴 수 있는 기회가 생깁니다. 이 기회를 잡으려면 각 동영상 끝부분에 구독 및 좋아요, 공유를 요청하는 콜투액션 당부 멘트도 빠뜨리지 말고 넣어두길 권합니다.

페이스북, 카카오톡 등 SNS와 메신저로 공유한다

페이스북을 비롯한 주요 SNS를 통해 유튜브에 업로드한 동영상을 공유하는 것은 홍보 단계에서 꼭 해야 할 '기본 중의 기본'입니다! 광고비 없이 손품, 발품으로 시청자 유입 기회를 얻을 수 있는 가장 강력한 방법이기 때문이지요.

특히 페이스북은 친구나 지인을 통해 신속한 확산 효과를 기대할 수 있고, '좋아요' 반응을 통해 동영상에 대한 호감도를 높이는 데도 도움이 되는 핵심 채널이므로 적극적으로 활용하는 게 좋습니다.

SNS에서 팬 관계를 맺고 있는 지인이나 팔로워들에게 유튜브 채널 구독을 부탁하는 게시글을 정기적으로 올리는 것도 유튜브 구독자를 늘리는 데 도움이 됩니다.

대부분의 SNS 게시글은 타임라인이나 뉴스피드에 노출되는 짧은 시간 동안에만 유통되고 사라집니다. 통상 글이 올라오고 2시간 남짓 정도면 새로운 글에 밀려납니다. 휘발성이 강한 만큼 동영상의 시의성이 살아 있는 동안 여러 SNS 채널에 지속적으로 재포스팅해야 합니다. 페이스북 그룹이나 카카오톡 오픈채팅방과 같은 연관 채널로 연쇄 공유할 수 있도록 노력하기 바랍니다.

특히 페이스북 페이지에 공유한 게시물은 유료 광고 없이 자연 도달에 의한 전파는 일반적으로 팬 수 대비 10~20% 수준입니다. 따라서 제한된 시간 내에 집중적인 도달이나 조회수를 일으켜야 한다면 유료 광고를 적절히 결합시켜 노출을 높이는 방안도 적극 모색해야 합니다.

페이스북 광고를 이용해 유튜브 동영상을 노출하거나 채널을 홍보하는 방법에 대해서는 PART 03에서 상세히 다룹니다.

Q&A 사이트에 동영상으로 답변한다

Q&A 사이트나 전문가 포럼 사이트의 답변 게시물에 동영상을 사용하는 것은 조회수를 늘릴 뿐만 아니라, 전문성을 드러내고 신뢰성을 높이는 데에도 큰 도움이 됩니다. 지식인과 같은 Q&A 사이트나 전문가 응답 커뮤니티 등에 올라온 질문에 답변할 때 참고할 만한 동영상의 공유 링크를 걸어두는 것도 효과적인 홍보 방법이 될 것입니다.

이메일 뉴스레터 구독자에게 메일로 안내한다

우리의 이메일 뉴스레터를 정기적으로 구독하는 사람이라면 우리가 제작한 최신 동영상에 대체로 호의적인 반응을 보일 것입니다. 이미 우리가 제공하는 콘텐츠의 가치를 이해하고 있는 경우가 많을 테니까요.

그러므로 유튜브에 새로운 동영상을 업로드한 다음에는 먼저 이메일 뉴스레터 구독자에게 메일을 통해 새 콘텐츠를 소개하고 링크를 안내하세요. 이메일 본문이나 서명 부분에 동영상으로 유입될 수 있는 공유 링크를 배치하여 홍보하는 것도 좋습니다.

동영상 재생 중 나타나는 카드나 종료 화면에 연관 동영상을 노출한다

앞서 말한 것처럼 유튜브의 카드 기능 및 종료 화면 설정 기능을 통해 각 동영상의 중간이나 끝부분에 다른 동영상의 링크나 채널 구독을 요구하는 콜투액션을 노출할 수 있습니다.

동종 업계에 영향력이 있는 인기 유튜버와 협업한다

같은 분야의 인기 유튜버와 함께하는 동영상을 만들어 업로드하면 서로의 시청자에게 소개되어 신규 구독자를 모을 수 있습니다.

예를 들어 인터뷰 형식의 동영상을 촬영한다면 자신보다 구독자 규모가 큰 채널을 운영하는 인기 유튜버에게 우리 채널이나 인터뷰 출연 동영상에 대해 상호 공유나 홍보를 도와달라고 요청하는 것도 가능할 겁니다.

다만 '품앗이 협업 그룹'을 조직하여 집중적으로 상호 맞구독과 맞공유, 맞시청을 해주는 일은 권하지 않습니다. 초기에 일시적 효과는 있을 수 있지만 오래 지속하면 오히려 관계 확장 효과를 떨어뜨릴 수 있기 때문입니다. 게다가 자칫 어뷰징 행동으로 오인되면 생각지 못한 페널티를 초래할 수도 있으니 특히 유의하세요.

TIP **유튜브 마케팅 실전 노하우** 　🔍

▶▶ 유튜브 홍보 활동 시 '맞공유 페널티'를 당하지 않으려면?

동영상 홍보 전략을 계획할 때 특히 주의할 점이 있습니다. 바로 구글이나 유튜브를 속이는 방법으로 조회수를 억지로 늘리려 해서는 안 된다는 것입니다. 예를 들어 의도적으로 조회수를 늘리기 위해 본인이나 가까운 사람들끼리 계속해서 반복적인 '품앗이'로 시청해주거나, '크로스 공유' 방식으로 링크를 공유할 경우 누적되면 자칫 제재를 받을 수 있습니다.

꼭 제재를 받지 않더라도 유튜브 채널 및 동영상에 대한 품앗이나 맞구독, 맞공유 방식은 바람직하지 않습니다. 구글이나 유튜브 알고리즘은 상호 관계도가 높은 사람들 우선으로 링크나 새 콘텐츠를 추천하는데, 유료 광고가 아닌 이상 추천 알림의 범위가 일정 범위(횟수)로 제한됩니다. 그런데 특정 관계인끼리 상호 반응을 반복할 경우 제한된 자연 도달 횟수를 가까운 사람들끼리 나눠버리게 되어, 새로운 구독자에게 노출될 기회가 점점 줄어들기 때문입니다.

그러므로 인위적으로 만든 소수 협업자가 아니라 우리 콘텐츠를 지속적으로 필요로 하는 잠재고객을 시청자로 얻어야 합니다. 실질적인 고객을 찾지 못하거나 진성 잠재고객을 찾는 데 방해를 일으킬 수 있는 방식이므로 조회수나 시청 시간을 억지로 늘리려고 애쓰지 마세요. 반짝 효과가 있을지 모르지만, 길게 보면 도리어 자연 도달 범위를 좁히는 '부메랑'이 될 수 있습니다.

개별 동영상의 SEO뿐만 아니라 유튜브 채널의 SEO도 매우 중요합니다. 구독자가 많은 품질 높은 채널의 동영상은 신규 채널의 동영상보다 상위에 노출되기 때문입니다.

구독자가 많아질수록 시청자의 반응도 많아질 수밖에 없고, 반응이 클수록 검색 결과 상위에 노출될 확률도 높아집니다. 따라서 채널의 영향력을 높이려면 구독자를 꾸준히 늘려야 합니다. 비록 더디 가더라도 채널 구독자를 확보하는 일은 어떤 동영상 마케터라도 피해갈 수 없는 핵심 과제입니다.

지금부터 소개할 전략과 전술의 목적은 채널 페이지를 최적화하여 구독자를 늘리는 것입니다. 간단히 알아보겠습니다.

TIP **유튜브 마케팅 실전 노하우** 🔍

▶▶ 유튜브 채널 꾸미기

유튜브 채널을 어떻게 꾸미면 좋은지에 대해서는 시중에 나온 많은 책이 이미 다룬 내용이고, 앞서 낸 책 《유튜브 마케팅 혁명》(매일경제신문사)에서도 이미 상세히 다룬 내용이므로 여기서는 간략하게 순서만 짚고 넘어갑니다. 또한 채널 아트 및 채널 아이콘(로고) 등의 설정 방법에 대해서는 《유튜브 마케팅 혁명》(매일경제신문사)의 1장(65~82쪽)을 참고하기 바랍니다.

채널 아트 이미지를 설정한다

채널 아트 이미지는 가게의 간판에 해당합니다. 고화질의 채널 아트 이미지(2560×1440픽셀)로 설정하면 좋고, 채널의 기본 콘셉트나 주요 슬로건을 게재하면 좋습니다.

로고(채널 아이콘)를 설정한다

채널명이 포함된 심플한 로고 이미지를 만들어 설정합니다.

채널 정보 페이지를 최적화한다

정보 페이지는 웹사이트의 정보 페이지와 마찬가지로 중요합니다. 콘텐츠에 관심을 가진 시청자가 자세한 정보를 알아보려고 확인하는 부분이기 때문입니다.

다음과 같은 요점을 고려하여 채널 정보를 게재합니다.

- ✅ 설명
  - 채널의 기본 개념과 슬로건
  - 운영자 채널 소개
  - 메인 키워드가 포함된 채널의 개요
  - 콘텐츠의 주제와 내용
  - 대상으로 삼고 있는 시청자
  - 채널 구독을 요청하는 문구
- ✅ 문의 연락처
- ✅ 웹사이트 링크
- ✅ SNS 계정 링크

채널의 재생목록을 만든다

재생목록은 채널의 개요를 간단히 표현할 수 있을 뿐만 아니라 유입 향상에도 도움이 됩니다. 재생목록의 제목에 키워드를 넣으면 유튜브 검색 트래픽을 얻을 수 있기 때문이죠. 특히 세부 조합 키워드를 이용한 제목은 상위에 노출되기 더 쉽습니다.

채널에 업로드된 동영상이 10개가 넘는다면 재생목록을 만드세요. 또한 재생목록에 일부러 다른 채널의 연관 동영상을 추가함으로써 우리 동영상과 관련성을 높일 수도 있습니다.

지금까지 유튜브와 구글의 검색 결과 상위에 노출되기 위해 필요한 동영상 마케팅 전략을 5단계로 나누어 살펴보았습니다.

동영상 키워드 선정 → 동영상 제작 → 유튜브 업로드 설정 → 홍보 전략 수립 → 채널 SEO

얼핏 보면 간단해 보입니다. 그렇지만 단계별로 넘어야 할 산은 많습니다. 서두르지 말고, 지금까지 배우고 익힌 내용을 잘 되새겨서 차례대로 적용해보기 바랍니다. SEO의 효과를 체감할 수 있을 테니까요.

실전 활용 사례 보고 **12** #교육서비스업(테니스강습)

유튜브 프로모션의 파워 실감!
블로그, 지식인, 카페보다 훨씬 강력하고 효과적!

[테니스의 모든 것   테니스 백과사전]
테니스 서브 아카데미

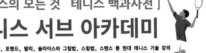

테니스서브 및 스매시, 포핸드, 발리, 슬라이스와 그립법, 스윙법, 스탠스 등 현대 테니스 기술 강의
테니스라켓, 테니스스트링, 테니스화, 테니스가방, 테니스그립, 테니스의류, 등 테니스 용품 정보
테니스엘보 및 테니스 부상 방지 노하우, 테니스 스트레칭과 테니스 트레이닝 정보 및 장비

정경민 테니스 서브 아카데미 대표
구독자 2,488명 • 동영상 821개 • 조회수 332,306회

▶ **채널 정보**

- **회사명 :** 테니스 서브 아카데미
- **업종명 :** 교육서비스
- **채널명 :** 테니스 서브 아카데미 Tennis Serve Academy

▶ **채널 설명**

서브는 테니스에 가장 중요한 기술인데 제대로 배우기가 쉽지 않습니다. 동호인은 물론 테니스 선수에게 올바른 테니스 서브 기술을 알려주기 위해 세부 카테고리별로 연재하고 있습니다. 라켓, 테니스화, 테니스 스트링, 테니스 공, 테니스 의류 등 각종 테니스 용품 사용법을 소개하며, 부상 방지 트레이닝 방법과 혼자 할 수 있는 연습 매뉴얼도 제공합니다.

▶ **유튜브 도입 후 성과**

블로그, 지식인, 카페를 통한 홍보보다 훨씬 더 강력하고 효율적인 프로모션을 실감했습니다. 전국 각지의 테니스 동호인은 물론 테니스 선수들까지 교육 신청 비율이 점점 증가하고 있습니다.

유튜브 애널리틱스 따라잡기

01 '유튜브 애널리틱스'란 무엇인가

진짜 최적화 작업은 업로드한 다음에 시작된다

지금까지 유튜브 검색 상위 노출을 위한 여러 가지 기본 요소와 실전 가이드를 제대로 이해하고 따라 왔나요? 그렇다면 그동안 동영상은 정말로 힘들게 만들었는데 업로드는 대충하고 끝냈던 유튜브 채널 운영 방식이 얼마나 잘못된 것이었는지 충분히 느꼈을 것입니다.

자, 그럼 동영상을 업로드할 때 SEO 요소만 잘 적용해서 올리면 모든 게 끝일까요? 대답은 여전히 "아니올시다!"입니다. 진짜 최적화 작업은 이제부터가 시작입니다. 기껏 어렵게 여기까지 따라 왔는데 이제 와서 무슨 소리냐고요?

열심히 만든 영상에 제목과 설명을 고심해서 작성하고 태그를 삽입했다고 합시다. 과연 그 제목과 설명, 태그 키워드들이 진짜로 상위 노출을 돕고 있는지, 혹은 연관 동영상 추천 목록에 우리 채널의 동영상이 나타나도록 진짜로 기여하고 있는지 어떻게 장담할 수 있을까요?

결국 추적하여 '분석'하고 '검증'해보지 않는 한 알아낼 수 있는 방법이 없습니다.

분석해보지 않으면 SEO 효과도 알 수 없다

검색 최적화 작업은 한 번 설정했다고 해서 끝나는 게 아닙니다. 설정 요소들이 진짜 검색 결과 상위 노출에 효과를 발휘하고 있는지를 세밀히 추적해서 성과를 분석해봐야 합니다. 혹시 잘못 설정한 부분이 드러나거나 전혀 효과가 없다고 판단되는 요소들이 있으면 수정하고 조정하는 작업을 꾸준히 해야 합니다.

즉, 최적화란 어느 한 시점에 '레디 고!' 해서 '이제 끝!' 하고 멈추는 작업이 아닙니다. 가능한 한 적합한 수준으로 업데이트를 지속하는 '연속 과정'인 셈이지요. 그러면 여기서 중요한 마지막 과제가 우리 앞에 떨어집니다. 최적화의 성과를 무엇으로 어떻게 분석하고, 그 결과를 개선하기 위해 어떤 지표를 살펴보고 대응해야 하는가입니다.

바로 이러한 용도로 유튜브가 제공하는 또 하나의 도구, SEO를 위한 최후의 무기가 바로 YouTube Analytics(이하 '유튜브 애널리틱스'라고 표기함)입니다. 유튜브 애널리틱스는 유튜브 채널 관리자 모드인 [YouTube 스튜디오(베타)] 또는 [크리에이터 스튜디오]에 있는 [분석] 메뉴를 가리킵니다. 유튜브 애널리틱스는 구글 애널리틱스와 달리 유튜브 채널 계정만 갖고 있으면 별도의 설치 없이 이용할 수 있습니다. 채널에 동영상을 업로드만 하고 나면 따로 신청하거나 승인받는 과정 없이 곧바로 분석 자료를 살펴볼 수 있습니다.

유튜브 채널을 구글 애널리틱스 계정과 연결하여 분석하면 [YouTube 스튜디오(베타)]에서 볼 수 있는 보고서 내용과 다른 추가적인 요소들을 분석하는 것도 가능합니다. 다만, 이번 CHAPTER에서는 유튜브 관리자 모드의 [분석]을 통해 제시되는 각종 지표와 데이터들을 어떻게 이해하고 판단하면 좋은지, 어떤 관점에서 개선 작업에 활용하면 좋은지에 대해 함께 알아보도록 하겠습니다.

유튜브 동영상도 일반 홈페이지나 블로그와 마찬가지로 업로드한 후에 실제로 방문자(시청자)들이 어떤 영상을 어떻게 보고 나가는지를 수시로 혹은 정기적으로 관찰하고 분석해야 합니다.

백 번을 듣는 것보다 한 번 보는 게 낫다고 해서 '백문이 불여일견'이라고 하는데, 백 번 보는 것보다 한 번 실행해보는 게 낫습니다. 그런데 백 번을 실행해도 제대로 관찰하여 분석하지 않으면 제대로 배울 수 있는 게 없습니다.

유튜브 애널리틱스가 제공하는 데이터의 종류

유튜브 애널리틱스는 구글 애널리틱스와 마찬가지로 사용자(시청자)의 속성 및 트래픽, 사용 검색어 등 다양한 데이터를 확인하고 분석할 수 있습니다.

- ✅ 트래픽 : 유입 경로는 무엇인가?
- ✅ 검색어 : 어떤 키워드로 접속했는가?
- ✅ 세그먼트 : 어떤 속성의 사용자가 동영상을 시청하는가?
- ✅ 통계 : 조회수, 이탈 지점, 평균 시청 시간, 채널 구독자 수 등

'어떤 사용자(시청자)가 어디에서 무엇을 통해 해당 채널로 오게 되었는가?', '어떤 콘텐츠를 얼마나 보고, 어디서 빠져나가는가?', '무엇을 계기로 동영상에 접속하게 되었는가?'와 같이 유튜브 마케팅을 할 때 도움이 되는 잠재고객들의 행동 패턴과 흐름을 세밀히 들여다볼 수 있습니다.

01 [내 채널]에 접속해서 오른쪽 위에 있는 [크리에이터 스튜디오]를 클릭합니다.

02 [분석]을 클릭하면 [개요]부터 [최종화면]까지 다양한 분석 항목들을 볼 수 있습니다.

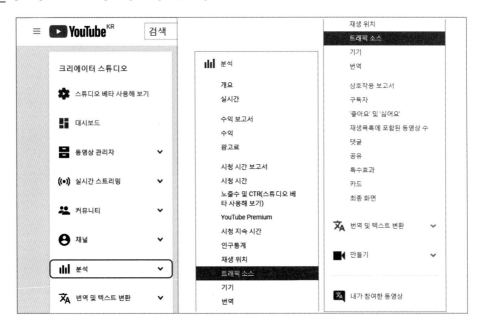

위와 같은 다양한 분석 메뉴 중에서 가장 중점을 두어 살펴봐야 할 항목들과 핵심 지표들은 무엇일까요? 다음 항목과 요소들이 주요 지표들입니다.

> ✔ 개요 : 유튜브가 중요하게 여기는 핵심 지표를 선별하여 현황을 보여줌
> ✔ 시청 시간 : 기간별 시청 시간과 개별 동영상의 조회수와 시청 지속 시간, 조회율
> ✔ 시청 지속 시간 : 기간별 평균 시청 지속 시간과 개별 동영상의 지속 시간, 조회율
> ✔ 트래픽 소스 : 검색, 웹사이트, 소셜 미디어 등 매체(유입경로)별 점유 비율

그 밖에도 여러 가지 필요한 항목을 선택하여 관련 정보들을 확인할 수 있습니다. 우선 [개요]부터 살펴보면 유튜브가 어떤 지표를 가장 중요하게 여기는지 알 수 있습니다.

유튜브가 제일 중요하게 여기는 분석 지표들

어떤 분석 보고서든 [개요]에 표시되는 지표들이 바로 그 서비스에서 가장 핵심적인 KPI(핵심 성과 지표)를 담고 있게 마련입니다. 유튜브 애널리틱스는 [개요]에서 시청 시간, 평균 시청 지속 시간, 조회수, 시청자들의 참여 반응(좋아요, 싫어요, 댓글, 공유, 재생목록 포함 수, 구독자 증감 수 등)을 그래프와 수치로 측정하여 보여줍니다. 검색 상위 노출 알고리즘에서도 이요소들이 그만큼 중요한 비중으로 반영될 거라는 점을 시사합니다.

▲ 유튜브가 중요하게 여기는 [개요]의 분석 지표들

기본 지표 아래쪽에 상위 10개 동영상을 추려서 해당 기간 내 발생한 총 시청 시간과 조회수, 추정 수익 등을 알려줍니다. 추정 수익 정보는 유튜브 광고 수익화 파트너 프로그램에 가입된 채널에 한해서 나타날 것이므로, 아직 수익화 가입 조건이 안 되거나 가입을 신청하지 않은 채널은 보이지 않습니다.

시청자들은 어디서 우리 동영상을 찾게 되었을까

시청자들의 유입 경로를 살펴보려면 [분석] 페이지의 왼쪽 메뉴 중 [트래픽 소스]를 클릭합니다.

[트래픽 소스]는 시청자들이 '어느 경로를 통해 우리 동영상에 접속하게 되었는가'를 보여줍니다. 트래픽 소스의 유입 경로가 생각보다 다양하다는 것을 금방 알 수 있을 것입니다. 채널마다 비중은 다를 수 있지만 일반적으로 추천 동영상의 비율이 높게 나타납니다. 이는 앞서 SEO 전략에서 강조했던 것처럼 각종 키워드 및 태그, 재생목록 설정 등이 추천 동영상으로 노출되는 데 영향을 미치기 때문입니다.

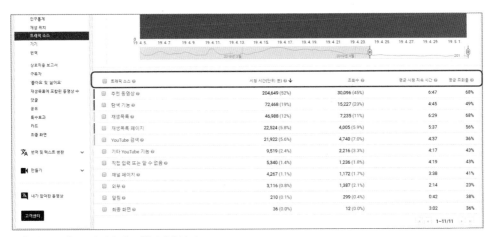

▲ [트래픽 소스]를 통해 알아보는 시청자의 유입 경로

다양한 유입 경로 중에서도 특히 중요하게 살펴봐야 할 항목은 [추천 동영상]과 [재생목록], [YouTube 검색] 등 입니다. [추천 동영상]은 앞에서 '연관 동영상', '관련 동영상', '추천 목록' 등으로 표현했던 것으로, 유튜브 동영상 재생 화면에서는 [다음 동영상]으로 나타나는 영역입니다.

[추천 동영상]은 어디에서 어떻게 노출되는가

설명을 참고해보면 [추천 동영상]은 '추천에서 발생한 조회수로, 다른 동영상과 함께 표시되거나 다른 동영상이 재생된 후에 표시'된다고 밝히고 있습니다. 예시로 유튜브 채널 〈마케팅 진짜가 나타났다〉의 [트래픽 소스]를 살펴보면 이 채널은 전체 유입 경로 중 절반가량이 [추천 동영상]입니다.

트래픽 소스 ❓	시청 시간(단위: 분)* ❓ ↓	조회수* ❓
추천 동영상 ❓	138,681 (48%)	20,552 (41%)
탐색 기능 ❓	48,609 (17%)	10,008 (20%)
재생목록 ❓	39,120 (14%)	5,983 (12%)
YouTube 검색 ❓	23,064 (8.0%)	4,783 (9.5%)
재생목록 페이지	18,494 (6.4%)	3,245 (6.5%)
기타 YouTube 기능 ❓	7,545 (2.6%)	1,800 (3.6%)

추천에서 발생한 조회수입니다. 추천은 다른 동영상과 함께 표시되거나 다른 동영상이 재생된 후에 표시됩니다.

▲ [추천 동영상]을 통해 유입되는 시청자들

동영상은 유튜브가 어떤 카테고리로 분류했는지에 따라 관련 분야 카테고리의 추천 동영상에 노출됩니다. 따라서 동영상이 다루고 있는 내용과 전혀 관련이 없는 카테고리로 잘못 분류될 경우에는 잠재 고객의 취향과 달라서 추천될 확률이 크게 줄어듭니다.

동영상의 내용과 맞는 카테고리로 분류되어야만 연관 동영상으로 추천되었을 때 시청자가 재생을 지속하거나 다음 동영상으로 선택할 확률이 높습니다. 따라서 추천 동영상으로 노출되어 선택을 받으려면 무엇보다도 동영상을 업로드할 때 노출하고 싶은 카테고리로 분류되도록 각별히 유의해야 합니다.

[외부] 소스는 무엇이고, 어떻게 연결되는가

유튜브 동영상에 들어오는 트래픽 소스 중에 [외부] 항목을 살펴보면, 검색 서비스나 SNS 채널 등 유튜브 플랫폼 이외의 웹사이트 중 어디에서 유입이 일어나는지 자세히 볼 수 있습니다.

다음 예시 이미지에서 [외부]의 설명(항목명 뒤쪽에 붙어있는 ❓을 클릭하면 팝업 알림 창으로 나타남)을 살펴보면 '내 동영상을 퍼가거나 YouTube의 내 동영상으로 연결되는 링크를 추가한 웹사이트 및 앱에서 발생한 트래픽'이라고 알려줍니다.

☐ 기타 YouTube 기능 ❓	7,545 (2.6%)	1,800 (3.6%)
☐ 직접 입력 또는 알 수 없음 ❓	5,085 (1.8%)	1,158 (2.3%)
☐ 채널 페이...	3,855 (1.3%)	1,062 (2.1%)
☐ 외부 ❓	2,894 (1.0%)	1,280 (2.6%)
☐ 알림 ❓	1,690 (0.6%)	299 (0.6%)
☐ 최종 화면	52 (0.0%)	17 (0.0%)
☐ 동영상 카...	4 (0.0%)	3 (0.0%)

내 동영상을 퍼가거나 YouTube의 내 동영상으로 연결되는 링크를 추가한 웹사이트 및 앱에서 발생한 트래픽입니다. 2015년 6월 1일 이전의 기간에 대해서는 퍼가기 및 앱 트래픽이 제외됩니다.

▲ [외부] 소스를 통해 유입되는 시청자들

풀이하자면, 만약 유튜브에 업로드해놓은 내 동영상을 내가 운영하는 블로그나 카페, 혹은 홈페이지 등 다른 웹사이트에 '동영상 소스'를 퍼가서 게재하거나, 유튜브로 연결되는 '공유 링크'를 첨부하여 게시글을 업로드하면 그 사이트를 통해서 동영상에 유입되는 경우를 뜻합니다.

다음의 예시를 살펴보면 [외부]로 분류되는 다양한 트래픽 소스(유입 경로)들을 통해 동영상에 접속된 횟수와 그 비율을 확인할 수 있습니다.

최상위 수준 › 외부

트래픽 소스 | 지역 | 날짜 | 더보기 ▼

☐ 트래픽 소스 ❓	시청 시간(단위: 분) ❓ ↓	조회수 ❓	평균 시청 지속 시간 ❓	평균 조회율 ❓
☐ ymschool.kr	441 (14%)	206 (15%)	2:08	46%
☐ Google Search ❓	366 (12%)	145 (11%)	2:31	16%
☐ com.nhn.android.search	189 (6.1%)	64 (4.6%)	2:57	22%
☐ naver.com	172 (5.5%)	27 (1.9%)	6:23	57%
☐ 네이버 검색	126 (4.1%)	37 (2.7%)	3:24	20%
☐ Samsung Internet for Android	81 (2.6%)	78 (5.6%)	1:02	15%
☐ mail.naver.com	71 (2.3%)	23 (1.7%)	3:05	23%
☐ yes24.com	65 (2.1%)	19 (1.4%)	3:25	45%
☐ net.daum.android.mail	52 (1.7%)	8 (0.6%)	6:30	46%
☐ Facebook	50 (1.6%)	35 (2.5%)	1:24	24%
☐ com.kakao.talk	48 (1.5%)	14 (1.0%)	3:26	39%
☐ aladin.co.kr	46 (1.5%)	15 (1.1%)	3:02	40%

▲ [외부]로 분류되는 다양한 트래픽 소스(유입 경로)

키워드를 검색하여 들어오는 경우가 많은지, SNS에 업로드한 게시글을 통해 들어오는 경우가 많은지, 다른 웹사이트에서 공유 링크를 통해 들어오는 경우가 많은지, 잘 비교해서 살펴보면 어느 매체 또는 미디어 채널에 노력을 더 기울여야 하는지 알 수 있습니다.

특히 SNS는 빠르게 전파되고 유통되는 만큼 확산 효과나 즉효성이 매우 뛰어납니다. 위의 사례만 살펴봐도 Facebook과 com.kakao.talk(카카오톡) 같은 사이트와 함께 com.nhn.

android.search, Samsung Internet for Android와 같은 모바일 웹, 그리고 mail.naver.com, net.daum.android.mail과 같이 이메일 서비스를 통해서도 유입이 일어나는 것을 확인할 수 있습니다. 다양한 채널을 통해 좀 더 적극적으로 공유 링크를 확산시킬수록 더 많은 조회를 유발할 수 있을 것입니다.

03 [YouTube 검색]에서 사용하는 검색어

[트래픽 소스]는 단순히 유입 경로가 어디인가만을 보여주는 데 그치지 않습니다. 유튜브에 접속한 사용자들이 콘텐츠를 찾기 위해 사용한 '검색어'는 어떤 것인지도 함께 분석해서 알려줍니다.

[YouTube 검색]이란 무엇인가

[트래픽 소스]의 구성 항목을 살펴보면 [YouTube 검색]이라는 항목이 눈에 띕니다. 설명을 확인해보면 '내 콘텐츠를 찾기 위해 시청자가 YouTube에서 사용한 검색어'라고 안내합니다.

트래픽 소스 ❓	시청 시간(단위: 분)* ❓ ↓	조회수* ❓
추천 동영상 ❓	138,681 (48%)	20,552 (41%)
탐색 기능 ❓	48,609 (17%)	10,008 (20%)
재생목록 ❓	39,120 (14%)	5,983 (12%)
YouTube 검색 ❓	23,064 (8.0%)	4,783 (9.5%)
재생목록 페이지	18,494 (6.4%)	3,245 (6.5%)

내 콘텐츠를 찾기 위해 시청자가 YouTube에서 사용한 검색어입니다.

▲ [YouTube 검색]을 통해 유입되는 시청자들

이 말은 유튜브에 어떤 경로로든 처음 접속해서 들어온 사용자가 연결된 동영상이나 재생목록을 하나만 보는 데서 그치지 않고, 무엇을 더 볼까 추가로 검색해봤다는 뜻으로 해석할 수 있겠죠.

▲ [YouTube 검색]에 집계되는 검색어를 입력하는 유튜브 검색창

유튜브 검색창에 어떤 키워드가 입력되는지를 살펴보면, 우리 채널을 찾아온 잠재 고객들이 어떤 정보에 관심을 가졌는지를 어렵지 않게 알아낼 수 있습니다. 검색어가 동영상의 제목이나 설명, 혹은 태그에 쓰인 키워드와 일치해야 검색한 시청자가 우리 동영상을 찾을 수 있겠지요. 당연히 좀 더 많은 횟수의 검색어와 관련된 주제로 유용한 동영상을 더 많이 만들어 업로드하는 것이 채널 구독자를 늘리고 조회수를 높이는 가장 빠른 지름길입니다.

어떤 키워드로 검색하고 들어오는가

최상위 수준 › YouTube 검색			
트래픽 소스　지역　날짜　더보기 ▾			
트래픽 소스 ⓘ	시청 시간(단위: 분) ⓘ	조회수 ⓘ ↓	평균 시청 지속 시간 ⓘ	평균 조회율 ⓘ
끌어당김의 법칙	5,872 (27%)	1,414 (30%)	4:09	53%
끌어당김의 법칙 소피	1,046 (4.8%)	172 (3.6%)	6:05	59%
수호천사	176 (0.8%)	78 (1.6%)	2:15	28%
마케팅 진짜가 나타났다	381 (1.7%)	75 (1.6%)	5:04	34%
#끌어당김의법칙	267 (1.2%)	65 (1.4%)	4:06	48%
끌어당김	234 (1.1%)	61 (1.3%)	3:50	45%
마케팅	111 (0.5%)	22 (0.5%)	5:03	15%
유튜브 마케팅	11 (0.1%)	17 (0.4%)	0:40	5.1%

▲ 어떤 키워드로 검색하고 들어오는지 알려주는 [트래픽 소스]의 [YouTube 검색]

실제로 [트래픽 소스]의 [YouTube 검색] 항목을 클릭해서 사용된 검색어들을 분석해보면 시청자들이 어떤 주제와 테마에 관심을 가졌는지 바로 알 수 있습니다.

만약 시청자들이 사용한 검색어들이 기존에 업로드한 동영상에 설정한 제목이나 태그 키워드들과 연관성이 크게 떨어진다면 심각한 경고로 해석해야 합니다. 당연히 앞으로 업로드하는 동영상의 제목이나 태그 키워드를 검색어에 사용된 주요 키워드 중심으로 변경하고, 이미 업로드한 동영상이라도 키워드 관련 정보를 다시 수정하여 업데이트하는 노력을 기울여야 할 것입니다.

검색어 키워드 목록별로 시청 시간과 조회수 그리고 평균 시청 지속 시간과 평균 조회율도 알려줍니다. 이들 지표는 특정한 키워드를 입력하고 선택한 동영상이 얼마나 검색 의도에 부합했는지 검색의 만족도를 간접적으로 알려주는 데이터로 볼 수 있습니다. 검색한 의도와 어긋날수록 총 시청 시간이나 평균 시청 지속 시간이 짧아질 테니까요.

이처럼 [YouTube 검색] 항목의 키워드와 시청 패턴들을 살펴보면 채널을 찾는 시청자들이 '무엇을 원하고 어떤 콘텐츠를 찾고 있는지' 바로 파악할 수 있습니다. 그만큼 SEO의 효율을 높일 수 있는 가장 중요한 포인트 중 하나입니다. 그 점을 꼭 기억하여 동영상의 제목이나 키워드를 만들고 선택할 때 적극 활용하기 바랍니다.

04 누가, 얼마나 오랫동안 시청하는가

동영상을 시청하러 오는 유입 경로 못지않게 중요한 것이 바로 '누가 우리 채널을 시청하는가' 입니다. 시청자나 구독자의 특성을 분석하는 것이야말로 해당 비즈니스 아이템을 필요로 하는 잠재고객이 어떤 연령대의 어떤 고객층인지 알아내고, 그들의 특성과 관심에 맞는 콘텐츠를 추가로 제작할 수 있는 근거 정보를 얻어낼 수 있기 때문이지요.

[인구통계]는 우리에게 무엇을 말해주는가

[유튜브 분석]에서 시청자들의 구성 현황을 알려주는 보고서는 [인구통계] 항목입니다. [인구통계]에서는 기본적으로 지난 28일간 채널의 동영상을 시청한 사람들의 성별, 연령, 지역 등을 세부적으로 분석해줍니다.

실제로 앞서 이야기한 〈마케팅 진짜가 나타났다〉 채널의 인구통계 데이터를 예시로 살펴보면 다음과 같습니다.

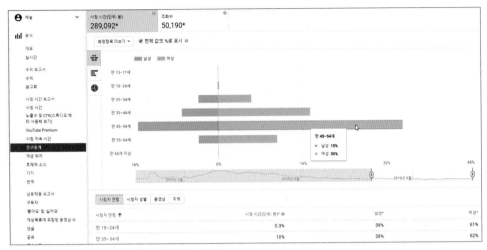

▲ [인구통계]를 통해 알아보는 시청자의 성별, 연령, 지역 등

성별 연령별 분포를 대략 살펴보면 연령대로는 만 45~54세 여성과 남성이 제일 큰 비중을 차지하고, 35~44세 여성과 남성이 그 뒤를 잇고 있는 모양이 보입니다. [시청자 성별] 탭을 클릭해보면 7:3으로 여성이 많은 것을 바로 알 수 있습니다.

이 자료는 [동영상]과 [재생목록]을 따로 구분하여 볼 수 있고, [구독자]와 [미구독자]를 나누어 비교해볼 수도 있습니다. 분석 기간 또한 28일 기본 설정 대신에 원하는 기간을 직접 설정하여 살펴보는 것도 가능합니다. [지역]도 살펴볼 수 있지만 국가 단위로 나오기 때문에 글로벌 서비스 채널이 아니라면 큰 의미는 찾아내기 어렵습니다.

또한 화면에 펼쳐지는 각종 그래프는 막대 그래프뿐만 아니라 원형 그래프, 꺾은선 그래프 등 다양한 모양으로 변경하여 볼 수 있습니다. 어떤 방식으로 비교해보고 싶은지에 따라 옵션을 달리 선택해서 이해하기에 더 쉽고 편리한 그래프 형태로 보면 됩니다.

요컨대 어떤 성별에, 어떤 연령대가 우리 콘텐츠를 소비하고 있는지를 알아보는 것은 모든 마케팅에서 잠재고객층을 알아볼 때 핵심적으로 파악해야 하는 요소입니다. 유튜브 분석을 통해서 잠재고객의 구성을 간접적으로 알아보는 것도 비즈니스 운영에 좋은 나침반이 되어줄 것입니다. 분석 결과에서 드러나는 실제 시청자 데이터와 타깃 고객층으로 생각하는 대상을 비교하여 얼마나 일치하는지 알아보고, 향후 콘텐츠 제작 방향과 주제를 선택할 때 적극 반영해 나가는 게 좋겠지요.

시청자들이 얼마나 오랫동안 시청하는가

누가 시청하는가 못지않게 중요한 지표는 '얼마나 오랫동안 이탈하지 않고 지속해서 시청하는가'입니다. 유튜버들에게 광고 수익을 배분하는 파트너 프로그램 가입 자격을 허용하거나, 추천 동영상 목록에 어떤 동영상을 보여줄지를 정하는 핵심적인 지표가 바로 각 동영상이 보여주는 총 시청 시간과 평균 시청 지속 시간이라는 점은 이미 널리 알려진 사실입니다.

실제로 시청 시간과 시청 지속 시간은 유튜브 SEO에 가장 중대한 영향을 미치는 요소들이므로 빠뜨리지 말고 꼭 살펴보기 바랍니다.

시청 시간 vs 시청 지속 시간

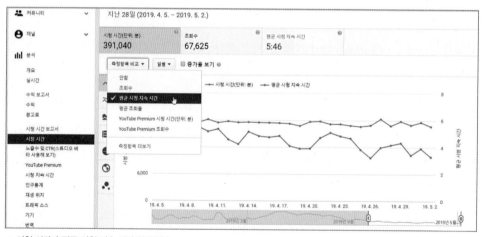

▲ 시청 시간과 평균 시청 지속 시간 알아보기

먼저 [시청 시간]을 클릭하고, 왼쪽 상단의 [측정항목 비교]를 클릭해서 [평균 시청 지속 시간]을 체크합니다. 그러면 위와 같이 시일의 흐름에 따라 시청 시간(단위 : 분)과 평균 시청 지속 시간이 어떤 변화를 보이는지 알 수 있습니다.

특히 개별 동영상의 평균 시청 지속 시간을 확인하면 시청자들이 어느 시점에 동영상을 이탈하는지 확인할 수 있으므로, 조회수와 마찬가지로 중요한 지표로 볼 수 있습니다.

절대적 시청 지속률 vs 상대적 시청 지속률

시청 지속 시간에는 '절대적 시청 지속률'과 '상대적 시청 지속률'이 있습니다.

'절대적 시청 지속률'이란 동영상 각 지점의 시청 횟수를 동영상의 시청 횟수로 나눈 비율로, 이것을 살펴보면 동영상의 어느 부분을 가장 많이 시청했는지 알 수 있습니다. 대부분의 경우 처음 15초가 가장 중요합니다. 시청을 계속할지 말지를 결정하는 가장 중요한 타이밍이기 때문입니다. 보통 처음 15초간 지속률은 50%입니다. 따라서 이때 얼마나 시청자를 사로잡는지가 시청 지속 여부를 가르는 관건이 됩니다.

동영상의 첫 부분에서 이탈률이 높아지는 이유는 대체로 다음과 같습니다.

- ✅ 콘텐츠가 재미없다.
- ✅ 기대했던 내용(정보)이 아니다.
- ✅ 본론 이전에 서론이 너무 길다.
- ✅ 끌어당기는 힘이 부족하고 장황하다.

'상대적 시청 지속률'이란 동영상을 재생하는 도중에 시청자가 얼마나 집중하는지를, 재생 길이가 비슷한 유튜브의 다른 동영상들과 비교한 값을 말합니다. 값이 높을수록 자신의 동영상이 다른 동영상의 비슷한 재생 시점에 비해 시청자가 더 잘 집중하도록 한다는 걸 의미합니다.

어떤 수치이든 개별 동영상을 하나하나 비교하는 것은 중요하지 않습니다. 시청자들이 이탈하는 타이밍이 어디쯤이고, 어떤 내용을 다루어야 시청을 지속시켜 끝까지 보게 할 수 있을지를 깊이 고민해야 합니다. 시청자의 요구에 맞는 콘텐츠를 만들기 위해서 필요한 개선 포인트나 타이밍을 찾아내는 게 분석의 핵심 목표니까요.

숫자에만 매몰되어선 안 됩니다. 어떤 분석이든 수치 그 자체보다 수치 안에 숨어 있는 본질적인 의미를 파악해내는 것이 훨씬 더 중요합니다.

유튜브 단계별
SEO 체크 리스트

STEP 1 유튜브 채널의 키워드를 선정한다

✳ **동영상 키워드를 찾는다.**

☐ 구글 검색 시 노출되는 동영상의 연관 키워드를 모아 목록을 정리한다.

☐ 유튜브 채널과 연관된 키워드(검색어)를 찾는다.

☐ Keyword Tool을 이용해 연관 키워드나 롱테일 키워드를 조사한다.

☐ 유튜브 [분석]의 [트래픽 소스]에서 [YouTube 검색] 항목의 키워드를 체크한다.

☐ 경쟁 채널에서 업로드한 인기 동영상의 키워드를 조사한다(도구 이용).

✳ **키워드 검색량을 조사한다.**

☐ 구글 키워드 플래너와 같은 도구를 이용해 키워드별 검색량을 조사한다.

STEP 2 유튜브에 최적화된 동영상을 만든다

✳ **동영상 제작의 작업틀(Framework)을 정한다.**

☐ 주요 타깃 시청자는 누구인가?

☐ 시청자가 얻는 혜택과 이익은 무엇인가?

☐ 동영상 콘텐츠의 유형은 어떤 게 좋을까?

STEP 3 유튜브에 동영상을 업로드한다

- ☐ 파일명에 키워드를 사용한다.
- ☐ 동영상 제목에 예상되는 검색어 키워드를 삽입한다.
- ☐ 동영상 제목에 클릭 유도 문구를 사용한다.
- ☐ 설명 영역에 최적화한 설명문을 작성한다.
- ☐ 행동 유도를 위한 외부 링크(랜딩페이지)를 설명 앞부분에 배치한다.
- ☐ 설명의 첫 두세 줄 안에 동영상의 개요를 눈길을 끄는 문구로 표현한다.
- ☐ 핵심 키워드를 설명문의 처음 50자 이내로 작성한다.
- ☐ 설명문 전체에 걸쳐 핵심 키워드를 3~4번 정도 반복 사용한다.
- ☐ 설명문은 적어도 500자 이상 적는다(한글 기준 최고 2,500자).
- ☐ 내 채널에 업로드된 다른 동영상의 공유 링크를 삽입한다.
- ☐ 태그에 타깃 키워드나 LSI 키워드(관련 단어)를 등록한다.
- ☐ 번역 도구를 이용해 동영상의 음성을 텍스트로 만든 자막을 업로드한다.
- ☐ 눈길을 끄는 미리보기 이미지를 만들어 올린다.
- ☐ 종료 화면 또는 동영상 카드를 설정하여 시청자에게 구체적인 행동을 요구한다.

STEP 4 동영상을 널리 홍보한다

- ☐ 블로그 게시글 안에 동영상을 삽입한다(소스 퍼가기).
- ☐ 각종 소셜 미디어 서비스망에 동영상 링크를 공유한다.
- ☐ Q&A 사이트에서 동영상으로 답변한다(답변 동영상 링크 공유).
- ☐ 이메일 뉴스레터 구독자에게 메일로 동영상 링크를 안내한다.
- ☐ 종료 화면 및 카드에 연관 동영상의 링크를 표시한다.
- ☐ 영향력 있는 인기 유튜버와 협동하여 작업한다.

STEP 5 유튜브 채널을 검색에 최적화한다

☐ 채널 아트 이미지에 채널의 핵심 키워드나 슬로건을 넣는다.

☐ 채널명이 포함된 심플한 로고를 삽입한다.

☐ 채널 정보 페이지에 메인 키워드를 포함한다.

☐ 세부 키워드를 조합하여 여러 개의 재생목록을 만든다.

☐ 설명 영역에 다음 내용을 추가한다.

    ☐ 채널 및 운영자에 대한 소개 인사

    ☐ 메인 키워드가 포함된 채널의 개요

    ☐ 콘텐츠의 주제와 다루는 내용 안내

    ☐ 채널 구독을 촉구하는 유도 문구

    ☐ 문의 연락처

    ☐ 웹사이트 링크

    ☐ 주요 SNS 계정 링크

PART

03

▶| ‖

▶ YouTube ▶ YouTube ▶ YouTube ▶ YouTube ▶ YouTube

유튜브 노출
광고의 모든 것

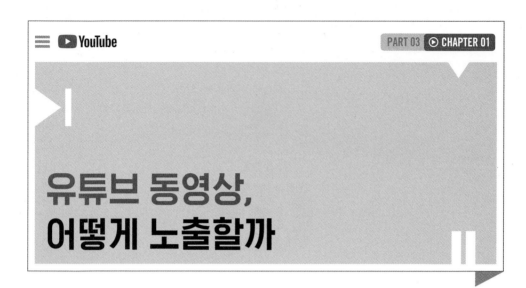

유튜브 동영상, 어떻게 노출할까

지금까지 동영상 마케팅 원리와 유튜브 SEO 전략에 대해 알아보았습니다. 이 과정을 통해 유튜브가 어떻게 마케팅과 비즈니스를 돕는 효과적인 무기가 될 수 있는지 충분히 느끼고 공감했을 겁니다. 그렇지만 막상 이 무기를 비즈니스 현장에서 활용하려면 여전히 남는 문제가 있습니다. 다름 아닌 광고입니다!

01 유튜브 동영상, 왜 타깃 광고가 필요한가

유튜브 동영상, 조회수만 높이면 최고일까

유튜브가 대세로 굳어지면서 마케팅 업계 전반에 유튜브 활용법을 찾기 위한 경쟁이 치열해지고 있습니다. 대형 광고대행사들의 최근 리서치 자료를 살펴보면, 대부분 동영상 매체 광고에 대한 사용자들의 반응 및 수용도를 묻고 분석하는 데에 집중되어 있습니다. 광고 시장의 주 경쟁 무대가 동영상 분야로 향하고 있음을 보여주는 셈이죠.

유튜브 플랫폼에 대한 활용 전략이나 방법 역시 변하고 있습니다. 기존에는 유튜브 크리에이터 극소수의 성공담이나 동영상 편집 프로그램 사용법 중심이었지만, 지금은 일반 개인이나 소상공인이 브랜딩 및 비즈니스 목적으로 유튜브 동영상을 어떻게 활용하면 좋을지 소개하는 책과 동영상이 나오기 시작했습니다. 이 책 또한 그런 흐름과 요청에 부응하기 위한 것 중 하나이고요.

개인이나 소규모 사업자가 유튜브를 마케팅 도구로 활용하는 방법은 유튜브 광고 수익 배분, 협찬 광고 노출, 제휴 세일즈 등으로 수익을 올리는 전업 유튜버나 인플루언서의 방법과는 근본적으로 다를 수밖에 없고, 달라야 합니다. 이 경우 단지 동영상의 노출이나 조회수만 늘리는 건 결코 답이 될 수 없습니다. 그보다는 누군가 단 한 명이라도 우리 아이템을 필요로 하는 사람이 검색할 때, 우리 제품이나 아이템을 소개하는 동영상이 '다른 것보다 먼저 눈에 띄게' 해야 합니다. 그러기 위해서는 다음 세 가지가 관건입니다.

> **1** 아무에게나 마구 노출할 필요 없다. '필요한 사람'에게만 도달하면 된다.
> **2** 모든 위치에 게재할 필요 없다. '검색 결과'와 '추천 목록'에 나타나게 하면 된다.
> **3** 무작정 조회수를 늘릴 필요도 없다. '원하는 행동'을 일으킬 수만 있으면 된다.

요컨대 '특정 키워드 검색 시, 필요한 사람에게, 적시에 도달'하면 됩니다. 채널의 구독자가 몇이나 되고 동영상 조회수가 얼마나 높은지는 그다음 문제입니다.

▲ 유튜브 검색 결과와 연관 동영상 추천 목록(다음 동영상) 예시 화면

다시 말해 누군가 유튜브에 특정 키워드로 검색했을 때, 검색 결과 상위에 우리 동영상이 노출되어 선택되는 것이 '최선'입니다. 그렇지 않고 다른 동영상이 선택됐다면 그 동영상의 재생이 끝났을 때 '다음 재생 동영상'으로 우리 동영상이 추천될 수 있으면 '차선'입니다. 최소한 동영상이 재생되는 동안 화면 오른쪽(또는 아래쪽)에 있는 연관 동영상 추천 목록([다음 동영상] 영역)에 우리 동영상이 노출되도록 해야 합니다!

유튜브 검색은 구글 검색 알고리즘을 따른다

여기에서 중요한 전제를 되새겨야 합니다. 유튜브는 구글에서 운영하고, 구글의 SEO 원리(페이지 랭크)를 기본으로 삼고 있으며, 동영상에 특화된 알고리즘에 의해 노출 순위가 결정된다는 점입니다. 따라서 유튜브를 이용해 마케팅을 전개하거나 어떤 동영상을 유튜브 검색 결과에 노출하고 싶을 때 가장 먼저 익혀야 하는 건 다름 아닌 유튜브 검색 엔진 최적화(SEO) 방법입니다.

PART 02에서 유튜브 동영상을 검색 결과 상위에 노출하기 위한 다양한 검색 최적화 방법을 살펴보았습니다. 이 방법들이야말로 소상공인, 자영업자, 프리랜서 들이 유튜브를 통해 브랜드 홍보, 잠재고객 모집, 세일즈 등을 시도할 때 우선적으로 꼭 알아야 합니다.

유튜브는 과연 어떤 동영상을 어떤 알고리즘으로 검색 결과의 첫 페이지 또는 위쪽에 노출해주는 걸까요? 아쉽지만 네이버도 구글도 검색 결과 순위를 결정하는 알고리즘 공식을 상세히 공개하지 않습니다. 일종의 영업 비밀이라 해야겠죠. 랭킹 알고리즘을 공개하면 허점을 역이용해서 콘텐츠를 상위에 노출하려는 '어뷰징' 조작 행위가 늘어날 수 있기 때문입니다.

비록 상세한 알고리즘을 알 순 없어도, 유튜브가 제공하는 통계 분석이 어떤 지표를 강조해서 보여주는지 살펴보면 어떤 요소의 가중치가 높은지 짐작할 수 있습니다. 유튜브의 [분석] 메뉴에서 우선적으로 보여주는 지표나 항목은 유튜브가 그만큼 중요하게 생각하는 요소라 볼 수 있으니까요.

환자에 대한 정확한 처방은 의사의 진단이 바르게 이루어져야 비로소 가능합니다. 유튜브 SEO 전략을 어떻게 세우면 좋을지 해답을 찾는 것도 마찬가지입니다. 유튜브 채널에 시청자가 어떻게 유입되고, 어떤 행동을 하고 가는지 진단하고 분석하는 일부터 시작해야 합니다.

▶▶ 유튜브 시청자에 대한 상세한 통계 분석 데이터를 살펴보려면?

채널 홈 화면 오른쪽 상단의 [YOUTUBE 스튜디오(베타)]를 클릭해서 관리 페이지에 접속합니다. 왼쪽의 [분석] 메뉴를 클릭한 후 [개요] 탭의 메인 그래프 왼쪽 아래에 있는 [더보기]를 클릭하면 통계 분석 데이터를 살펴볼 수 있습니다.

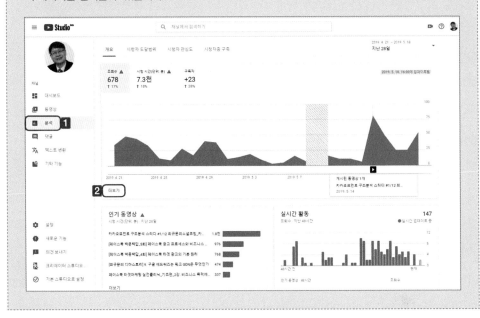

먼저 채널의 동영상이 어떤 경로로 조회된 것인지 분석이 필요합니다. 채널명 검색 또는 즐겨찾기 등으로 채널에 직접 찾아온 방문자에 의해 조회된 것인지, 아니면 특정 키워드로 검색했을 때 나타난 추천 동영상 목록을 통해 조회된 것인지, 그것도 아니면 동영상 공유 링크(또는 재생목록 공유 링크)를 통한 간접 노출로 조회된 것인지 말이죠.

다행히 유튜브는 어떤 동영상을, 얼마나 많은 사람이, 얼마나 오래 보는지, 채널 및 동영상의 유입 경로는 어디인지, 구독 신청은 어떤 경로로 발생했는지 상세하게 분석해줍니다. 그것도 공짜로! 유튜브 채널에 업로드한 동영상의 시청 현황을 자세히 살펴보고 싶으면 지금 바로 유튜브의 [분석] 기능을 이용해보기 바랍니다. [분석] 기능에 대한 자세한 내용은 PART 02의 CHAPTER 04를 참고하세요.

유튜브 동영상 노출에 광고가 필요한 이유

그러면 도대체 어떤 방법으로 유튜브 동영상의 노출과 도달을 늘릴 수 있을까요? 먼저 최대한 많은 곳에 노출하여 단순히 조회수를 높일지, 아니면 꼭 필요한 사람에게만 노출할지 고민해야 합니다. 이에 따라 초점과 접근 방법이 달라지기 때문입니다.

앞서도 언급했듯이 인기 유튜버가 되어 채널의 구독자를 늘리고 동영상 조회수를 늘려서 광고 수익을 얻는 게 1차 목적이 아니라면, 우리 콘텐츠가 필요할 것 같은 사람들을 찾아서 그들의 검색 결과나 그들이 선택한 동영상의 추천 목록에 우리 동영상이 나타날 수 있게 해야 합니다.

그러려면 동영상의 제목과 설명, 태그를 연관 키워드 중심으로 잘 작성해서 검색자의 의도에 맞추는 SEO 작업이 선행되어야 합니다. 따라서 다소 번거롭더라도 PART 02에서 설명한 다양한 상위 노출 기법을 충실히 따랐는지 점검하는 것이 최우선 과제입니다.

이 책에서 다룬 SEO 원칙과 방법들만 꼼꼼히 적용해도 어뷰징 편법을 찾아 헤맬 필요도 없고, 굳이 비싼 광고비를 들여가면서 노출을 늘리려고 무리할 필요도 없습니다. 그만큼 구글과 유튜브의 검색 상위 노출 알고리즘은 '합리적으로' 작동하는 것으로 정평이 나 있으니까요.

하지만 지금도 수백 개의 카테고리에 엄청나게 많은 동영상이 업로드되고 있습니다. 유튜브의 발표에 따르면 '1분에 400시간 분량'의 동영상이 업로드된다고 합니다. 이러한 환경에서 동영상 콘텐츠는 노출 경쟁을 하지 않을 수 없습니다. 더욱이 상품을 홍보하거나 판매할 목적으로 동영상을 업로드하는 거라면 비슷한 기능과 성능을 가진 상품과의 노출 경쟁은 한층 더 치열해질 수밖에 없지요.

특히 유튜브는 '새로 제작된' 콘텐츠에 가중치를 부여합니다. 그리고 다른 블로그나 웹사이트에 인용(공유 링크 또는 소스 퍼가기)되거나 SNS 또는 메신저로 공유되어 많은 참여(조회, 좋아요, 댓글, 공유) 반응이 일어나는 영상을 인기 동영상으로 우선 노출합니다. 따라서 영상을 게시하고 나면 최대한 단시간에 많은 사람에게 노출되도록 적극적으로 확산시키고, 시청자의 참여 반응을 촉진하기 위해 의식적으로 노력해야 합니다.

그러려면 당연히 유료 광고를 통해서라도 동영상의 노출 기회와 도달 범위를 늘리는 것이 필요합니다. 문제는 돈이죠. 예산이 넉넉해서 필요한 만큼 수천만 원, 수억 원을 쓸 수 있다면 모를까, 한 번 광고비로 100만~200만 원도 쓰기가 쉽지 않은 소상공인 입장에서 전 국민을 상대로, 불특정 다수를 향해 배포하는 광고에 돈을 함부로 쓸 수는 없는 노릇입니다.

페이스북 광고만 하더라도 국내 타깃을 설정할 때 기본 모수가 2,000만 명이 넘습니다. 카카오 광고는 그 두 배인 4,000만 명에 이릅니다. 페이스북 글로벌 광고 단가를 기준으로 '1회 노출당 10원'을 적용해봅시다. 전체 오디언스(광고 수용 대상자)를 대상으로 단 1회씩만 보여주려고 해도 2~4억 원을 들여야 합니다.

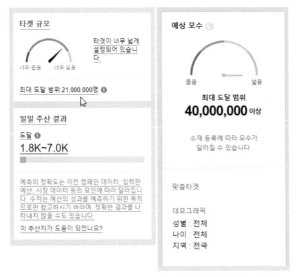

▲ 대한민국 전체 설정 시 페이스북(타깃 규모)과 카카오(예상 모수)의 기본 모수

실제로 유튜브 메인 페이지 최상단에 하루 24시간 노출되는 마스터헤드 광고의 비용은 4,600만~7,100만 원에 달합니다.

설령 광고 예산이 넉넉하다고 해도 타깃 광고는 꼭 필요합니다. 이유는 단순합니다. 만약 관심도 없고 필요도 없는 사람에게 억지로 광고하면 어떤 결과가 나올까요? 인지도를 조금 더 높이는 효과를 기대할 수는 있겠죠. 하지만 스팸 광고로 인식되면 브랜드에 대한 반감을 일으켜 기업이나 제품에 부정적인 이미지가 생길 수 있습니다.

이 때문에 광고 예산이 충분하더라도 광고는 최대한 우리 제품이나 서비스를 필요로 하는 사람들을 대상으로 노출하는 게 바람직합니다.

유튜브 광고의 효과를 극대화하는 방법

광고에 대한 반응 효율을 높이려면 먼저 우리 아이템에 평소부터 관심이 있거나 필요성을 느끼는 사람을 찾고 추려야 합니다. 그런 다음 반응할 가능성이 높은 오디언스에 집중해서, 그들의 행동을 유발할 수 있는 소재와 요소를 담은 광고를 노출해야 합니다. 그렇게 하지 않으면 아까운 광고비만 낭비될 위험이 커집니다.

타깃 광고를 이용하여 동영상의 노출을 늘리고 필요한 사람에게 정확히 도달시키려면 기본적으로 다음 세 가지 원리를 생각해야 합니다.

> **1** 광고 대상 타깃이 찾는 조건에 부합하는가? → 도달 타깃의 적합성
> **2** 광고 노출 채널이 아이템 주제와 일치하는가? → 노출 채널의 부합성
> **3** 광고 채널의 광고비 단가는 예산 수준에 적정한가? → 광고 단가의 적정성

타깃 조건이 정밀하다고 해서 무조건 광고 효율이 올라가진 않습니다. 타깃 범위가 좁혀지면 도달 범위도 줄어듭니다. 너무 좁혀서 대상 오디언스의 모수가 적어지면 제한된 광고 기간 안에 도달될 기회와 타깃 규모 자체가 줄어들기 때문에 기대한 만큼의 노출을 얻어내기 힘들 수 있습니다.

타깃만 잘 설정한다고 해서 광고 효율이 저절로 높아지지도 않습니다. 타깃 고객들이 광고에 노출되는 접점이나 관심을 보이게 되는 타이밍 또한 잘 맞아야 반응할 가능성이 커지니까요. 아무리 사고 싶어도 지갑에 여유가 없는 시점에 도달된 광고라면 구매 행동을 불러일으키기가 쉽지 않습니다.

타깃이나 노출 영역이 제대로 설정되어도 노출 단가가 너무 높으면 광고 효율은 떨어지게 마련입니다. 입찰 단가를 너무 낮게 책정하면 다른 광고주에게 밀려 광고를 노출할 기회 자체를 빼앗기게 되겠죠. 따라서 다른 매체나 채널과 비교해서 어떤 광고 매체가 투입 대비 성과 효율이 높을지에 대해서 충분히 고려하여 광고를 계획하고 집행해야 합니다.

유튜브 동영상 노출에 활용할 수 있는 광고 종류

온라인 광고 매체와 상품은 생각보다 다양합니다. 우리나라만 하더라도 대표적인 온라인 광고 상품의 종류만 30여 종이 넘습니다. 유튜브 동영상 또한 여러 광고 채널과 매체를 통해 다양한 영역에 여러 가지 방법으로 노출할 수 있습니다.

중요한 것은 해당 채널을 이용하는 사용자층이 우리가 보여주고 싶은 동영상 테마나 성격, 혹은 제작 목적에 얼마나 잘 들어맞는지를 알아내는 것이겠죠. 그 점을 염두에 두고 유튜브 동영상을 광고로 노출하는 방법들을 먼저 살펴보겠습니다.

유튜브 홍보하기 광고 이용하기

첫 번째 방법은 유튜브가 자체적으로 제공하는 '홍보하기' 광고입니다. 비교적 쉽고 빠르게 집행할 수 있지만, 이 방식은 광고주가 도달 대상 타깃 그룹을 상세하게 설정하는 데 한계가 있습니다. 따라서 유튜브의 '홍보하기' 광고보다는 구글 애즈(Google Ads)를 이용할 것을 권합니다.

구글 애즈(Google Ads) 이용하기

두 번째 방법은 '구글 애즈(Google Ads)'를 이용하는 겁니다. '구글 애드워즈'로 더 잘 알려진 구글 애즈는 고도의 고객 행동 추적 기술을 이용해서 매우 정교한 수준으로 오디언스를 찾아내고 걸러냅니다. 광고가 노출되는 영역의 성격과 이용 독자의 행동 패턴을 연계시켜 광고 도달 효과를 높이는 기술이 매우 고도화되어 있습니다. 유튜브는 구글이 제공하는 서비스인 만큼 상호 간 효과적인 연동 관리 및 맞춤형 노출이 가능합니다.

특히 특정한 동영상을 얼마나 열중하여 오랫동안 시청했는지에 따라서, 잠재고객을 따로 묶어내어 리타깃팅 광고를 집행할 수도 있습니다. 동영상 노출 목적이라면 그만큼 다른 어떤 플랫폼보다도 광고 활용 가치가 높습니다.

페이스북 광고 이용하기

세 번째 방법은 타깃 광고의 대명사로 알려진 페이스북 광고를 이용하는 겁니다. 구글이나 유튜브 채널만 이용할 경우 노출 영역이 제한될 수 있습니다. 구글은 포괄하는 광고 제휴 매체들이 많아서 노출 영역이 매우 넓은 것은 맞습니다. 하지만 국내 최대 광고 매체인 네이버가 확보하고 있는 광고 영역이나, 카카오가 제공하는 모바일 서비스 화면은 유튜브에 열려 있지 않습니다. 최고의 라이벌 관계인 탓에 페이스북이나 인스타그램의 뉴스피드나 스토리 또한 유튜브 광고 노출 영역으로 허용되지 않습니다.

그나마 유튜브에서 동영상의 '공유 링크'를 복사해서 페이스북 게시글에 링크를 첨부하여 노출하는 것은 가능합니다. 이 경우 보통 작은 미리보기 이미지와 제목, 설명의 일부만 노출되는 형식이라 크게 눈에 띄지 않는 단점이 있습니다. 하지만 유튜브 동영상 링크를 첨부한 게시물을 [게시물 홍보하기] 광고를 이용해 노출 횟수를 높이는 것은 가능합니다.

카카오나 네이버 광고 이용하기

마지막으로 카카오나 네이버 같은 광고 플랫폼 또한 노출 매체로 사용할 수 있습니다. 특정 웹사이트나 랜딩페이지로 방문 트래픽을 유발시키는 클릭 광고는 랜딩페이지 주소를 '외부 링크'로 설정하는 것이 허용됩니다. 그게 유튜브 채널이나 다른 동영상 사이트의 링크라도 괜찮습니다. 그러므로 카카오나 네이버, 혹은 다른 광고 플랫폼을 통해 도달하기에 유리한 타깃 오디언스가 있다면 그 플랫폼에서 제공하는 광고 상품을 이용하면 됩니다.

지금부터는 유튜브 동영상을 노출하고 도달하는 데 사용할 수 있는 광고 플랫폼과 광고 상품을 중심으로 하나씩 살펴보겠습니다. 광고 상품은 다른 무엇보다 원하는 광고 목적에 비추어 비용 대비 성과 효율이 높아야 합니다. 그러려면 각 광고 플랫폼이 가진 속성과 특장점을 충분히 살펴보고 알맞은 플랫폼과 광고 상품을 선택해야 합니다. 지속적인 테스트를 통한 시행착오를 거치지 않고, 어떤 채널의 광고가 더 효과적인지 데이터를 거저 얻어내는 건 불가능하다는 점을 기본 전제로 합니다.

03 구글 애즈와 유튜브 연동 전략

구글 애즈(Google Ads) 알아보기

유튜브 채널과 특정 동영상을 홍보하거나 조회수를 높이고 싶을 때, 가장 먼저 공부하고 살펴볼 광고 플랫폼은 두말할 필요 없이 구글 애즈(Google Ads)입니다. 페이스북과 인스타그램 광고가 하나로 통합되어 운영되듯이, 구글과 유튜브 광고 역시 하나로 통합되어 운영되기 때문이지요.

'구글 애즈(Google Ads)'의 원래 이름은 '구글 애드워즈(Google Adwords)'입니다. 구글 애드워즈 서비스는 2000년에 시작되었습니다. 대략 20년의 역사를 가진, 온라인 광고의 원조이자 대부격인 서비스입니다.

구글이 'Adwords'에서 'word'를 빼고 그냥 'Ads'로 바꾼 게 불과 2018년 하반기의 일입니다. 처음에 검색 키워드 광고 위주로 시작했기에 '광고용 단어'란 의미로 서비스명을 'Adwords'라 붙였던 듯싶습니다. 그러나 지금은 검색 광고를 넘어 전 세계 거의 모든 웹사이트 매체와 광고 제휴(애드센스) 계약을 맺고 세계에서 가장 넓은 '디스플레이 광고 네트워크'를 구축한 상태입니다.

구글 플레이스토어에 등록된 수백만 개의 모바일 앱은 물론이고, 우리가 매일같이 이용하는 유튜브 채널 또한 구글의 동영상 광고나 디스플레이 배너 광고가 노출되는 구글의 광고 네트워크 중 일부입니다.

구글의 광고 방식은 네이버와 아주 다릅니다. 무엇보다 구글은 세계에서 가장 많은 사람이 검색을 위해 방문하지만, 메인 화면에는 직접 광고하지 않는 것으로 유명합니다. 큼지막한 검색창 외에는 어떤 광고도 노출하지 않습니다.

▲ 구글 웹사이트 메인 화면

검색 결과 페이지의 구성 방식 역시 상당히 다릅니다. 네이버는 검색 결과의 첫 페이지를 광고 링크 10~15개로 가득 채우는 데 반해, 구글은 상단과 하단에 각 2~3개씩 정도만 노출합니다. 한 페이지에 많아야 5~6개를 넘지 않습니다. 그나마 상업적 용도의 키워드가 아니면 아예 광고 링크를 노출하지 않거나, 1~2개 정도만 노출하는 경우도 많습니다.

검색 결과 페이지에 광고가 없다면 구글의 광고는 도대체 어디에서 보이는 걸까요? 웹사이트나 앱에서 광고가 노출되는 영역을 '인벤토리'라 부릅니다. 구글의 광고가 노출되는 인벤토리는 구글이 자체 서비스하는 웹 영역 외에, 광고 제휴(애드센스) 프로그램으로 연결된 뉴스 매체, 웹서비스, 개인 블로그 영역인 경우가 많습니다. 이 광고망을 통틀어 '구글 디스플레이 네트워크(GDN, Google Display Network)'라 합니다.

GDN 광고의 매칭 원리를 알아보기

구글 검색 결과에 나타나는 검색 광고를 제외한 대부분의 구글 디스플레이 광고는 구글과 제휴를 맺은 수많은 외부 콘텐츠 사이트에 노출됩니다. 그만큼 노출 영역이 넓고 다양한 주제를 커버할 수 있다는 장점이 있습니다.

검색한 사람이 어떤 목적으로 어떤 키워드를 이용하는지, 그 의도를 읽어내는 구글의 검색 알고리즘 기술은 광고를 노출하는 작업에도 그대로 적용됩니다. 다시 말해 누가, 어떤 키워드로, 어떤 주제의 페이지를, 얼마나 자주 방문하고, 얼마나 오래 머무는가를 판단합니다. 이에 따라 누구를 대상으로, 어떤 주제의 광고를, 어느 영역에다 노출하면 광고 효과가 좋을지를 판별하여 매칭시키는 '타깃팅 기술'이 작동합니다.

여기에서 누구를 대상으로 할지 결정하는 것이 '사람(오디언스) 타깃팅'이고, 어느 영역에 노출할 것인지 결정하는 것이 '영역(인벤토리) 타깃팅'입니다. 구글 애즈의 최대 장점은 구글 서비스 사용자의 검색 키워드와 검색 결과 후 행동을 추적하고, 선택한 웹사이트나 앱에서 보이는 열독률 및 인용 행위 등을 총체적으로 분석 평가하여, 사용자의 평소 관심사나 니즈에 적합도가 높은 주제나 카테고리의 광고(소재)를 선택하여 보여주는 기술이 탁월하다는 점입니다.

다시 말해 오디언스의 관심사와 인벤토리의 주제를 다양한 방식으로 분류하여 구분하고, 어떤 광고를 '어디에서 누구에게' 보여주면 좋을지 광고 시스템이 자동으로 판단하여 매칭해내는 기술이야말로 구글이 자랑하는 '인공지능 기반 스마트 광고 플랫폼'의 원리이자 최대 강점입니다.

따라서 유튜브에 동영상을 업로드하고 더 많은 사람에게 노출되기를 원하거나, 혹은 광고용 영상을 만들어 더 많은 잠재고객에게 보여주고 싶을 경우 이와 같은 구글의 기본 알고리즘을 이해하는 것이 매우 중요합니다.

아울러 구글의 검색 알고리즘이 유튜브 채널에서는 어떤 특성을 가지고 움직이는지를 알아야 합니다. PART 02 '유튜브 검색 최적화 전략'에서 상세히 살펴본 내용이 바로 이러한 특성들을 경험적으로 찾아서 정리한 최적화 원리라고 보면 됩니다.

구글 애즈가 자랑하는 또 하나 비장의 무기가 있는데, 바로 스마트 리마케팅 도구입니다. 흔히 '잠재고객 목록'으로 부르는데, 페이스북과 카카오모먼트의 [맞춤 타겟]과 동일합니다. Audience를 번역만 달리한 겁니다.

그렇다면 구글이 제공하는 '잠재고객 목록'은 페이스북의 [맞춤 타겟]과 어떤 차이가 있는 걸 까요?

잠재고객 만들기 도구와 동영상 시청자 리마케팅 목록

세부 옵션은 다르지만, 구글과 페이스북의 잠재고객(맞춤 타겟)을 만드는 원리는 사실상 같습니다. 다만 페이스북은 24시간 로그인 서비스로, 실명의 접속 ID를 기반으로 작동합니다. 그러므로 사용자의 접속 기기가 바뀌더라도 끊김 없이 추적할 수 있어서 상대적으로 더 정확히 행동을 추적할 수 있습니다.

반면 구글은 강제로 로그인을 요구하는 서비스가 아닙니다. 크롬, 지메일, 구글 드라이브처럼 로그인이 필요한 서비스가 있긴 하지만, 그 또한 실명을 요구하는 건 아니라서 사용 기기나 접속 위치 등이 변경될 경우 동일한 사용자인지 가려내는 게 페이스북보다 어렵습니다.

다행히 모바일 환경에서 인터넷을 이용하는 비율이 높아져, 자동 로그인된 상태에서 사용 흔적을 남기는 경우가 점점 늘고 있습니다. 디바이스 교체로 인한 추적 단절 및 데이터 유실 현상이 크게 줄어든 덕분에 구글의 잠재고객 타깃팅 성과 또한 눈에 띄게 높아지고 있지요.

이와 같은 흐름은 유튜브 사용자(동영상 시청자)의 행동 특성에 따라 잠재고객 목록을 만들어 내는 데 매우 유리하게 작용합니다. 뒤에서 좀 더 자세히 살펴보겠지만, 유튜브 채널과 구글 애즈 계정을 연동하면 해당 채널의 동영상을 시청하는 사람들의 행동 특성을 기반으로 특정 조건에 맞는 잠재고객 목록을 다양한 옵션으로 만들어내는 것이 얼마든지 가능합니다.

예를 들어 유튜브 채널에 업로드한 동영상을 '직접' 조회한 사람과 '광고를 통해' 조회한 사람을 따로 구분하여 묶을 수 있습니다. 혹은 채널 구독자, 채널 페이지 방문자, 동영상에 '좋아요'를 남긴 사람, 동영상을 재생목록에 추가한 사람, 동영상을 공유하거나 댓글을 작성한 사람을 각각 따로 묶어서 잠재고객 목록을 만들 수도 있습니다.

이처럼 동영상 채널이나 특정 동영상에 대해 구분 가능한 행동을 보인 사람들을 따로 묶어낼 수 있으면 어떤 광고가 가능할까요? 각 그룹이 보인 행동 특성에 따라서 2단계, 3단계의 마케팅 메시지를 담은 동영상이나 광고 콘텐츠를 만들어 해당 그룹에만 따로 노출하거나 도달시키는 것이 가능합니다. 그러면 정교한 맞춤 조건으로 특정한 전환 행동을 기대할 수 있게 되겠죠.

구글 애즈의 어떤 메뉴와 기능, 어떤 옵션을 이용하면 이런 작업이 가능할까요? 이어지는 다음 CHAPTER에서 상세히 살펴보겠습니다.

실전 활용 사례 보고 13 #체험서비스(아트캠프)

유튜브 영상 단 3개, 조회수 20여회 만에
모 방송국 프로그램 출연!

홍천 아트캠프 MUSIK.NATURE.LIFESTYLE

f 최경화 페이스북

최경화 홍천아트캠프 대표

구독자 70명 · 동영상 33개 · 조회수 3,887회

▶ **채널 정보**

- **회사명** : 홍천아트캠프
- **업종명** : 체험서비스
- **채널명** : 최경화TV홍천라이프스타일

▶ **채널 설명**

홍천동화마을의 홍천아트캠프는 폐교를 리모델링하여 회사 워크숍이나 단체 숙박이 가능한 곳이며, 홍천동화마을의 6차 산업을 주도합니다. 몸과 마음이 쉴 수 있는 곳, 커피와 음악과 꽃차가 있는 곳, 예술과 자연과 사람이 어우러지는 곳이 바로 홍천아트캠프입니다. '한국에 새로운 킨포크 문화를 만든다'는 목적을 바탕으로 휴식이 필요한 도시인에게는 힐링 프로그램을, 귀촌을 꿈꾸는 예비 자연인에게는 귀촌 정보를 제공하는 채널입니다. 강원도 추천 여행지, 홍천에서 가볼 만한 곳, 나를 찾는 힐링 여행 등의 정보도 제공합니다.

▶ **유튜브 도입 후 성과**

처음에는 무형의 콘텐츠를 알리려 유튜브 영상 3개를 만들어 올렸을 뿐인데, 조회수 20여회 만에 방송국의 섭외 요청을 받아 촬영을 진행했으며, 전국에 홍천아트캠프와 홍천동화마을을 소개하는 계기가 되었습니다.

실전 활용 사례 보고 14 #브랜딩연구소

*1인 방송인, 중년 유튜브 크리에이터로 도전 후
모 방송국 아침 프로그램의 출연 제안!*

이재희 중년고민연구소 대표

구독자 비공개 · 동영상 163개 · 조회수 34,333회

▶ 채널 정보

- **회사명** : 중년고민연구소
- **업종명** : 브랜딩 연구소
- **채널명** : 이재희의 청바지TV

▶ 채널 설명

자기 계발 관련 영상 콘텐츠를 만들기 위해 몸소 경험하고 실천하는 행동파 유튜버인 이재희 작가의 저서 《행복한 인생 2막 지침서》(이담북스)를 바탕으로, 중년 세대가 잠재된 능력을 발견하여 퍼스널 브랜딩을 할 수 있도록 돕는 중년 세대 행복 프로젝트 전문 채널입니다. 갱년기 우울증이나 무기력에 빠지기 쉬운 중년기의 마음 근육을 단단하게 하는 데 유익한 영상을 주로 제공합니다.

▶ 유튜브 도입 후 성과

인터넷 방송 경험을 살려 1인 크리에이터로 나서자 많은 응원과 호응이 잇따르고 적극 공유하는 애독자가 속속 증가했습니다. 또한 모 방송국 아침 프로그램의 출연 제의가 있었으나 일정이 맞지 않아 미루었습니다. 출연은 미루었으나 외부 관심과 주목을 충분히 확인한 계기가 되었습니다.

구글 동영상 광고의
종류와 다양한 기능

01　인스트림, 동영상 디스커버리, 범퍼 광고는 어떻게 다른가　⋮

동영상 광고 콘텐츠는 동영상을 보고 싶어 하는 사람이 모인 곳에서 보여주어야 거부감이 덜합니다. 그렇지 않은 곳에서 억지로 동영상 광고를 노출하면 맥락이 달라 스팸으로 외면당할 수 있습니다. 혹은 아무 동영상에나 시도 때도 없이 광고를 노출하면 브랜드의 이미지를 높이기는커녕 자칫 역효과를 낳을 위험도 있습니다.

따라서 동영상 광고가 어떤 채널의 어느 위치에서, 혹은 어떤 성격의 동영상에 삽입되어 보이게 할지 선택하는 것은 무척 중요한 과제입니다.

구글 동영상 광고는 무엇을 기준으로 어떻게 구분하나

동영상 광고는 일반 배너 광고와 달리 동영상 콘텐츠를 통해 노출해야 합니다. 즉, 다른 일반 디스플레이 광고와는 노출 영역이 조금 다릅니다. 유튜브 동영상을 구글 애즈로 노출할 때 가장 먼저 알아야 할 것은 구글 동영상 광고의 종류와 표시 방식, 게재될 영역의 특성입니다.

구글 동영상 광고의 종류는 형식에 따라서 TrueView 인스트림 광고, TrueView 동영상 디스커버리 광고, 범퍼 광고로 구분합니다.

먼저 'TrueView 인스트림 광고'는 다른 동영상의 시작 부분이나 중간에 삽입되어 보여줍니다. 'TrueView 동영상 디스커버리 광고'는 유튜브의 검색 결과 또는 특정 동영상이 재생되는 동안 영상의 우측이나 아래 연관 동영상 추천 목록 위에 '광고'라는 표식을 달고 작은 섬네일 이미지와 제목을 보여줍니다. '범퍼 광고'는 인스트림 방식이지만 광고 영상의 길이를 6초 이내로 제한하여 건너뛰기(스킵) 옵션을 제공하지 않고 강제로 시청하게 합니다.

이와 별개로 '아웃스트림 광고'라는 것도 있습니다. 아웃스트림 광고는 구글 디스플레이 네트워크(GDN) 제휴를 맺은 파트너의 웹사이트나 앱 안에서 재생되는 모바일 전용 동영상 광고를 말합니다.

아래 표는 구글 애즈에서 광고 목적에 따라 사용할 수 있는 동영상의 노출 영역과 광고 형식을 정리한 것입니다. 참고로 노란색으로 표시한 것이 유튜브 재생 영상의 오른쪽이나 유튜브 모바일 앱에 노출되는 동영상 디스커버리 광고입니다.

동영상 캠페인 목표 및 하위유형

목표	하위유형	네트워크	광고 형식
리드	전환 유도	YouTube 동영상	인스트림
웹사이트 트래픽	전환 유도	YouTube 동영상	인스트림
제품 및 브랜드 구매 고려도	표준 구매 고려도	YouTube 검색, YouTube 동영상, Google 디스플레이 네트워크	인스트림, 동영상 디스커버리
	쇼핑 (Google 판매자센터 계정 필요)	YouTube 동영상	인스트림
브랜드 인지도 및 도달범위	건너뛸 수 있는 인스트림	YouTube 동영상, Google 디스플레이 네트워크	인스트림
	건너뛸 수 없는 인스트림	YouTube 동영상, Google 디스플레이 네트워크	건너뛸 수 없는 인스트림
	범퍼	YouTube 동영상, Google 디스플레이 네트워크	범퍼
	아웃스트림	Google 디스플레이 네트워크	아웃스트림
목표 없음	없음	YouTube 검색, YouTube 동영상, Google 디스플레이 네트워크	인스트림, 동영상 디스커버리 범퍼(CPM 입찰 전략을 선택한 경우)

▲ 구글 동영상 캠페인 목표 및 하위유형별 노출 네트워크와 광고 형식

여기서 캠페인은 '광고 집행'이라 봐도 무방합니다. 캠페인을 통해 얻으려는 목표에 따라 캠페인의 유형을 정합니다. 캠페인 유형에 알맞은 노출 채널(네트워크)을 결정하면 그에 따라 광고 형식을 정할 수 있습니다. 캠페인 목표를 정하기 어려우면 '목표 없음'을 선택하고 노출할 네트워크와 광고 형식만 설정해도 됩니다.

그러면 유튜브 동영상 광고는 언제, 어떤 목적으로, 어디에 게재될까요? 구체적으로 어떤 목표를 위해 사용할까요? 또한 비용은 어떻게 청구될까요? 동영상 광고 형식별로 좀 더 자세히 살펴보겠습니다.

TrueView 동영상 광고의 특장점

트루뷰(TrueView) 동영상 광고는 말 그대로 '광고를 진짜로 봤을 때'만 비용을 청구합니다. 광고가 무작위로 노출됐거나 잠재고객이 실제로 광고 영상을 끝까지 봤는지 확인할 수 없을 때는 광고비를 청구하지 않습니다. 사용자가 동영상을 30초 이상(또는 끝까지) 봤거나, 동영상 클릭과 같은 반응을 보인 경우에만 광고비를 청구합니다.

TrueView 동영상 광고의 두드러진 이점과 특징은 다음과 같습니다.

관심 잠재고객 확보

광고주와 시청자 모두에게 유리합니다. 시청자는 관심 있는 동영상만 끝까지 볼 것이고, 광고주는 잠재고객이 될 만한 시청자만 모을 수 있습니다.

실제 조회자만 청구

광고주가 조회당 지불할 비용을 선택할 수 있어서 적절한 비용으로 관련성 높은 잠재고객에게 도달할 수 있습니다. 노출수에 따라 비용이 정해지는 가격 정책과 달리, 광고가 노출될 때마다 무조건 비용을 지불하지 않아도 됩니다.

자유로운 맞춤 설정

30초 이상 길이의 동영상 광고도 게재할 수 있어서 광고 영상에 다양한 시도를 해볼 수 있습니다. 재생 길이가 긴 제품 시연 영상, 제품 사용법 안내 영상, 고객 추천 영상 등으로 광고해볼 수 있습니다.

넓은 도달 범위

TrueView 동영상 광고는 데스크톱과 모바일 기반의 유튜브 채널은 물론이고, 구글과 디스플레이 네트워크(GDN) 제휴를 맺은 파트너 웹사이트에도 노출될 수 있습니다. 단, 광고 동영상은 반드시 유튜브 채널에 업로드해야 합니다.

TIP **유튜브 마케팅 실전 노하우** 🔍

▶▶ 꼭 알아야 할 유튜브 동영상 광고 관련 용어

● **노출수** : 잠재고객에게 광고가 노출된 횟수

● **조회수** : 사용자가 광고를 보기로 선택한 총횟수. 유튜브의 조회수는 사용자가 광고를 30초 이상 봤거나 광고를 클릭했을 때만 집계되며, 두 기준 중 하나를 충족할 때만 비용을 지불

● **조회율** : 광고가 게재됐을 때 광고를 시청한 사용자의 비율. 즉, 총조회수를 총노출수로 나눈 값. 광고 소재의 효과와 적절한 사용자를 타깃팅하고 있는지를 나타내는 지표

● **조회당 비용(CPV, Cost Per View)** : 사용자가 광고를 보고 반응을 보였거나 광고를 30초 이상(광고 길이가 30초 미만인 경우 광고 전체를) 시청했을 때마다 지불하는 비용. 입찰가보다 더 큰 비용을 지불하게 되지는 않으며, 언제든지 입찰 전략을 조정할 수 있음

● **전체 활동수** : 구독 정보, 좋아하는 항목, 광고 시청 후에 발생한 다른 동영상 추가 시청 조회수까지 포함한 활동 횟수. 액션이 많을수록 콘텐츠나 비즈니스에 대한 관심이나 참여도를 높이는 데 효과적임

● **동영상 조회율** : 유튜브 계정과 구글 애즈 계정을 연결하면 동영상 광고에 대한 시청자의 조회 완료율을 확인 가능. 광고 영상 시청자가 동영상의 25%, 50%, 75% 또는 100%를 시청한 빈도 확인 가능

TrueView 동영상 광고는 인스트림 광고와 동영상 디스커버리 광고로 나뉩니다. 하나씩 자세히 알아보겠습니다.

TrueView 인스트림 광고

인스트림 광고는 다른 동영상의 시작 부분이나 중간, 또는 끝부분에 삽입되어 재생될 수 있고, 5초 후 광고를 건너뛸 수 있습니다. 유튜브 웹페이지와 모바일 앱, 구글 디스플레이 네트워크(GDN)의 파트너 웹사이트 등에 게재됩니다. 시청자가 다른 동영상을 보는 동안 광고를 노출하고 싶을 때 사용하면 좋습니다.

광고비는 시청자가 광고를 30초 이상(광고 길이가 30초 미만인 경우 끝까지) 봤거나, 시청 중 랜딩페이지를 클릭하는 등의 반응을 보이면 부과됩니다. 둘 중 어느 조건이든 먼저 충족되면 광고비가 청구됩니다. 유튜브 분석은 10초 미만의 조회를 추적하지 않습니다. 그러므로 조회 수가 중요하다면 광고 동영상의 길이를 12초 이상으로 만들 것을 권장합니다.

따라서 인스트림 광고는 다음과 같은 캠페인 목표를 원할 때 사용하면 좋습니다.

- ✅ 리드(고객에게 특정 행동 유도)
- ✅ 웹사이트 트래픽(랜딩페이지 클릭 방문)
- ✅ 제품 및 브랜드 구매 고려도
- ✅ 브랜드 인지도 및 도달 범위
- ✅ 목표 없이 만든 캠페인

TrueView 동영상 디스커버리 광고

예전에는 'TrueView 디스플레이 광고'라고 불렀습니다. 동영상 디스커버리 광고는 인스트림 광고와는 달리, 유튜브 검색 결과 페이지와 유튜브 모바일 앱의 메인 페이지에 노출됩니다. 광고는 동영상의 미리보기 이미지(섬네일)와 간단한 텍스트(제목, 설명 등)로 구성되며, 크기와 모양은 게재된 영역에 따라 달라질 수 있습니다. 모든 동영상 디스커버리 광고는 사용자가 노출된 광고 동영상의 링크 요소(미리보기 이미지, 제목 등)를 클릭하여 시청하도록 유도합니다. 시청자가 광고 동영상을 클릭하면 유튜브에서 동영상이 재생됩니다.

동영상 디스커버리 광고가 노출되는 영역은 다음과 같습니다.

- ✅ 유튜브 검색 결과 페이지
- ✅ 관련 유튜브 동영상 재생 중 오른쪽에 있는(모바일은 아래쪽) 다음 동영상 영역
- ✅ 유튜브 모바일 앱의 메인 페이지

광고비는 시청자가 해당 광고 동영상을 보기로 결정하고 클릭했을 때만 청구됩니다. 검색 결과 페이지에 노출된 링크를 클릭해야만 광고비를 청구하는 CPC(Cost Per Click) 방식의 네이버 키워드 광고와 유사합니다. 다만 동영상 광고이므로 클릭하면 랜딩페이지로 이동하는 대신 광고 영상이 재생됩니다.

동영상 디스커버리 광고는 다음과 같은 캠페인 목표에 사용할 수 있습니다.

✅ 제품 및 브랜드 구매 고려도
✅ 목표 없이 만든 캠페인

범퍼 광고

범퍼 광고는 최대한 많은 고객에게 도달하여 브랜드 인지도를 높이는 것이 목표입니다. 광고 영상의 길이는 기본적으로 6초 이내여야 하며, 다른 동영상 시작 부분이나 중간, 또는 끝부분에 삽입됩니다. 인스트림 광고와 비슷한 것 같지만, 범퍼 광고는 시청 중에 광고 영상을 건너뛸 수 없습니다. 따라서 짧고 기억하기 쉬운 메시지로 광범위한 고객에게 도달해야 할 때 이 형식을 사용하면 좋습니다.

범퍼 광고는 유튜브 동영상 외에도 구글 디스플레이 네트워크(GDN)의 파트너 사이트, 모바일 앱 동영상 등에 노출됩니다. 비용은 노출수를 기준으로 청구됩니다. 기본적으로 CPM(Cost Per Mille, 1,000회 노출당 비용) 입찰 방식이므로 광고가 1,000회 노출될 때마다 지불하면 됩니다.

범퍼 광고는 다음과 같은 캠페인 목표에 사용할 수 있습니다.

✅ 브랜드 인지도 및 도달 범위
✅ 목표 없이 만든 캠페인

아웃스트림 광고

아웃스트림 광고는 구글 디스플레이 네트워크(GDN)의 파트너 모바일 웹 또는 앱에서만 노출되는 동영상 광고입니다. PC에서는 노출되지 않는 모바일 전용 광고이고, 유튜브 자체 채널에서는 사용할 수 없습니다. 따라서 유튜브 이용자가 아닌, 외부 서비스나 앱을 이용하는 잠재고객에게 추가로 노출하고 싶을 때 도움이 됩니다.

아웃스트림 광고는 음소거 상태로 재생되며, 클릭하거나 터치하면 음소거가 해제됩니다. 하나의 동영상 템플릿을 다양한 모바일 영역에 게재할 수 있습니다. 모바일 웹 영역에는 배너로 게재할 수 있고, 모바일 앱인 경우 배너나 전면 광고는 물론이고 피드 사이(SNS 게시글 중간)에 포스트 형식으로 게재할 수도 있습니다. 또한 세로화면 모드나 전체화면 모드 등 다양한 크기로 노출할 수 있습니다.

이 광고 형식은 효율적인 비용으로 동영상 도달 범위를 확장할 수 있게 설계되었습니다. 광고비는 vCPM을 기준으로 청구하는데, vCPM은 '조회 가능한 1,000회 노출당 비용'을 말합니다. 광고 영상이 화면의 절반 이상을 차지하고, 사용자가 광고 영상을 2초 이상 재생했을 때만 광고주에게 비용을 청구합니다. 앞서 설명한 CPM 방식과 비슷한데, 조금 업그레이드된 버전이라고 보면 됩니다.

아웃스트림 광고는 다음과 같은 캠페인 목표에서 사용할 수 있습니다.

> ✅ 브랜드 인지도 및 도달 범위

02 유튜브 광고 타깃팅의 기본 원리와 방법

구글 애즈의 타깃팅 원리와 특장점

광고를 통해 유튜브 동영상의 조회수를 높이고 싶나요? 혹은 구독자를 늘려 잠재고객 목록을 확보하고 싶나요? 그렇다면 먼저 구글 애즈 계정을 만든 다음 '구글 동영상 광고(구글 애즈의 동영상 광고 형식)'를 시도해보세요. 유튜브 동영상 광고의 원리와 요령을 가장 빠르게 배우고 익힐 수 있을 겁니다.

구글 애즈의 최대 장점은 탁월한 검색 알고리즘을 통해 제품에 관심이 있다고 추정되는 사람들이 어떤 행동을 할지 고려하여 사람(오디언스)과 노출 영역(인벤토리)을 함께 타깃팅할 수 있다는 점입니다. 이 원리는 동영상을 홍보하는 유튜브 광고에도 그대로 적용됩니다.

타깃팅은 광고 예산을 불필요하게 낭비하지 않고 전환 행동 가능성이 높은 사람들만 추려서 제한적으로 노출하는 원리이기도 합니다. 인공지능 기술이 광고에 적용되면서 그동안 사람이 했던 작업이 머신러닝의 몫으로 급격히 대체되고 있지만, 여전히 구글 애즈에서 가장 깊이 공부해야 하는 분야입니다.

예를 들어 네일아트 숍을 운영하고 있고, 구글(유튜브) 동영상 광고를 통해 예상 잠재고객을 찾아 타깃 광고를 하고 싶다고 가정해봅시다. 이때 20~30대 여성이 관심 있게 시청하는 인기 유튜브 채널의 구독자 또는 네일아트 관련 인기 동영상의 시청자를 대상으로 지정하여 광고를 노출할 수 있을 것입니다.

예를 하나 더 들어보겠습니다. 새로 출시된 스마트폰을 홍보해서 기기 변경 고객을 확보하고 싶은 휴대폰 대리점에서 유튜브 동영상 광고를 활용한다고 가정해봅시다. 이때는 최신 5G 스마트폰을 안내하는 인기 동영상이나 최신 스마트폰에서만 작동하는 앱 사용법 등을 연재하는 유튜브 채널에 동영상 광고를 집중 노출할 수 있겠죠.

오프라인 매장을 홍보하는 것이므로 대상 오디언스의 활동 지역과 유동 거리를 고려해야 합니다. 이를 고려하여 광고의 송출 위치를 매장 주변 일정 거리 이내로 한정하여 광고를 집행한다면 해당 지역 내 유동 인구에 국한하여 광고를 노출할 수도 있습니다.

1차 동영상 광고를 끝까지 시청했거나 적극적으로 반응한 사람들만 추려서 잠재고객으로 모으고, 그들에게만 추가 혜택이나 덤을 붙여서 2차 리마케팅 광고를 할 수도 있죠. 그러면 전환 효과를 기대 이상으로 높일 수 있을 겁니다.

구글의 타깃팅 방법을 좀 더 깊이 공부하고, 잠재고객 발굴 아이디어를 고민한다면 더 창의적인 타깃팅 조건을 발견해낼 수 있습니다. 이 책에서는 유튜브 동영상 광고와 관련된 부분을 중심으로 구글 애즈 활용법을 안내합니다. 유튜브 광고 집행 프로세스는 나중에 더 자세히 설명하기로 하고, 여기서는 구글 애즈가 유튜브 동영상 노출에 가장 적합한 도구라는 점만 밝혀둡니다.

사용자 기반 타깃팅과 콘텐츠 기반 타깃팅의 결합

구글 애즈 캠페인을 진행할 때 타깃을 설정하는 [광고그룹 만들기]를 살펴보면 다음과 같이 사용자 타깃팅(인구통계, 잠재고객)과 콘텐츠 타깃팅(키워드, 주제, 게재위치)으로 나뉘어 있는 것을 볼 수 있습니다.

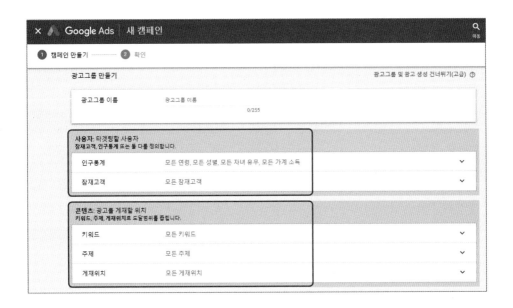

사용자 기반 타깃팅은 잠재고객이 시청하는 영상이나 구독하는 채널에 광고를 노출합니다. 예를 들어 유아용품을 판매하는 쇼핑몰이라면 육아, 생활 관련 영역에 광고를 노출할 수도 있지만, 유아 및 아동용 제품에 '구매 의사를 가진 30대 여성'으로 한정하여 광고 영상을 노출할 수 있습니다. 이처럼 특정 테마(콘텐츠)가 아니라 특정 사람들을 찾아 타깃팅하는 방식을 사용자 타깃팅이라 합니다.

여기서 궁금증이 하나 생길 수 있습니다. 구글은 강제 로그인 서비스가 아닌데 성별이나 나이, 한발 더 나아가 어떤 제품에 구매 의사를 가졌는지를 도대체 어떻게 알아내서 타깃팅할 수 있다는 걸까요?

앞서도 언급했듯이 구글은 웹브라우저에 장착된 쿠키(사용자 행동 및 로그 기록) 정보를 통해 웹사이트에서 추적 및 수집되는 각종 데이터를 분석합니다. 또한 스마트폰의 '광고 개인 최적화' 기능을 통해 사용자의 성별이나 나이, 관심 분야, 구매 의사 등을 유추해낼 수 있다고 합니다.

급격히 발전하는 추적 기술과 인공지능 기술 덕분에 웹과 앱에서 생성된 로그인 이력이나 쿠키에 남겨진 행동 흔적을 면밀히 추적할 수 있게 됐습니다. 이를 분석하면 로그인하지 않아도 사용자가 누구인지 90% 이상 추정할 수 있는 수준이라고 합니다. 타깃 광고의 효율이 그만큼 더 올라갈 수 있다는 뜻이지요.

03 구글 애즈에서 타깃팅은 어떻게 이루어지나

인구통계 타깃팅

사용자 추적 기술의 발달을 통해 가능해진 것이 바로 [인구통계] 타깃팅과 [잠재고객] 타깃팅입니다. 먼저 [인구통계] 타깃팅을 이용하면 광고 동영상을 볼 시청자의 성별과 연령 등을 직접 선택할 수 있습니다.

여성과 남성을 구분하고, 연령은 보통 10살 단위로 나누어 설정할 수 있습니다. 상세히 살펴보자면 다음과 같고, 중복 선택할 수 있습니다.

- ✅ 성별 : 여성, 남성, 알 수 없음
- ✅ 연령 : 18~24세, 25~34세, 35~44세, 45~54세, 55~64세, 65세 이상, 알 수 없음
- ✅ 자녀 유무 : 자녀 없음, 자녀 있음, 알 수 없음
- ✅ 가계 소득 : 상위 10%, 11~20%, 21~30%, 31~40%, 41~50%, 하위 50%, 알 수 없음

다만 성별을 선택할 때는 여성이든 남성이든 [알 수 없음]도 함께 선택하길 권합니다. 제아무리 뛰어난 구글이라도 접속자 모두의 성별을 임의로 판별하는 것은 어려우니까요.

자녀 유무는 [있음], [없음], [알 수 없음] 중 선택할 수 있습니다. 구글은 Family Link 앱을 사용하여 만 13세 미만 자녀의 구글 계정을 부모가 만들 수 있게 해줍니다. 이때 이 앱 사용자에게 광고가 노출될 수 있습니다. 그렇지만 [연령]의 선택 범위를 보면 알 수 있듯이 18세 미만을 대상으로 타깃팅할 수 없습니다.

우리나라를 포함해 미국, 일본 등 10여 개의 국가는 [가계 소득]에 따라 노출 대상을 설정하는 것도 가능합니다.

잠재고객 타깃팅

구글 애즈의 [잠재고객] 타깃팅을 이용하면 더 상세하고 다양한 검색 조건을 통해 원하는 오디언스를 찾아내고, 이 결과를 바탕으로 광고 대상을 타깃팅할 수 있습니다. 다음 예시는 [잠재고객] 사용자 타깃팅을 이용하는 과정입니다. [찾아보기]-[시장조사 또는 구매 계획 정보]-[구매의도 잠재고객]을 클릭하여 [유아 및 아동용 제품] 항목의 세부 하위 항목까지 찾아본 예시입니다.

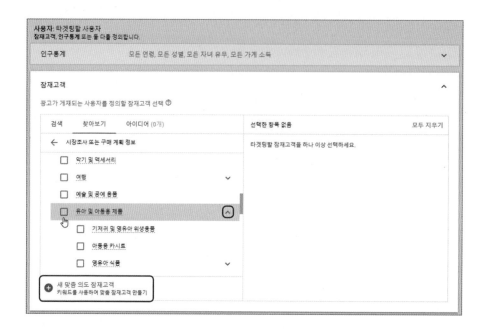

실제로 이용해보면 알 수 있듯이 구글 애즈의 타깃팅 깊이와 다양한 옵션은 놀라울 만큼 정밀합니다. 특히 [찾아보기] 아래의 [새 맞춤 의도 잠재고객]을 이용하면 우리 아이템을 구매하고 싶어 하는 방문자가 실제로 사용하는 검색 키워드를 찾아서 타깃팅 조건을 추가할 수도 있습니다.

쇼핑몰을 운영 중이고, 특별히 잘 팔리는 제품들이 어떤 키워드를 검색한 사람들에 의해 팔리는지 분석한 데이터를 갖고 있다고 가정해봅시다. 그러면 해당 연관 키워드를 입력하여 키워드에 담긴 고객들의 검색 의도(구매 의지)까지 맞춤 조건으로 추가할 수 있습니다. 놀랍죠!

잠재고객 타깃팅에 이어서, 콘텐츠를 기반으로 광고 게재 위치를 설정하는 옵션을 이용할 수 있습니다. 세부 설정 옵션으로는 [키워드], [주제], [게재위치]가 주어집니다. 콘텐츠 타깃팅은 우리 아이템에 반응할 가능성이 높은 잠재고객에게 도달할 수 있도록 노출 영역(인벤토리)의 범위를 좁혀주는 역할을 합니다. 항목별로 더 자세히 알아보겠습니다.

키워드(문맥) 타깃팅

콘텐츠 타깃팅 옵션 중 가장 요긴하게 쓰이는 것이 바로 [키워드] 타깃팅입니다. 여기서 말하는 키워드는 '검색 광고'에서 말하는 키워드와 의미가 다릅니다. 다시 말해 유튜브에서 검색할 목적으로 사용한 '검색용 단어'가 아닙니다. 업로드한 동영상의 내용에 따라 주제어로 설정해 놓은 '태그 키워드'를 의미한다고 보는 게 더 정확합니다. 즉 상황과 맥락에 따라서 연관 키워드를 가진 콘텐츠를 찾아내어, 그 콘텐츠(동영상)를 소비(시청)하는 시점에 광고를 보여주는 것입니다.

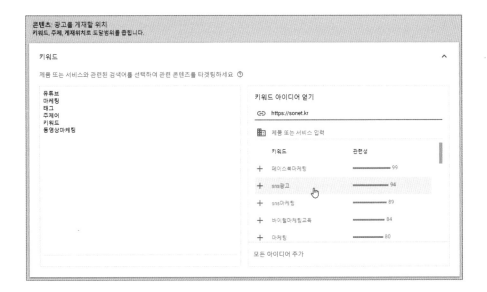

먼저 우리가 만든 광고 동영상의 제목, 설명문, 태그 등에 설정한 키워드와 가장 유사한 태그 키워드를 가진 다른 동영상과 채널들을 찾아냅니다. 그중에 광고 동영상 삽입을 허용한 채널이 있으면 그 채널의 동영상이 재생될 때 우리의 광고 동영상을 보여주는 방식으로 광고를 노출하는 겁니다.

만약 해당 동영상이 인기가 많아 광고주 간 노출 경쟁이 심할 경우 입찰 경매가 자동으로 진행됩니다. 이때는 광고 게재 순위(CPV×품질평가지수)를 서로 비교하여 1위에 해당하는 광고주의 동영상 하나만 해당 영역에 게재됩니다.

[키워드] 타깃팅의 효과를 높이려면 무엇보다 태그 키워드를 잘 선정해야 합니다. 활용 순서를 살펴보면 다음과 같습니다.

> **1** 우리 제품이나 서비스와 관련된 키워드를 선정해 [광고 그룹]을 생성한다.
> **2** 잠재고객(시청자)이 유튜브에서 어떤 동영상을 즐겨 보는지 파악한다.
> **3** 잠재고객이 즐겨 보는 동영상에 쓰인 주제어(태그 키워드)를 분석 추출한다.
> **4** 광고하려는(노출하고 싶은) 동영상의 태그에 추출한 키워드를 추가한다.

관심 있는 시청자에게 도달하기 위해 광고용 동영상을 업로드할 때는 태그 키워드를 적절하게 삽입하는 것이 무엇보다 중요합니다. 태그 키워드를 정확히 매칭시키는 것만으로도 어느 정도 상위 노출을 기대할 수 있다고 하니까요. 특히 세부 키워드 영역에서는 꼭 인기 동영상이 아니어도 유튜브 검색 결과 상위에 일정 기간 노출시키는 게 가능하다고 하니 각별히 유의하세요.

TIP 유튜브 마케팅 실전 노하우 🔍

▶▶ 키워드(태그) 설정만 잘해도 유튜브 검색 결과 상위에 노출될 수 있다?

유튜브 SEO 관련 정보를 찾다 보면 다음과 같이 검색 로봇이 인식 가능한 모든 텍스트와 자동 음성 인식 스크립트에 태그 키워드를 사용하라는 갖가지 조언들이 나옵니다. 인공지능과 이미지 및 음성 인식 기술의 빠른 진화가 구글 검색에 반영될 것이라는 기대에서 나오는 이야기들인데, 실제로 이런 방법들이 얼마나 통하는지는 각자 직접 테스트해서 확인해보는 수밖에 없을 겁니다. 참고만 하세요.

● 검색어로 사용될 키워드를 동영상의 제목, 설명, 태그에 사용하는 것은 기본이고, 업로드할 원본 동영상 파일의 제목에도 동일한 키워드를 사용한다.

● 영상이 시작되는 첫 부분에 강조할 태그 키워드를 자막 파일에 넣고, 필요하면 본문 자막에도 적절한 위치에 반복해서 입력한다.

● 음성 자동 인식이 가능한 언어권 동영상이라면 출연자(또는 음성 내레이터)가 해당 태그 키워드를 읽을 수 있도록 오디오 스크립트에 강조할 키워드를 의식적으로 삽입한다.

구글 캠페인에서 어떤 키워드(문맥)를 어떻게 선택하면 좋은지에 대한 더 자세한 사용법이나 예시는 구글 애즈의 도움말(https://support.google.com/google-ads/answer/2453986#kwsetting)을 참고해보세요.

주제(카테고리) 타깃팅

[주제] 타깃팅은 [키워드] 타깃팅과 [게재위치] 타깃팅의 단점을 보완하는 타깃팅 방식입니다. 광고할 동영상 하나하나의 키워드(태그)를 모두 찾아 분석해서 입력하고, 광고가 노출될 채널과 위치를 직접 선택하거나 입력하는 작업은 무척 번거롭고 손이 많이 갑니다. 한마디로 정성과 끈질김이 함께 요구되는 작업이죠.

그런 어려움을 덜어주는 방식이 바로 [주제] 타깃팅입니다. [주제] 타깃팅은 세부 주제어나 노출할 채널 및 영상을 일일이 찾는 대신, 대략적인 관심 분야 주제(카테고리)를 매칭시켜 자동으로 노출 영역을 선택할 수 있게 해줍니다. 다음 예시를 살펴보겠습니다.

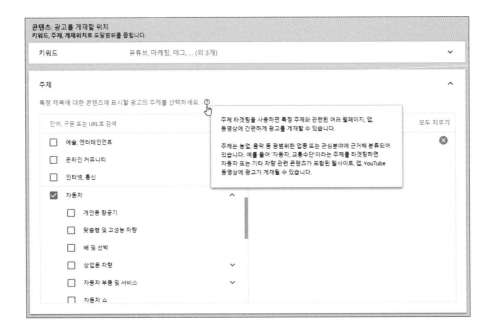

'자동차'라는 주제로 타깃팅하면 '자동차 또는 기타 차량'과 관련된 콘텐츠가 포함된 웹사이트, 앱, 유튜브 동영상에 광고 영상을 노출해줍니다. 시스템에 이미 설정되어 있는 20여 개의 대주제와 100여 개의 하위 소주제를 살펴보고 광고할 동영상의 주제와 관련된 항목들을 선택만 하면 됩니다.

선택한 주제의 카테고리에 속한 유튜브 동영상을 찾으면 누군가 그 동영상을 시청할 때 자신들의 광고 동영상을 노출하기 위한 경쟁이 발생합니다. 이때 [키워드] 타깃팅과 마찬가지로, 광고 게재 순위(CPV×품질평가지수)를 서로 비교하여 1위에 해당하는 광고주의 동영상 하나만 해당 영역에 게재됩니다.

[주제] 타깃팅의 접근 노출 범위는 [키워드] 타깃팅보다 훨씬 넓습니다. 광고 집행 초기에는 주제(카테고리)의 범위를 조금 넓게 잡고 시작하는 게 바람직합니다. 다만, 훨씬 광범위한 범위의 오디언스에게 광고가 노출되므로 광고 예산이 충분치 않으면 금방 소진될 수 있습니다. 그러므로 우선은 초반 CPV 입찰가를 낮게 설정하고, 광고 성과를 점검해가며 전환 효율이 높아지도록 최적화해야 합니다. 그렇게 점검해가며 성과가 좋은 주제에 예산을 집중하는 게 중요한 포인트입니다.

네이버 키워드 광고 최저가인 70원보다도 낮은 단가로 입찰하는 것도 가능하다고 하니 테스트 삼아 시도해보세요. 광고를 집행한 다음 실적이 좋지 않거나 관련 없는 주제의 페이지에 광고가 노출되면 해당 주제를 제외할 수도 있습니다.

[주제] 타깃팅에 관련하여 더 자세한 설명이나 사용법 예시는 구글 애즈의 도움말(https://support.google.com/google-ads/answer/2497832)을 참고해보세요.

게재위치(채널) 타깃팅

[게재위치] 타깃팅은 유튜브 채널이나 동영상을 직접 선택하여 광고 동영상을 노출합니다. 예를 들어 다이어트를 원하는 30대 여성 고객을 대상으로 우리 광고 동영상을 보여주고 싶다고 해봅시다. 이때는 30대 여성이 즐겨 보는 채널을 찾아야 합니다. 이를테면 먹방이나 다이어트 등의 주제를 다루는 채널이나 인기 동영상을 선택합니다. 여기에 광고 동영상을 노출하는 겁니다.

가장 관심이 있을 것으로 추정되는 잠재고객을 찾아서 아이템을 공격적으로 노출할 수 있는 방법이지요. 콘텐츠 경쟁력에 자신이 있다면, 심지어는 경쟁사의 유튜브 채널이나 인기 동영상을 게재위치로 선택할 수도 있습니다. 인스트림 광고 영상 삽입이 허용되어 있기만 하다면요.

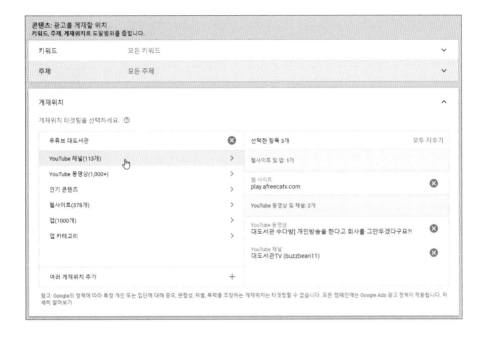

다만 인기 채널이나 동영상은 그만큼 광고 노출 경쟁이 심합니다. 당연히 1위로 낙찰되기 어렵고, 그렇게 되면 예산을 높여 걸어도 우리 광고가 아예 노출되지 않을 위험도 큽니다. 따라서 [게재위치] 타깃팅을 이용해 특정 노출 영역을 공략하고 싶다면 개별 동영상 하나하나를 선택하기보다 관련성이 높은 채널을 중심으로 게재위치를 추가하는 것이 바람직합니다.

다소 번거롭더라도 여러 캠페인을 게재위치별로 분리하여 설정하고, 중요도에 따라 예산 및 입찰가(CPV)를 다르게 조정하세요. 인기가 많은 채널이나 동영상일수록 경쟁도 치열합니다. 그러므로 처음에는 높은 입찰가를 제시하고 [빠른 게재] 옵션을 사용하여 노출에 필요한 광고 단가가 얼마 정도인지를 알아냅니다. 그런 다음 지불할 수 있는 적정선에서 입찰가를 조정하는 게 좋습니다.

또한 인기 동영상은 유행과 이슈에 따라 수시로 바뀝니다. 그러므로 늘 새로운 것을 찾아내서 광고 콘텐츠를 업데이트하고, 시청자 특성에 맞춘 행동 유도 문구를 포함해두어야 합니다.

광고 게재 효율이 떨어지거나, 광고 노출 후 오히려 제품이나 서비스 이미지에 부정적인 영향을 주는 동영상이나 채널이 있을 수도 있습니다. 이때는 제외 위치 옵션에 해당 페이지 주소를 입력하여 캠페인당 최대 10,000개까지 게재위치에서 제외할 수도 있습니다.

[게재위치] 타깃팅에 관련하여 더 자세한 설명이나 사용법 예시는 구글 애즈의 도움말(https://support.google.com/google-ads/answer/2456100)을 참고해보세요.

04 유튜브와 구글 애즈를 연결하여 리마케팅 잠재고객 만들기

유튜브 채널과 구글 애즈 계정을 연결하면 이점이 많습니다. 유튜브 채널의 각종 동영상 시청 및 구독 관련 정보를 구글 애즈 시스템과 연결하여 살펴보고 분석한 결과를 바탕으로 추가 광고 활동에 대한 인사이트를 얻어낼 수 있습니다. 뿐만 아니라 어떤 '채널'의 어떤 '동영상'에 대해, 혹은 어떤 '광고 영상'에 대해 사람들이 얼마나 긍정적이고 적극적인 반응을 보였는가에 따라 리마케팅 용도의 잠재고객 목록도 만들 수 있습니다.

여기서는 유튜브 채널과 구글 애즈 계정을 연결하여 시청자의 반응 정도에 따라 리마케팅 잠재고객 목록을 만들어보겠습니다.

TIP 유튜브 마케팅 실전 노하우 🔍

▶▶ 구글 애즈가 처음이면 구글 애즈 계정부터 만드세요!

 구글 애즈를 이용해본 적이 없다면 먼저 광고 관리용으로 사용할 지메일 계정을 만든 다음, 구글 애즈(https://ads.google.com)에 접속하여 구글 애즈 계정을 만들어야 합니다. 이 책은 구글 애즈 전체를 다루는 것이 목적이 아니므로 구글 애즈 계정 생성 과정을 따로 설명하지 않습니다. 구글 애즈 도움말(https://support.google.com/google-ads/answer/6366720)을 비롯해서 조금만 검색해보면 방법을 자세히 알 수 있으니 직접 찾아 만들어보기 바랍니다.

유튜브 채널과 구글 애즈 계정 연결하기

유튜브 채널에서 발생하는 잠재고객(시청자)의 행동을 추적하고 목록을 만들어내려면 먼저 유튜브 채널과 구글 애즈 계정을 연결해야 합니다. 양쪽 관리자 모드에서 모두 가능한데, 여기에서는 구글 애즈의 관리자 도구를 이용해 연결하는 방법을 살펴봅니다.

<u>01</u> 구글 애즈에 로그인하여 오른쪽 위에 있는 **1** [도구]를 클릭하고 **2** [설정]–[연결된 계정]을 클릭합니다.

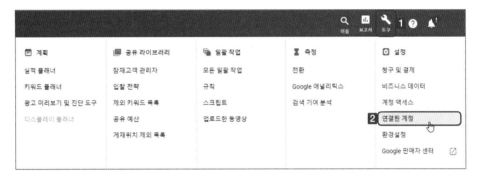

<u>02</u> 연결할 수 있는 목록 중에서 [YouTube]를 찾아 [상세보기]를 클릭합니다.

03 [YouTube를 Google Ads에 연결하시겠습니까?]가 나타나면 [채널 추가]를 클릭합니다.

04 [YouTube 채널 연결] 팝업 창이 나타나면 연결하려는 유튜브 채널의 이름을 검색하거나 유튜브 채널의 URL 주소를 복사하여 붙여 넣습니다.

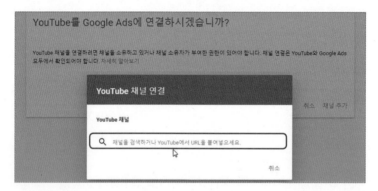

TIP　유튜브 마케팅 실전 노하우

▶▶ 유튜브 채널의 URL 주소를 복사하려면?

한글로 채널명을 검색하면 찾기 어려울 수도 있습니다. 이때는 연결하려는 유튜브 채널에 접속하여 상단의 URL 주소를 복사하여 붙여 넣는 방법을 사용해보세요.

<u>05</u> 채널이 검색되어 매칭되면 해당 채널의 소유자를 선택해야 합니다. 내가 소유한 채널이면 **1**
[내가 이 채널을 소유함]을 클릭하여 선택하고 **2** [YOUTUBE로 이동]을 클릭합니다.

TIP **유튜브 마케팅 실전 노하우**

▶▶ 다른 사람이 소유한 유튜브 채널을 내 구글 애즈 계정에 연결하려면?

앞서 살펴본 05번 단계에서 [다른 사람이 이 채널을 소유함]을 클릭하여 선택합니다. 채널 소유자의 이
메일 주소를 입력한 후 [요청 보내기]를 클릭하여 소유자의 승인을 얻어야만 연결할 수 있습니다.

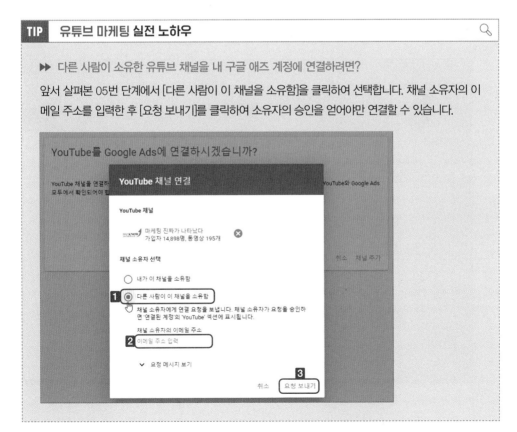

06 [Google Ads 계정 연결] 팝업 창이 나타나면 **1** [링크 이름(필수)]에 해당 유튜브 채널을 구분할 수 있는 이름을 입력합니다. **2** 사용할 수 있는 액세스 권한 옵션에 체크한 후 **3** [링크]를 클릭하면 연결 작업이 완료됩니다.

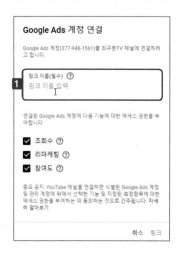 

07 계정이 정상적으로 연결됐는지 확인하려면 먼저 [YOUTUBE 스튜디오(베타)]에 접속하여 **1** [설정]을 클릭합니다. **2** [기타 설정]을 클릭한 후 **3** [고급 채널 설정]을 클릭합니다.

08 [애드워즈 계정 연결] 항목에 앞서 연결한 유튜브 채널이 구글 애즈 계정(고객 ID)과 연동되어 나타나면 정상적으로 연결된 것입니다.

유튜브 시청자 행동에 따른 리마케팅용 잠재고객 목록 만들기

유튜브 채널에서 발생하는 방문자(시청자)의 여러 반응 행동에 따라 다양한 잠재고객 목록을 만들 수 있다는 사실을 앞서 살짝 언급했습니다. 여기서는 구체적으로 어떤 방법을 통해 리마케팅용 잠재고객 목록을 만들 수 있는지 살펴보겠습니다.

이 과정을 익혀두면 앞으로 동영상에 호응을 하거나 참여 행동을 보여주는 시청자의 행동 패턴에 따라서 새로운 잠재고객 목록을 만들 수 있습니다. 또한 각각의 목록에 속하는 사람들에게 제한적으로 맞춤형 광고를 송출할 수 있습니다.

그럼 동영상 리마케팅용 잠재고객 목록을 만들어보겠습니다.

01 구글 애즈에 로그인하여 오른쪽 위에 있는 **1** [도구]를 클릭하고 **2** [공유 라이브러리]–[잠재고객 관리자]를 클릭합니다.

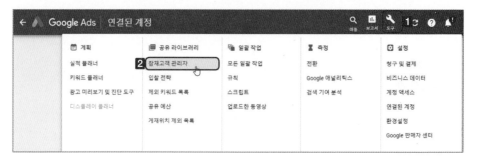

02 새로운 리마케팅 목록을 만들기 위해 [리마케팅] 탭 아래 ⊕을 클릭합니다.

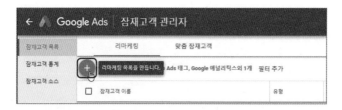

03 어떤 소스를 이용해 잠재고객 목록을 만들지 선택할 수 있는데, 여기서는 [YouTube 사용자]를 선택합니다.

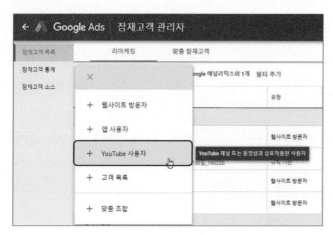

<u>04</u> [목록 회원]에서 원하는 유튜브 채널 내 행동 조건을 선택합니다.

● 예를 들어 해당 채널의 동영상을 광고로 조회한 시청자만 따로 잠재고객 목록으로 묶어내고 싶다면 [채널의 동영상을 광고로 조회함]을 선택하고 상단의 [잠재고객 이름]에 구분하기 좋은 이름을 입력합니다.

<u>05</u> [만들기]를 클릭하기 전에 다음 두 가지 옵션을 추가로 설정할 수 있습니다.

- ◉ [초기 목록 크기]는 [빈 목록으로 시작]과 [지난 30일 동안의 사용자 포함] 중 선택할 수 있습니다. [초기 목록 크기]는 최장 지난 30일 동안의 사용자까지만 포함할 수 있습니다.

- ◉ [멤버십 기간]은 이렇게 만든 잠재고객의 멤버십 유지 기간을 언제까지로 할 것인지 판단하여 설정하는 것입니다. 기본값이 30일로 설정되어 있지만, 최고 540일까지 설정할 수 있습니다.

06 [잠재고객 목록]에 새로 만든 잠재고객 목록이 나타나면 정상적으로 생성된 것입니다.

- ◉ 여기서 새로 만든 목록을 생성하는 데는 시간이 다소 걸립니다. 또한 [초기 목록 크기]를 [지난 30일 동안의 사용자 포함]으로 설정했다면 지난 30일 동안 해당 영상을 본 사람을 소급해서 만들고, 이후에는 영상을 새로 시청하는 사람만을 추려냅니다.

유튜브 사용자 잠재고객 리마케팅은 왜 중요한가

유튜브 채널에 업로드한 동영상이나 광고 영상을 통해 우리 아이템을 접한 시청자들을 반응 행동이나 적극성에 따라 잠재고객 그룹을 따로 나누어 만드는 게 왜 필요하고, 얼마나 중요할까요? 동영상 콘텐츠나 인스트림 광고의 특성을 생각해보면 어렵지 않게 짐작할 수 있습니다.

검색을 통해 유입된 경우든, 다른 영상을 보다가 관련 동영상 추천 목록에 의해 연결된 경우든 시청자가 진짜 보고 싶은 것은 '본편 동영상'입니다. 앞이나 중간에 삽입되어 시청자의 의지와 상관없이 억지로 노출되는 '광고 동영상'이 아닙니다.

한참 재미있게 TV 드라마를 보고 있는데 '60초 뒤에 이어집니다'라는 자막과 함께 광고가 끼어들 때의 느낌을 떠올려보세요. 원래 보려던 동영상이 시작되기 전에 원치 않은 광고 동영상이 강제로 재생되거나, 한창 집중해서 보고 있는데 중간에 흐름을 끊고 광고 동영상이 재생되는 것은 시청자의 몰입을 방해하므로 짜증이나 반감을 일으킬 위험도 그만큼 큽니다.

실제로 고객의 시청 경험을 불쾌하게 만들지 않는 광고 노출 적정 시간이 얼마 정도일까요? 건너뛰기를 클릭하기까지 인내심이 발휘되는 시간은 몇 초나 될까요? 여러 마케팅 리서치 업체와 광고 대행사가 동영상 콘텐츠에 대한 이용자의 행동과 반응을 조사할 때 이러한 내용을 가장 중요한 조사 항목으로 넣고 있는 이유가 무엇일까요? 인스트림 동영상 광고가 개입했을 때 사용자의 시청 경험에 줄 수 있는 부정적 효과를 염려하기 때문일 것입니다.

다음 도표는 메조미디어가 발표한 〈2019 메조미디어 리서치 종합본〉에 수록된 자료의 일부입니다. 동영상 콘텐츠에 [건너뛰기(Skip)] 버튼이 있는 영상 광고가 노출될 때 사람들이 실제로 어떻게 반응하는지 조사한 응답 자료입니다.

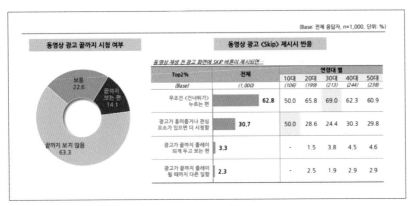

▲ 〈2019 메조미디어 리서치 종합본〉 56쪽에 실린 광고 소비자 태도

도표의 내용을 살펴보면 꽤 다수가 습관적으로 '무조건 건너뛰기'를 클릭하지만, '흥미롭거나 관심이 있으면 더 시청한다'는 응답이 25~30% 이상이란 점을 눈여겨볼 필요가 있습니다. 그리고 다른 도표에는 이런 거부감(건너뛰기 행동)에도 불구하고 동영상 광고에 노출된 사람들의 브랜드 인지도 향상 및 제품 구매로 연결되는 경험도 높은 비율로 나타납니다.

같은 자료에 따르면 동영상 콘텐츠와 연관도가 높은 광고를 통해 랜딩페이지로 이동(추가 탐색)한 경험이 있다고 응답한 소비자는 52%에 이르고, '동영상 광고' 접촉 후 실제 구매 경험까지 이어진 비중도 33%에 달했습니다. 또한 [맞춤 타겟]이나 잠재고객 목록 등을 통해 '타깃팅 광고'에 노출된 후 랜딩페이지로 이동 및 구매 경험까지 이어진 소비자의 비율은 각각 67%와 40%에 달했습니다.

이는 동영상 콘텐츠 채널을 충분히 광고 노출 매체로 활용할 수 있음을 알려주는 것이고, 나아가 타깃팅 광고를 통해 재방문이나 재구매 행동을 촉진할 경우 그만큼 마케팅 효과를 높일 수 있음을 보여줍니다.

따라서 유튜브 동영상 콘텐츠를 이용해 영상 광고를 집행할 경우, 단순 노출을 통해 도달과 브랜드 인지도를 높이는 데만 머물러서는 안 됩니다. 그보다는 우리 채널의 동영상이나 관련 동영상의 영상 광고에 반응한 시청자들을 반응 행동 유형별로 잠재고객 목록을 만들고, 이를 리마케팅 용도로 재활용한다는 방침을 세우고 체계적이고 계획적으로 접근해야 할 것입니다.

실전 활용 사례 보고 **15** #출산교육

산전 및 산후관리 예약 50% 증가,
출산 둘라 양성 교육 신설!

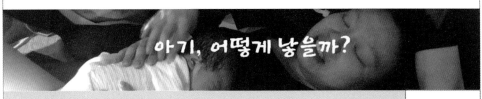

아기, 어떻게 낳을까?

김옥선 라둘라스 대표
구독자 238명 · 동영상 58개 · 조회수 43,254회

▶ 채널 정보

- **회사명** : 라둘라스
- **업종명** : 출산교육
- **채널명** : 자연출산TV 라둘라스

▶ 채널 설명

라둘라스 임산부 전문 관리 센터는 자연 출산을 하는 병원과 임산부를 돕는 회사입니다. 출산 시 산모와 함께 분만실에 동행하여 출산을 정신적, 육체적으로 도와주는 '둘라'를 양성하고 있습니다. 출산 전, 출산 중, 출산 후 임산부에게 필요한 정보를 제공하는 채널입니다.

▶ 유튜브 도입 후 성과

임산부의 산전 및 산후관리 예약이 50% 증가했습니다. 출산 둘라 양성 교육을 신설했고, 병원 산모 교실 운영 제안율 및 계약률이 높아졌습니다. 무엇보다도 유튜브를 통한 신뢰도가 높아짐에 따라 제안 및 계약률이 눈에 띄게 높아졌습니다.

유튜브 동영상 광고
실전 가이드

01   유튜브 동영상 광고로 도달과 조회수를 높이는 방법   ⋮

지금까지의 과정을 통해 수집한 잠재고객 목록을 어떻게 이용할 수 있을까요? 실제 리마케팅 광고에 적용해서 성과를 내려면 무엇을 어떻게 설정해야 할까요?

이번 CHAPTER에서는 유튜브 광고 집행 과정을 따라 해보며 채널에 업로드한 동영상을 어떻게 하면 더 많은 영역과 더 관심 있는 시청자에게 노출할 수 있을지 알아봅니다. 나아가 우리 채널이나 광고 영상에 반응한 사람들을 리마케팅 목록으로 만들고 나면, 어떻게 이들만을 대상으로 타깃 광고를 내보낼 수 있는지도 살펴보겠습니다.

유튜브 광고 만들기 1단계 : 캠페인 목표 설정

유튜브 동영상 광고뿐만 아니라, 모든 온라인 광고에서 가장 중요한 작업은 캠페인의 '목표'를 설정하는 일입니다. 광고의 성과는 클릭률(CTR)만이 아니라, 노출 단가(CPM), 클릭 단가(CPC), 전환율(CVR), 광고 수익률(ROAS)과 같이 다양한 지표에 의해 평가되고 판명되기 때문입니다.

신규 브랜드 또는 신제품이라서 광고를 통해 "세상에 이런 제품도 있어요!"라고 알리려면 광고 캠페인 목표는 '도달'로 설정해야 합니다. 인지도가 쌓인 후 좀 더 깊이 있는 제품 상세 정보를 보여주어 구매를 고민하게 하려면, 랜딩페이지로 유입시키는 '클릭 참여 광고'를 목표로 해야 할 것입니다. 구체적인 전환 행동을 일으키고 싶다면, 선행 광고에 반응하여 관심도가 확인된 타깃층을 대상으로 하는 게 바람직합니다. 이들을 대상으로 구매 전환을 촉진할 수 있는 프로모션 제안을 추가하여 신규 구매 또는 재구매를 요구하는 타깃 광고를 집행합니다.

그런데 앞서도 말했듯 동영상 광고로 직접 전환 행동을 일으키기는 쉽지 않습니다. 유튜브를 찾는 기본 목적은 광고 콘텐츠를 수신하는 것이 아니라 원하는 영상을 찾아 소비하는 것이니까요. 그러므로 먼저 인지도를 높이고 더불어 클릭을 일으켜 랜딩페이지로 유입시키는 초기 단계의 캠페인 목표(인지 및 고려)를 갖는 게 자연스럽습니다.

유튜브 동영상 광고 캠페인을 만들 때 설정할 요소는 캠페인 목표 외에도 많습니다. 캠페인 유형부터 일정, 예산, 게재 방식, 노출 영역, 노출 지역 및 언어, 입찰 전략에 이르기까지 광고에 영향을 미치는 다양한 요소를 설정해야 합니다. 그럼 지금부터 설정 방법을 알아보겠습니다.

01 구글 애즈에 접속하여 **1** [캠페인]을 클릭하고 **2** ⊕을 클릭합니다.

02 [+ 새 캠페인]을 클릭합니다.

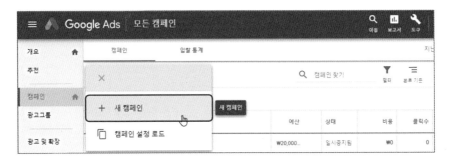

03 캠페인 목표는 [목표에 따른 안내 없이 캠페인 만들기]를 선택합니다.

- 동영상 광고의 목표는 [판매], [리드](고객에게 특정 행동 유도), [웹사이트 트래픽], [제품 및 브랜드 구매 고려도], [브랜드 인지도 및 도달범위], [앱 프로모션] 등으로 설정할 수 있습니다.

- 목표에 따른 추천 옵션을 제공받고 싶지 않으면 [목표에 따른 안내 없이 캠페인 만들기]를 선택하면 됩니다. 유튜브 검색 결과에 노출되는 디스커버리 동영상 광고를 내보내려면 [제품 및 브랜드 구매 고려도] 또는 [목표에 따른 안내 없이 캠페인 만들기]를 선택하세요. 유튜브 동영상 광고의 종류가 잘 기억나지 않는다면 242쪽의 도표를 참고하기 바랍니다.

04 캠페인 유형은 [동영상]을 선택합니다.

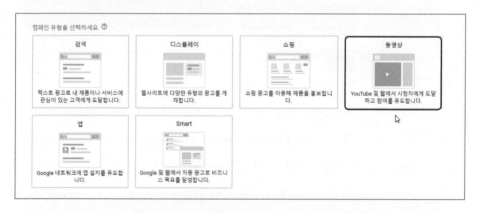

05 캠페인 하위유형은 [맞춤 동영상 캠페인]을 선택합니다.

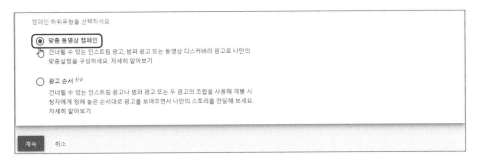

● [광고 순서]를 선택하면 동영상 광고 시퀀스 캠페인을 만들 수 있습니다. 동영상 광고 시퀀스 캠페인을 활용하면 사용자에게 여러 연관 동영상을 순서를 정해 보여줄 수 있습니다.

● 일반적으로 잠재고객은 지정된 시퀀스(순서)에 따라 첫 번째 동영상 광고를 본 다음, 두 번째 광고로 이동하며 시퀀스가 완료될 때까지 계속 시청합니다.

● 동영상 광고 시퀀스 캠페인은 적은 비용으로 많은 사용자가 시퀀스를 완료하게 해줍니다. 그러므로 이를 이용하면 해당 캠페인에 대한 인지도와 전환 반응을 높일 수 있습니다.

TIP **유튜브 마케팅 실전 노하우**

▶▶ 동영상 광고 시퀀스 캠페인을 실행할 때 고려해야 할 점

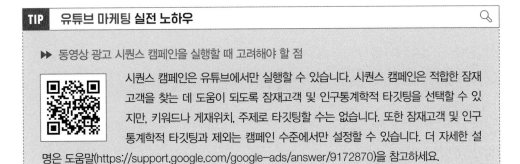

시퀀스 캠페인은 유튜브에서만 실행할 수 있습니다. 시퀀스 캠페인은 적합한 잠재고객을 찾는 데 도움이 되도록 잠재고객 및 인구통계학적 타겟팅을 선택할 수 있지만, 키워드나 게재위치, 주제로 타겟팅할 수는 없습니다. 또한 잠재고객 및 인구통계학적 타겟팅과 제외는 캠페인 수준에서만 설정할 수 있습니다. 더 자세한 설명은 도움말(https://support.google.com/google-ads/answer/9172870)을 참고하세요.

---

06 [캠페인 이름]에 '네이밍 규칙'에 따라 구분하기 쉬운 이름을 입력합니다.

◉ 광고 캠페인의 이름은 업종이나 캠페인 운영 방법에 따라 자유롭게 지정할 수 있습니다. 일률적인 규칙을 강제할 필요는 없지만, 여기서 예시로 든 것처럼 '캠페인 목표_캠페인 유형_하위유형_노출 지역(연령/성별)_노출 기기_타깃팅 조건(방식)'과 같이 쓰는 게 바람직합니다.

---

07 [예산 및 날짜]에서 **1** [캠페인 총 예산] 또는 [일일 예산]을 선택하고 **2** 캠페인에 할당할 예산 금액을 입력합니다. **3** 캠페인의 [시작일]과 [종료일]을 선택합니다.

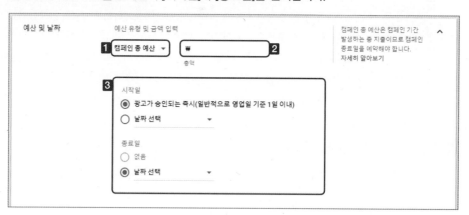

◉ [총 예산]을 선택하면 캠페인 시작일과 종료일을 명확히 설정해야 합니다.

◉ [일일 예산]을 선택하면 [게재 방법]을 선택할 수 있는 옵션이 나타납니다. [일반 게재]와 [빠른 게재] 중 하나를 선택할 수 있습니다.

- [일반 게재]는 하루 동안 균등 배분하는 게 원칙이지만 일률적으로 노출하지 않고 유튜브 사용량이 많은 출퇴근 시간대나 점심, 저녁 시간대에 더 많이 노출합니다.

- [빠른 게재]는 설정한 예산 범위 내에서 최대한 빠르게 많이 노출하는 방식입니다. 그만큼 기회비용이 높아져 과금되는 CPV(조회당 비용) 단가가 높아질 수 있습니다. 초기 입찰가를 최대한 낮게 설정하고 노출 추이를 살펴보면서 단가를 조정하는 최적화 운영 전략이 요구됩니다.

---

08 [입찰 전략]은 캠페인 목표나 광고 방식에 따라 선택합니다.

- 기본 설정 옵션인 [최대 CPV]는 광고가 1회 조회될 때 지불할 최대 금액을 설정합니다. 인스트림 광고나 디스커버리 광고를 진행할 때 사용합니다.

- CPM은 1,000회 노출당 비용을 의미합니다. 다시 말해 [최대 CPM]은 광고가 1,000회 게재될 때 지불할 최대 금액을 설정하는 입찰 전략으로, 범퍼 광고를 진행하려면 이 옵션을 선택합니다.

- [타겟 CPM]은 광고가 1,000회 게재될 때 지불할 '평균 금액'을 설정하는 것으로, 구글 애즈는 설정한 [타겟 CPM]에서 최대한 노출이 많이 발생하도록 입찰가를 자동 최적화합니다. 일부 노출은 입찰 금액보다 비용이 높거나 낮을 수 있습니다.

09 [네트워크]는 캠페인 목표나 하위유형에 따라 필요한 노출 영역을 선택합니다.

- ○ [네트워크]는 광고가 노출될 영역(인벤토리)입니다. 항목별로 사용 가능한 동영상 광고 하위유형이 다릅니다. 원하는 캠페인 목표와 유형에 따라서 적절하게 선택하세요.

- ○ 앞서 선택한 [입찰 전략]에 따라 사용 가능한 캠페인 유형이 달라질 수 있고, 그에 맞춰 설정 가능한 [네트워크] 또한 제한될 수 있습니다.

- ○ [디스플레이 네트워크의 동영상 파트너]를 선택하면 동영상 광고의 도달 범위를 GDN 제휴 웹사이트와 앱 영역까지 확장해줍니다. 유튜브 외의 영역에서 새 잠재고객에게 도달할 수 있고, 광고 영역이 넓어서 비교적 낮은 CPV로 더 많은 광고를 노출할 수 있습니다.

10 [언어]는 고객이 사용하는 언어를 선택합니다.

- ○ 광고주가 사용하는 언어가 아닌, 광고를 보는 고객이 사용하는 언어를 말합니다. 광고는 선택한 언어를 사용하는 사이트에 게재됩니다. 예를 들어 '한국어'로 설정하면 국내 거주(체류)하는 외국인 중 인터넷 브라우저를 영어나 한국어가 아닌 언어로 사용 중인 사람에게는 광고가 노출되지 않습니다.

- ○ 광고 노출 지역을 특정 국가로 제한하고 싶다면 기본 옵션인 [모든 언어]를 그대로 두고 [위치] 옵션으로 해당 국가를 선택하세요.

11 [위치]는 광고를 노출해야 하는 국가나 지역을 선택합니다.

위치	비즈니스에 중요한 위치를 선택합니다. 자세히 알아보기	∧
	○ 모든 국가 및 지역	
	◉ 대한민국	
	○ 다른 위치 입력	

◉ 기본 옵션은 [대한민국]입니다. 필요하다면 [모든 국가 및 지역]을 선택할 수 있습니다. 혹은 [다른 위치
입력]을 선택하여 특정 위치를 검색하거나, [고급검색]을 클릭하고 구글 지도에서 지명과 거리를 입력해
특정 구역을 설정할 수도 있습니다.

TIP 유튜브 마케팅 실전 노하우 🔍

▶▶ 특정 지명을 검색하여 해당 지점으로부터 일정한 거리 내 구역을 설정하려면?

다음과 같은 순서로 구역을 설정합니다.

1 [위치]에서 맨 아래에 있는 [다른 위치 입력]을 선택합니다.

2 [고급검색]을 클릭하여 위치 설정 팝업 창이 나타나면 [반지름]을 선택합니다.

3 [거리 단위(마일/km)]를 먼저 선택하고 거리를 입력합니다.

4 [장소 이름, 주소 또는 좌표 입력]에 지명을 입력하여 검색합니다. 설정하려는 지명이 나타나면 선
택하고 [저장]을 클릭합니다.

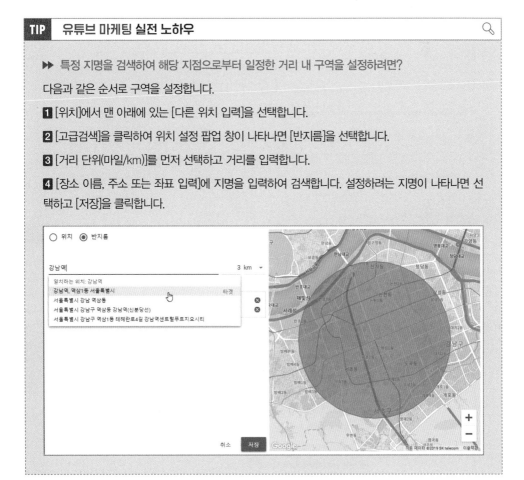

12 [콘텐츠 제외: 광고 게재 위치 정의]에서 [인벤토리 유형]을 [표준 인벤토리]로 선택합니다.

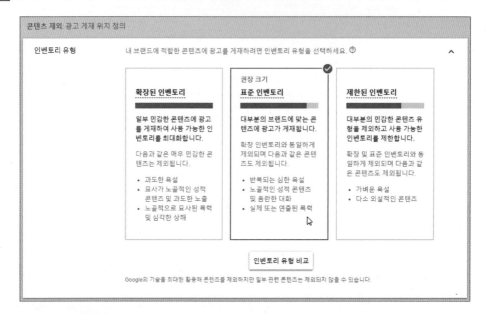

- [표준 인벤토리] 선택을 권장합니다. 이 옵션을 이용하면 대부분의 브랜드에 맞는 콘텐츠에 광고가 게재됩니다. [확장된 인벤토리]와 동일한 항목들이 제외되며 다음과 같은 콘텐츠도 제외됩니다.
  - 반복되는 심한 욕설
  - 노골적인 성적 콘텐츠 및 음란한 대화
  - 실제 또는 연출된 폭력
- [확장된 인벤토리]를 선택하면 일부 민감한 콘텐츠에도 광고가 게재되어 사용 가능한 영역이 최대화됩니다. [제한된 인벤토리]를 선택하면 대부분의 민감한 콘텐츠가 제외되어 사용 가능한 영역이 제한됩니다.

13 [제외된 콘텐츠]와 [제외된 유형 및 라벨]도 설정합니다.

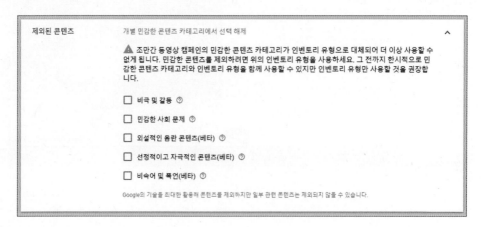

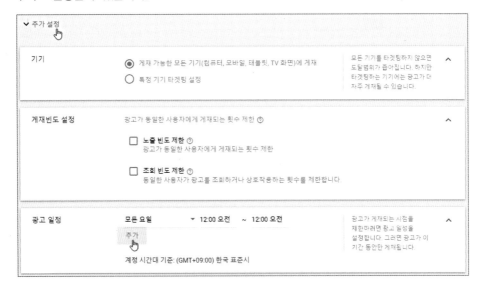

제외된 유형 및 라벨　　브랜드에 맞지 않는 콘텐츠에서의 광고 게재 차단

제외할 콘텐츠 유형 선택 ⑦　　　　제외할 디지털 콘텐츠 라벨 선택 ⑦

☐ 삽입된 동영상　　　　　　　☐ DL-G: 전체 시청가

☐ 라이브 스트리밍 동영상　　　☐ 가족용 콘텐츠

☐ 게임　　　　　　　　　　　☐ DL-PG: 보호자 동반 시청가

☐ DL-T: 청소년 이상 시청가

☐ DL-MA: 성인용 ⑦

☑ 등급이 지정되지 않은 콘텐츠 ⑦

Google의 기술을 최대한 활용해 콘텐츠를 제외하지만 일부 관련 콘텐츠는 제외되지 않을 수 있습니다.

- 비극 및 갈등, 민감한 사회 문제, 외설적인 음란 콘텐츠, 선정적이고 자극적인 콘텐츠, 비속어 및 폭언 등 이 나오는 콘텐츠를 제외할 수 있습니다. 또한 브랜드 이미지에 맞지 않는 콘텐츠에 광고가 노출되는 것 을 차단하려면 [제외할 콘텐츠 유형]과 [제외할 디지털 콘텐츠 라벨(등급)]을 추가로 선택할 수 있습니다.

- 잠재고객 타깃팅 옵션을 이용해 오디언스 타깃팅 방식으로 광고를 진행하면 자칫 원치 않는 동영상(콘 텐츠)에 우리 광고가 노출될 위험이 있습니다. 완벽하게 차단하는 건 어렵겠지만, 브랜드 이미지 관리가 중요하다면 콘텐츠 제외 옵션을 적극 사용하길 권합니다.

14 콘텐츠 제외 옵션 아래에 있는 [추가 설정]을 클릭하면 [기기], [게재빈도 설정], [광고 일정]을 추가로 설정할 수 있습니다.

- [기기]는 광고를 게재할 기기를 선택합니다. [게재 가능한 모든 기기]를 선택하면 컴퓨터, 휴대폰(스마트 폰), 태블릿, TV에 모두 노출할 수 있으며 효율이 좋은 기기 위주로 게재됩니다.

- [게재빈도 설정]은 광고가 특정 시청자에게 지나치게 집중되지 않도록 광고의 게재(노출) 및 조회 빈도를 제한하거나 조절합니다.

- [광고 일정]은 캠페인 운영 목표에 맞춰 광고를 노출하고 싶은 요일과 시간대를 구분하여 자동으로 광고를 끄거나 켤 수 있습니다. 영업을 하지 않는 요일과 시간, 혹은 광고 성과가 좋지 못한 특정 시점을 지정하여 광고가 노출되지 않도록 설정할 수 있습니다.

TIP 유튜브 마케팅 실전 노하우

▶▶ 특정 운영체제 또는 특정 브랜드의 기기만 지정해 선택적으로 게재하려면?

다음과 같은 순서로 게재할 수 있습니다.

1 [특정 기기 타겟팅 설정]을 선택합니다.

2 [휴대전화 및 태블릿용 고급 타겟팅 설정]에서 [기기 모델]의 [모든 기기 모델]을 클릭합니다.

3 [기기 모델 선택]이 나타나면 먼저 원하는 모바일 운영체제를 선택합니다.

4 해당 운영체제를 사용하는 스마트폰의 생산 업체명(브랜드명)을 선택한 후 원하는 특정 기기들을 선택합니다.

5 일반적으로 지정한 브랜드의 [모든 기기]를 선택합니다. 특정 기기만 선택하려면 오른쪽의 [선택한 항목]에서 해당 [브랜드명(모든 모델)]을 삭제한 후 다시 원하는 모델만 골라서 선택해야 합니다.

유튜브 광고 만들기 2단계 : 광고그룹 만들기

지금까지 캠페인에 필요한 기본 정보를 모두 설정했습니다. 이후에는 해당 캠페인을 좀 더 효과적으로 집행하기 위해 '누구에게, 어떤 입찰가'로 광고를 노출할 것인지 기본 광고 전략에 따라 [광고그룹]을 만들어야 합니다.

[광고그룹]을 만드는 과정은 사용자(오디언스) 타깃팅과 콘텐츠(인벤토리) 타깃팅을 통해 광고가 노출됐을 때, 반응을 가장 많이 보일 것으로 예상하는 잠재고객과 노출 영역(게재위치)을 설정하는 것입니다. 또한 다른 광고주들과 경쟁할 때 입찰가를 얼마까지 제안할 것인지 기본 조건을 설정합니다.

구체적인 타깃팅 방법은 PART 03의 CHAPTER 02~03에서 이미 자세히 살펴보았습니다. 여기서는 유튜브 채널과 동영상에 보인 반응 행동에 따라 만든 [유튜브 잠재고객] 목록을 이용해 광고 타깃을 설정하는 방법만 추가로 살펴보고, 광고 소재를 설정하는 단계로 넘어갑니다.

01 동영상 잠재고객 목록을 리마케팅 광고에 활용해보겠습니다. 먼저 캠페인 목표를 설정하고 동영상 광고 유형을 선택한 후 [광고그룹 만들기] 단계에서 [잠재고객]을 클릭합니다. **1** [찾아보기] 탭을 클릭하고 **2** [비즈니스와 상호작용한 방식(리마케팅 및 유사 잠재고객)]을 선택합니다.

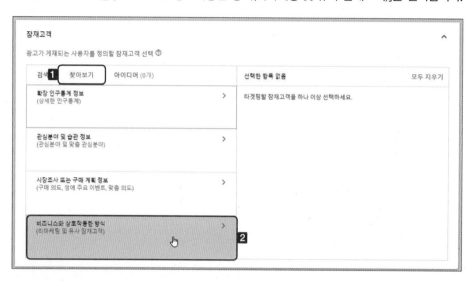

02 [YouTube 사용자]를 클릭해서 유튜브 채널 및 동영상에 대한 행동으로 만들어진 잠재고객 목록 중 광고 대상으로 사용할 목록을 모두 선택하여 추가합니다.

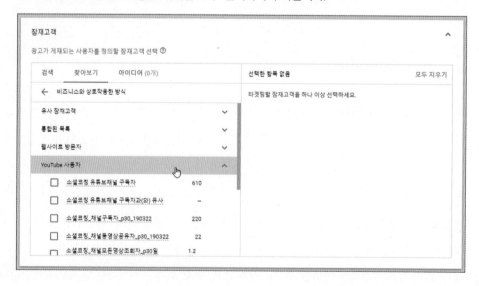

▶▶ [인기 페이지 입찰가 조정]이란 무엇이고 어떻게 설정하나?

● 인기 페이지는 유튜브 및 구글 디스플레이 네트워크(GDN)에서 가장 인기 있는 콘텐츠입니다. 이러한 채널이나 웹사이트, 앱은 잠재고객이 보여주는 참여도 수준에 따라 결정됩니다. 유튜브의 인기 페이지는 미국, 호주, 영국, 프랑스, 독일, 캐나다 시장에만 적용됩니다.

● 기본 설정된 입찰가(최대 CPV)를 필요한 배수(%)만큼 더 높이면 유튜브 및 GDN에서 가장 인기 있는 콘텐츠(동영상)에 내 동영상 광고가 게재될 가능성을 높일 수 있습니다.

● 입찰가 조정 범위는 기본 입찰가의 0~500%입니다. 기본 입찰가를 250원으로 책정하고 [인기 페이지 입찰가 조정]에 200%를 입력하면, 필요 시 250원의 두 배(200%)인 500원을 더하여 최고 750원까지 입찰가를 높여 경매에 응하게 됩니다.

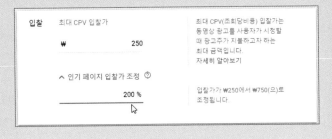

유튜브 광고 만들기 3단계 : 광고 소재 불러오기

구글 애즈를 통해 동영상 광고 소재를 만드는 작업은 다른 디스플레이 광고를 만들고 설정하는 작업보다 훨씬 쉽고 간단합니다. 유튜브 동영상 광고는 유튜브 채널에 동영상이 미리 업로드되어 있어야 가능하기 때문입니다.

▶▶ 광고에 사용할 동영상을 유튜브에 업로드할 때 필요한 공개 옵션은?

● 유튜브에 광고 동영상을 업로드할 때 공개 옵션은 공개, 미등록, 비공개 중 하나를 선택합니다.

● '비공개'는 나만 볼 수 있고 외부에 공개되지 않으므로 동영상 광고에 사용할 수 없습니다.

● '미등록'은 URL 주소를 아는 사람만 볼 수 있으므로 특정 영상을 제한된 사람에게만 공유하고 싶을 때 이용합니다. 단, 돈을 받고 특정인에게만 미등록 동영상의 링크를 제공하는 것은 상업적 행위로 간주해 유튜브가 금지하고 있으니 유의하세요.

그럼 채널에 업로드된 동영상을 광고에 이용하려면 어떻게 설정하면 될까요? 다음과 같이 광고할 동영상의 공유 URL 주소로 간단하게 설정할 수 있습니다.

01 [동영상 광고 만들기]에서 [내 YouTube 동영상]의 검색창에 광고 동영상의 이름을 입력하여 검색하거나, URL 주소를 복사해서 붙여 넣습니다.

◉ 한글 제목으로 업로드된 동영상은 동영상 제목의 일부를 입력하는 방식으로는 검색되지 않을 수 있습니다. 광고 동영상의 URL 주소를 복사해오는 편이 안전합니다.

02 광고할 동영상의 [공유]를 클릭한 후 [링크 공유] 하단에 표시되는 URL 주소의 [복사]를 클릭합니다. 01번 단계로 돌아가 [내 YouTube 동영상]의 검색창에 복사한 URL 주소를 붙여 넣고 결과를 확인합니다.

03 광고할 동영상이 정상적으로 선택되어 호출되면 원하는 [동영상 광고 형식]을 선택합니다.

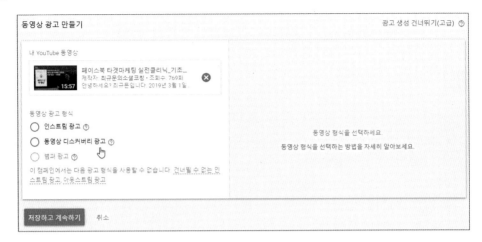

04 [인스트림 광고]를 선택했다면 다음 내용을 참고해 필요한 항목을 추가로 입력 및 설정합니다.

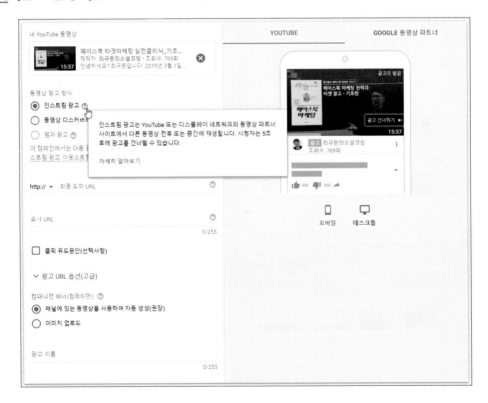

● [최종 도착 URL]에는 동영상 광고를 시청 중일 때 또는 재생 종료 후 클릭했을 때 연결되는 랜딩페이
  지의 URL 주소를 입력합니다.

- [표시 URL]은 실제 랜딩페이지가 아니라 인지를 위해 적어주는 URL 도메인 주소입니다.
- [클릭 유도문안]은 광고 제목과 나란히 표시되어, [최종 도착 URL]로 지정된 웹사이트로 사용자를 유도하는 역할을 합니다. 랜딩페이지와 관련된 내용을 10자 이하로 입력하세요.

TIP 유튜브 마케팅 실전 노하우 🔍

▶▶ 인스트림 동영상 광고 시 컴패니언 배너를 이용하려면?

- 컴패니언 배너는 광고 옆에 표시되는 이미지 또는 이미지 그룹을 말합니다. 기본적으로 유튜브 채널의 동영상에서 자동 생성됩니다.

- 컴패니언 배너에는 업로드한 이미지(300×60픽셀, 파일 크기는 최대 150KB) 또는 동영상에서 자동 생성된 이미지를 사용할 수 있는데, 데스크톱과 모바일 등 다양한 플랫폼에 간편하게 통합할 수 있도록 자동 생성된 이미지를 사용하는 것이 좋습니다.

- 컴패니언 배너는 인스트림 광고 노출 시에 무료로 제공되는데, 광고 동영상이 '공개' 옵션인 경우에 한해 데스크톱의 웹에서만 노출됩니다. 인스트림 광고 노출이 종료되어도 배너는 남아있어 브랜드 인지도를 높이는 데 도움이 됩니다.

---

05 [동영상 디스커버리 광고]를 선택했다면 [미리보기 이미지]를 선택하고, 적절한 [광고 제목]과 [설명]을 입력합니다.

- 디스커버리 광고는 유튜브에서 특정 키워드로 검색했을 때, 검색 결과에 나타나는 동영상 목록 위쪽에 작은 이미지와 텍스트(광고 제목)가 함께 노출됩니다.

- 광고 제목이 눈에 띄었을 때 클릭을 유발하도록 궁금증이나 호기심이 생기는 제목을 붙이는 게 가장 중요한 포인트입니다.

- 인스트림 광고는 랜딩페이지 주소를 [최종 도착 URL]로 설정할 수 있지만, 디스커버리 광고는 클릭하면 바로 동영상이 재생되므로 동영상의 조회수를 높이고 싶을 때 효과적입니다.

06 [범퍼 광고]를 선택했다면 [최종 도착 URL]과 [표시 URL]을 입력하고, [컴패니언 배너] 등을 추가로 설정합니다.

- 범퍼 광고는 캠페인 입찰 전략을 [최대 CPM]으로 선택했을 때만 사용할 수 있습니다.

- 6초 이하의 동영상에만 사용할 수 있으며, 시청자가 건너뛰기를 할 수 없는 강제 노출 광고라서 브랜드 인지도를 높이는 데 효과적이므로 인스트림 광고와 병행하여 집행하는 것을 권장합니다.

지금까지 유튜브 광고를 만들고 집행할 때 고려해야 할 점과 실제 광고 집행 과정을 차례대로 살펴보았습니다. 그렇게 광고를 만들고 개시했다면 이제 손님이 들어오는 것을 기다리기만 하면 될까요? 천만의 말씀입니다! 타깃 광고는 집행했다고 끝나는 게 아닙니다. 오히려 진짜 광고 관리 작업은 이제부터 시작이라고 해도 과언이 아닙니다.

누구를 대상으로, 어떤 소재를 사용한 광고가, 언제, 어느 영역에서 노출될 때 제일 좋은 성과를 내는지 확인하고, 어떤 캠페인이나 광고 소재는 지속시키고 어떤 광고는 중단할지 시시각각 결정해야 합니다. 나아가 광고별로 성과 차이를 발생시키는 요인이 무엇인지 분석하여 원인을 찾아내고, 다음번 광고를 개선하는 데 반영하는 작업을 지속적으로 반복해야 합니다.

이와 관련하여 구글 애즈의 각종 보고서는 주로 유료로 집행한 광고 캠페인의 성과를 보여줍니다. 구글 애즈를 통해 유튜브 동영상 광고의 성과 효율을 높이는 데 도움이 될 수 있는 제안과 핵심 팁을 알아보겠습니다.

게재위치 확인 비교 테스트하기

게재위치 타깃팅을 사용하면 특정 유튜브 채널이나 특정 동영상에 동영상 광고를 게재할 수 있다는 것을 배웠습니다. 다음은 그 결과를 담은 예시입니다.

게재위치 타깃팅은 일반적으로 유튜브 동영상을 홍보하는 캠페인에 가장 적합한 타깃팅 옵션으로 알려져 있습니다. 다만 이 옵션을 이용하려면 타깃으로 삼으려는 채널을 파악하고 설정하는 데 손이 많이 가고, 인기 있는 채널이나 동영상이라면 다른 광고주와의 경쟁도 고려해야합니다.

구글 애즈에서 [게재위치]를 클릭하고 [광고가 게재된 위치] 탭을 열어 [유형] 항목을 기준으로 재정렬합니다. 그러면 유튜브 채널만 필터링해서 살펴볼 수 있는데, 어떤 게재위치(유튜브 채널)에서 광고 노출과 반응이 많이 일어나고 있는지 손쉽게 확인할 수 있습니다.

게재위치 타깃팅을 시도했는데 아예 노출이 되지 않거나 성과가 기대 이하라면 입찰 경쟁에서 밀렸을 수도 있습니다. 특정 동영상이나 채널을 타깃팅한다고 해서 무조건 광고가 게재되는 것은 아닙니다. 인기 있는 동영상이나 채널에 광고가 게재되려면 입찰가를 공격적으로 높여볼 필요가 있습니다.

게재위치 타깃팅을 사용한 광고그룹의 성과가 기대에 못 미칠 경우 게재위치를 다른 유튜브 채널 또는 동영상으로 바꿔보세요. 다른 타깃팅 옵션을 테스트하려면 새 광고그룹을 만든 다음 원래 광고그룹의 동영상 광고를 복사하여 새 게재위치 타깃팅이 포함된 새 광고그룹에 붙여넣으면 됩니다.

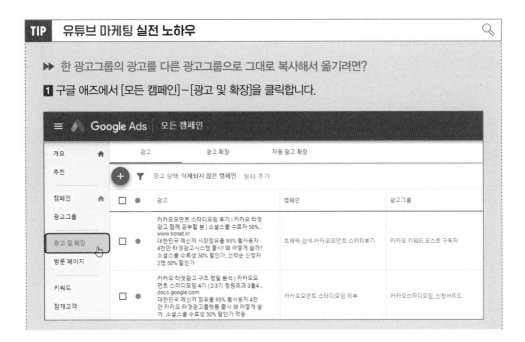

2 복사하려는 광고를 선택하여 체크하고 [수정]-[복사]를 클릭합니다.

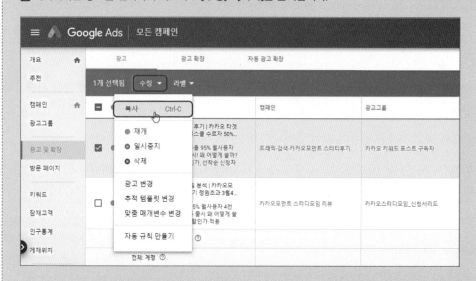

3 [광고그룹]을 클릭합니다. 복사한 광고를 붙여 넣고 싶은 광고그룹을 선택하여 체크한 후 [수정]-[붙여넣기]를 클릭합니다.

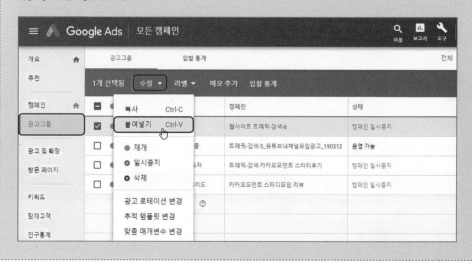

[시장조사 또는 구매 계획 정보] 찾기

꽃집이나 선물용품을 판매하는 곳인 경우, 고객의 기념일이나 경조사 등과 연결된 구매 계획 정보를 잘 찾아내서 광고를 내보내면 광고 효과가 높아집니다. 이를테면 결혼, 선물, 기념일과 같이 삶에서 주기적으로 챙기는 내용과 관련된 검색어를 입력하고 구매 계획 정보와 연관된 항목들을 찾아 잠재고객 항목으로 선택해보세요. 분류 카테고리가 다양하므로 찾는 시간은 오래 걸리지만, 업종 특성과 잘 연결된 카테고리를 찾아낼 수 있다면 좋은 타깃팅 수단이 될 수 있습니다.

제대로 된 맞춤 타깃팅이 가능하면 동영상 광고의 효과 또한 일반 광고와 마찬가지로 향상될 수 있을 것입니다. 다음 예시는 '기념일' 검색어로 찾아본 잠재고객 중에서 [시장조사 및 구매 계획 정보] 기반으로 분류된 [선물, 기념일] 카테고리입니다.

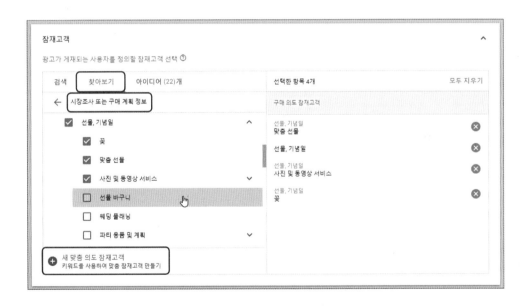

이 기능을 이용하려면 [잠재고객]에서 [찾아보기] 탭을 클릭한 후 [시장조사 또는 구매 계획 정보]의 하위 카테고리를 검색하면 됩니다. 맨 아래에 있는 [새 맞춤 의도 잠재고객]을 이용하면 평소 원하는 검색어(키워드)나 경쟁사 웹사이트 URL 주소 등을 입력하여 해당 조건에 맞는 키워드에 반응하는 타깃 오디언스를 수집하여 광고에 활용할 수도 있습니다.

[맞춤 관심분야 잠재고객] 찾기

[잠재고객]에서 [찾아보기] 탭의 [관심분야 및 습관 정보]도 적절한 가망고객을 찾아내는 좋은 방법 중 하나입니다.

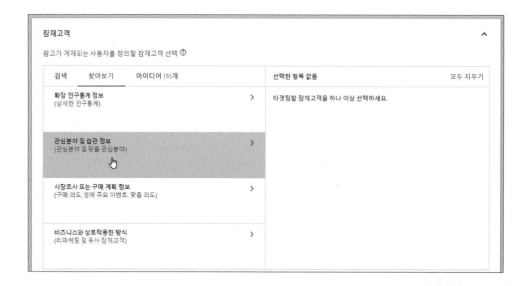

[관심분야 및 습관 정보]를 클릭하고 [관심분야 잠재고객]을 클릭하면 맨 아래에 [맞춤 관심분야 잠재고객]이라는 추가 설정 옵션이 제공됩니다.

구글이 분류해놓은 관심 분야 카테고리 중에서 선택하는 대신에, 사용자가 직접 관심분야, URL, 장소, 앱 등을 입력해서 조건에 맞는 타깃 오디언스를 추려내도록 도와주는 타깃팅 옵션입니다.

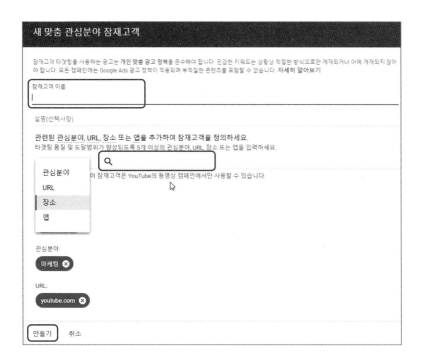

찾고 싶은 [관심분야]나 [URL] 등을 입력해서 관련 항목을 선택하고, [잠재고객 이름]에 구분 가능한 이름을 입력한 후 [만들기]를 클릭합니다. 다음과 같이 [맞춤 관심분야 잠재고객] 목록이 새로 만들어집니다.

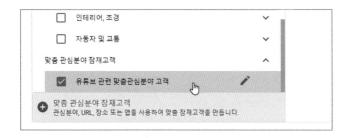

평소 해당 아이템에 관심을 가진 잠재고객을 찾아낼 수 있는 적절한 맞춤 조건을 설정할 수만 있다면 매우 훌륭한 타깃팅 무기로 활용할 수 있을 것입니다.

[키워드 플래너] 제대로 활용하기

모든 온라인 광고에서 키워드는 전환 가능성이 높은 잠재고객을 찾는 시작이자 끝입니다. 유튜브는 동영상 서비스로 시작했지만, 현재는 국내 인터넷 사용자의 60% 이상이 검색할 때 사용하는 검색 채널로 성격이 변하고 있습니다. 따라서 유튜브 자체가 검색 광고 도구는 아니지만, 유튜브 광고 대상 잠재고객을 타깃팅할 때 키워드만큼 중요한 것도 없습니다.

구글 애즈는 [키워드 플래너]를 통해 영상과 관련 있는 키워드를 쉽게 찾을 수 있도록 도와줍니다. 그뿐만 아니라 해당 키워드로 검색 광고 등을 실시할 때 어느 정도의 노출 단가를 필요로 하는지 예상치도 보여줍니다.

동영상 캠페인에 키워드 타깃팅을 이용하려면 먼저 제품이나 서비스에 가장 적합한 키워드를 조사하는 게 중요합니다. 구글 애즈에서 [도구]−[계획]−[키워드 플래너]를 클릭합니다.

[새 키워드 찾기] 또는 [검색량 및 예상 실적 조회하기] 중에 선택할 수 있습니다.

동영상과 연관된 키워드를 찾아보려면 [새 키워드 찾기]를 클릭한 후 필요한 검색어를 입력하여 찾으면 됩니다.

다음은 최근에 업데이트된 [새 키워드 플래너]를 통해 찾아본 결과 예시입니다.

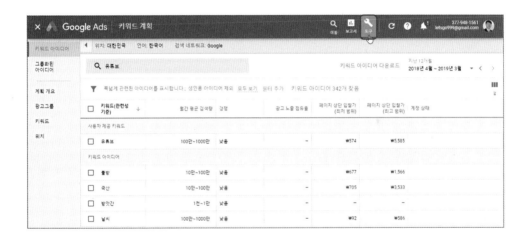

구글 키워드 플래너는 네이버 키워드 도구와 비슷한 구조와 원리로 작동합니다. 네이버를 이용해봤다면 어렵지 않게 사용할 수 있습니다.

이와 같은 다양한 타깃팅 도구를 잘 활용하면 당장은 잠재고객 목록을 많이 보유하고 있지 않더라도, 아이템에 적극 반응해줄 오디언스를 찾아내는 데 많은 도움을 받을 수 있습니다. 어떻게 얼마나 잘 활용할 수 있는가는 각자의 노력과 열정, 실험 정신에 달렸다고 봐야겠죠!

실전 활용 사례 보고 16 #교육서비스업

유튜브에 업로드한 동영상을 네이버TV에도 업로드하여
네이버TV 메인에 자주 노출!

 김성원 한국치유요가협회 대표
구독자 2,791명 · 동영상 371개 · 조회수 219,549회

> ▶ 채널 정보

- **회사명 :** 사단법인 한국치유요가협회
- **업종명 :** 교육서비스업
- **채널명 :** 요가앤 필라테스

> ▶ 채널 설명

요가, 필라테스, 생활 치유 요가 관련한 주제별 영상과 정보 중심 채널입니다.

> ▶ 유튜브 도입 후 성과

유튜브에 업로드한 동영상을 네이버TV에도 업로드했더니 네이버TV 메인에 자주 노출되어 홍보 효과가 증대되었습니다. 참여한 강사들의 브랜딩 효과로 센터 문의 또한 증가했습니다.

페이스북 광고로 유튜브 트래픽 늘리기

01 유튜브 광고에 페이스북이 필요한 이유

온라인 디지털 광고 추적 기술, 어디까지 왔나

온라인 광고가 오프라인 광고와 다른 점은 '노출 성과를 측정할 수 있다'는 것입니다. 웹브라우 저나 앱을 통해 인터넷 수신 기기에서 발생되는 이벤트를 추적할 수 있습니다. 시청자의 행동 이 '좋아요'나 '댓글'처럼 서비스에 남는 것이 아니더라도, 행동의 흔적(로그 정보)을 추적해서 서버로 보낼 수 있습니다. 서버는 이 데이터를 모아 광고 성과를 분석합니다.

심지어 요즘은 기술 발달로 TV(양방향 통신이 가능한 디지털 TV)에서 발생되는 리모컨 입력 행동조차 추적할 수 있습니다. 덕분에 채널을 변경하는 짧은 시간에 특정 브랜드나 상품 관련 홍보 메시지를 노출하는 'Zapping' 광고까지 상품으로 나와 있습니다.

다음은 'Zapping' 광고의 작동 원리를 예시를 들어 설명한 개념도로, 한 미디어 업체가 공개 한 광고 제안서의 일부입니다.

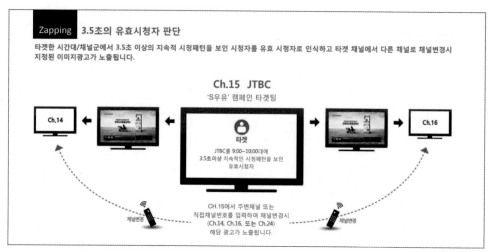

▲ 디지털 TV를 이용한 Zapping 광고 상품 제안서 샘플

이외에도 인공지능 스피커를 통해서 사용자의 질문에 특정 브랜드를 추천해주는 음성 광고 상품도 등장했습니다. 인터넷이 가능한 모든 기기가 광고 매체의 역할을 할 수 있는 시대이고, 그렇게 제공되는 모든 광고는 성과 추적이 가능하다고 봐도 됩니다.

지금은 디지털 추적 기술의 발전으로 TV를 통한 노출조차 부분적으로는 성과를 추적할 수 있고, 인터넷 광고 대비 효과까지 추정하여 비교할 수 있습니다. 결과적으로 모든 광고가 효과 정도에 따라 가격이 매겨지는 시대가 온 겁니다.

이번 CHAPTER에서는 유튜브 광고의 효율을 높이기 위해 온라인 매체의 광고비를 어떻게 책정하고, 예산은 얼마나 준비해야 할지부터 이야기를 풀어보겠습니다.

온라인 광고비, 어떻게 책정되고 얼마나 준비해야 할까

앞서 구글 애즈를 통해 유튜브 동영상 광고를 집행할 때 필요한 다양한 타깃팅 요소와 방법을 살펴보았습니다. 그런데 유튜브 광고를 집행하려면 이 모든 내용과 방법을 정말 꼭 알아야만 할까요?

[YouTube 스튜디오]에서 각 동영상의 [홍보하기]를 이용하면 복잡한 과정을 거치지 않아도 바로 광고를 집행할 수 있습니다. 구글 애즈 계정을 새로 만들거나 기존 계정과 연결하고, 어

느 지역을 대상으로 어떤 사람들에게 집행할 것인지 몇 가지 항목만 추가로 설정하면 어렵지 않게 구글로 광고를 집행할 수 있습니다.

그럼 의문이 생기지 않나요? 버튼 하나 클릭해서 기본 항목 몇 가지만 설정하면 바로 집행할 수 있는 쉬운 광고 방법이 있는데 왜 그것을 먼저 소개하지 않고, 복잡한 설정과 타깃팅 작업이 필요한 구글 애즈 활용법부터 길고 장황하게 설명했을까요? 이유는 간단합니다. 광고는 비싸니까요!

온라인 광고를 집행해보면 알겠지만, 인터넷 광고 비용은 절대 저렴하지 않습니다. 디스플레이 광고는 보통 CPM(1,000회 노출당 비용)을 비교 지표로 삼는데, 구글 디스플레이 광고와 페이스북 뉴스피드 광고의 글로벌 평균 CPM은 각각 3달러, 11달러 수준입니다. 우리 돈으로 대략 3,000원, 12,000원 정도이니 1회 노출당 각각 3원, 12원꼴입니다. 그런데 이렇게 돈을 들여 노출해도 클릭이 발생하지 않으면 실질적인 유입도 발생하지 않습니다. 그래서 온라인 광고 집행 시 가장 중요하게 여기는 성과 지표가 바로 CTR(노출당 클릭한 비율)입니다. 보통 구글 디스플레이 광고는 0.4%, 페이스북 뉴스피드 광고는 2% 내외입니다.

국내 쇼핑몰의 유입(클릭 방문) 대비 평균 전환율은 2.5% 정도입니다. 이 기준을 앞서 이야기한 클릭률에 그대로 적용해봅시다. 구글 디스플레이 광고라면 30,000원을 들여 10,000명에게 노출해야 40명이 클릭하고, 이 중 1명이 전환할 것으로 기대할 수 있습니다. 페이스북 뉴스피드 광고라면 광고비 120,000원을 들여 10,000명에게 노출하면 200명이 클릭하고 5명의 전환이 일어나는 셈이죠.

위 예시의 경우 구글 디스플레이 광고와 페이스북 뉴스피드 광고의 전환 단가는 각각 30,000원, 24,000원에 이릅니다. 만약 광고를 집행한 결과로 이 정도의 이윤이 남지 않는다면 디스플레이 광고를 통해서는 수익을 남기기는커녕 광고비 본전도 건질 수 없다는 뜻입니다.

유튜브 광고, 왜 타깃 광고로 접근해야 하는가

앞의 예시는 디스플레이 광고를 기준으로 계산한 거라 우리나라처럼 네이버 검색 광고에 익숙하다면 이해가 잘 안 될 수 있습니다. 네이버 키워드 검색 광고는 CPC(클릭당 비용)로 운영됩니다. 디스플레이 광고와 제일 다른 점은 아무리 여러 번 노출돼도 '클릭이 발생하지 않으면 과금을 하지 않는다'는 점입니다. 효과가 없으면 광고비를 청구하지 않는다니 무척 바람직해 보입니다.

하지만 여기에도 함정이 있습니다. 키워드 광고가 경매 방식으로 가격이 결정된다는 점입니다. 광고 영역은 제한되어 있고 검색 결과 첫 페이지 상위에 노출될수록 클릭률은 높아집니다. 광고주들은 광고를 상위에 노출시키기 위해 경쟁하고 결국은 돈 많은 대형 광고주들이 상위 알짜 자리를 모두 독차지하게 됩니다.

경쟁이 심한 키워드일수록 광고 클릭 단가는 높아지게 마련이고 광고비 지출 대비 클릭 효율은 떨어집니다. 이렇게 되면 똑같은 노출과 클릭 횟수라도 클릭 1회에 소요되는 CPC 단가가 높아지므로 광고비 부담은 커질 수밖에 없습니다. 키워드 검색 광고 역시 '입찰 경쟁 심화에 따른 효율 저하'라는 문제를 구조적으로 안고 있는 셈이지요.

유튜브 광고는 다른 유튜브 동영상이 재생될 때 삽입되어 노출되거나(인스트림 광고), 다른 외부 사이트에서 재생되는 동영상 형태로 노출되거나(아웃스트림 광고), 그도 아니면 다른 유튜브 채널의 검색 결과나 연관 동영상 추천 목록에 노출됩니다(디스커버리 광고).

이들 모두 직접적인 키워드 검색 광고가 아닙니다. 주제어(태그)나 추천 동영상들과의 연관성을 매개로 다른 동영상이나 추천 목록 영역에 노출되는 '디스플레이 광고' 형태입니다. 곧 광고가 노출(삽입)되는 동영상 또는 채널이 우리 광고 동영상의 주제와 얼마나 정확히 일치하는지, 얼마나 연관성이 높은지에 따라 광고 효율이 좌우된다는 말입니다.

누군가 유튜브에서 특정 키워드를 검색했거나 어떤 동영상을 재생했다면 그 키워드나 동영상과 관련된 주제에 관심이 있음을 뜻합니다. 이때 검색된 키워드는 시청자의 '관심사'나 '의도'를 반영하는 것이라 볼 수 있으니까요.

유튜브 동영상 광고가 검색 광고가 아님에도, 제목 키워드와 태그를 설정하는 데 심혈을 기울여야만 하는 이유가 바로 여기에 있습니다. 그리고 구글은 수많은 동영상 간 연관성을 추적하고 매칭시켜주는 알고리즘을 개발한 주체입니다. 그래서 '구글 검색 엔진 최적화(SEO) 알고리즘에 기초한 유튜브 검색 엔진 최적화(SEO)'의 필요성을 거듭 강조했지요.

또한 구글 애즈의 여러 설정 요소 중에서도 잠재고객 기반 타깃팅과 콘텐츠 기반 타깃팅 방법에 대해 많은 지면을 할애하여 상세히 살펴보았습니다.

그렇다면 페이스북 타깃 광고와 유튜브 광고는 어떤 상관성이 있을까요? 유튜브 광고는 구글 애즈에 최적화되어 있고 구글 애즈의 타깃팅 기술은 다른 광고 플랫폼보다 훨씬 앞섭니다. 그런데 굳이 페이스북 광고 시스템을 이용해야 할 필요가 있을까요?

'내 친구'가 '좋아요'로 추천하는 광고

페이스북 광고가 유튜브 광고와 다른 점은 'SNS 사용자'를 대상으로 한다는 점입니다. 반대로 '디스플레이 광고'라는 점은 비슷합니다. 유튜브 동영상 또는 채널의 트래픽(방문과 재생)을 늘리고 싶을 때 페이스북 광고를 이용하면 좋은 이유가 뭘까요? 유튜브 광고와 비교해보면 답을 찾을 수 있습니다. 먼저 페이스북 광고가 'SNS 사용자'를 대상으로 한다는 점을 생각해보죠.

페이스북은 '소셜 네트워크 서비스(SNS)'입니다. 사람 간의 연결망을 기반으로 소식이 전파됩니다. 어떤 정보를 사용자가 직접 '검색'해서 찾는 게 아닙니다. 친구나 지인이 공유할 가치가 있다고 생각되는 정보를 발견하면 자신의 의견이나 느낌을 더해 '공유하기'로 나에게 전달해주는 것을 '발견'하는 겁니다. 즉 친구에 의해 선택되고 필요하다고 여겨지는 정보인 것이죠.

더욱이 페이스북은 한 사람이 '실명(본명)'으로 계정 하나만 사용할 것을 약관에 규정하고 있습니다. 의도적으로 가짜 계정을 만들어 사용하는 경우를 제외한 대다수 사용자는 실명을 사용하고 얼굴 사진을 프로필 이미지로 사용합니다. 이 장치는 서로에게 정직하길 요구하는 사회적 거울이자 감시망입니다. 없는 이야기를 꾸며내거나 사실이 아닌 뉴스를 함부로 전할 수 없게 견제하는 것입니다.

우리가 광고성 콘텐츠를 일단 의심하는 이유는 실제로 제품이나 서비스를 이용했을 때 광고 내용과 달랐던 경험이 있기 때문입니다. 어떤 상품을 구입할 때 주변 사람에게 먼저 추천을 요청하거나, 다른 사람의 구매 후기를 찾아보는 이유도 같습니다. 구매 실패에 따른 실망이나 반품, 환불 등 불필요한 사후 처리 과정을 피하고 싶은 까닭입니다.

페이스북의 광고 콘텐츠는 'Sponsored'를 표시해 노출합니다. 구글이나 네이버에서 '광고'로 표시하는 것과 같죠. 영어로 표기하는 것을 고집하고 있는데, 이 또한 광고라는 느낌을 조금이라도 덜기 위함입니다.

그런데 페이스북 광고가 광고로 느껴지지 않도록 부담감을 줄이는 요소는 따로 있습니다. 'Sponsored'가 표시된 광고 게시글 하단에 친구나 지인 외 몇 명이 '좋아요'를 눌렀다고 이름이 표시되는 것이죠. 평소 믿고 소통하는 친구들이 '좋아요'를 눌렀다니 일단 눈길이 머뭅니다. 그게 광고임에도 '불필요한' 혹은 '원치 않는' 스팸이라는 느낌 대신, 대체 내용이 뭐길래 싶어 나도 한 번 눌러보게 됩니다.

▲ 모바일 페이스북 뉴스피드 광고 샘플(좌)과 ADSTAGE 리포트 기준 뉴스피드 광고 단가(우)

이런 원리로 작동하는 광고이다 보니 페이스북 광고의 클릭률은 조사 업체에 따라 편차는 있지만, 구글 디스플레이 광고보다 적게는 4~5배, 많게는 6~7배까지 높게 나타납니다. '광고처럼 보이지 않는 광고', 이른바 '네이티브' 광고의 효과인 셈이죠.

'24시간 로그인' 서비스의 탁월한 타깃팅 효과

페이스북 광고의 클릭 유발 효과가 지금처럼 커진 것은 SNS의 가장 중요한 특징인 '강제 로그인' 서비스 덕분입니다. SNS는 아는 개인이나 브랜드와 친구나 팬 관계를 맺고 그들의 타임라인에 올라오는 새 소식을 홈 화면인 '뉴스피드'에 모아 봅니다. 페이스북이나 인스타그램 광고 게시물 또한 친구 또는 팔로워의 '뉴스피드'나 '스토리'에 노출됩니다.

그런데 관계를 맺은 친구나 브랜드의 수가 늘면 문제가 발생합니다. 뉴스피드는 제한된 영역인데 어떤 친구의 소식을 보여주고, 어떤 친구의 소식을 안 보여줄 거냐는 겁니다. 또는 보여주되 누구의 소식을 먼저 보여주고, 누구의 소식을 뒤에 보여줄 거냐는 거죠. 즉, 전달할 대상을 선택하는 동시에, 게시물 전달의 우선순위도 함께 정해야 합니다.

이 순서를 정하는 것이 '뉴스피드 알고리즘'입니다. 친구를 맺었다고 해서 모든 친구의 글을 빠짐없이 뉴스피드에 노출한다면 어떨까요? 유사한 글을 습관적으로 올리는 친구가 있다면 그 한 사람의 소식으로 내 뉴스피드가 도배될 테니 뉴스피드를 더 이상 보고 싶지 않을 겁니다. 마찬가지로 어쩌다 한 번 '좋아요'를 눌렀을 뿐인 브랜드 페이지로부터 게시된 모든 새 소식을 전달받으면 어떨까요? 아마 얼마 지나지 않아 모든 뉴스피드가 브랜드 페이지의 광고성 콘텐츠로 넘쳐나게 될 것입니다.

이러한 문제점을 '뉴스피드 알고리즘'이 해결해줍니다. 평소에 메시지를 자주 주고받거나 댓글로 자주 소통하는 친구나 페이지를 골라서, '좋아요'와 댓글이 많은 인기 게시물을 중심으로, 가급적 최근에 올라온 새 소식을 추려 선별적으로 노출하는 겁니다. 여기서 우선순위를 정하려면 친구들이 보여주는 소통 행동(좋아요 또는 댓글 등)에 대해 가중치를 매기고 행동 정보 전체를 추적하고 평가해야 합니다.

페이스북 내부 교류 흔적만 추적하는 것이 아닙니다. '소셜 로그인'은 개인 정보를 추가로 입력하지 않아도 프로필 정보를 이용해 다른 서비스를 이용할 수 있게 연결해주고, '소셜 플러그인'은 좋아요(추천), 공유하기, 댓글을 공유해줍니다. 이러한 서비스를 이용하면 페이스북과 연동된 외부 웹사이트에서 발생하는 행동 데이터까지 고스란히 잡아낼 수 있습니다.

이렇게 모인 개인의 행동 정보는 어떤 광고 콘텐츠를 보여줄지 결정하는 요소로 쓰입니다. 또한 우리 웹사이트나 쇼핑몰에 방문자의 행동을 추적하는 픽셀을 심어두면 방문 고객의 모든 행동을 추적하여 페이스북 서버에 행동 정보로 남길 수 있습니다. 추적 픽셀 정보에 기반한 타깃 광고가 가능한 원리입니다.

앞서 살펴봤듯이 유튜브 동영상에 시청자가 남긴 반응 정도에 따라 잠재고객을 분류하여 모을 수 있습니다. 마찬가지로 페이스북 픽셀을 이용하면 웹사이트에 방문한 고객을 행동 특성에 따라 여러 그룹으로 분류할 수 있습니다. 페이스북의 [맞춤 타겟]이 바로 이겁니다.

요컨대 페이스북의 데이터가 막강한 이유는 개인이 실명으로 24시간 로그인하고 있는 상태이기 때문입니다. 이는 곧 사용자가 PC에서 모바일로, 혹은 태블릿으로 기기를 변경해도 로그인 정보가 연속해서 이어진다는 뜻입니다. 데이터의 주인이 누구인지 끊김 없이 추적할 수 있으니 개인의 성향과 관심을 다른 어떤 서비스보다 더 정확하고 면밀하게 파악할 수 있습니다. 실제로 다른 광고보다 4~5배 이상 높은 페이스북 광고의 CTR(클릭률)이 이를 그대로 입증해 주고 있고요.

페이스북 [맞춤 타겟]으로 유튜브 동영상을 광고한다?

동영상으로 만들어진 광고용 콘텐츠(이하 '광고 동영상')를 동영상 플랫폼인 유튜브에 노출하는 것은 이해가 됩니다. 그렇지만 광고 동영상을 페이스북 광고에 노출한다는 것은 다소 의아하게 들릴 수 있습니다. 페이스북 광고가 타깃팅을 정밀하게 할 수 있기로 정평이 난 만큼 누구에게 보여줄지는 정한다 해도 어디에, 어떻게 보여줄 거냐는 문제가 여전히 남기 때문이지요.

기본적으로 페이스북 광고가 노출되는 영역은 페이지에 구독 신청(좋아요)한 팬들 각자의 뉴스피드입니다. 따라서 평소 어떤 팬이 우리 아이템과 연관된 동영상에 대해 관심과 호감을 표시한 흔적이 있다면 그에 맞추어 유사한 주제나 형식의 동영상 광고를 만들어 노출하고 그에 대한 반응을 기대할 수 있습니다.

잠재고객에게 맞춤형으로 광고 동영상을 제공하려면 다음과 같은 점을 고려하여 추적해야 합니다.

1 광고에 노출된 사용자들이 어떤 주제나 형식의 게시물에 반응하는가?

2 특정 주제의 게시물에 적극적으로 반응하는 사람들은 어떤 부류인가?

3 어떤 동영상 콘텐츠를 얼마나 오랫동안 시청하고, 어느 정도 참여하는가?

잠재고객이 어떤 주제의 동영상에 반응하는지에 따라 관련 [동영상 참여 맞춤 타깃을 만들어 놓고, 필요 시 타깃 그룹만을 대상으로 그들이 좋아할 법한 동영상 광고를 만들어 제한적으로 보여줄 수 있다면 최선이겠죠.

다행히 구글 애즈에서 제공하는 다양한 타깃팅 원리는 페이스북의 사용자 로그 기반 타깃팅의 원리와 거의 흡사합니다. 따라서 두 광고의 특성과 장점을 잘 '통합'하여 활용하면 효과적이고 효율적인 성과를 내는 것이 가능합니다.

1 유튜브와 페이스북 광고를 함께 활용하여 시너지를 내는 것이 가능할까요?

2 어떤 방법과 절차로 통합 광고를 준비하고 집행할 수 있을까요?

3 페이스북 광고의 어떤 기능과 메뉴를 이용해야 최고의 효과를 낼 수 있을까요?

이 질문들에 대한 답은 이어지는 내용에서 함께 찾아보겠습니다.

다만, 여기서 유의할 점이 하나 있습니다. 페이스북과 구글은 타깃 광고 분야에 있어 최대 라이벌입니다. 당연히 서로의 서비스 채널이나 광고 망에 상대방의 광고 콘텐츠를 노출해주지 않습니다. 페이스북 동영상 광고 콘텐츠를 구글의 광고 영역인 구글 디스플레이 네트워크 (GDN) 제휴 웹사이트 또는 유튜브에 직접 노출할 수 없습니다. 반대로 구글의 광고 콘텐츠, 즉 유튜브 동영상을 페이스북 광고 영역에 직접 노출하는 것도 허용되지 않습니다.

그러면 페이스북에 유튜브 동영상의 공유 링크를 첨부하여 업로드한 게시물은 대체 무엇인지 궁금할 수 있습니다. 그것은 단순 게시물이지 광고 게시물이 아닙니다. 유튜브에 업로드한 동영상의 공유 URL 주소를 복사해서 페이스북 개인 타임라인이나 페이지 게시물에 링크로 첨부하여 업로드하는 것은 허용됩니다.

이 경우 작은 미리보기 이미지(섬네일)와 함께 동영상 제목이 표시되어 '동영상 링크 첨부' 게시물로 페이스북에 업로드됩니다. 친구나 팬들에게도 링크 첨부 게시물로 보입니다. 이러한 게시물은 동영상 링크가 첨부된 페이스북 게시물일 뿐, 그 자체가 페이스북의 동영상 콘텐츠는 아닙니다. 따라서 '유튜브 링크'가 첨부된 게시물로 페이스북 '게시물 홍보하기' 광고는 할 수 있지만, '동영상 조회' 광고를 집행하는 것은 불가능하다는 점을 잊지 마세요!

02 페이스북 광고로 유튜브 동영상 광고하기

페이스북 광고를 집행하기 위해 필요한 사전 준비

페이스북 광고는 지금까지 인류가 만들어낸 광고 시스템 중 가장 진화된 타깃 광고 플랫폼입니다. 그만큼 계정 개설부터 추적 픽셀 설치, [맞춤 타깃] 생성까지 미리 준비해야 할 요소가 많고 복잡한 광고 시스템입니다. 이 책은 페이스북 광고 전반을 다루는 책이 아닙니다. 유튜브 동영상을 페이스북에서 광고할 수 있는 방법을 제한적으로 다루므로 페이스북 광고 관리자를 이용하기 위한 환경 설정 과정은 따로 공부하기 바랍니다.

페이스북 광고를 집행하려면 다음과 같은 사전 준비 과정이 필요합니다. 페이스북 광고를 처음 접하거나, 이해가 잘 되지 않는다면 《페이스북 인스타그램 통합 마케팅》(이코노믹북스)의 1부 1장을 먼저 참고해보세요.

---

1 개인 페이스북 계정으로 접속하여 [비즈니스 관리자] 계정을 생성한다.

2 [비즈니스 설정] 메뉴에서 사용할 페이지를 등록하거나 없으면 새로 만든다.

3 [비즈니스 설정] 메뉴에서 [광고 계정]을 새로 만들고 사용 권한을 부여한다.

4 [비즈니스 관리자]에 접속하여 광고를 집행하고 관리할 [광고 계정]을 선택한 후 [광고 관리자]의 [캠페인] 탭에서 [만들기]를 클릭한다.

페이스북 [비즈니스 관리자]에서 [광고 계정]을 선택한 후 [광고 관리자]의 [캠페인] 탭을 클릭하면 다음과 같은 캠페인 관리 페이지를 볼 수 있습니다.

여기서 [만들기]를 클릭하면 광고 캠페인을 만들 수 있는데, 동영상 콘텐츠를 페이스북 광고에 이용하는 방법은 크게 세 가지가 있습니다. 트래픽 광고, 동영상 조회 광고, 도달과 브랜드 인지도 광고입니다.

페이스북 광고로 유튜브 동영상을 광고하는 세 가지 방법

[트래픽] 광고

[트래픽] 광고는 유튜브 동영상의 공유 링크를 랜딩페이지로 직접 연결합니다. 광고 배너(링

크)를 클릭하면 유튜브 채널로 연결되고 광고 동영상을 호출하여 재생합니다. 페이스북 뉴스 피드 영역에 노출되는 '동영상 디스커버리 광고'인 셈이죠. 이 경우 개별 동영상의 공유 링크 대신 유튜브 채널의 홈이나 재생목록으로 연결되는 링크 주소를 복사하여 랜딩페이지에 연결할 수도 있습니다. 이를 활용하면 특정 동영상 대신 원하는 유튜브 채널이나 재생목록도 보여줄 수 있겠죠.

[동영상 조회] 광고

[동영상 조회] 광고는 동영상을 페이스북에 직접 업로드하고, 이 동영상을 원하는 타깃에게 노출하는 방법입니다. 이 경우 유튜브 동영상이 아닌, 페이스북 서버에 업로드된 동영상이 호출됩니다. 그러므로 이 광고로는 유튜브 동영상의 조회수를 늘릴 수는 없습니다.

다만, 광고로 노출한 동영상 마지막 화면에 랜딩페이지 URL 주소를 추가할 수 있습니다. 랜딩페이지 URL 주소에 유튜브 채널 주소나 특정 유튜브 동영상의 공유 링크 주소를 추가해두고, 사용자가 이 링크를 클릭하면 유튜브로 넘어가도록 유도할 수 있습니다.

[도달]과 [브랜드 인지도] 광고

[도달]과 [브랜드 인지도] 광고는 페이스북에 이미 업로드된 동영상을 선택하거나, 여러 장의 이미지를 조합하여 6~10초 내외의 동영상(또는 슬라이드쇼)을 만들어 광고로 게재합니다. 이 경우 [동영상 조회] 광고와 마찬가지로 동영상 마지막 화면에서 유튜브 동영상의 공유 링크를 랜딩페이지 URL 주소로 설정할 수 있습니다. 이 링크를 클릭해서 유튜브로 넘어가도록 유도하는 겁니다.

[도달] 또는 [동영상 조회] 광고를 통해 유튜브 채널에 방문하거나 특정 유튜브 동영상을 조회하도록 유도하고 싶을 겁니다. 그러려면 영화 예고편 영상처럼 흥미와 관심을 촉발하는 장면이나 문구 등을 삽입해서 본편 영상(유튜브 동영상) 링크를 클릭하도록 해야 하며, 이는 기획 단계부터 고민해야 합니다.

하지만 이 광고는 트래픽(방문 클릭)을 직접 유발하기보다는 최대한 많이 노출하는 것이 목표입니다. 그러므로 유튜브 동영상 클릭을 통해 조회수를 높이는 게 1차 목표라면 한계가 따릅니다.

그럼 이제 세 가지 광고를 직접 실행하는 방법을 각각 순서대로 살펴보겠습니다.

[트래픽] 광고로 유튜브 동영상 조회수 늘리기

[트래픽] 광고는 유튜브 동영상 링크를 랜딩페이지 URL 주소로 직접 연결하므로, 광고 배너를 클릭하면 바로 유튜브 동영상으로 연결되어 재생됩니다. 유튜브 동영상을 바로 재생해주니 내용만 적절하다면 조회수와 구독자 증대를 함께 노릴 수 있는 공격적인 광고입니다. 다만 '클릭'이라는 참여 행동(반응)을 요구하는 광고이므로 단순 도달 광고보다 도달 규모가 훨씬 작아질 수 있고 클릭 단가 또한 높을 수 있으니 유의하세요.

다음 순서를 따라 하면 유튜브 동영상에 대한 직접 노출과 조회수 증대를 기대할 수 있습니다.

01 페이스북 [광고 관리자]에서 캠페인 [만들기]를 클릭하여 캠페인 만드는 페이지로 접속합니다. **1** [캠페인]–[목표]를 클릭하고 **2** [트래픽]을 클릭합니다.

02 **1** [캠페인 이름]을 입력하고 **2** [계속]을 클릭합니다.

- [분할 테스트 만들기]와 [캠페인 예산 최적화]는 소재나 타깃을 여러 개로 나누어 테스트할 용도가 아니면 따로 체크하지 않아도 됩니다.
- 맨 아래에 있는 [캠페인 지출 한도]의 [한도 설정]을 클릭해서 금액을 설정하는 것이 좋습니다. 광고 종료일 설정과 무관하게 한도 금액에 도달하면 모든 캠페인이 자동 중단됩니다.

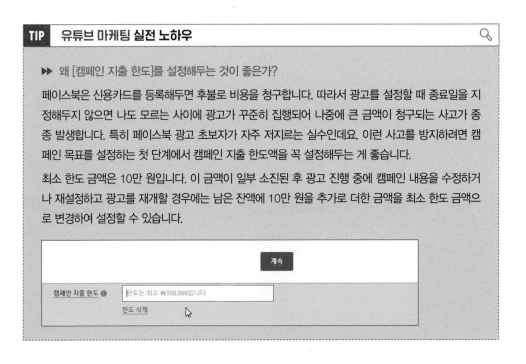

TIP 유튜브 마케팅 실전 노하우

▶▶ 왜 [캠페인 지출 한도]를 설정해두는 것이 좋은가?

페이스북은 신용카드를 등록해두면 후불로 비용을 청구합니다. 따라서 광고를 설정할 때 종료일을 지정해두지 않으면 나도 모르는 사이에 광고가 꾸준히 집행되어 나중에 큰 금액이 청구되는 사고가 종종 발생합니다. 특히 페이스북 광고 초보자가 자주 저지르는 실수인데요. 이런 사고를 방지하려면 캠페인 목표를 설정하는 첫 단계에서 캠페인 지출 한도액을 꼭 설정해두는 게 좋습니다.

최소 한도 금액은 10만 원입니다. 이 금액이 일부 소진된 후 광고 진행 중에 캠페인 내용을 수정하거나 재설정하고 광고를 재개할 경우에는 남은 잔액에 10만 원을 추가로 더한 금액을 최소 한도 금액으로 변경하여 설정할 수 있습니다.

03 왼쪽 메뉴에서 [광고 세트]의 [트래픽]을 클릭하여 [웹사이트] 옵션이 선택되어 있는지 확인합니다.

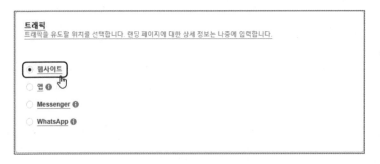

- [광고 세트]의 [다이내믹 크리에이티브]와 [쿠폰]은 따로 설정하지 않아도 됩니다.

04 [광고 세트]의 [타겟]에서는 **1** 필요한 [맞춤 타겟]을 추가하거나 **2** [상세 타게팅]의 조건을 설정합니다.

- 여기에서 중요한 것은 [맞춤 타겟]을 추가할 것인지와 [상세 타게팅]의 [찾아보기]를 클릭해서 설정할 수 있는 하위 카테고리, 관심사(키워드), 행동 카테고리 항목들을 어떻게 포함하거나 제외할 것인지에 대한 판단입니다.

- 만약 이미 만들어놓은 [맞춤 타겟]이 있다면 그 [맞춤 타겟]을 선택해서 추가하면 됩니다. 기존에 유튜브에 업로드한 동영상이나 트래픽 광고로 유인하려는 유튜브 동영상과 주제가 유사한 동영상을 페이스북에도 함께 업로드해서 이미 확보해놓은 [맞춤 타겟](특정 동영상을 10초 이상 조회한 맞춤 타겟 등)이 이미 만들어져 있다면 여기서 설정하면 됩니다.

- [상세 타게팅]의 [찾아보기]를 클릭하면 나타나는 [인구 통계학적 특성], [관심사], [행동] 옵션을 이용하여 세부 하위 항목을 선택할 수 있습니다. 관심사 키워드를 직접 입력하여 해당 동영상으로 유인하면 반응이 좋을 것으로 추정되는 타깃을 차례로 선택하세요.

◑ 필요하면 [타겟 범위를 좁히기]를 이용하여 타깃의 범위를 좁힐 수 있습니다. 반대로 [더 낮은 링크 클릭당 비용으로 링크 클릭을(를) 늘릴 수 있을 경우 관심사를 확장하여 적용]에 체크하여 설정된 관심사 타깃 규모를 자동 확장할 수도 있습니다.

TIP 유튜브 마케팅 실전 노하우 🔍

▶▶ 페이스북 광고 설정 시 타깃 대상의 규모는 어느 정도가 적당할까요?

● 페이스북 광고는 다양한 타깃팅 옵션을 이용하여 매우 정밀한 타깃팅을 할 수 있기로 유명하지만, 그렇다고 마냥 타깃의 규모를 좁히면 오히려 광고에 반응할 적극적인 모수를 줄이는 부작용을 일으킵니다. 비용 대비 효율이 떨어질 수 있으니 유의해야 합니다.

● 제한된 시기에 제한된 [맞춤 타겟]만을 대상으로 집중적으로 중복 노출해야 하는 경우가 아니라면, 보통 페이스북 광고 집행 시 기본 광고 대상 모수의 범위는 최소 10만~50만 명 이상의 크기로 설정하여 집행할 것을 권장합니다.

● 타깃 설정 시 오른쪽 [타겟 규모]에 나타나는 게이지에서 [최대 도달 범위]의 규모 및 [일일 추산 결과]의 예상 도달 수와 링크 클릭 수를 참고하여 광고 집행 기간과 예산을 조절하여 1인당 적정 횟수 이상 노출될 수 있도록 설정하는 운용 요령이 필요합니다.

---

05 ◘ [상세 타게팅]의 [찾아보기]에서 ◙ [인구 통계학적 특성] 옵션을 클릭하여 광고를 노출하길 원하는 타깃 항목을 차례로 체크하여 추가합니다.

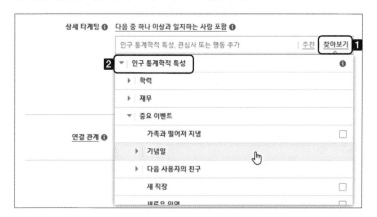

◑ CHAPTER 02의 구글 애즈 사용자 타깃팅 중 [인구통계] 타깃팅에서 설정했던 항목들에 해당하는 옵션입니다. CHAPTER 02~03에서 설명한 내용과 비교하여 살펴보기 바랍니다.

◉ 구글 애즈의 [잠재고객] 타깃팅 중 [시장 조사 또는 구매 계획 정보] 옵션에 해당하는 항목들이 여기서 추가로 제시됩니다. 예를 들면 [중요 이벤트]-[기념일]과 같은 항목입니다. 페이스북이 구글 애즈를 벤치마킹하여 선택 옵션을 좀 더 간소화했으므로 항목 선택은 상대적으로 쉽게 느껴질 것입니다.

06 [관심사] 옵션에서도 광고를 노출하길 원하는 타겟 항목을 차례로 체크하여 추가할 수 있습니다.

◉ [관심사] 옵션은 각 카테고리의 하위 카테고리를 클릭하여 열고 추가하려는 항목에 체크하면 추가할 수 있습니다. 해당 항목에 마우스 포인터를 올리면 오른쪽에 팝업 창으로 예상 규모가 표시됩니다. 이 예상 규모는 전 세계 페이스북 사용자 전체 중에서 추출한 숫자이므로 착오 없길 바랍니다.

◉ [관심사] 옵션에서 카테고리를 일일이 찾아 선택하는 게 번거롭다면 [찾아보기] 앞 입력 창에 키워드를 직접 입력하여 관련 항목의 목록을 불러올 수 있습니다. 이때 호출되는 목록 역시 페이스북이 분류해놓은 관심사 키워드로, 전 세계 사용자 대상입니다. 국내에서만 사용되는 세부 키워드를 입력하면 매칭되지 않는 단어가 많으니 유의하세요.

07 [행동] 옵션에서도 광고를 노출하길 원하는 항목을 차례로 체크하여 추가할 수 있습니다.

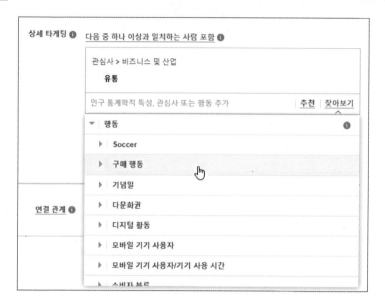

○ [구매 행동] 카테고리를 클릭하여 펼치면 [페이스북에서 구매 경험이 있음] 항목이 나타납니다. 페이스북의 판매 광고에 반응했을 가능성이 높은 그룹이라 볼 수 있습니다. 판매를 호소하는 광고 동영상을 보여주고 싶다면 이 항목을 추가하면 좋습니다.

○ [디지털 활동] 카테고리를 살펴보면 [페이스북 페이지 관리]와 관련되어 어떤 분야의 카테고리에서 페이지를 관리하는지 하위 항목을 볼 수 있습니다. 전파하려는 동영상과 연관성이 높은 분야라면 광고 대상으로 추가하길 권합니다.

○ [모바일 기기 사용자/기기 사용 시간] 카테고리를 살펴보면 어떤 모바일 운영체제나 어떤 브랜드(제조사)의 기기를 사용하는지에 따라서도 광고 대상을 세부적으로 설정할 수 있습니다. 특정 브랜드 스마트폰 사용자만을 선별하여 집중적으로 유튜브 동영상을 보여주고 싶다면 이 카테고리를 찾아 선택하면 됩니다.

08 [노출 위치]는 [자동 노출(권장)] 옵션을 유지해도 무방합니다.

- 특정 영역에 광고 노출이 불필요하다고 판단되면 [노출 위치 수정]을 선택해 불필요한 [기기 유형]과 [플랫폼]의 체크를 해제하여 노출하지 않을 수 있습니다.
- 동영상의 주제나 테마에 따라 광고 대상에 속하는 사람들이 주로 사용할 것으로 추정되는 영역을 집중적으로 선택하고 나머지는 체크를 해제하는 것이 바람직합니다.

09 [예산 및 일정]에서는 [일일 예산]에 원하는 금액을 입력합니다. [광고 게재 최적화 기준]의 [링크 클릭] 옵션은 그대로 두고 [계속]을 클릭합니다.

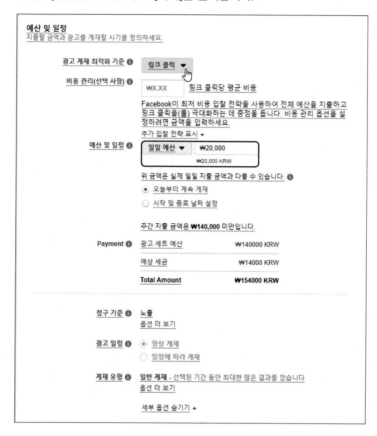

◉ [일일 예산]의 기본값은 20,000원인데, 클릭 유발을 위한 트래픽 광고일 경우 이 금액 이하로 낮추는 것은 권하지 않습니다.

◉ 특히 유튜브 동영상의 조회수를 단시간에 높여 인기 추천 동영상으로 띄우기 위해 [트래픽] 광고를 이용한다면 12~24시간 이내에 빠르게 도달하여 집중적으로 트래픽을 일으켜야 하므로 훨씬 더 공격적인 금액을 설정해야 합니다.

◉ 이때는 [입찰 전략]에서 입찰 금액을 예상 낙찰 가격보다 더 높게 설정해야 합니다. 다만, 설정한 광고 대상이 특수층이나 제한된 그룹이라 다른 광고주들과 과도한 경쟁을 일으킬 대상이 아니라면 불필요하게 높은 입찰 금액을 쓸 필요는 없습니다.

10 [광고]의 [미디어]에서는 단일 섬네일 이미지를 사용할지, 기존 동영상을 호출해서 사용할지, 슬라이드쇼 형식의 동영상을 새로 만들어 사용할지 선택할 수 있습니다.

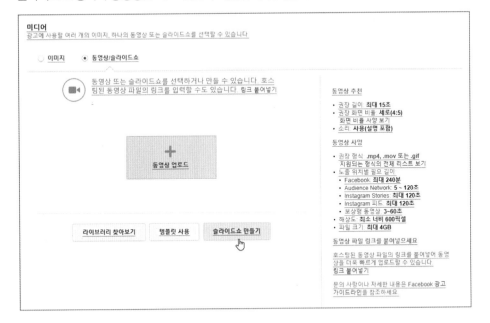

- 동영상 권장 길이는 최대 15초이고, 권장 포맷은 .mp4, .mov, .gif입니다.

- 동영상이 노출되는 영역에 따라 최대 허용 시간이 달라지므로 유의해야 합니다.

- 동영상은 해상도에 따라 모바일에서 노출될 때와 PC에서 노출될 때의 화질이 다르게 보일 수 있습니다. 최대로 확대될 경우를 염두에 두고 고화질의 동영상으로 설정하는 게 바람직합니다.

- [슬라이드쇼 만들기]나 [템플릿 사용]을 이용할 경우 만들고 싶은 슬라이드쇼의 레이아웃에 맞춰 미리 2~6장의 동영상 캡쳐 이미지를 업로드해놓고 작업하는 게 좋습니다.

- [슬라이드쇼 만들기]로 짧은 동영상(6초)을 만들면 섬네일이 자동으로 만들어집니다. 이 섬네일이 시선을 끌기 어렵다고 생각되면 별도의 섬네일 이미지를 만들어 미리 업로드한 후 선택하는 것이 좋습니다.

- 유튜브 동영상의 트래픽을 늘리기 위한 광고 동영상이므로 본편 동영상에 대한 시청 의욕을 일으킬 수 있어야 합니다. 본편 동영상에서 중요한 부분이나 궁금증을 유발할 수 있는 부분의 캡쳐 이미지를 모아서 슬라이드쇼를 만들 때 이용하면 더욱 효과적입니다.

- 슬라이드쇼를 만들 때 로고 이미지를 배경 이미지 위에 겹치게 하고 위치와 크기를 조절하여 배치할 수 있습니다. 로고 이미지를 보이고 싶지 않으면 설정 옵션을 [해제됨] 상태로 바꿉니다.

- 슬라이드쇼를 만들 때 배경 이미지 외에 오버레이 형식으로 나타나는 텍스트를 한글 15자, 영문 30자까지 자막처럼 넣을 수 있으므로 사용할 이미지와 함께 텍스트 문구를 미리 준비하는 게 좋습니다.

11 ■ [광고]의 [링크]에서는 링크 유형을 [웹사이트]로 설정합니다. ■ [웹사이트 URL]에 트래픽을 유발하려는 유튜브 동영상의 공유 URL 주소를 복사하여 붙여 넣습니다. 오른쪽 [광고 미리 보기]에 원하는 화면이 정상적으로 보이는지 확인합니다.

● 10번 단계에서 [미디어] 형식을 [이미지] 기본 설정 상태로 두었다면 페이스북 광고 시스템에서 해당 유튜브 동영상의 기본 정보를 탐색하여 섬네일 이미지와 설명의 일부를 자동으로 끌어옵니다. 다만 문구 등이 완전하게 구성되지 않으므로 적절하게 수정해야 합니다.

● 오른쪽 [광고 미리 보기]에서 노출 영역별로 차례로 확인해보면 일부 노출 위치에서는 섬네일 비율이 일치하지 않아 영상이 정상적으로 나타나지 않는 영역이 생깁니다. 해당 노출 위치는 08번 단계에서 [노출 위치] 선택 옵션의 체크를 해제하는 게 바람직합니다.

12 [행동 유도]에서 [더 알아보기] 기본 옵션을 적절히 변경합니다.

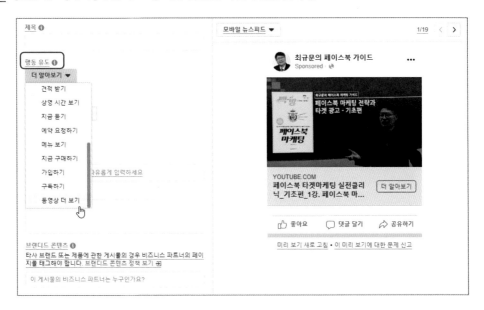

- 행동 유도 버튼을 [동영상 더 보기] 등으로 선택할 수 있습니다. 이때 특정 동영상의 URL 주소 대신 트래픽을 일으키고 싶은 유튜브 채널의 홈이나 동영상, 재생목록으로 연결되는 URL 주소를 [웹사이트 URL]에 설정할 수도 있습니다.

13 ❶ 에러 메시지가 없는지 최종 검토해보고 이상이 없으면 ❷ [확인]을 클릭하여 광고 검수 및 게재를 신청합니다.

- 최종 검수 전에 가장 많이 나타나는 경고문은 [여러분의 광고 도달이 낮아질 수 있습니다. 광고 이미지 안에 텍스트가 너무 많이 포함되어 도달 범위가 작을 수 있습니다…]입니다.

● 유튜브 동영상의 섬네일은 어떤 내용을 담고 있는지 알려주는 핵심 키워드나 눈에 확 띄는 제목을 담아 만들어야 합니다. 하지만 페이스북 광고에 사용되는 섬네일은 전체 이미지에서 텍스트가 차지하는 비율이 20%가 넘어가면 도달률을 현저히 떨어뜨리는 페널티를 가합니다. 따라서 유튜브 동영상에 사용한 섬네일을 그대로 사용하거나 자동으로 가져와서 만들어진 섬네일을 수정 없이 사용하면 자칫 텍스트 과다 비율로 인한 페널티를 자초할 위험이 크므로 각별히 조심해야 합니다.

● 11번 단계에서 유튜브 동영상의 링크를 입력하여 자동 호출되는 섬네일의 텍스트 비율을 먼저 확인해봅니다. 20% 초과가 명백해 보인다면 페이스북 광고용 섬네일을 별도로 만들어서 미리 업로드하고 사용해야 합니다.

TIP **유튜브 마케팅 실전 노하우** 🔍

▶▶ 페이스북 광고용 섬네일의 텍스트 점유율을 미리 검토하려면?

● 페이스북 광고 이미지의 텍스트 비율 규제는 매우 기본적이고 광범위하게 적용되는 원칙입니다. 이는 페이스북 광고가 노골적인 카피나 자극적인 이미지로 치장한 것이 아닌, 친구가 추천해주는 콘텐츠 형식의 네이티브 광고를 지향하기 때문입니다.

● 책 표지, 앨범 표지, 제품 이미지(상표 타이틀) 등에 들어가는 텍스트는 예외로 인정해주기도 합니다.

● 다만 기본 비율 측정 프로그램이 자동 작동하므로 책 표지나 상표 타이틀 이미지인지 아닌지를 프로그램이 모두 구분해내지는 못합니다. 이때는 [수동 검토 요청]을 활성화하고 광고 검수를 요청(확인 제출)하면 페이스북이 이미지를 직접 검토하여 승인 여부를 결정합니다.

● 페이스북 광고 이미지의 텍스트 점유율에 대한 더 상세한 내용은 페이스북 도움말(https://www.facebook.com/business/help/980593475366490)을 참고하세요.

[동영상 조회] 광고로 유튜브 동영상 조회수 늘리기

페이스북 광고는 캠페인 목표에 따라 다양한 종류와 형식이 있지만, 기본 설정 순서와 옵션 항목은 유사합니다. [동영상 조회] 광고 또한 [트래픽] 광고와 비교해볼 때 큰 차이는 없습니다. 기본 설정된 미디어 형식이 이미지 대신 동영상이라는 점, 5~15초 이내 짧은 동영상인 경우 인스트림 광고로도 노출할 수 있는 옵션이 추가되는 점 외에 큰 차이는 없습니다.

그러므로 여기서는 앞서 설명한 [트래픽] 광고와의 차이점을 중심으로 유의할 점만 추가로 설명합니다.

<u>01</u> [광고 관리자]에서 [+ 만들기]를 클릭하여 다음 페이지가 나타나면 **1** [캠페인]–[목표]를 클릭
하고 **2** [동영상 조회]를 선택합니다. **3** [캠페인 이름]을 입력하고 **4** [계속]을 클릭합니다.

<u>02</u> [광고 세트]–[타겟]으로 넘어가기 전에 [ThruPlay 최적화 기준 선택됨] 안내문이 나타납니다.

03 [광고 세트] – [예산 및 일정]을 살펴보면 [광고 게재 최적화 기준]의 기본 옵션으로 [ThruPlay] 가 선택되어 있고, 해당 옵션에 대한 설명이 나타납니다.

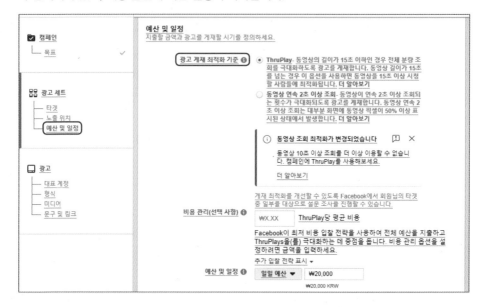

- 동영상의 길이가 15초 이하라면 전체 분량 조회(영상을 끝까지 보기)를 극대화하도록 광고를 게재합니다. 동영상의 길이가 15초를 넘을 때 이 옵션을 이용하면 동영상을 15초 이상 시청할 사람들에 맞춰 최적화됩니다.
- [동영상 10초 이상 조회] 옵션은 더 이상 사용할 수 없습니다. 광고 내용을 충실히 전달할 수 있을 만큼 긴 시간 동안 시청한 실제 조회자(ThruPlay) 기준으로 바뀐 것입니다. 이는 페이스북 동영상 광고의 기본 목표가 시청자의 순도를 강조하는 쪽으로 변하고 있음을 보여줍니다.
- 더 공격적으로 노출하고 싶다면 [비용 관리(선택 사항)]의 [ThruPlay당 평균 비용]을 높여보세요.

04 [광고] – [형식]은 [단일 동영상]만 가능합니다.

- [트래픽] 광고의 [미디어] 설정과 동일하게 동영상으로 사용할 수 있는 미디어는 [라이브러리에서 찾기], [템플릿 사용], [슬라이드쇼 만들기]를 모두 이용할 수 있습니다.

- 노출 위치에 따라 사용 가능한 영상의 길이가 달라지는데, [동영상 조회] 광고에서는 5~15초 이내 동영상일 경우 [인스트림 광고]로도 노출할 수 있다는 점이 다릅니다.

- 필요 시 [인스턴트 경험 추가]에 체크하여 캔버스 양식을 사용할 수 있습니다. '인스턴트 경험 만들기'에 대한 자세한 내용은 《페이스북 인스타그램 통합 마케팅》(이코노믹북스) 143~151쪽의 설명을 참고하세요.

05 [광고] – [문구]에서는 **1** [웹사이트 URL 추가]에 체크하면 웹사이트 URL 주소를 입력할 수 있는 칸이 나타납니다. **2** 페이스북 광고 영상이 종료될 때 클릭하면 연결될 유튜브 동영상의 공유 URL 주소를 입력합니다.

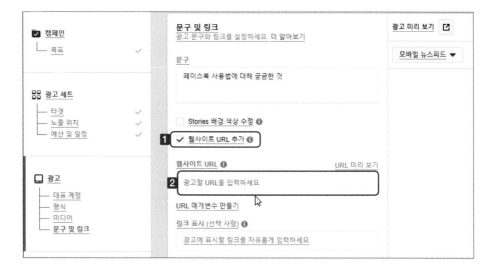

- 페이스북 [동영상 조회] 광고는 비교적 짧은 홍보성 영상을 통해 우리 아이템에 관심을 가질 법한 잠재 고객을 1차로 걸러내는 용도로 많이 활용됩니다. 보통 10초 이상 조회자를 중심으로 [맞춤 타겟]을 생성하고, 나머지 관심도가 적다고 판단되는 모수는 버립니다.

- [웹사이트 URL]에 웹사이트 URL 주소를 추가하면 광고 영상의 마지막 화면에 웹사이트 링크가 삽입되고, 클릭하면 바로 연결됩니다. 따라서 개별 동영상 대신 노출(유인)하고 싶은 유튜브 채널이나 재생목록의 URL 주소를 입력할 수도 있습니다.

- [동영상 조회] 광고는 웹사이트 URL 주소 연결을 통해 초기 인지도 확보와 사이트 유입을 동시에 수행하는 다목적 광고입니다. 활용도가 높을 뿐만 아니라, 광고 노출 단가 또한 일반 이미지 광고 배너 등에 비해 반값 정도 수준으로 낮게 나오는 편이라 적극적으로 활용할 것을 권합니다.

[도달]과 [브랜드 인지도] 광고로 유튜브 동영상 트래픽 늘리기

[트래픽]과 [동영상 조회] 광고 외에도 페이스북의 타깃 광고를 활용하여 유튜브 채널의 동영상을 홍보하거나 유입 트래픽을 높일 방법이 몇 가지 더 있습니다. 바로 [도달]과 [브랜드 인지도] 광고입니다.

[도달]과 [브랜드 인지도] 광고를 이용하면 [동영상 조회] 광고와 마찬가지로 [웹사이트 URL] 항목에 유튜브 채널 또는 동영상의 공유 URL 주소를 입력하여 연결할 수 있습니다. [도달] 광고는 [트래픽] 광고와 마찬가지로 사용할 수 있는 광고 형식이 동영상만이 아니고, 슬라이드와 단일 이미지를 함께 사용할 수 있습니다.

또한 광고 계정과 연동된 페이스북 페이지 또는 인스타그램 계정에 이미 업로드해놓은 동영상 게시물이 있다면 편리합니다. 광고 게시물을 새로 만들지 않아도 바로 불러와 사용할 수 있기 때문입니다. 광고 만들기가 쉽다는 점도 [도달] 광고의 장점입니다.

01 [광고 관리자]에서 [+ 만들기]를 클릭하여 다음 페이지가 나타나면 **1** [캠페인] – [목표]에서 **2** [도달] 또는 [브랜드 인지도]를 선택합니다. 하단에 있는 [캠페인 이름]을 입력한 후 [계속]을 클릭합니다.

02 [광고 세트]-[예산 및 일정]에서 **1** [예산]과 **2** [광고 게재 최적화 기준]을 설정한 후 [계속]을 클릭합니다.

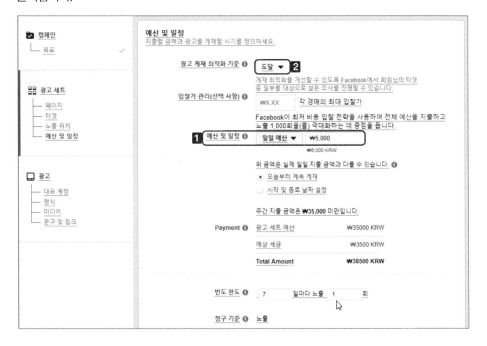

- ⊙ [빈도 한도]는 [7일마다 노출 1회]가 기본으로 설정되어 있는데 더 높게 수정할 수 있습니다.
- ⊙ 필요하다면 [비용 관리]에 입찰가를 직접 입력하여 최대 입찰가를 높일 수 있습니다.

03 [광고]-[형식]에서는 [단일 이미지 또는 동영상]이 기본 설정이지만 [슬라이드] 형식도 사용할 수 있습니다.

04 [광고]-[크리에이티브]에서 **1** [광고 만들기] 대신에 [기존 게시물 사용] 탭을 선택하면 페이스 북 페이지나 연동된 인스타그램 계정에 이미 업로드해놓은 동영상이 있을 경우 **2** [게시물 선택]을 클릭하여 광고에 사용할 게시물 목록을 불러올 수 있습니다.

05 [광고]-[문구]에서 **1** [웹사이트 URL 추가]에 체크하면 **2** 웹사이트 URL 주소를 입력할 수 있는 칸이 나타납니다. 광고 클릭 시 연결할 유튜브 동영상의 공유 URL 주소를 입력합니다.

[브랜드 인지도] 광고를 만드는 방법도 [도달] 광고와 거의 같습니다. [예산 및 일정]을 설정하는 부분에서 [광고 게재 최적화 기준]의 기본 설정 옵션이 [광고 상기도 성과 증대]로 설정되어 있어, '광고를 기억할 가능성이 높은 사람의 수가 극대화되도록 광고를 게재(노출)한다'는 점만 다릅니다.

지금까지 페이스북 광고를 이용해 유튜브 동영상을 노출하는 기본적인 방법 세 가지를 살펴보았습니다. 한 가지 팁이 더 남아 있습니다. [참여] 광고로 유튜브 동영상의 트래픽 늘리는 방법을 알아보겠습니다.

[참여] 광고로 유튜브 동영상의 트래픽 늘리기

[참여] 광고는 [도달] 광고와 마찬가지로 광고 계정과 연동되어 있는 페이스북 페이지나 인스타그램 계정에 이미 업로드된 동영상이 있을 경우 해당 동영상을 불러와 광고에 바로 사용할 수 있습니다. 광고를 만드는 과정에서 기존에 올려놓은 동영상을 선택하거나 새 동영상을 만들어 업로드하고, 그 동영상 게시물에 사용자 참여를 일으켜 간접적으로 게시물에 연동된 동영상을 클릭하도록 유도할 수 있습니다.

이때 게시물에 페이스북에 업로드된 동영상 대신 유튜브 동영상의 공유 URL 주소를 첨부하면 유튜브 동영상의 섬네일과 제목이 페이스북 게시물에 노출됩니다. 이 게시물을 홍보하여 첨부된 본문 링크를 클릭하도록 유도하면 페이스북 게시물을 통해 유튜브 동영상의 트래픽을 일으킬 수 있습니다.

01 ❶ [캠페인]−[목표]에서 ❷ [참여]를 선택합니다. ❸ 기본 옵션으로 [게시물 참여]가 선택되어 있는지 확인한 후 맨 아래에 있는 [계속]을 클릭합니다.

02 [광고]−[크리에이티브]에서 **1** [기존 게시물 사용]을 클릭합니다. **2** [게시물 선택]을 클릭해서 광고하려는 게시물을 선택하거나 ⊞를 클릭해 새 게시물을 만들어 업로드합니다.

03 [게시물 선택]에서는 [Facebook 페이지] 또는 [Instagram]에 업로드된 게시물, 광고 제작 제 휴(대행) 업체 계정에서 업로드한 [브랜디드 콘텐츠]도 가져다 사용할 수 있습니다.

04 기존에 올린 게시물 중 광고용으로 선택할 만한 게시물이 없다면 ⊞를 클릭해 새 게시물을 등록해도 됩니다.

● 트래픽을 일으키려는 유튜브 동영상을 링크로 첨부하여 페이스북에 업로드하고, 이 게시물을 [참여] 광고로 홍보합니다. 그러면 페이스북 페이지 팬들을 통해 추가적인 전파가 발생하므로 광고 도달과 함께 유기적 도달을 통한 확산 증대 효과를 볼 수 있습니다.

TIP **유튜브 마케팅 실전 노하우** 🔍

▸▸ 유튜브 동영상을 페이스북 게시물에 첨부할 때 미리보기 이미지를 크게 보여주려면?

페이스북 게시물에 유튜브 동영상 링크를 첨부하면 자동으로 유튜브 동영상의 미리보기 이미지와 제목을 불러와 하단에 보여줍니다. 이때 이미지가 제목 왼쪽에 조그맣게 축소되어 표시되므로 눈에 잘 띄지 않습니다. **1** [YOUTUBE 스튜디오(베타)]에 접속하여 왼쪽의 **2** [동영상]을 클릭하고 **3** 게시물에 첨부할 동영상을 선택하여 체크합니다. **4** [퍼가기] 옵션을 **5** [사용 안함]으로 변경하고 **6** [동영상 업데이트]를 클릭하면 미리보기 이미지의 크기가 크게 나타납니다. 이 경우 [소스 퍼가기]가 금지되므로 유의하세요.

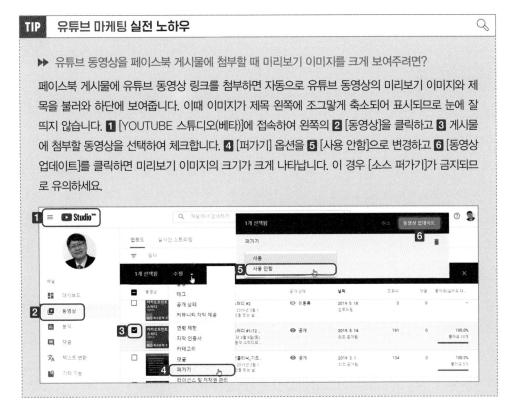

페이스북 픽셀은 자신이 운영하는 홈페이지나 블로그(티스토리), 쇼핑몰의 소스 코드에 삽입하여 방문자의 행동을 추적하는 '명령 스크립트'입니다. 방문 여부를 추적하는 기본 픽셀은 '공통 레이아웃' 페이지 소스 코드에 추가합니다. 장바구니 넣기나 구매하기 등의 특정 버튼이 클릭되는 액션을 추적하려면 부가 정보를 읽어내기 위한 이벤트 픽셀을 필요한 웹페이지 소스 코드에 추가해야 합니다.

픽셀은 자바스크립트로 작성된 10~20줄 정도의 명령 프로그램 소스 코드입니다. 추적 픽셀은 특정 웹페이지가 웹브라우저에서 열리면 누가(디바이스 쿠키 또는 로그인 정보) 어떤 페이지를, 몇 시 몇 분에, 몇 초나 보고, 어느 페이지로 이동했는지, 혹은 어떤 상품을 구경하고 장바구니에 담았는지, 몇 개를 얼마어치 구매했는지 등의 방문자 행동 정보와 거래 내역 정보를 읽어 그 내용을 페이스북 서버로 송신합니다.

만약 자신이 운영하는 홈페이지나 쇼핑몰에 유튜브 동영상을 소스 퍼오기로 옮겨와서 직접 재생되게 했다면 어떨까요? 방문자들이 각 동영상에 보인 반응을 추적하고, 반응 정도에 따라 각각 [맞춤 타겟]을 만들어낼 수도 있지 않을까요?

페이스북 픽셀로 웹사이트에 삽입된 유튜브 동영상 조회자 [맞춤 타겟] 만들기

유튜브 동영상의 조회수를 올리기 위해 유료 광고를 보조로 활용하는 건 의미 있지만, 광고에만 의존하는 것은 절대 바람직하지 않습니다. 오리지널 동영상을 유튜브에 업로드해놓았더라도 공유 링크나 퍼오기 소스 코드를 이용해서 자신의 홈페이지나 블로그, 쇼핑몰(상품 상세 페이지) 등에 적극적으로 노출해야 합니다. 지인들이나 팬들의 자발적인 반응을 끌어낼 수 있도록 노출 영역, 즉 고객 접점을 넓히는 것입니다.

무엇보다 자신이 관리하고 추적할 수 있는 영역 내에서 동영상이 노출되고 재생되어야만 구글이나 페이스북 픽셀 등을 통해 방문자의 행동을 추적하고, 이를 기반으로 가망고객을 맞춤 타겟으로 묶어내는 작업이 가능합니다.

추적 픽셀을 다루는 것은 전문 개발자 수준의 작업이라 일반인이 쉽게 따라 할 수는 없습니다.

하지만 구글 애널리틱스와 구글 태그 매니저를 조금 더 깊이 있게 공부하면 꼭 전문 개발자가 아니더라도 구글이 제공하는 각종 추적 도구와 페이스북이 제공하는 이벤트 추적 픽셀을 이용하여 원하는 [맞춤 타겟]을 만들어낼 수 있습니다.

특히 유튜브 동영상은 얼마나 오래 시청하고 얼마나 관심을 갖고 보는지 구글 태그 매니저의 [동영상 스크롤] 변수로 측정할 수 있습니다. 그러므로 홈페이지로 퍼온 유튜브 동영상에 반응하는 사람들의 행동을 추적하고 그 정도에 따라 맞춤 타겟을 만들 수도 있습니다.

이 방법을 공부해보고 싶다면 오경석 님이 운영하는 ogaeng.com을 참고하기 바랍니다.

▲ 오경석 님의 블로그(https://ogaeng.com/facebook-pixel-youtube-tracking)

위 이미지는 페이스북 픽셀을 이용해 웹사이트에 삽입된 유튜브 동영상에 대한 방문자의 반응을 측정하여 그 정도에 따라 [맞춤 타겟]을 만드는 순서를 설명한 것입니다. 주요 순서만 살펴보면 다음과 같습니다.

---

1 구글 태그 매니저를 이용해 페이스북 픽셀 이벤트 만들기

　(1) 유튜브 동영상 재생 트리거 만들기

　(2) 동영상 관련 변수 만들기

　(3) 페이스북 픽셀 이벤트 태그 만들기

　(4) 작동 확인하기

2 동영상 측정 데이터를 이용하여 페이스북 [맞춤 타겟] 만들기

웹사이트의 방문자가 많고, 각 동영상에 대한 반응별로 [맞춤 타겟]을 만들어보고 싶다면 꼭 공부해보길 바랍니다.

페이스북 동영상 [맞춤 타겟]을 유튜브 광고와 연계하는 방법

비즈니스 목적으로 여러 채널을 이용하는 사람 입장에서 광고 노출 영역은 많으면 많을수록 좋습니다. 사람들은 '노는 물에서 노는' 습관을 쉽게 버리거나 바꾸지 않기 때문이죠. 따라서 같은 동영상이라 하더라도 꼭 유튜브에만 한정하여 올릴 필요는 없습니다. 손품은 따르지만 자신이 저작권을 가진 동영상이라면 어느 채널에 올려도 문제될 게 없습니다.

특히 유튜브의 독주 현상을 막고자 페이스북은 물론 네이버와 카카오 역시 동영상 콘텐츠 확보에 안간힘을 쓰며 경쟁하고 있는 상황입니다. 따라서 최대한 여러 동영상 플랫폼에 반복해서 올리길 권합니다. 퀄리티가 좋은 동영상 콘텐츠를 풍부하게 보유하고 있는 업체나 개인 입장에서는 그야말로 '최고의 물때'가 시작된 셈이니까 기회를 놓치지 마세요.

페이스북에서 반응이 좋은 동영상이라면 유튜브에서도 반응이 좋을 거라 짐작할 수 있습니다. 반대로 유튜브에서 반응이 좋은 동영상을 페이스북에 업로드하거나 게시물로 전파하는 것도 높은 참여나 호응을 일으키는 데 도움이 될 것입니다.

앞서 CHAPTER 02에서 구글 애즈를 이용해 유튜브 동영상을 시청한 사람들의 반응 정도(시청 시간)에 따라 잠재고객 목록을 만들었습니다. 이처럼 페이스북에 업로드한 동영상에 대한 반응(시청 시간)에 따라서도 [맞춤 타겟]을 만들 수 있습니다.

다음 이미지는 페이스북 [광고 관리자]의 [타겟]에서 [맞춤 타겟 만들기]를 클릭했을 때 볼 수 있는 선택 옵션들입니다.

이 중에서 [Facebook 소스 사용]의 [동영상]을 클릭하면 선택한 특정 동영상 또는 여러 동영상에 대해 얼마만큼의 반응을 보였는지에 따라 각각의 [맞춤 타겟]을 만들 수 있습니다.

페이스북에서 특정 주제나 키워드를 가진 유튜브 동영상을 더 많이 노출하기 위해 광고하고 싶다면 먼저 유사한 주제의 동영상에 적극 반응한 사람들을 모아 [맞춤 타겟]을 만들어둡니다. 이 그룹을 중심으로 광고하면 광고 성과가 좀 더 높아지리라 기대할 수 있습니다.

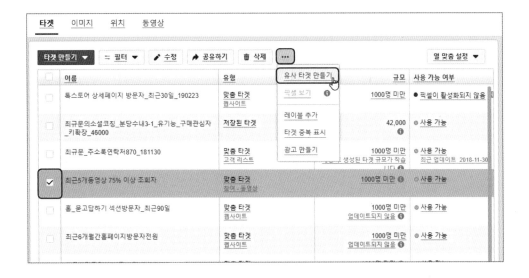

만약 [맞춤 타겟]의 규모가 너무 작다면 동영상 [유사 타겟]을 만들 수도 있습니다. 타겟 목록에서 특정 동영상의 [맞춤 타겟]을 선택하고 ⋯ 를 클릭하여 [유사 타겟 만들기]를 클릭하면 광고 대상자의 수를 늘릴 수 있습니다.

▶▶ [유사 타겟]의 크기는 어느 정도로 설정해 만드는 게 좋을까?

● [유사 타겟 만들기]를 이용하면 동영상에 비슷한 반응을 보인 사람들과 성향이나 행동 특성이 유사한 사람들을 광고 대상으로 설정할 수 있습니다.

● [유사 타겟]의 규모는 적정 효율이 나오는 수준까지 해당 국가별 사용자 수 기준 1~10%까지 임의로 정할 수 있습니다. 보통은 0~1%, 1~2%, 3~5% 구간을 많이 활용합니다.

● [타겟 크기 선택]에서 [유사 타겟 수]를 늘리고 아래쪽 구간 선택 막대의 선택 지점들을 드래그하여 늘리거나 좁히면 해당 규모별로 여러 개의 [유사 타겟]을 동시에 만들 수 있습니다.

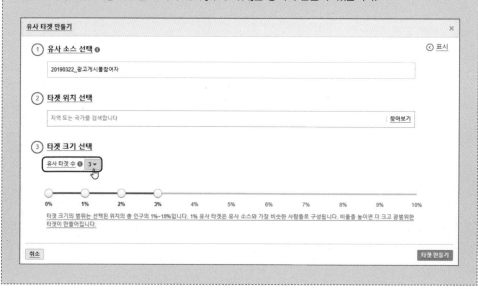

실전 활용 사례 보고 17 #교육서비스업(영어교육)

신입생 유치를 위한 파닉스 오픈 클래스,
안내 영상 제작 업로드 3일 만에 정원 마감!

▶ **영자감TV**
영어자존감을 키우는 초등영어전문 채널

지정화 CLA에이프릴어학원 대표

구독자 389명 • 동영상 104개 • 조회수 26,367회

> ▶ **채널 정보**
> • **회사명** : CLA에이프릴어학원
> • **업종명** : 교육서비스(초·중등 영어교육)
> • **채널명** : 영어자존감을키워주는 영자감TV

> ▶ **채널 설명**
> '영어 자존감을 높여주는 초·중등 전문 영어 학습 채널'을 모토로, 초등학생과 중학생에게 영어로 된 긍정어를 배우고 사용하게 하는 콘텐츠 채널입니다. 영어 관련 정보는 물론이고 졸업생 인터뷰, 직업 탐방 등 진로 교육과 관련된 영상까지 초·중등 학생에게 필요한 모든 교육 정보를 영어로 제공합니다.

> ▶ **유튜브 도입 후 성과**
> 학원 소식, 학부모 세미나 내용, 아이들 출연 영상을 유튜브에 업로드하고 학부모에게 전송하니 신뢰도와 만족도가 상승했습니다. 신규 상담 시 학부모가 학원에 대한 정보를 미리 알고 와서 바로 등록으로 연결되는 비율이 높아졌습니다.

네이버와 카카오 광고로 유튜브 트래픽 늘리기

01 | 유튜브 동영상을 네이버로 노출하는 방법

유튜브 채널과 동영상의 유입 트래픽을 높이는 데 활용할 수 있는 광고 채널이 구글과 페이스북만 있는 건 아닙니다. 국내 웹 검색 사용자의 약 70%는 여전히 네이버를 이용하고, 국내 모바일 사용자의 90% 이상은 지금 이 순간에도 카카오톡을 커뮤니케이션 도구로 이용합니다.

이 말은 네이버 검색 광고와 카카오톡 기반 모바일 광고 서비스 또한 잘만 활용하면 얼마든지 잠재고객을 찾아, 유튜브 채널과 동영상을 홍보하거나 노출하는 수단이 될 수 있다는 뜻입니다.

이 CHAPTER에서는 네이버나 카카오의 비즈니스 플랫폼이나 광고 시스템을 이용하여 유튜브 채널에 유입 트래픽을 일으킬 수 있는 방법을 찾아보겠습니다.

네이버 검색 광고로 유튜브 동영상을 광고한다?

네이버 검색 광고로 유튜브 동영상을 광고한다는 건 얼핏 의아하게 들릴 수 있습니다. 그도 그럴 것이 유튜브와 네이버는 동영상 서비스 분야에서 적이라 해도 과언이 아닐 만큼 심한 경쟁 관계이기 때문입니다. 하지만 비즈니스 전선에서 경쟁의 핵심은 손님을 붙잡는 데 도움이 되는가, 혹은 이대로 놔두면 손님을 꼼짝없이 놓치게 되는가입니다.

지금 바로 네이버 검색창에 아무 단어나 입력해 검색해보고, 검색 결과에서 [동영상] 탭을 클릭해보세요. 검색 결과에 네이버TV의 동영상만 보이나요?

▲ 네이버의 [동영상] 탭에 나타난 검색 결과 예시

보통 검색 결과 상단에는 네이버TV 동영상이 먼저 나타나지만, 스크롤을 내려보면 유튜브 동영상도 적지 않게 나타납니다. 유튜브 동영상을 클릭하면 바로 유튜브로 연결됩니다. 만약 검색 결과에 우리의 동영상이 나타날 수 있다면 어떨까요? 네이버 검색을 통해서도 유튜브 채널의 트래픽을 늘릴 수 있게 됩니다.

어떤 동영상을 만들어 유튜브에 업로드했는데, 그 동영상의 제목, 설명, 태그에 사용된 '키워드'를 네이버 검색 로봇이 읽을 수 있다면 어떤 일이 벌어질까요? 그 동영상은 구글과 유튜브에서만 검색되는 게 아니라 네이버에서도 검색될 수 있겠죠. 앞서 보여준 검색 예시는 이것이 사실임을 보여줍니다.

유튜브에 업로드한 동영상을 네이버TV에도 업로드한다

앞서 살펴봤듯이 네이버 검색 결과 중 [동영상] 탭에 자신의 네이버TV 동영상이 우선 노출될 수 있다면 이 기회를 방치해서는 안 됩니다.

상업적 키워드에 대해서는 당연히 네이버TV 동영상이 상위에 나타납니다. 특이한 점은 네이버TV에 업로드된 동영상뿐만 아니라, '네이버 블로그'에 삽입된 동영상도 [동영상] 탭에 나타난다는 점입니다.

▲ 네이버 모바일 앱 검색 시 [동영상] 탭 검색 결과 사례

'동영상의 블로그 콘텐츠화'를 내세운 정책의 결과이자, 동영상 콘텐츠가 유튜브보다 턱없이 부족해서 어쩔 수 없이 선택한 궁여지책으로 보이긴 합니다.

하지만 마케터 입장에서는 네이버를 활용할 수 있는 좋은 방법 중 하나입니다. 네이버TV에 따로 동영상 채널을 개설하지 않아도 됩니다. 자신의 블로그 글 안에 동영상을 삽입하는 것만으로도 네이버 검색 결과에 노출할 수 있으니까요.

동영상 플랫폼 간 극심한 경쟁을 고려하면 이러한 검색 노출 정책이 언제까지 유지될지 누구도 장담할 수 없습니다. 네이버로 유튜브 트래픽을 늘리는 기본 전략은 다음과 같습니다.

> **1** 유튜브 채널에 업로드한 동영상을 네이버TV에도 업로드한다.
> **2** 유튜브에 동영상을 업로드할 때 네이버 검색 결과에도 노출될 수 있도록 제목, 설명, 태그에 핵심 키워드 및 연관 키워드를 꼼꼼히 입력한다.
> **3** 특정 키워드로 검색되는 네이버 블로그 글을 작성할 때 관련 동영상을 삽입한다.

앞으로 동영상 콘텐츠를 동영상 플랫폼에 업로드할 때는 유튜브 검색 엔진 최적화(SEO)와 함께 어떻게 하면 네이버 검색에도 노출될 수 있을지도 함께 고민해야 합니다. 국내 사용자는 네이버 검색 의존도가 여전히 높기 때문입니다.

게다가 네이버는 그동안 공중파 TV 프로그램 등 고품질 동영상 콘텐츠 확보에 주력했지만 이제 일반인의 동영상 콘텐츠를 양적으로 늘리기 위해 노력하고 있습니다. 그러니 지금이야말로 유튜브 업로드용 동영상을 만드는 개인이나 업체가 네이버TV도 함께 공략할 수 있는 절호의 기회입니다.

블로그 게시물을 파워링크로 연결해 유튜브 동영상을 노출한다

어떤 채널을 공략하더라도 광고 노출 기법보다 검색 엔진 최적화(SEO) 전략을 먼저 공부해야 합니다. 동영상 콘텐츠는 광고에 의해 강제 노출되기보다는 기본적으로 검색, 추천, 인기 동영상 재생목록 추가와 같은 방법으로 신규 노출되고 확산 범위도 늘어나기 때문입니다.

네이버가 아직은 [동영상] 탭 검색 결과에 광고를 노출하지 않습니다. 나중에는 이 영역에도 광고가 등장하겠지만, 그렇더라도 랜딩페이지에 '유튜브 동영상'을 직접 연결하는 광고는 허용하지 않을 것 같습니다.

이렇듯 유튜브 동영상 광고를 [동영상] 탭에 노출하는 것은 기대하기 어렵습니다. 하지만 네이버 키워드 검색 광고 중 파워링크에 '네이버 블로그' 글은 얼마든지 연결할 수 있습니다. 유튜브 동영상의 트래픽을 네이버 블로그를 통해 늘리고 싶다면 다음과 같이 시도해보세요.

1. 유튜브 채널에 홍보할 동영상을 [퍼가기] 허용 옵션으로 업로드한다.
2. 업로드한 동영상의 [퍼가기] 소스 코드를 복사해서 네이버 블로그 글 안에 삽입한다.
3. 블로그 글의 포스트 주소를 랜딩페이지로 연결하여 네이버 키워드 검색 광고를 집행한다.

이 경우 블로그 글에 삽입된 동영상이 네이버 검색 결과 중 [동영상] 탭에 보이고, 광고를 통해 블로그 방문자가 늘면 블로그 글에 삽입된 유튜브 동영상의 조회수도 높아지는 '일석이조'의 효과를 기대할 수 있습니다.

네이버는 유튜브 동영상 콘텐츠를 추가로 노출하는 서브 채널 또는 간접 노출 채널로 활용할 여지가 충분합니다. 이를 어떻게, 얼마나 더 효과적으로 활용할지는 각자의 노력과 아이디어에 달렸습니다.

02 유튜브 동영상을 카카오로 노출하는 방법

2018년 10월 말, 카카오가 톡스토어 베타 서비스를 종료하고 정식 서비스로 출시하면서 전국 순회 설명회를 진행했습니다. 이때 톡스토어보다 훨씬 더 강조한 플랫폼이 '카카오모먼트'라는 새 타깃 광고 시스템입니다.

카카오모먼트는 인터페이스와 작동 방식이 페이스북과 다른 점을 찾기 어려울 정도로, 페이스북의 타깃 광고 시스템을 본뜬 광고 플랫폼입니다. 여러 한계도 보이지만 인터페이스만큼은 매우 직관적으로 잘 만들어져 있습니다.

카카오모먼트를 잘 이용하면 모바일 사용자를 정밀하게 추출하여 유튜브 동영상을 노출할 수 있습니다. 카카오 서비스 사용자의 행동 정보를 이용하여 [맞춤타깃]을 만드는 것인데, 광고 집행 후 반응한 사용자를 모아 광고 반응 타겟을 생성해주는 기능도 쓸 만합니다. 지금부터 그 방법을 구체적으로 알아보겠습니다.

[웹사이트 방문 늘리기] 광고로 유튜브 동영상 트래픽 늘리기

다음은 유튜브 동영상의 트래픽을 늘리기 위해 카카오모먼트의 [웹사이트 방문 늘리기] 광고를 집행하는 과정입니다.

1 카카오 비즈 계정 센터(https://biz.kakao.com) 접속, 비즈 파트너 정보 등록

2 카카오 for 비즈니스(https://business.kakao.com) 접속

3 [카카오모먼트] 클릭, 회원 가입 후 사업자 또는 개인 광고계정 생성

4 카카오모먼트(https://moment.kakao.com) 접속

5 광고에 사용할 광고계정 선택 후 [광고 만들기] 클릭

6 [디스플레이 광고] 선택 후 [다음] 클릭

7 [캠페인]의 [광고 목적]은 [웹사이트 방문 늘리기] 선택

8 [웹사이트]에 운영 중인 웹사이트 URL 주소 입력

9 [캠페인 이름] 입력 후 [픽셀 & SDK 연동]은 [연동하지 않기] 유지

10 [오디언스 설정]에서 [맞춤타겟]의 [타겟 범위 좁히기] 클릭

11 [내 데이터 가져오기], [카카오 데이터 활용하기], [모먼트 타게팅하기] 이용해 타겟 설정

12 [카카오 사용자](플러스친구), [행동/관심사/서비스/실험실], [키워드], [현재위치] 선택

13 [데모그래픽]에서 [성별], [나이], [지역] 선택

14 [디바이스 및 게재지면 설정]에서 광고를 노출할 [게재지면] 선택

15 [예산 및 일정 설정]에서 [과금 방식]은 [CPC], [최대 입찰금액]은 [자동입찰], [일예산] 설정

16 [집행기간]은 [시작 및 종료일 설정] 선택

17 [광고그룹 이름] 입력 후 [다음] 클릭

18 [새 소재 만들기]에서 [랜딩URL]에 노출하려는 유튜브 동영상의 공유 URL 주소 입력 후 [저장] 클릭하여 광고 집행

복잡해 보이지만 페이스북 타깃 광고의 원리를 조금만 알아도 카카오모먼트는 그리 어렵지 않습니다. 거의 똑같다고 봐도 되니까요. 물론 한국형 모바일 메신저 기반의 광고이므로 페이스북과는 다른 장점도 많아서 적극 활용하면 좋습니다.

앞의 과정 중 꼭 필요한 과정을 중심으로 자세히 살펴보겠습니다.

01 카카오 비즈 계정 센터(https://biz.kakao.com)에 접속해서 카카오 비즈니스 파트너(이하 '비즈 파트너') 정보를 등록합니다.

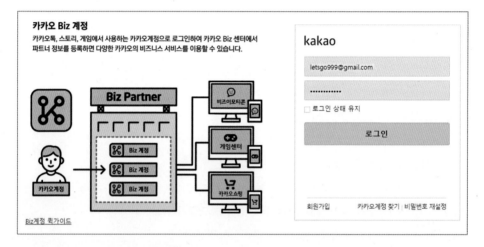

- 카카오 비즈니스 플랫폼의 모든 서비스(플러스친구, 카카오모먼트, 카카오쇼핑, 카카오싱크)는 개인이 아닌, 회사나 조직의 비즈니스를 목적으로 제공됩니다. 그러므로 카카오 비즈 계정 센터에 접속하여 비즈 파트너 정보(사업자등록증 정보)를 등록해야 이용할 수 있습니다.

- 비즈 파트너 계정은 카카오 개인 계정으로 접속해야 등록할 수 있습니다. 사업자등록증 기준 대표자가 아닌 사람이 비즈니스 플랫폼을 이용(공동 관리)하려면 그 사람의 카카오 계정과 연동된 이메일 주소를 파트너 업체의 '멤버'로 미리 추가해야 합니다.

02 카카오 for 비즈니스(https://business.kakao.com)에 접속해서 ❶ 오른쪽 상단의 더보기▦를 클릭하고 ❷ [카카오모먼트]를 클릭합니다.

03 카카오모먼트를 처음 이용한다면 회원 가입한 후 광고계정을 먼저 만들어야 합니다. 약관에 동의한 후 사용자 정보를 입력합니다.

❍ 카카오모먼트 광고계정을 개설하려는 사람의 카카오 개인 계정을 입력하고 휴대폰 인증을 거칩니다. 한 번 등록된 비즈 파트너 정보(사업자등록증 정보)에는 하나의 카카오모먼트 계정(마스터)만 만들 수 있습니다.

❍ 카카오모먼트 회원 가입을 마치면 광고계정을 개설하는 페이지로 넘어갑니다. 여기서는 [사업자 광고계정]을 만드는 것이 기본 설정인데, 아직 사업자등록증이 없다면 [개인 광고계정]을 선택하여 본인 확인(카카오 계정)을 거친 후 개인 광고주 자격으로 광고를 만들어 집행할 수 있습니다.

▶▶ 카카오모먼트 사업자 광고계정과 별도로 개인 광고계정을 추가하려면?

카카오모먼트 계정 생성 후 사업자 광고계정을 이미 만들었더라도 개인 광고계정(마스터)을 추가로 만들 수 있습니다.

1 카카오모먼트에 접속해서 왼쪽 상단 광고계정 이름 끝에 있는 ▼을 클릭합니다.

2 오른쪽 하단에 있는 ＋을 클릭합니다.

3 [광고계정 만들기]가 나타나면 [개인 광고계정]을 선택합니다.

4 [다음]을 클릭한 후 본인 확인을 거쳐 [광고계정 이름]만 입력하고 [저장]을 클릭합니다.

04 카카오모먼트(https://moment.kakao.com)에 접속해서 **1** 왼쪽 상단 광고계정 이름 끝에 있는 ▲을 클릭하고 **2** 광고에 사용할 광고계정을 선택합니다.

● 관리 권한을 가진 광고계정이 하나뿐이면 자동으로 마스터 권한을 가진 광고계정이 선택됩니다.

05 [광고 만들기]를 클릭하여 광고 만들기를 시작합니다.

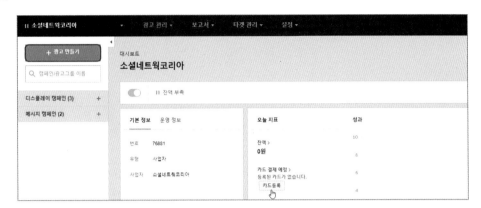

● [광고 관리] 대시보드에서 광고계정 이름 아래에 [잔액 부족]이라고 표시되면 [오늘 지표]에 있는 [카드 등록]을 클릭해서 광고비 결제용 신용카드를 먼저 등록한 후 광고 만들기를 시작하세요.

● 카카오모먼트 광고는 결제 신용카드를 등록해놓으면 광고가 선집행되고 비용은 후불로 청구됩니다. 테스트 광고를 만들어놓고 광고가 집행 중인 것을 모르고 방치할 경우 광고비가 과다 청구될 수 있습니다. 모든 캠페인에는 한도 금액을 꼭 설정해두고, 수시로 광고 집행 여부 및 상태를 모니터링해야 합니다.

06 ❶ [디스플레이 광고]를 클릭하여 선택하고 ❷ [다음]을 클릭합니다.

● 카카오모먼트 광고는 노출 영역과 광고 형식에 따라 [디스플레이 광고]와 [메시지 광고]로 제공됩니다 (2019년 7월 기준).

● [디스플레이 광고]는 카카오톡 및 카카오스토리를 비롯해 다음(Daum)과 제휴한 일반 광고 매체에 두루 노출되지만, [메시지 광고]는 '알림톡'처럼 카카오톡을 통한 '모바일 메시지' 형태로 전달됩니다.

07 [캠페인]의 [광고 목적]은 [고객 수 증대]의 [웹사이트 방문 늘리기]를 선택합니다.

- ○ [웹사이트 방문 늘리기]는 페이스북 광고의 [트래픽] 광고와 동일합니다.
- ○ [브랜드 홍보]의 [동영상 홍보하기]는 페이스북 [동영상 조회] 광고와 마찬가지로 랜딩페이지에 유튜브 동영상 URL 주소를 연결하여 간접 노출을 피할 수도 있습니다. 뒤에서 좀 더 상세히 다루겠습니다.

08 [캠페인 이름 및 집행 설정]이 나타나면 ➊ [웹사이트]에 운영 중인 웹사이트(홈페이지, 유튜브 채널 또는 동영상)의 URL 주소를 입력하고 ➋ [캠페인 이름]을 입력한 후 ➌ [다음]을 클릭합니다.

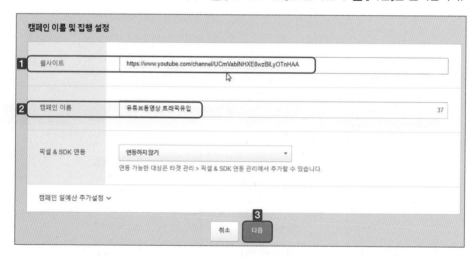

- ○ [웹사이트]에는 운영 중인 웹사이트(홈페이지, 유튜브 채널 또는 동영상)의 URL 주소를 입력하고, [캠페인 이름]에는 캠페인을 구분할 수 있는 이름을 입력합니다.
- ○ [픽셀 & SDK 연동]은 기본 설정인 [연동하지 않기]로 둡니다. 사용자가 유튜브 채널로 유입되므로 임의로 픽셀을 심어 추적할 수는 없습니다. 유튜브는 시청자가 어떤 경로를 통해 들어오는지 자체 통계 기능을 제공하므로 필요하면 유튜브 관리자 모드에서 [분석] 메뉴의 유입 경로 관련 지표를 참고하세요.

09 [새 광고그룹 만들기]에서 먼저 [오디언스 설정]의 항목들을 설정합니다.

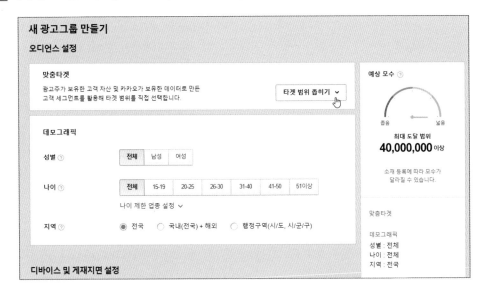

◉ 오디언스 설정은 크게 [맞춤타겟]과 [데모그래픽]으로 나뉘는데, [맞춤타겟]이 이미 구체적으로 정해져 있다면 [데모그래픽] 옵션 추가는 권하지 않습니다. [지역]만 추가로 설정하는 건 괜찮습니다.

◉ 만들어놓은 [맞춤타겟]이 없더라도 [타겟 범위 좁히기]를 클릭하면 필요한 위치, 키워드, 광고주 맞춤 정보 및 카카오 제공 맞춤 정보 등을 조합하여 더 정밀한 타겟을 설정할 수 있고, 이를 통해 도달 범위를 좁힐 수 있습니다.

10 [맞춤타겟]의 [타겟 범위 좁히기]를 클릭하면 다음과 같은 추가 설정이 가능합니다.

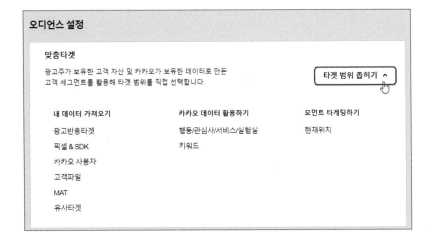

- [내 데이터 가져오기]의 [광고반응타겟]은 기존에 이미 집행한 광고에 반응을 보인 사람들을 대상으로 선택할 수 있습니다. [픽셀 & SDK]는 픽셀 및 SDK 추적 코드를 통해 웹 또는 앱의 활동 흔적으로부터 모은 사람들을 대상으로 선택할 수 있습니다. [카카오 사용자]는 플러스친구를 대상으로 선택할 수 있습니다. [내 데이터 가져오기]의 구체적인 사용법과 제한 옵션에 대해서는 게시글(https://www.i-boss.co.kr/ab-74668-893)을 참고하세요.

- [카카오 데이터 활용하기]는 카카오의 각종 서비스 및 카카오가 분류해놓은 행동 특성과 관심사 카테고리별로 이용 경험이 있거나 연관성을 가진 사람들로 타겟 대상을 좁힐 수 있습니다. 상세 항목에 대해서는 서비스 가이드 문서 66~69쪽의 내용(https://j.mp/kakao_adguide_190325)을 참고하세요.

- [카카오 데이터 활용하기]의 [키워드]는 다음(Daum) 및 카카오의 샵(#) 검색을 통해 최근 90일 동안 특정 키워드를 검색한 사람들을 타깃 대상으로 추려낼 수 있습니다. 검색창을 이용해서 대표 키워드 및 연관 키워드를 최대 300개까지 추가할 수 있습니다.

- [모먼트 타게팅하기]의 [현재위치]는 카카오맵에서 특정 지역을 기준으로 가로 970m, 세로 612m 크기의 블록을 클릭하여 연속 추가하거나 해제합니다. 이렇게 선택된 지역의 카카오 서비스 사용자를 대상으로 광고를 노출할 수 있습니다. 이 기능은 일부 지역으로 한정하여 광고를 노출하고 싶은 로컬 기반 가게에 매우 유리한 옵션입니다.

11 [디바이스 및 게재지면 설정]에서 광고를 노출하고 싶은 [디바이스]를 선택하여 범위를 제한할 수 있습니다. [게재지면]을 선택하거나 해제하여 노출 범위를 조정합니다.

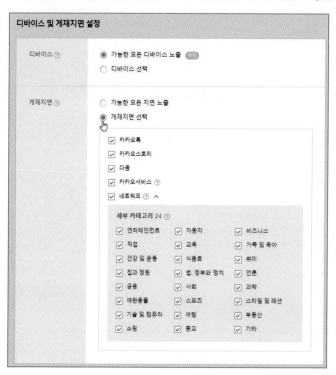

12 [예산 및 일정 설정] 화면에서 [과금 방식], [최대 입찰금액], [일예산], [집행기간]을 설정합니다.

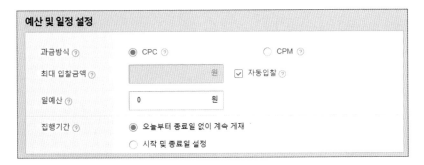

- [일예산]은 1만 원 이상, 10억 원 이하로 설정할 수 있습니다.
- [광고그룹 이름]을 입력하고 [다음]을 클릭하면 광고 소재 등록 단계로 넘어갑니다.

13 [새 소재 만들기]에서 만들고 싶은 광고 소재의 형식을 선택합니다.

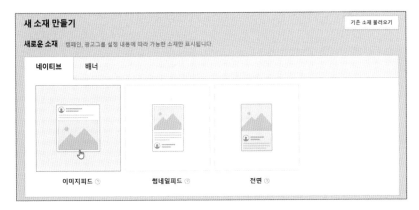

- [네이티브]는 이미지와 글이 함께 보이는 포스트 형식이고, [배너]는 단일 이미지를 사용하는 형식입니다. 노출하려는 광고 동영상의 성격, 광고 대상의 유형, 광고 노출 영역에 따라 적당한 소재를 선택합니다.

14 [소재 구성]의 [행동유도문구]를 선택하고, [랜딩URL]에 광고로 노출하고 싶은 유튜브 동영상의 공유 URL 주소를 복사하여 입력합니다. [개별설정]에 체크하면 모바일과 PC에 각각 다른 URL 주소를 설정해줄 수도 있습니다.

이처럼 카카오모먼트 [웹사이트 방문 늘리기] 광고를 이용하면 유튜브 동영상의 공유 URL 주소를 최종 랜딩페이지에 연결해서 유튜브 트래픽 증가를 위한 광고를 집행할 수 있습니다.

[동영상 홍보하기] 광고로 유튜브 동영상 트래픽 늘리기

카카오모먼트 [동영상 홍보하기] 광고를 통해서도 유튜브 트래픽을 늘릴 수 있습니다.

앞서 설명했듯이 유튜브 동영상을 직접 노출하는 대신, 먼저 유튜브 동영상의 핵심 장면을 모은 슬라이드쇼 형태의 짧은 동영상이나 중요한 컷을 모은 예고편 영상을 미리 광고용으로 준비하여 업로드해놓습니다. 그런 다음 그 동영상을 [동영상 홍보하기] 광고로 노출하고, 최종 랜딩페이지에 유튜브 동영상을 연결하는 거죠.

[웹사이트 방문 늘리기] 광고 집행 과정과 거의 유사하므로 여기서는 순서만 차례대로 정리합니다. 직접 시도해보세요.

1. 카카오모먼트에 접속하여 광고계정 선택 후 [광고 만들기] 클릭
2. [디스플레이 광고] 선택 후 [다음] 클릭
3. [캠페인]의 [광고 목적]은 [동영상 홍보하기] 선택
4. [캠페인 이름] 입력 후 [픽셀 & SDK 연동]은 [연동하지 않기]로 두고 [다음] 클릭
5. [오디언스 설정]에서 [맞춤타겟]의 [타겟 범위 좁히기] 클릭
6. [내 데이터 가져오기], [카카오 데이터 활용하기], [모먼트 타게팅하기] 이용
7. [카카오 사용자](플러스친구), [행동/관심사/서비스/실험실], [키워드], [현재위치] 선택
8. [데모그래픽]에서 [성별], [나이], [지역] 선택
9. [디바이스 및 게재지면 설정]에서 광고를 노출할 [게재지면] 선택
10. [예산 및 일정 설정]에서 [과금 방식]은 [CPM], [최대 입찰금액]은 [자동입찰] 설정
11. [예산 및 일정 설정]에서 [일예산], [집행기간] 설정
12. [광고그룹 이름] 입력 후 [다음] 클릭
13. [새 소재 만들기]에서 [동영상 피드] 또는 [동영상 배너] 선택
14. [소재 이름]에 광고 소재의 이름 입력
15. [소재 구성]에서 [프로필 이미지], [프로필 이름](광고계정명) 입력
16. [홍보문구]와 [홍보 동영상] 업로드
17. [타이틀]에 광고 동영상 제목 입력
18. [행동유도문구]에서 [영상 더보기] 옵션 선택
19. [랜딩URL]의 [모바일 URL]에 연결할 유튜브 동영상의 공유 URL 주소 입력
20. 필요 시 [PC URL] 설정 또는 [모바일 URL]과 동일한 설정
21. [소재 설정]에서 [입찰 금액], [프리퀀시 캡](하루 노출 횟수) 설정 후 [저장] 클릭

카카오모먼트 [메시지 광고]로 유튜브 동영상 트래픽 늘리기

카카오톡 메시지 광고의 가장 큰 장점은 대한민국 거의 모든 국민을 대상으로, 원하는 사람에게, 원하는 시점에, 원하는 주제로, 그 사람의 현재 필요에 맞춰 광고할 수 있다는 점입니다. 이른바 '오디언스 타깃팅'입니다. 즉, 특정 주제에 맞춰 영역(인벤토리)을 타깃팅하기보다 24

시간 손에서 놓지 않는 스마트폰에 알림 메시지로 광고하겠다는 것이죠.

실제로 2019년 5월 초부터 카카오톡의 메인 채팅 목록에도 광고 배너(비즈보드)가 나타나기 시작했습니다. 소상공인이나 작은 기업이 활용하긴 어려운 공간이겠지만, 향후 카카오 광고의 타깃팅 기술과 데이터가 축적되면 1:1 개인 맞춤형으로도 광고할 수 있는 영역입니다. 그러니 나중에는 사용자가 보고 싶은 주제의 광고만 수신하도록 진화하지 말란 법도 없습니다.

카카오 광고를 이용하여 유튜브 동영상의 트래픽을 늘리려면 앞서 설명한 [동영상 홍보하기]나 [웹사이트 방문 늘리기] 광고를 이용하는 편이 효과적이겠지만, [메시지 광고]로 유튜브 동영상의 공유 URL 주소를 직접 홍보하는 방법도 충분히 효과적입니다.

메시지에 외부 웹사이트 연결 URL 주소를 첨부하여 광고 콘텐츠를 작성할 수 있습니다. 그러므로 꼭 보여주고 싶거나 조회수를 집중적으로 높이고 싶은 유튜브 동영상이 있다면 해당 동영상의 공유 URL 주소를 복사해 [메시지 광고] 본문에 입력만 하면 됩니다.

[메시지 광고]를 집행하는 방법도 어렵지 않으니 단계별로 살펴보겠습니다.

01 카카오모먼트에서 [광고 만들기]를 클릭한 후 **1** [메시지 광고]를 클릭하여 선택하고 **2** [다음]을 클릭합니다.

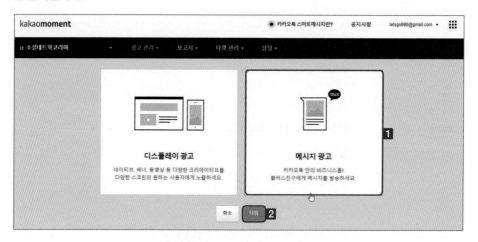

<u>02</u> [다이렉트 메시지 보내기]를 클릭하면 아래쪽에 발송 대상을 선택할 수 있는 [캠페인 이름 및 집행 설정]이 나타납니다.

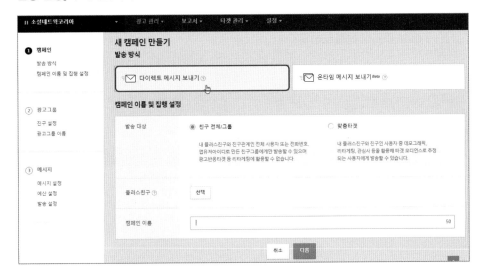

- ● [발송 대상]의 [친구 전체/그룹]은 플러스친구 전체 또는 전화번호 등으로 만든 친구 그룹을 선택하여 해당 그룹에만 메시지를 발송할 수 있습니다.
- ● [발송 대상]의 [맞춤타겟]은 플러스친구 중 꼭 필요한 타겟만을 대상으로 수신 범위를 좁힐 수 있습니다.
- ● [플러스친구]의 [선택]을 클릭하여 원하는 친구 그룹을 선택합니다.
- ● [캠페인 이름]은 광고 성과를 구분하기 편한 이름으로 입력하고, [다음]을 클릭합니다.
- ● [온타임 메시지 보내기]는 특정 시점과 구역 내에 발송 대상이 이동 중일 때 실시간 푸시 메시지를 보냅니다.

<u>03</u> 02번 단계에서 선택한 [플러스친구]가 설정되면 **1** 오른쪽의 [예상 친구수]를 확인하고 **2** [광고그룹 이름]을 입력한 후 **3** [다음]을 클릭합니다.

◉ 이미 만들어놓은 친구 그룹이 있다면 [+ 그룹 가져오기]를 클릭하여 원하는 그룹을 선택하고, 없으면
새로 만들 수 있습니다.

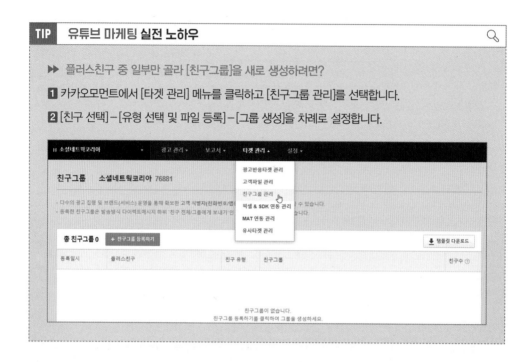
04 02번 단계에서 [발송 대상]을 [맞춤타겟]으로 선택했다면 [타겟 범위 좁히기]를 클릭하고 추가
조건을 설정하여 발송 대상 범위를 좀 더 좁힐 수 있습니다.

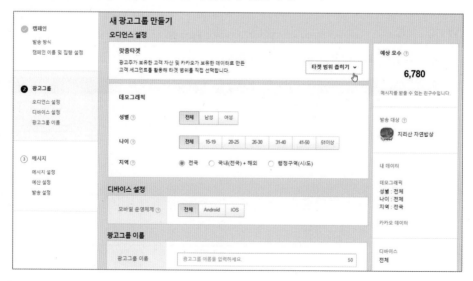

◉ 선택된 플러스친구의 [맞춤타겟] 조건을 더 좁히면 꼭 필요한 대상에만 제한해서 보낼 수 있으므로 메시지 발송 비용을 절감할 수 있습니다.

◉ [성별], [나이], [지역] 외에 [디바이스 설정]에서 모바일 운영체제에 따라 구분하여 보낼 수도 있습니다.

05 [메시지 설정]에서 [메시지 불러오기] 또는 [메시지 생성하러 가기]를 클릭하여 광고로 발송할 메시지를 작성합니다.

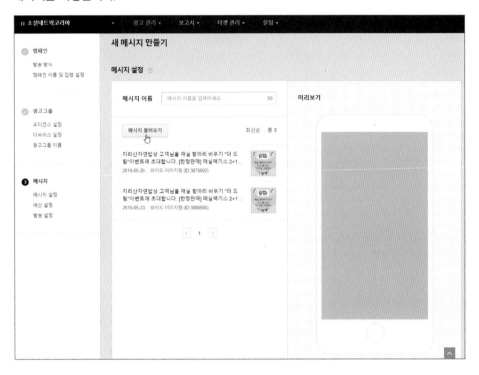

◉ 플러스친구 메시지함에 이미 생성된 메시지가 있다면 바로 선택해서 사용할 수 있습니다.

◉ 미리 생성된 메시지가 없다면 [메시지 생성하러 가기] 버튼이 나타납니다.

◉ 메시지는 [플러스친구 관리자센터]의 메시지 항목과 연동되므로 [메시지 생성하러 가기]를 클릭하면 해당 메뉴로 이동합니다.

06 [플러스친구 관리자센터]로 연결되면 원하는 형식의 [메시지 작성]을 클릭합니다. 유튜브 동영상을 직접 연결하려면 [와이드 이미지형]을 선택합니다.

- [기본 텍스트형], [와이드 이미지형], [와이드 리스트형] 중에서 선택하여 사용합니다.
- 유튜브 동영상을 홍보하고 싶을 때는 [와이드 이미지형]을 권장합니다. [와이드 이미지형]은 이미지 또는 동영상을 직접 업로드하고, 해당 웹사이트나 랜딩페이지로 연동되는 URL 주소를 연결할 수 있습니다.

07 첨부할 이미지를 업로드하고 공유 URL 주소도 첨부합니다.

● [이미지]에 해당 동영상의 미리보기 이미지를 업로드하고, [첨부할 링크]에는 해당 동영상의 공유 URL 주소를 복사해서 입력합니다.

● 유튜브 동영상이 제대로 연결되는지 [연결확인]을 클릭해서 미리 확인해봅니다.

● 내용을 적고 싶으면 [내용]을 [있음]으로 선택한 후 동영상에 대한 간략한 설명을 작성합니다(76자까지 입력 가능).

TIP | **유튜브 마케팅 실전 노하우**   🔍

▶▶ 메시지 작성 중 유의할 점

● 새로 작성할 내용이 이전에 작성해놓은 메시지와 유사하다면 [이전 메시지 불러오기]로 이전에 작성해놓은 메시지를 불러온 후 수정해서 사용할 수 있습니다.

● 광고성 메시지라면 [광고성 내용이 포함된 경우에 체크해주세요.]에 체크해야 합니다.

● 내용(메시지 본문)은 400자까지 적을 수 있으나, URL 주소는 입력할 수 없습니다. 외부 링크를 첨부하고 싶을 경우 [메시지 버튼]의 [링크]를 선택하고 URL 주소를 입력하면 [메시지 버튼]에 자동 연결됩니다.

● [메시지 버튼]의 길이는 부호, 띄어쓰기를 포함하여 8글자 이내입니다.

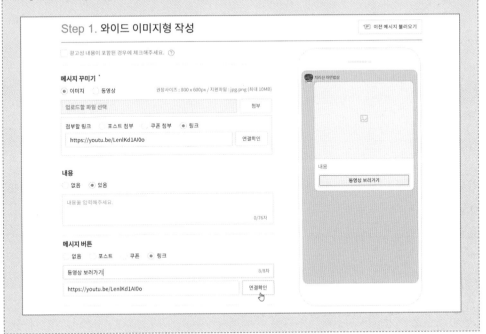

08 메시지 작성이 끝나면 맨 아래쪽에 있는 [카카오모먼트에서 보내기] 또는 [등록]을 클릭하여 비용을 확인한 후 발송합니다.

지금까지 살펴봤듯이 카카오모먼트를 이용해 유튜브 동영상을 광고하는 일은 생각보다 쉽습니다. 그렇지만 카카오모먼트를 막상 실전에서 적용해보려고 하면 번번이 '플러스친구'라는 장벽에 부딪히게 됩니다. 실제로 카카오는 플러스친구 기반을 충분히 만들지 않으면 광고 효율을 기대하기 어렵습니다.

플러스친구는 브랜드와 '친구' 관계를 맺고, '브랜드가 보내는 광고 메시지를 수신하는 데 자발적으로 동의한 사람'을 말합니다. 흔히 이메일 수신 동의자를 '옵트인' 그룹이라 말하는데, 플러스친구는 '옵트인 메시지 수신 그룹'이라고 보면 됩니다.

카카오톡을 통해 메시지 광고를 진행하려면 결국 광고 메시지에 '수신 동의'한 오디언스가 필요합니다. 만약 자발적인 '광고 메시지 수신 동의자'를 충분히 확보해놓았다면 필요한 메시지를 언제든지 쉽고 빠르게 전송하여 홍보할 수 있습니다. 물론 공짜는 아닙니다!

카카오가 [플러스친구 관리자센터]의 새로운 기능을 선보였습니다. 이름하여 [스마트메시지]입니다. 비록 초기 5만 명 이상의 플러스 친구가 있어야만 사용 가능하다는 제한 조건은 있지만, 이 기능을 이용하면 머신러닝을 통해 여러 메시지 문구를 테스트해보고 효과적인 메시지를 자동 선택할 수 있고, 카카오의 빅데이터를 활용해 메시지 발송 대상을 선별할 수도 있답니다.

이처럼 카카오모먼트의 타깃 광고를 활용하면 비용을 들인 만큼 노출할 수 있습니다. 하지만 플러스친구 규모를 충분히 확보하지 못했거나 특정 속성이나 행동 패턴에 따라 광고 대상이 [맞춤타겟]으로 만들어져 있지 않을 경우 광고 효율이 떨어질 수 있습니다.

더 많은 오디언스에게 광고 노출을 시도할 경우 불필요한 사람들에게 보낸 메시지로 인해 스팸 신고를 당할 위험이 커지고, 광고 비용 또한 비효율적으로 낭비될 수 있다는 점을 잊지 않길 바랍니다.

03 쇼핑몰과 웹페이지를 이용해 유튜브 트래픽을 늘리는 방법

쇼핑몰에 유튜브 동영상을 삽입하여 트래픽 늘리기

지금까지 다양한 타깃 광고를 활용하여 유튜브 동영상을 홍보하고 트래픽을 늘리는 방법에 대해 알아보았습니다. 하지만 유료 광고는 아무리 효과적으로 타깃팅해도 결국 예산이 투입되지 않으면 그림의 떡에 불과합니다.

그에 비해 자신이 직접 만들어 운영하는 홈페이지, 블로그, SNS 채널 등에 평소 꾸준히 잠재고객 및 미래 가망고객이 될 수 있는 친구나 지인 망을 늘려나가면 그만큼 자신의 아이템이나 상품을 소개할 기회도 많아집니다.

블로그 글이나 쇼핑몰의 상품 상세 페이지에도 유튜브 동영상의 소스 코드를 직접 퍼오는 방식으로 삽입해 게시하면 꼭 유튜브로 넘어가지 않더라도 동영상을 바로 재생할 수 있습니다.

외부 웹사이트에서 재생되는 것도 유튜브 동영상의 조회수로 반영됩니다. 시청자를 유튜브 채널로 유입시켜 구독자를 꾸준히 늘리고, 연관 동영상 추천 목록을 통해 다른 동영상을 노출하는 것도 필요합니다. 하지만 쇼핑몰은 상품 상세 페이지에서 직접 재생할 수 있게 하여 고객의 구매 의사 결정을 촉진하는 것이 훨씬 더 중요합니다.

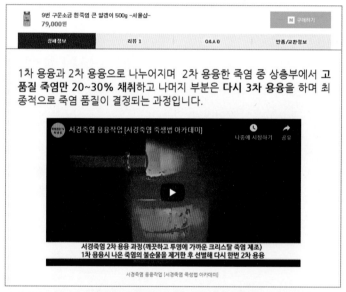

▲ 네이버 스마트스토어 상품 상세페이지에 삽입된 유튜브 동영상 샘플

블로그든 쇼핑몰이든 웹사이트 관리자 모드에서 HTML 편집 작업을 허용한다면 유튜브 동영상의 퍼가기 소스 코드를 복사하여 HTML 입력 창에 그대로 붙여 넣으면 됩니다.

▶▶ 유튜브 동영상의 소스 코드를 복사하려면?

해당 유튜브 동영상의 재생 화면을 마우스 오른쪽 버튼으로 클릭하면 여러 공유 옵션이 나타나는데, [소스 코드 복사]를 클릭하면 됩니다.

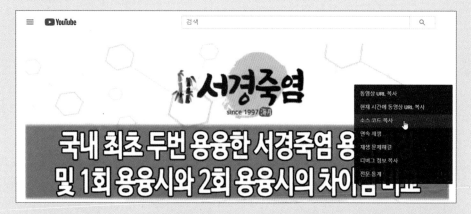

● 메모리(클립보드)에 다음과 같은 코드가 자동으로 복사됩니다. HTML 편집이 허용되는 곳이라면 어디든 붙여 넣고 저장만 하면 됩니다.

〈iframe width="1069" height="601" src="https://www.youtube.com/embed/fE2uxwAMikU" frameborder="0" allow="accelerometer; autoplay; encrypted-media; gyroscope; picture-in-picture" allowfullscreen〉〈/iframe〉

● 코드에서 가로와 세로의 길이가 웹사이트 너비에 맞지 않으면 위의 예시 코드에서 width="1069" height="601" 부분만 적절한 크기로 숫자를 변경하여 저장하면 됩니다.

블로그에 유튜브 동영상 삽입하여 트래픽 늘리기

이처럼 동영상의 소스 코드를 복사해오면 HTML 편집 모드를 제공하는 어떤 웹사이트에서든 사용할 수 있습니다. 네이버는 스마트 에디터 ONE 사용을 권장하지만, 여전히 이전 버전 에디터를 선택하여 사용할 수 있습니다. 이전 버전 편집기를 이용하면 네이버 블로그에도 유튜브 동영상을 HTML 소스 퍼오기 방식으로 삽입할 수 있고, 블로그 자체에서 재생할 수도 있습니다.

티스토리 블로그 역시 글 작성 시 HTML 편집 모드를 제공합니다. 앞서 설명한 방법으로 유튜브 동영상의 소스 코드를 퍼오면 블로그 게시글에 삽입하여 바로 재생되도록 할 수 있습니다.

유튜브 채널을 개설하고 일단 동영상을 올려놓기만 하면, 이처럼 광고는 광고대로, 블로그나 웹사이트를 통한 홍보는 홍보대로 다목적으로 유용하게 활용할 수 있습니다. 동일한 시간과 비용을 들일 때 얻을 수 있는 산출 결과로 따지면 유튜브가 다른 어떤 도구보다도 더 효과적이라는 것을 다시 한 번 알 수 있죠.

이제 남은 과제는 딱 하나밖에 없습니다. 유튜브, 할 거냐 말 거냐? 결단뿐이지요! 이게 단지 '할 거냐 말 거냐' 선택의 문제일지, 아니면 '사느냐 죽느냐'가 걸린 사활의 문제일지는 각자가 처한 상황과 판단에 따라 다를 것입니다. 다만 어떻게 받아들이고 대응하느냐에 따라서 앞으로 맞게 될 비즈니스의 결과는 현격히 달라질 것입니다! 어느 쪽을 선택하겠습니까?

결론은 유튜브!
SEO에 타깃 광고를 더하라!

01 당신이 유튜버가 되기 어려운 세 가지 이유

유튜브 동영상을 보는 건 쉬워도 직접 만들어 업로드하는 것은 무척 어렵습니다. 1990년대 후반에 웹브라우저가 세상에 등장하면서부터 지금까지 우리가 인터넷을 통해 시도했던 모든 창작 행위, 또는 블로그나 카페, SNS 활동보다 동영상 콘텐츠를 만들어 업로드하는 것은 10배 이상은 어렵게 느껴집니다. 왜 그런 걸까요? 대표적인 이유 몇 가지만 들어보겠습니다.

내 얼굴을 만인 앞에 드러내야 한다

유튜브 동영상은 내가 찍는 것이 아니라 '찍히는' 겁니다. 남이 찍어주든 셀카로 직접 찍든 마찬가지죠. 물론 얼굴을 드러내지 않을 수는 있습니다. PC 화면을 영상으로 캡처하고, 목소리만 녹음해 넣는 해설형 동영상도 있으니까요. 화면 전체로 나오는 게 부담스러우면 구석에 조그맣게 해설자 웹캠 영상을 삽입하는 방법도 있습니다. 그러나 어떤 경우라도 자신의 얼굴 또는 최소한 목소리 정도는 공개해야만 의미 있는 브랜드가 만들어지는 게 동영상입니다.

남이 나오는 영상을 보는 것과 자신이 나오는 영상을 만드는 건 차원이 다릅니다. 얼굴을 공개하는 것은 말할 것도 없고, 목소리만 공개하는 것도 생각보다 어렵습니다. 단체 촬영이나 셀카를 통해 '말 없이' 찍히는 '인증 사진' 한두 컷을 올리는 것은 아주 자연스러운 일상이 되었습니다. 하지만 아직도 많은 사람이 웬만한 메신저 앱에 다 들어 있는 '영상 통화' 기능을 쓰는 것조차 꺼립니다. 왜 버젓이 들어 있는 기능인데도 안 쓰는 걸까요?

SNS만 해도 그렇죠. 주변 친구들이 다 하니까 '나만 안 할 수 없어서' 다들 계정은 만들어 갖고 있습니다. 하지만 그뿐, 여전히 '눈팅'만 하는 사람들이 의외로 많습니다. 왜 활동을 안 하냐고 물으면 열에 아홉은 답변이 같습니다.

"내 사생활이나 일상 모습이 시시콜콜 남들에게 드러나는 게 부담스럽고 싫어요!"

우리나라 포함 전 세계적으로 SNS 사용자가 온라인에서 관계를 맺고 있는 친구의 수는 평균 150명에서 200명을 넘지 않습니다. 혹시 지금 나와 SNS 친구 관계를 맺고 있는 사람 중에서 '유튜버'로 나서서 동영상을 지속적으로 올리고 있는 사람이 몇 명이나 떠오르나요? 바로 생각나지 않거나 없다면 그게 정상입니다.

사람마다 이유는 다르겠지만 유튜버가 되어 자신의 얼굴과 목소리를 공개하는 것은 절대 쉬운 도전이 아닙니다. 그것은 역설적으로, 지금 먼저 시작하는 사람에게 아직 기회가 존재하는 이유이기도 합니다.

동영상을 촬영하고 편집하는 일은 결코 쉽지 않다

스마트폰의 발달로 영상을 찍는 일이 아주 쉬워지고 편해진 건 맞습니다. 카메라 앱을 켜고 사진 대신 동영상 옵션만 선택하면 바로 촬영할 수 있으니까요. 그런데 찍은 것을 어딘가에 업로드하려면 고민이 시작됩니다. 여행 중 멋진 풍경을 찍고 그대로 업로드하는 거라면 쉽습니다. 문제는 영상에 지명이나 위치를 알 수 있는 정보가 없을 때 '멘트나 자막'을 넣어주지 않으면 처음 본 사람들은 어디인지 알 수가 없다는 거죠. "거기가 어디예요?"라는 질문 댓글이 제일 먼저 올라올 겁니다.

누군가에게 보여줄 영상에는 설명과 해설이 있어야 합니다. 음성 해설이나 자막을 첨부하는 편집 작업이 불가피하게 요구되는 것이죠. 영상에 오디오나 자막을 추가하지 않으면 정보 가치가 떨어지는 불완전한 콘텐츠로 머물 수밖에 없습니다. 최소한의 영상 편집 기술도 모른다면, 동영상이 넘쳐난다 해도 이것을 유튜브에 업로드하는 일은 엄두를 내기가 어렵습니다. 유튜버가 되기 어려운 가장 큰 이유가 바로 여기에 있습니다.

해결 방법은 두 가지입니다. 동영상 편집 기술을 배워서 직접 만들거나 영상 편집 외주자를 찾아 편집을 맡기는 겁니다.

최근 영상 편집 기술을 가르쳐주는 동영상 편집 안내서와 동영상 강의가 유행처럼 쏟아지고 있습니다. 프리미어 프로, 애프터이펙트와 같은 본격 동영상 편집 프로그램은 물론이고 스마트폰에서 영상 편집을 쉽게 할 수 있는 키네마스터나 아이무비와 같은 앱까지, 다양한 편집 도구의 활용 방법을 알려줍니다.

실제로 이런 편집 도구들을 조금 공부해보면 기능적인 것은 어찌어찌 따라 해볼 수도 있겠다는 생각이 듭니다. 문제는 진짜 미디어 소스를 활용한 편집 작업에 들어가면 이게 완전 '시간과의 싸움'이라는 겁니다.

초보자는 1분짜리 영상을 편집하려면 기획부터 컷 작업까지 1시간 이상 걸린다는 말을 예사로 합니다. 10분짜리를 만들려면 10시간을 투자해야 한다는 말인데, 실제로 해보면 이 말이 절대 과장이 아니란 것을 알 수 있습니다. 꽤 능숙한 편집자라도 보통 1분짜리 영상을 제대로 만들려면 20~30분 이상을 소비하곤 합니다. 여러분은 그만한 시간을 투자할 여유가 있나요?

내가 직접 그만한 시간과 노력을 직접 할애하기 힘들다면 다른 사람에게 맡길 수밖에 없습니다. 그러나 맡기려고 결심한 순간 두 가지 문제가 발생합니다. 하나는 기획 의도와 편집 콘셉트를 온전히 전달하는 것이 쉽지 않다는 점, 그리고 나 대신 '알아서 만들어줄' 사람에게 맡기려면 비용이 든다는 점이죠. 비용을 들여 그 이상의 효과를 볼 수 있다면 '투자'라도 하겠지만, 확신이 서지 않으면 망설일 수밖에 없습니다. 결국 시간과 돈 중에 어느 하나라도 갖고 있지 않으면 유튜버가 되는 일은 절대 말처럼 쉽지 않습니다.

무엇을 업로드해야 할지 테마를 잡기 어렵다

얼굴을 공개하기로 마음먹고, 편집 기술까지 습득했고, 시간이나 돈이 있다 해도, 마지막 남은 장벽이 하나 더 있습니다. 바로 '어떤 콘텐츠를 만들어야 할까'에 대한 테마를 잡기가 쉽지 않다는 것입니다.

웹에는 수많은 정보가 차고 넘칩니다. 동영상 콘텐츠도 다르지 않습니다. 예전에는 사람들이 질문을 받으면 습관처럼 답했습니다. "네이버에 가서 물어봐!" 요즘은 이렇게 말합니다. "그거 유튜브 가면 다 있어!"

어떤 주제든지 알고 싶은 내용이 있거든 유튜브에 검색해보세요. 혹시 검색되지 않는 주제가 있나요? 또는 그동안의 오랜 경험과 연구를 통해 다른 사람은 절대 모르는 노하우나 지식, 차별성을 확보하고 있는 전문 콘텐츠가 있나요?

내가 아니면 다른 누구도 제공할 수 없는 '차별화된 콘텐츠', 이를 경영학에서는 USP(독특한 세일즈 제안이나 포인트)라고 부릅니다. 이게 있어야 비로소 여러분이 만드는 유튜브 채널에 구독자가 늘어나고 단골 시청자가 생길 수 있습니다. USP가 없으면 아무리 열심히 동영상을 만들어 업로드해도 시간만 허비하는 게 될 수도 있습니다. 차별화 콘텐츠를 갖는 것이 유튜버가 되는 가장 중요한 조건입니다.

유튜브, 하는 건가요, 말라는 건가요?

자, 이토록 산 넘어 산이라면 굳이 어렵게 유튜버가 되는 길은 깨끗하게 접고 단념하는 편이 속 편할까요? 상황이 그렇게 간단하질 않습니다.

5G 시대가 열렸다는 말을 들먹이지 않더라도 이제 통신 환경은 기존 LTE 대비 최소 10배에서 100배는 더 빨라지고 있습니다. 앞으로 거의 모든 정보성 콘텐츠가 동영상으로 만들어지고 소비될 것은 정해진 추세입니다. 국내 인터넷 사용자의 60% 이상이 유튜브 검색도 함께 이용하고 있는 현실을 직시해야 합니다.

사람들이 유튜브를 단지 재미난 영상이나 찾아서 '시간 때우기' 용도로만 쓰는 게 아니란 뜻입니다. 네이버나 구글을 대신해서 정보를 입수하는 검색 채널로도 이용하고 있는 것이죠. 현재 유튜브에 업로드된 동영상은 정보성 콘텐츠보다 엔터테인먼트성 콘텐츠가 80% 정도로 더 많다고 합니다. 하지만 유튜브에 검색 인구가 더 늘어나면 정보성 콘텐츠의 비중도 점점 더 늘어날 것입니다.

비즈니스를 하는 사람들에게 또 하나의 기회가 열리고 있는 것입니다. 무언가를 찾는 사람들에게 원하는 콘텐츠를 제공할 수 있는 아주 강력한 검색 채널 하나가 새로 생긴 것입니다. 이

것이야말로 유튜브를 어떻게 하면 마케팅 도구로 활용할 수 있을지 고민해야 하는 실질적인 이유입니다.

요컨대 자신을 브랜딩하고 싶거나, 회사의 기술이나 제품, 콘텐츠를 누군가에게 홍보하고 싶거든 망설이지 말고 독자적인 콘텐츠 채널을 만들어야 합니다. 유튜브는 이미 '소비자용 수신 채널'이 아니라 '생산자용 송신 채널'로 바뀌고 있습니다. 보이지 않는 미디어 혁명이 일어나고 있는 거죠. 전 세계인 모두에게 1인 방송, 개인 TV 채널이라는 '새로운 무기'가 손에 쥐어진 겁니다.

결론은 하나, "당신도 할 수 있습니다!"

유튜브, 당신도 할 수 있습니다. 그러나 절대 쉽지 않습니다. 아니, 대단히 어렵습니다. 결코 아무나 사용할 수 있는 도구가 아닙니다. 얼굴을 드러내는 용기, 편집 기술, 차별화된 콘텐츠라는 세 가지 장벽을 넘어설 수 있어야만 비로소 도전과 성공을 꿈꿀 수 있습니다.

바로 이 만만치 않은 장벽 덕분에 우리 모두에게 유튜브는 여전히 '기회의 땅'입니다. 유튜브는 올해는 물론이고 앞으로 1~2년 정도까지도 새로 진입하여 선점할 수 있는 여지가 남아 있는 '미개척지'입니다. 다른 어떤 콘텐츠 채널보다도 진입 장벽이 높기 때문이죠. 이 시기를 새로운 도전과 도약의 기회로 삼을지, 가까운 미래의 어느 날 후회의 한숨을 내쉬며 다른 사람들의 성공을 부러워만 하고 있을지, 우리 모두가 깊이 고민해봐야 할 때입니다.

도전 없이 승리를 기약할 수는 없습니다. 시대는 저만치 앞서서 변하고 있는데 과거의 패러다임을 붙잡고 멈추어 있는 것은 실패를 예약하는 것이나 마찬가지입니다.

---

02 유튜브는 24시간 안에 인기 노출을 원한다 ⋮

유튜브 메인 홈의 [인기] 영역에 노출된 동영상의 광고 효과

다음 예시 이미지를 함께 살펴보시죠. 유튜브에 로그인하지 않은 상태로 접속하여 [홈]을 열면 보이는 첫 화면입니다. 맨 위에는 미리보기 동영상 광고 하나가 자리 잡았죠. 마스터헤드라 부르는 광고입니다. 두 번째 줄은 [인기] 영역입니다. [인기] 영역은 최근에 올라온 동영상 중에서 사람들의 관심을 많이 받아 인기가 급상승한 동영상들을 모아서 보여주는 곳입니다.

새로 고침을 할 때마다 한두 개씩 영상이 바뀌긴 합니다. 공통적인 것은 한 동영상의 조회수가 최소 20만 회에서 많게는 100만~200만 회까지 나오는데, 업로드된 날짜가 길어야 3일을 넘지 않는다는 점입니다. 다시 말해 어쩌다 인기 급상승 동영상이 되어 유튜브 메인 홈의 [인기] 영역에 노출되기만 하면, 단 하루만 노출돼도 최소 20만~50만 회의 조회수를 기록한다는 것입니다. 여기서 궁금증이 떠오릅니다. 만약 유튜브에 동영상을 올리고 이것을 유료 광고로 집행해서 이 정도의 조회수를 얻어내려면 과연 광고비를 얼마나 지불해야 할까요?

유튜브는 '조회'를 인정하는 구체적인 기준을 딱 정해서 공개하지 않습니다. 이 때문에 정확히 몇 초 이상을 보아야 조회로 산정하는지, 동일한 IP나 동일한 사용자(기기)가 반복해서 볼 경우 하루 몇 회까지를 조회로 인정하는지 등이 확실하지 않습니다. 광고 시청 시간을 기준으로 조회(View)를 인정하는 기준이 TrueView 광고에서는 30초입니다. 유튜브 [분석] 보고서에서는 10초 미만의 조회수를 집계하지 않습니다.

또한 유튜브가 크리에이터에게 제공하는 학습 사이트에서 조회수, 노출수, 클릭수 개념 등에 대한 소개 및 예시를 살펴보면, 디스플레이 노출인 경우 시청자가 미리보기 이미지를 1초 이상(동영상 재생 광고는 2초 이상), 이미지의 50% 이상을 봤을 때 '노출'로 인정하는 것을 알 수 있습니다. 그리고 이 경우 클릭이 일어나는 수를 노출 클릭률(CTR)이라 하는데, 일반 유튜브 동영상인 경우 대략 3~15% 수준입니다. 업로드 직후 보통 15%대에서 시작해 일주일 경과 시 5% 이하로 떨어지는 것이 일반적입니다.

한편 유튜브 광고를 집행할 경우 1,000회 노출당 비용(CPM)이 7.5~12달러 정도를 형성합니다(Adstage 2018년 1분기~2019년 1분기 자료 기준).

이러한 자료들을 근거로, '노출 클릭=조회'라고 보고 노출 클릭률을 5%로 가정할 경우 20만 조회를 일으키려면 대략 400만 번의 노출이 이루어져야 가능합니다. CPM을 10달러로 가정하면 원화로 1회 노출당 10원꼴이죠. 400만 번을 노출하려면 광고비를 4,000만 원까지 써야 한다는 얘기입니다.

유튜브에서 인기 급상승 동영상이 될 경우 얻을 수 있는 광고 효과가 얼마나 막대한지를 짐작할 수 있죠. 그러니 유튜버들이 [인기] 영역에 단 한 번이라도 노출되면 "대박!"을 외치면서 눈물을 흘리고 감격하는 게 크게 이상한 일이 아닙니다.

노출 클릭률과 평균 조회율, 어느 것이 더 높아야 좋을까

유튜브 인기 동영상으로 낙점되는 요행을 바라면서 동영상을 만들라는 뜻이 아닙니다. 메인 홈의 [인기] 영역에는 못 들더라도, 특정 키워드로 검색한 사람들의 '검색 결과' 상위에라도 나올 수만 있게 하자는 겁니다. 그리만 되어도 최소한 그 사람들의 검색 횟수만큼은 내 돈 들이지 않고 '공짜 광고'를 집행하는 효과를 누릴 수 있으니까요. 이게 바로 유튜브 SEO가 가져다주는 효과이고, 우리가 이 책을 통해 유튜브 SEO의 원리를 공부하고 터득해야 하는 실질적인 이유입니다.

유튜브가 '크리에이터 아카데미'에서 제시하는 사례 설명 중에 의미 있는 그래프가 하나 있습니다. '노출 클릭률(CTR)' 도움말에서 등장하는 그래프로, 두 가지 동영상의 기간별 노출 클릭률의 흐름과 더불어 평균 조회율 수치를 예시로 보여줍니다.

A 동영상의 클릭률은 10%가 넘지만 조회율이 3% 미만인 데 반해, B 동영상의 클릭률은 5%도 안되지만 조회율이 70% 이상 나오는 사례입니다. 둘 중 어떤 사례가 더 바람직할까에 대한 답이지요. 클릭률이 낮다는 것은 해당 동영상의 주제에 관심 있는 시청자의 수는 한정되어 있다는 겁니다. 하지만 일단 그 틈새 시청자에게 발견되기만 하면, 콘텐츠의 내용이 시청자의 기

대를 충족시켜주므로 이탈하지 않고 평균 조회율이 높게 나올 수 있다는 것이지요.

물론 노출 클릭률도 높고 평균 조회율도 높게 나온다면 금상첨화겠죠. 하지만 우리가 동영상 조회를 통해 광고 수익 배분을 목표로 삼은 유튜버가 아닌 이상 단순히 클릭률이 높은 것보다는 평균 조회율이 높은 게 더 바람직하다고 볼 수 있습니다.

실제로 유튜브의 설명에 따르면, 유튜브 분석의 [트래픽 소스] 보고서를 확인해보면 [YouTube 검색] 및 [찾아보기] 기능과 같은 트래픽 소스에서는 일반적으로 노출 클릭률 (CTR)이 더 높게 나온다고 합니다. 검색을 한다는 것은 해당 시청자가 이미 특정 콘텐츠를 찾고 있는 셈이니, 원하는 내용을 발견하면 시청 의사가 높기 때문이지요.

중소기업이나 소상공인이 지향해야 할 유튜브 마케팅 전략, 혹은 동영상 비즈니스 전략은 바로 이것입니다. 즉, "우리를 필요로 하는 검색자에게 우리 영상이 노출되게 하라!"는 것입니다. 이 작업을 얼마나 제대로 잘하는가에 따라서 유튜브 비즈니스의 성패가 갈리게 되니까요!

03 검색 엔진 최적화(SEO)와 광고가 만나면 시너지 효과가 난다

유튜브 검색 엔진 최적화(SEO)와 키워드에 대한 오해와 진실

이렇게 검색 엔진 최적화(SEO)의 중요성을 강조하고, 검색 상위 노출의 의미를 새기면 간혹 오해하는 사람이 있습니다. 검색 엔진 최적화(SEO)만 잘해놓으면 동영상은 대충 만들어 업로드해도 웬만큼은 성과가 나오지 않을까 하는 생각이죠. 그래서 끝으로 구글과 유튜브 검색 엔진 최적화(SEO)에서 공통으로 고려해야 할 사항을 정리해보겠습니다.

첫 번째 오해는 제목, 설명, 태그에 핵심 키워드나 연관 키워드만 여러 번 반복하고 강조해서 넣으면 관련 검색어와 매칭되어 동영상이 더 많이, 더 자주 노출될 것으로 생각하는 겁니다.

실상은 그렇지 않습니다. 유튜브는 '텍스트' 콘텐츠가 아닌 '동영상(이미지)' 콘텐츠인 탓에 어떤 '단어'로 내용을 매칭시킬 수 있는 요소가 부족합니다. 따라서 동영상과 관련하여 언급되는 '여러 단어가 함축하는 의미들을 맥락 속에서 재해석'하여 그와 연관된 키워드(검색어) 질의에 대해 동영상을 매칭시키는 방식을 사용합니다.

그런 방식의 검색 키워드를 'LSI(Latent Semantic Indexing) 키워드'라 부릅니다. 굳이 해석하자면 '숨은 의미 분류' 키워드인데, 여기서 숨은 의미란 바로 전체 '맥락'을 의미합니다. 즉, 하나의 단어가 복합적인 의미를 가질 때 상황과 맥락에 따라 뜻이 달라지는 함축적 키워드를 말합니다.

이를테면 '갤럭시'가 '은하'의 뜻으로 쓰이면 '별'이나 '우주'가 LSI 키워드가 되지만, 스마트폰 '브랜드명'으로 쓰이면 '삼성'이나 '노트'가 LSI 키워드가 되는 겁니다. 또한 '배'가 '선박'의 의미로 쓰이면 '어선'이나 '보트'가 LSI 키워드가 되지만, '몸의 부위' 의미로 쓰이면 '가슴'이나 '등'과 같은 단어가 LSI 키워드입니다. 그만큼 동영상의 실제적인 내용과 키워드가 맥락 속에서 일치해야만 검색 결과에 노출될 가능성이 높다는 이야기입니다.

유튜브는 연관 동영상 목록 또는 재생 후에 '다음 동영상'으로 추천되는 동영상을 연결할 때 이와 같은 'LSI 키워드' 분석 알고리즘을 사용합니다. 따라서 기계적으로 단어 자체만 일치한다고 해서 매칭되는 게 아니고, 동영상이 다루는 주제의 '의미와 맥락'이 연동되는 키워드를 선별하는 작업이 필요한 것입니다.

그 밖의 검색 엔진 최적화(SEO) 관련 요소들에 대한 착각과 허상

이 외에도 검색 엔진 최적화(SEO)에 대한 몇 가지 오해가 더 있습니다. 그중 대표적인 것은 동영상 링크를 최대한 많은 사람이 퍼가면 상위 노출에 유리할 거라고 생각하는 것입니다. 실제로는 얼마나 영향력이 있는 사이트에서 퍼가는지가 더 중요합니다.

또한 콘텐츠의 내용과 상관 없이 태그 키워드 설정만 잘하면 될 거라는 착각도 있지요. 혹은 검색 엔진 최적화는 전혀 돈이 들지 않는 작업이라고 오해하곤 합니다. 그러나 이 책에서 살펴보았듯이 검색 엔진 최적화의 원리를 이해하고 적용하는 데는 상당한 학습과 훈련 비용이 따릅니다. 무엇보다 좋은 동영상 콘텐츠를 생성하는 데도 비용이 추가됩니다. 한 마디로 세상에 공짜는 없습니다!

요컨대 검색 엔진 최적화 작업을 잘해두면 유료 광고에 소진되는 비용을 일부 줄이고 콘텐츠의 노출을 늘리는 데 크게 기여할 수 있습니다. 하지만 그렇다고 해서 광고비가 아예 필요 없거나 광고를 전혀 하지 않아도 되는 것은 아닙니다. 모든 온라인 마케팅에서 우리의 잠재고객과 지지자 그룹이 평소 서로 소통할 수 있는 커뮤니티가 튼튼히 짜여 있지 않는 한, 꾸준한 광고 노출은 피할 수 없는 숙명입니다.

정도의 차이가 있을 뿐, 온라인 마케팅에서 적절한 광고는 '필요악'이라 해도 과언이 아닙니다. 그리고 제한된 기간 내에 검색 노출 시너지 효과를 더 키우기 위해서라도 검색 엔진 최적화와 병행하여 유료 광고를 추가 집행하는 게 효과적입니다.

특히 분야별, 카테고리별 인기 영상으로라도 노출되려면 하루 이틀 안에 최대한 많은 사람의 관심과 조회 반응을 이끌어야 하는데, 이런 '인기 지표 수치'를 짧은 기간에 올리려면 광고는 필수입니다.

문제는 시청자들의 반응이 커지는 만큼 광고비도 따라서 올라가게 마련이란 점이죠. 다만 광고비를 똑같이 쓰더라도 광고 대상 그룹을 어떻게 타깃팅하고, 얼마만큼 적절한 소재로 접근하느냐에 따라서 광고 효율이 갈립니다.

이때 광고 효율을 좌우하는 건 결국 '맞춤 타깃(오디언스)'의 정확성과 적절성입니다. 맞춤 잠재고객 목록을 최대한 체계적으로 만들고, 이를 광고에 활용하려면 이 책 PART 03의 내용을 좀 더 깊이 있게 숙지해야 합니다. 책의 내용이 결코 쉽지 않은 것은 타깃 광고에 관한 일정한 사전 지식과 경험에 기초한 학습이 요구되기 때문입니다.

성공한 이들은 이미
우리 곁에 있다

책의 초고를 마무리하고 있을 즈음에 페이스북 코리아가 '크리에이터 스튜디오'를 본격 오픈하고 유튜브 크리에이터들을 초대하여 동영상 제작 관련 워크숍을 진행했다는 소식을 전해 들었습니다. 페이스북 동영상 콘텐츠에 인스트림 광고를 삽입할 수 있게 해주고, 발생한 조회수만큼 동영상 광고 수익을 배분해주겠다고 나선 것이죠.

바야흐로 동영상 콘텐츠 전쟁이 구글과 페이스북 사이에 광고 대전으로 치닫고 있습니다. 그런 와중에 우리나라 50대의 유튜브 사용 시간이 10대를 앞서기 시작했다는 소식까지 들려옵니다. 마치 마음만 먹으면 아무나 다 할 수 있는 것처럼 유튜브를 '우습게 여기는' 풍조까지 생겨날 정도입니다.

과연 실상도 그럴까요? 시작만 하면 누구나 스타가 되고, 동영상만 업로드하면 금세 자신의 비즈니스를 띄울 수 있을까요? 착각은 자유지만 망상은 금물입니다!

유튜브 쏠림 현상에 대해 매스컴에서 서로 뒤질세라 떠들어대는 바람에 우리만 유튜브 대세 흐름에 뒤처지는 게 아닌가 하는 조바심이 여기저기서 많이 보입니다. 다른 사람이나 경쟁 업체들이 모두 차지해버리면 우리가 들어설 자리가 아예 없어지는 게 아닐까 불안한 거죠.

그런 걱정은 접어두라 감히 말씀드립니다. PART 03의 CHAPTER 06 '결론'에서 다시 살펴봤듯이 동영상을 기획하고, 촬영하고, 편집하고, 업로드하고, 채널을 운영하는 일은 절대로 만만한 일이 아니기 때문입니다.

'선점의 이익'이라는 말을 들어보셨지요? '미래를 예측하고 먼저 행동하는 사람이 얻는 이익'을 말합니다. 미래를 남보다 앞서 준비하고 선도하는 사람만이 얻을 수 있는 일종의 '갭투자' 이익입니다.

불과 10여 년 전 스마트폰이 세상에 처음 나왔을 때 손바닥만한 작은 기계 하나가 세상을 지금처럼 바꿀 거라 예측한 사람이 몇이나 되겠습니까? 대부분의 사람이 설왕설래하던 그 와중에도 누군가는 예측하고 행동했습니다. 그리고 그들은 지금 적지 않은 부를 축적하여 새로운 차세대 기업으로 성장하고 있습니다.

우리 모두에게 새로운 기회가 눈앞에 주어져 있습니다! 유튜브 시대가 시작됐습니다! 그러나 지금 그것을 제대로 하고 있거나, 잘하는 사람은 여전히 소수입니다. 거듭 말하지만 '선점의 이익'은 장래를 내다보고 남보다 먼저 실행하는 사람만이 얻을 수 있습니다. 그리고 이미 성공적으로 대응하고 있는 분들이 우리들 곁에 많이 있습니다. 이 책의 중간 중간에 실전 활용 사례로 실린 글들을 다시 한 번 새겨보세요.

이 책에 자신의 소중한 체험담을 공유할 수 있도록 흔쾌히 허락해주신 모든 분께 깊이 감사드립니다.

2019년 여름에
민진홍, 최규문

ㅎ

ㅍ